Naturkonstanten

Einheiten und Zahlenwerte wichtiger Naturkonstanten

Größe	Formelzeichen	Wert
Absoluter Nullpunkt der Temperatur	T_0	$0\ \text{K} = -273{,}15\ °\text{C}$
Atomare Masseneinheit	u	$1{,}660\,539 \cdot 10^{-27}\ \text{kg}$
Avogadrokonstante	N_A	$6{,}022\,1 \cdot 10^{23}\ \text{mol}^{-1}$
Bohr'scher Radius	a_0	$5{,}291\,772\,1 \cdot 10^{-11}\ \text{m}$
Boltzmannkonstante	k	$1{,}3807 \cdot 10^{-23}\ \text{J} \cdot \text{K}^{-1}$
Compton-Wellenlänge	λ_C	$2{,}426\,310\,215 \cdot 10^{-12}\ \text{m}$
Elementarladung	e	$1{,}6022 \cdot 10^{-19}\ \text{A} \cdot \text{s}$
Fallbeschleunigung	g	$9{,}81\ \text{m} \cdot \text{s}^{-2}$ (Mitteleuropa) $9{,}78\ \text{m} \cdot \text{s}^{-2}$ (Äquator) $9{,}83\ \text{m} \cdot \text{s}^{-2}$ (Polnähe)
Faradaykonstante	$F = e \cdot N_A$	$9{,}648\,5 \cdot 10^4\ \text{A} \cdot \text{s} \cdot \text{mol}^{-1}$
Feldkonstanten		
Elektrische Feldkonstante	ε_0	$\varepsilon_0 = 1/(\mu_0 c^2) = 8{,}854\,187\,82 \cdot 10^{-12}\ \text{A} \cdot \text{s} \cdot \text{V}^{-1} \cdot \text{m}^{-1}$
Magnetische Feldkonstante	μ_0	$4\pi \cdot 10^{-7}\ \text{V} \cdot \text{s} \cdot \text{A}^{-1} \cdot \text{m}^{-1}$
Gravitationskonstante	G, γ	$6{,}674\,3 \cdot 10^{-11}\ \text{m}^3 \cdot \text{kg}^{-1} \cdot \text{s}^{-2}$
Lichtgeschwindigkeit im Vakuum	c	$2{,}997\,924\,58 \cdot 10^8\ \text{m} \cdot \text{s}^{-1}$ $(\approx 300\,000\ \text{km} \cdot \text{s}^{-1})$
Molares Normvolumen idealer Gase	V_{mn}	$22{,}414\,1\ \text{mol}^{-1}$ (bei $0\,°\text{C}$ und $1013\ \text{hPa}$)
Planck'sches Wirkungsquantum	h	$6{,}626\,1 \cdot 10^{-34}\ \text{J} \cdot \text{s} = 4{,}135\,7 \cdot 10^{-15}\ \text{eV} \cdot \text{s}$
Ruhemasse des α-Teilchens	m_α	$6{,}644\,2 \cdot 10^{-27}\ \text{kg}$
Rydbergfrequenz für das H-Atom	R_H	$3{,}289\,841\,96 \cdot 10^{15}\ \text{Hz}$
Rydbergkonstante	R_∞	$1{,}097\,373\,16 \cdot 10^7\ \text{m}^{-1}$
Solarkonstante	S	$1{,}367\ \text{kW} \cdot \text{m}^{-2}$
Stefan-Boltzmann-Konstante	σ	$5{,}670\,4 \cdot 10^{-8}\ \text{W} \cdot \text{m}^{-2} \cdot \text{K}^{-4}$
Universelle Gaskonstante	$R = k \cdot N_A$	$8{,}314\,5\ \text{J} \cdot \text{mol}^{-1} \cdot \text{K}^{-1}$
Wien'sche Verschiebungskonstante	b	$2{,}897\,7 \cdot 10^{-3}\ \text{m} \cdot \text{K}$

Elektron, Neutron, Proton

Größe		Formelzeichen	Wert
Elektron	Ladung (Elementarladung)	e	$1{,}6022 \cdot 10^{-19}\ \text{A} \cdot \text{s}$
	Ruhemasse	m_e	$9{,}109\,39 \cdot 10^{-31}\ \text{kg}$
	spezifische Ladung	$\dfrac{e}{m_e}$	$1{,}758\,820\,174 \cdot 10^{11}\ \text{C} \cdot \text{kg}^{-1}$
Neutron	Ruhemasse	m_n	$1{,}674\,93 \cdot 10^{-27}\ \text{kg}$
Proton	Ruhemasse	m_p	$1{,}672\,62 \cdot 10^{-27}\ \text{kg}$

Vektorrechnung und analytische Geometrie	Vektoren	75
	Länge eines Vektors • Operationen mit Vektoren • Lineare Abhängigkeit und Unabhängigkeit	76
	Multiplikation von Vektoren	77
	Mittelpunkt einer Strecke; Schwerpunkt eines Dreiecks • Vektorielle Geradendarstellungen	78
	Lagebeziehungen zwischen Geraden • Ebenendarstellungen	79
	Lagebeziehungen • Schnittwinkel • Abstände	80
	Kreis und Kugel	81
	Kegelschnitte	82
Lineare Algebra	Begriff des Vektorraums	83
	Matrizen	84
	Rechnen mit Matrizen	85
	Begriff der Determinante • Berechnen von Determinanten • Lineare Abbildungen der Ebene	86
	Eigenwerte, Eigenvektoren und Fixpunkte linearer Abbildungen • Spezielle lineare Abbildungen	87
	Lineare Gleichungssysteme	88
	Markow-Ketten	89
	Zyklische Prozesse, Populationsentwicklung	90

Informatik

Grundbegriffe	Einheiten • Grundlegende Datentypen (Auswahl) • Algorithmusbegriff	91
Algorithmik	Kontrollstrukturen in verschiedenen Darstellungsformen	92
Objektorientierung	Grundbegriffe • Aufbau einer Klasse, Objekte erzeugen und Operationen aufrufen	94
	Beziehungen zwischen Klassen • UML Klassendiagramm • UML Interaktionsdiagramm	95
Kommunikation in Netzwerken	Begriffe • Übertragungsprotokolle (Auswahl): Regeln der Kommunikation	96
	Webseitengestaltung mit HTML (Hypertext Markup Language)	97
Datenbanken	Entity-Relationship-Modell • Datensätze anlegen mit SQL • Auswahl von Daten mit SQL	98

Wirtschaft

Betriebswirtschaftslehre mit Rechnungswesen	Kosten	99
	Erlöse und Gewinne	100
	Beschaffungsprozesse	102
	Absatzprozesse	104
	Produktion und Produktionsmöglichkeiten	108
	Kosten- und Leistungsrechnung	109
	Jahresabschluss – Kennzahlen der Bilanzanalyse	110
	Jahresabschluss – Analyse der Gewinn- und Verlustrechnung	112
	Finanzierung	115
	Investitionsrechnung – statische Verfahren	118
	Investitionsrechnung – dynamische Verfahren	119
Volkswirtschaftslehre	Matrizen in den Wirtschaftswissenschaften	120
	Leontief-Modell	122
	Nutzen	123
	Angebot und Nachfrage	124
	Besteuerung und Subventionierung	125
	Elastizitäten	126
	Wirtschaftskreislauf (nur monetäre Ströme) • Volkswirtschaftliche Gesamtrechnung	127
	Geld und Geldpolitik	128
	Beschäftigung	129
	Gesamtwirtschaftliche Kennzahlen	130

Physik

SI-Einheiten und Vorsätze	Basiseinheiten des Internationalen Einheitensystems (SI) • Vorsätze bei Einheiten	131
Mechanik – Größen, Einheiten, Werte	Größen und Einheiten der Mechanik und Akustik	132
	Dichte ausgewählter Stoffe • Dichteanomalie des Wassers • Reibungszahlen (Richtwerte)	134
	Geräusche und Lautstärkepegel • Schallgeschwindigkeiten • Widerstandsbeiwerte	135
Mechanik – Formeln und Gesetze	Geradlinige Bewegungen • Gleichförmige Kreisbewegung • Bewegungsgesetze der Rotation	136
	Zusammensetzung von Geschwindigkeiten • Wurfbewegungen • Newton'sche Gesetze	137
	Kräfte in der Mechanik • Kraftumformende Einrichtungen • Rotation starrer Körper	138
	Zusammenhang zwischen Größen der Translation und der Rotation • Mechanik der Flüssigkeiten und Gase • Mechanische Energie	139
	Mechanische Arbeit • Impuls und Drehimpuls • Elastischer Stoß • Unelastischer Stoß	140
	Mechanische Leistung und Wirkungsgrad • Gravitation • Mechanische Schwingungen	141
	Akustische Schwingungen • Mechanische Wellen • Dopplereffekt	142
Thermodynamik – Größen, Einheiten, Werte	Größen und Einheiten der Thermodynamik • Thermische Eigenschaften von Gasen	143
	Therm. Eigenschaften von Flüssigkeiten • Therm. Eigenschaften von festen Stoffen • Heizwerte	144

Thermodynamik – Formeln und Gesetze	Wärme, Wärmeübertragung • Therm. Verhalten von Stoffen und Flüssigkeiten • Hauptsätze; Entropie	145
	Temperaturstrahlung • Ideales Gas • Kinetische Gastheorie (für das ideale Gas)	146
Elektrizitätslehre und Magnetismus – Größen, Einheiten, Werte	Größen und Einheiten • Spezifische elektrische Widerstände	147
	Permittivitätszahlen • Permeabilitätszahlen • Hall-Konstanten • elektromagnetisches Spektrum	148
	Schaltzeichen	149
Elektrizitätslehre und Magnetismus – Formeln und Gesetze	Gleichstrom • Gesetze im unverzweigten und im verzweigten Stromkreis • Kirchhoff'sche Gesetze	150
	Elektrisches Feld	151
	Magnetisches Feld	152
	Elektromagnetische Induktion, Transformator • Wechselstrom	153
	Widerstände im Wechselstromkreis • Elektromagnetische Schwingungen und Wellen	154
Optik – Größen, Einheiten, Werte	Größen und Einheiten • Lichtgeschwindigkeiten und Brechzahlen • Wellenlängen	155
Optik – Formeln und Gesetze	Strahlenoptik	156
	Wellenoptik	157
Spezielle Relativitätstheorie	Spezielle Relativitätstheorie	158
Quantenphysik	Formeln und Gesetze • Austrittsarbeiten	159
Atom- und Kernphysik – Größen, Einheiten, Werte	Größen und Einheiten • Elektron, Proton, Neutron • Leptonen und Quarks • Qualitätsfaktor q	160
	α-, β- und γ-Strahlung • Wechselwirkungsmodell • Zerfallsarten ausgewählter Radionuklide	161
	Auszug aus der Nuklidkarte (vereinfacht)	162
Atom- und Kernphysik – Formeln und Gesetze	Atomhülle • Atomkerne, Kernstrahlung, Kernenergie	164

Chemie

Übersichten zur Chemie	Chemische Elemente	165
	Atom- und Ionenradien einiger Elemente	167
	Einige Ionen • Griechische Zahlwörter • Allgemeine Formeln von organischen Verbindungen	168
	Anorganische Stoffe	169
	Organische Stoffe	172
	Molare Standardgrößen – anorganische Verbindungen	175
	Molare Standardgrößen – organische Verbindungen	178
	Massenanteil und Dichte von sauren und alkalischen Lösungen • pH-Werte von Lösungen	179
	Umschlagsbereiche • Molare Gitterenthalpie • Molare Hydratationsenthalpie	180
	Komplexzerfallskonstanten (Dissoziationskonstanten) bei 25 °C	180
	Säure- und Basekonstanten • Kryoskopische und ebullioskopische Konstanten	181
	Löslichkeitsprodukte bei 25 °C	182
	Löslichkeit einiger Salze in Wasser • Löslichkeit einiger Gase in Wasser	183
	Spannungsreihe der Metalle • Spannungsreihe der Nichtmetalle	184
	Spannungsreihe von Redoxreaktionen • Flammenfärbung • Wasserhärtebereiche	185
Größengleichungen der Chemie	Berechnungen zu Stoffmenge, Masse und Volumen • Zusammensetzungsgrößen	186
	Allgemeine Größengleichungen • Blutalkoholgehalt • Mischungsregeln • Reaktionskinetik	187
	Chemische Thermodynamik • Chemisches Gleichgewicht	188
	Säure-Base-Gleichgewichte • Berechnungen zur Titration von Lösungen	189
	Löslichkeitsgleichgewichte • Elektrochemie	190
Umgang mit Gefahrstoffen	Einstufung von Gefahrstoffen nach der GHS-Verordnung	191
	Entsorgungsratschläge (E-Sätze)	192

Biologie

Allgemeine Angaben	Ungefähre Artenanzahlen • Maximales Alter • Lebensdauer von Zellen des Menschen	193
	Größenvergleich von Zellen • Entwicklung der Lebewesen im Verlauf der Erdgeschichte	194
Stoff- und Energiewechsel	Nahrungsmittel • Energiegehalt der Nährstoffe • Respiratorischer Quotient • Gesamtumsatz	195
	Energiebedarf • BMI • Energieumsatz und -bedarf • Diffusion und Osmose • Enzymreaktionen	196
Genetik und Evolution	„Code-Sonne" • Hardy-Weinberg-Gesetz • Chromosomensätze • Mutation und Selektion	197
Ökologie	Wachstumsgesetze • Bestimmen der Wasserqualität • Biomasseproduktion und Wasserbilanz	198
	Bestandsaufnahme von Pflanzen • Zeigerwerte von Pflanzen	199
	Register	200

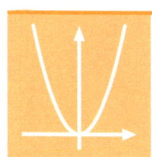

Mathematik

Mathematische Zeichen

Relationen, Operationen, Funktionen, besondere Zahlen

$+; -; \cdot; :$	plus; minus; mal; geteilt durch	$\lvert a \rvert$	absoluter Betrag von a
$=; \neq; \approx$	gleich; ungleich; ungefähr gleich	$\widehat{=}; \sim$	entspricht; direkt proportional
$>; <$	größer; kleiner	$\geq; \leq$	größer oder gleich; kleiner oder gleich
$\mid; \nmid$	teilt; teilt nicht	$\sqrt{}; \sqrt[n]{}$	Quadratwurzel (2-te Wurzel); n-te Wurzel
$\neg; \wedge; \vee$	nicht (Negation); und zugleich (Konjunktion); oder auch (Alternative)	∞	unendlich
$\Rightarrow$	daraus folgt; wenn …, dann …; impliziert	$\Leftrightarrow$	äquivalent; … genau dann, wenn …
$f: x \mapsto f(x)$	Zuordnung, Funktion	$D_f; W_f$	Definitionsmenge bzw. Wertemenge von f
$f(x); f(2)$	Funktionsterm von f; Funktionswert an der Stelle 2	f^{-1}	Umkehrfunktion von f
$n!$	Fakultät ($n! = 1 \cdot 2 \cdot 3 \cdot \ldots \cdot n$)	$\binom{n}{k}$	n über k (Binomialkoeffizient)
$\prod_{k=1}^{n} a_k$	Produkt $a_1 \cdot a_2 \cdot a_3 \cdot \ldots \cdot a_n$	$\sum_{k=1}^{n} a_k$	Summe $a_1 + a_2 + a_3 + \ldots + a_n$
π	Kreiszahl $\pi = 3{,}141\,592\,653\,589\ldots$	e	Euler'sche Zahl $e = 2{,}718\,281\,828\,459\ldots$

Mengen und Mengenoperationen

$\cap$	Schnittmenge	$\overline{A}$	Komplementmenge
$\cup$	Vereinigungsmenge	$A \setminus B$	Differenzmenge
$\subseteq; \subset$	Teilmenge von; echte Teilmenge von	$\emptyset; \{\}$	leere Menge
$\in; \notin$	ist Element von; ist nicht Element von	$G; L$	Grundmenge; Lösungsmenge
$\mathbb{N}$	Menge der natürlichen Zahlen	$\mathbb{Z}$	Menge der ganzen Zahlen
$\mathbb{Q}$	Menge der rationalen Zahlen	$\mathbb{Q}^+$	Menge der positiven rationalen Zahlen (Bruchzahlen ohne 0)
$\mathbb{R}$	Menge der reellen Zahlen	$\mathbb{R}^+$	Menge der positiven reellen Zahlen (ohne 0)
$\mathbb{R}_{\geq 0}; \mathbb{R}_0^+$	Menge der nichtnegativen reellen Zahlen	$\mathbb{C}$	Menge der komplexen Zahlen
$\{a; b; \ldots\}$	Menge der Elemente $a, b, \ldots$	$\{x \mid \ldots\}$	Menge aller x, für die gilt …
$[a; b]$	abgeschlossenes Intervall $\{x \in \mathbb{R} \mid a \leq x \leq b\}$	$]a; b[$	offenes Intervall $\{x \in \mathbb{R} \mid a < x < b\}$
$[a; b[$	halboffenes Intervall $\{x \in \mathbb{R} \mid a \leq x < b\}$	$]a; b]$	halboffenes Intervall $\{x \in \mathbb{R} \mid a < x \leq b\}$

Mathematische Zeichen

Analysis

(a_n)	Zahlenfolge $a_1, a_2, a_3, \ldots$	$\lim\limits_{n \to \infty} a_n$	Limes (Grenzwert) der Zahlenfolge (a_n) für n gegen unendlich
$\sum\limits_{k=1}^{\infty} a_k$	unendliche Reihe; $\sum\limits_{k=1}^{\infty} a_k = \lim\limits_{n \to \infty} \left(\sum\limits_{k=1}^{n} a_k \right)$	$\lim\limits_{x \to x_0} f(x)$	Limes $f(x)$ für x gegen x_0 (Grenzwert von f an der Stelle x_0)
		$\lim\limits_{\substack{x \to x_0 \\ x > x_0}} f(x)$	rechtsseitiger Grenzwert (analog für linksseitige Grenzwerte mit $x < x_0$)
$f';\ \dfrac{df}{dx}$	erste Ableitung der Funktion f; falls f von x abhängt, auch die zweite Schreibweise (lies: „df nach dx")	$f'';\ f''';\ f^{(n)}$	zweite, dritte, n-te Ableitung von f
$\int\limits_a^b f(x)\, dx$	bestimmtes Integral der Funktion f mit den Integrationsgrenzen a und b	$\int f(x)\, dx$	unbestimmtes Integral der Funktion f

Geometrie

$\parallel;\ \perp$	parallel zu; senkrecht zu	$\overset{\frown}{AB}$	Kreisbogen von A nach B
$AB;\ \overline{AB}$	Gerade durch die Punkte A und B; Strecke mit den Endpunkten A und B	$\sphericalangle ASB$	Winkel ASB (S Scheitel, $\overrightarrow{SA}$ erster Schenkel, $\overrightarrow{SB}$ zweiter Schenkel)
$\overrightarrow{AB}$	Strahl mit Anfangspunkt A durch B	∟	rechter Winkel (90°-Winkel)
$|\overline{AB}|$	Länge der Strecke $\overline{AB}$	$d(P; g)$	Abstand von P zu der Geraden g
$\cong;\ \sim$	kongruent; ähnlich	$\triangle ABC$	Dreieck ABC

Vektoren und Matrizen

$\overrightarrow{AB}$	Vektor (Pfeil) von A nach B	$\vec{a} = \begin{pmatrix} a_1 \\ a_2 \\ \vdots \\ a_n \end{pmatrix}$	Vektor mit den Komponenten (auch: „Koordinaten") $a_1, a_2, \ldots, a_n \in \mathbb{R}$ (Vektor im $\mathbb{R}^n$)
$|\overrightarrow{AB}|;\ |\vec{a}|$	Betrag (Länge) des Vektors $\overrightarrow{AB}$ bzw. des Vektors $\vec{a}$		
$A_{(m,n)}$	Matrix mit m Zeilen und n Spalten		
$\vec{a} \cdot \vec{b}$	Skalarprodukt der Vektoren $\vec{a}$ und $\vec{b}$	$\vec{a} \times \vec{b}$	Vektorprodukt (Kreuzprodukt) der Vektoren $\vec{a}$ und $\vec{b}$ (nur für Vektoren im $\mathbb{R}^3$)

Griechisches Alphabet

A	α	Alpha	H	η		Eta	N	ν	Ny	T	τ		Tau
B	β	Beta	Θ	ϑ	θ	Theta	Ξ	ξ	Xi	Y	υ		Ypsilon
Γ	γ	Gamma	I	ι		Jota	O	o	Omikron	Φ	φ		Phi
Δ	δ	Delta	K	$\varkappa$		Kappa	Π	π	Pi	X	χ		Chi
E	ε	Epsilon	Λ	λ		Lambda	P	ϱ	Rho	Ψ	ψ		Psi
Z	ζ	Zeta	M	μ		My	Σ	σ	ς	Sigma	Ω	ω	Omega

Frakturbuchstaben

Lateinische Buchstaben	A	B	C	D	E	F	G	H	I	J	K	L	M
Frakturbuchstaben	$\mathfrak{A\,a}$	$\mathfrak{B\,b}$	$\mathfrak{C\,c}$	$\mathfrak{D\,d}$	$\mathfrak{E\,e}$	$\mathfrak{F\,f}$	$\mathfrak{G\,g}$	$\mathfrak{H\,h}$	$\mathfrak{I\,i}$	$\mathfrak{J\,j}$	$\mathfrak{K\,k}$	$\mathfrak{L\,l}$	$\mathfrak{M\,m}$
Lateinische Buchstaben	N	O	P	Q	R	S	T	U	V	W	X	Y	Z
Frakturbuchstaben	$\mathfrak{N\,n}$	$\mathfrak{O\,o}$	$\mathfrak{P\,p}$	$\mathfrak{Q\,q}$	$\mathfrak{R\,r}$	$\mathfrak{S\,s}$	$\mathfrak{T\,t}$	$\mathfrak{U\,u}$	$\mathfrak{V\,v}$	$\mathfrak{W\,w}$	$\mathfrak{X\,x}$	$\mathfrak{Y\,y}$	$\mathfrak{Z\,z}$

Zahlen

Zahlenbereiche

Natürliche Zahlen $\mathbb{N}$ $\mathbb{N} = \{0, 1, 2, \ldots\}$	*Uneingeschränkt ausführbare Rechenoperationen:* Addition, Multiplikation
Ganze Zahlen $\mathbb{Z}$ $\mathbb{Z} = \{\ldots, -2, -1, 0, 1, 2, \ldots\}$	Der Bereich der ganzen Zahlen umfasst die natürlichen Zahlen und die zu ihnen entgegengesetzten Zahlen. *Uneingeschränkt ausführbare Rechenoperationen:* Addition, Subtraktion, Multiplikation
Gebrochene Zahlen (Bruchzahlen) $\mathbb{Q}^+$ $\mathbb{Q}^+ = \left\{\frac{p}{q} \mid p, q \in \mathbb{N};\ p, q \neq 0\right\}$	Gebrochene Zahlen können auch durch (endliche oder periodische) Dezimalbrüche angegeben werden. *Uneingeschränkt ausführbare Rechenoperationen:* Addition, Multiplikation, Division (außer durch 0)
Rationale Zahlen $\mathbb{Q}$ $\mathbb{Q} = \left\{\frac{p}{q} \mid p, q \in \mathbb{Z} \text{ und } q \neq 0\right\}$	Die rationalen Zahlen bestehen aus den positiven gebrochenen Zahlen, den zu ihnen entgegengesetzten Zahlen und der Zahl 0. Jede rationale Zahl kann als Dezimalbruch dargestellt werden. Die rationalen Zahlen liegen dicht auf der Zahlengeraden, es gibt aber Punkte (Lücken), zu denen keine rationale Zahl gehört. *Uneingeschränkt ausführbare Rechenoperationen:* Addition, Subtraktion, Multiplikation, Division (außer durch 0)
Reelle Zahlen $\mathbb{R}$	Die rationalen und die irrationalen Zahlen bilden den Zahlenbereich der reellen Zahlen. Irrationale Zahlen sind unendliche, nichtperiodische Dezimalbrüche. Beispiele: $\pi = 3{,}141\,592\,653\,589\,793\,238\,462\,643\ldots$; $\sqrt{2} = 1{,}414\,213\,562\ldots$ *Uneingeschränkt ausführbare Rechenoperationen:* Addition, Subtraktion, Multiplikation, Division (außer durch 0). Das Radizieren ist auf nichtnegative Radikanden beschränkt.
Komplexe Zahlen $\mathbb{C}$ $\mathbb{C} = \{a + b\,\mathrm{i} \mid a, b \in \mathbb{R};\ \mathrm{i}^2 = -1\}$	$\mathbb{C} = \{a + b\,\mathrm{i} \mid a, b \in \mathbb{R};\ \mathrm{i}^2 = -1\}$ Die komplexen Zahlen können nicht auf einer Zahlengeraden, sondern in der Gauß'schen Zahlenebene dargestellt werden. (↗ S. 13) *Uneingeschränkt ausführbare Rechenoperationen:* Addition, Subtraktion, Multiplikation, Division (außer durch 0) und Radizieren (Wurzelziehen) sind stets ausführbar.
Teilmengenbeziehungen zwischen den Zahlenbereichen	$\mathbb{N} \subset \mathbb{Z} \subset \mathbb{Q} \subset \mathbb{R} \subset \mathbb{C}$, $\mathbb{N} \subset \mathbb{Q}^+ \subset \mathbb{Q} \subset \mathbb{R} \subset \mathbb{C}$

Intervalle im Bereich der reellen Zahlen

Abgeschlossene Intervalle	$[a; b]$ ist die Menge aller reellen Zahlen x mit $a \leq x \leq b$. Die Randwerte a und b gehören zum Intervall. Beispiel: $[-2{,}5; 2]$
Offene Intervalle	$]a; b[$ ist die Menge aller reellen Zahlen x mit $a < x < b$. Die Randwerte a und b gehören nicht zum Intervall. $]a; +\infty[$ ist die Menge aller reellen Zahlen x mit $x > a$. Statt der nach außen geöffneten eckigen Klammern kann man auch runde Klammern verwenden, z. B. $(a; b)$ oder $(a; +\infty)$. Beispiel: $]-1; 3[$
Halboffene Intervalle	$[a; b[$ ist die Menge aller reellen Zahlen x mit $a \leq x < b$. $]a; b]$ ist die Menge aller reellen Zahlen x mit $a < x \leq b$. $[a; +\infty[$ ist die Menge aller reellen Zahlen x mit $x \geq a$. $]-\infty; a]$ ist die Menge aller reellen Zahlen x mit $x \leq a$. Beispiele: $]-3; 3]$; $x \leq -1$; $2 \leq x$

Teiler und Vielfache natürlicher Zahlen

Teiler und Vielfache	*Für natürliche Zahlen a und b gilt:* Ist a ein Vielfaches von b, d. h. $a = n \cdot b$ mit $n \in \mathbb{N}$, so heißt b **Teiler von** a. Man schreibt in diesem Fall: $b \mid a$ (b teilt a; b ist Teiler von a) Ist b ein Teiler von a, so nennt man a ein **Vielfaches von** b.
kgV und ggT	Das **kleinste gemeinsame Vielfache (kgV)** von natürlichen Zahlen ist die kleinste natürliche Zahl, die alle beteiligten Zahlen als Teiler besitzt. Der **größte gemeinsame Teiler (ggT)** von natürlichen Zahlen ist die größte natürliche Zahl, die alle beteiligten Zahlen als Vielfache besitzt.
Teilbarkeitsregeln	**Teiler t** / **Eine natürliche Zahl ist durch t teilbar, …** 2 – wenn sie auf 0, 2, 4, 6 oder 8 endet, sonst nicht. 3 – wenn ihre Quersumme (Summe aller Ziffern) durch 3 teilbar ist, sonst nicht. 4 – wenn ihre letzten beiden Ziffern eine durch 4 teilbare Zahl darstellen, sonst nicht. 5 – wenn sie auf 0 oder 5 endet, sonst nicht. 6 – wenn sie durch 2 und durch 3 teilbar ist, sonst nicht. 8 – wenn ihre letzten drei Ziffern eine durch 8 teilbare Zahl darstellen, sonst nicht. 9 – wenn ihre Quersumme (Summe aller Ziffern) durch 9 teilbar ist, sonst nicht. 10 – wenn sie auf 0 endet, sonst nicht.

Primzahlen ↻ GTWK4513792-008-1

Natürliche Zahlen, die nur 1 und sich selbst als Teiler haben, bezeichnet man als **Primzahlen.** Jede natürliche Zahl besitzt eine eindeutige **Primfaktorzerlegung**, die man meist unter Verwendung der Potenzschreibweise angibt.

Beispiel: $720 = 2 \cdot 5 \cdot 2 \cdot 2 \cdot 2 \cdot 3 \cdot 3 = 2^4 \cdot 3^2 \cdot 5$

Die ersten 130 Primzahlen lauten:

2	31	73	127	179	233	283	353	419	467	547	607	661
3	37	79	131	181	239	293	359	421	479	557	613	673
5	41	83	137	191	241	307	367	431	487	563	617	677
7	43	89	139	193	251	311	373	433	491	569	619	683
11	47	97	149	197	257	313	379	439	499	571	631	691
13	53	101	151	199	263	317	383	443	503	577	641	701
17	59	103	157	211	269	331	389	449	509	587	643	709
19	61	107	163	223	271	337	397	457	521	593	647	719
23	67	109	167	227	277	347	401	461	523	599	653	727
29	71	113	173	229	281	349	409	463	541	601	659	733

Römische Zahlzeichen

I	1	V	5	X	10	L	50	C	100	D	500	M	1 000

Stehen diese Ziffern nebeneinander, so wird je nach ihrer Reihenfolge addiert bzw. subtrahiert.

1	I	6	VI	11	XI	16	XVI	40	XL	90	XC	500	D
2	II	7	VII	12	XII	17	XVII	50	L	100	C	600	DC
3	III	8	VIII	13	XIII	18	XVIII	60	LX	200	CC	700	DCC
4	IV	9	IX	14	XIV	19	XIX	70	LXX	300	CCC	800	DCCC
5	V	10	X	15	XV	20	XX	80	LXXX	400	CD	900	CM

Zahlen im Zehnersystem (Dezimalzahlen)

Im dekadischen Zahlensystem, kurz: Zehnersystem oder Dezimalsystem, wird als Basis die Zahl 10 benutzt, d. h., die einzelnen Stellen sind Potenzen von 10 (**Zehnerpotenzen**).
Zur Darstellung der einzelnen Zahlen werden die zehn Ziffern 0, 1, 2, 3, 4, 5, 6, 7, 8 und 9 benutzt.
Die Stelle einer Ziffer innerhalb der ganzen Zahl ergibt ihren Wert.

Eine **Stellentafel** im Dezimalsystem hat folgende Form:

Billionen			Milliarden			Millionen			Tausend					
10^{14}	10^{13}	10^{12}	10^{11}	10^{10}	10^{9}	10^{8}	10^{7}	10^{6}	10^{5}	10^{4}	10^{3}	10^{2}	10^{1}	10^{0}
					4	3	0	5	2	6	0	0	4	4

Für die in der dezimalen Stellentafel dargestellte Zahl 4 305 260 044 gilt:
$$4\,305\,260\,044 = 4 \cdot 10^9 \quad + 3 \cdot 10^8 \quad + 5 \cdot 10^6 \quad + 2 \cdot 10^5 \quad + 6 \cdot 10^4 \quad + 4 \cdot 10^1 + 4 \cdot 10^0$$
$$= 4 \cdot 1\,000\,000\,000 + 3 \cdot 100\,000\,000 + 5 \cdot 1\,000\,000 + 2 \cdot 100\,000 + 6 \cdot 10\,000 + 4 \cdot 10 \quad + 4 \cdot 1$$

Die in der Stellentafel dargestellte Zahl 4 305 260 044 lautet:
vier Milliarden dreihundertfünf Millionen zweihundertsechzig Tausend vierundvierzig.

Zahlen im Zweiersystem (Dualzahlen) ↻ GTWK4513792-009-1

Im dualen Zahlensystem, kurz: Zweiersystem oder Dualsystem, wird als Basis die Zahl 2 benutzt, d. h., die einzelnen Stellen sind Potenzen von 2.
Zur Darstellung der einzelnen Zahlen werden nur zwei Ziffern benötigt: 0 und 1.

Eine Stellentafel im Dualsystem hat folgende Form:

2^{10} (= 1 024)	2^9 (= 512)	2^8 (= 256)	2^7 (= 128)	2^6 (= 64)	2^5 (= 32)	2^4 (= 16)	2^3 (= 8)	2^2 (= 4)	2^1 (= 2)	2^0 (= 1)
		1	0	1	0	1	1	0	1	1

Für die in der dualen Stellentafel dargestellte Zahl $[101011011]_2$ gilt:
$$[101011011]_2 = 1 \cdot 2^8 + 1 \cdot 2^6 + 1 \cdot 2^4 + 1 \cdot 2^3 + 1 \cdot 2^1 + 1 \cdot 2^0$$
$$= 256 \quad + 64 \quad + 16 \quad + 8 \quad + 2 \quad + 1 \quad = 347$$

Für die Addition von Dualzahlen gilt: $0 + 0 = 0$; $0 + 1 = 1$; $1 + 0 = 1$; $1 + 1 = 10$
Für die Multiplikation von Dualzahlen gilt: $0 \cdot 0 = 0$; $0 \cdot 1 = 0$; $1 \cdot 0 = 0$; $1 \cdot 1 = 1$

Zahlen im Hexadezimalsystem (Hexadezimalzahlen) ↻ GTWK4513792-009-1

Im Hexadezimalsystem wird als Basis die Zahl 16 benutzt, d. h., die einzelnen Stellen sind Potenzen von 16.
Zur Darstellung der einzelnen Zahlen werden 16 Ziffern benötigt: 0, 1, 2, 3, 4, 5, 6, 7, 8, 9, A, B, C, D, E, F.

Eine Stellentafel im Hexadezimalsystem hat folgende Form:

16^8 (= 4 294 967 296)	16^7 (= 268 435 456)	16^6 (= 16 777 216)	16^5 (= 1 048 576)	16^4 (= 65 536)	16^3 (= 4 096)	16^2 (= 256)	16^1 (= 16)	16^0 (= 1)
		A	0	6	0	3	7	F

Für die in der hexadezimalen Stellentafel dargestellte Zahl $[A06037F]_{16}$ gilt:
$$[A06037F]_{16} = 10 \cdot 16^6 \quad + 6 \cdot 16^4 \quad + 3 \cdot 16^2 + 7 \cdot 16^1 + 15 \cdot 16^0$$
$$= 10 \cdot 16\,777\,216 + 6 \cdot 65\,536 + 3 \cdot 256 + 7 \cdot 16 \quad + 15 \cdot 1 \quad = 168\,166\,271$$

Rechenoperationen und Rechengesetze

Rechenoperationen

1. Stufe	**Addition** $a + b = c$ Summanden — Summe	**Subtraktion** $a - b = c$ Minuend — Subtrahend — Differenz
2. Stufe	**Multiplikation** $a \cdot b = c$ Faktoren — Produkt	**Division** $a : b = c \; (b \neq 0)$ Dividend — Divisor — Quotient
3. Stufe	**Potenzieren** Exponent $a^b = c$ Basis — Potenz	**Radizieren** Wurzelexponent $\sqrt[n]{a} = c$ Radikand — (n-te) Wurzel $(a \geq 0; n \in \mathbb{N}, n > 0)$ **Logarithmieren** Numerus $\log_a b = c$ Basis — Logarithmus $(a, b > 0; a \neq 1)$
Vorrangregeln	Sind mehrere *Rechenoperationen verschiedener Stufe* auszuführen, so haben stets die Operationen der höheren Stufe den Vorrang: Es gilt Punktrechnung vor Strichrechnung sowie Potenzieren, Radizieren und Logarithmieren vor Punkt- und Strichrechnung. Zuerst müssen jedoch die Operationen in den Klammern ausgeführt werden. Sind mehrere Zahlen durch *Rechenoperationen gleicher Stufe* verknüpft, so werden die Operationen in der Regel schrittweise von links nach rechts ausgeführt.	

Rechengesetze für die Grundrechenarten

Kommutativgesetze	$a + b = b + a$ $a \cdot b = b \cdot a$	Kommutativgesetz der Addition Kommutativgesetz der Multiplikation
Assoziativgesetze	$(a + b) + c = a + (b + c) = a + b + c$ $(a \cdot b) \cdot c = a \cdot (b \cdot c) = a \cdot b \cdot c$	Assoziativgesetz der Addition Assoziativgesetz der Multiplikation
Distributivgesetze	$(a + b) \cdot c = a \cdot c + b \cdot c$ Aus diesen beiden Gesetzen ergeben sich folgende abgeleitete Gesetze: $(a - b) \cdot c = a \cdot c - b \cdot c$ $(a + b) : c = a : c + b : c \quad (c \neq 0)$	$a \cdot (b + c) = a \cdot b + a \cdot c$ $a \cdot (b - c) = a \cdot b - a \cdot c$ $(a - b) : c = a : c - b : c \quad (c \neq 0)$
Monotoniegesetze	$a < b \Rightarrow a + c < b + c$	$a < b; c > 0 \Rightarrow a \cdot c < b \cdot c$ $\quad a < b; c < 0 \Rightarrow a \cdot c > b \cdot c$
Umkehroperationen	▶ Addition und Subtraktion sind Umkehroperationen voneinander. Man kann eine Zahl a *subtrahieren*, indem man ihre **Gegenzahl** $-a$ addiert. ▶ Multiplikation und Division sind Umkehroperationen voneinander. Man kann durch eine Zahl $a \neq 0$ *dividieren*, indem man mit ihrem **Kehrwert** $\frac{1}{a}$ multipliziert.	

Rundungsregeln

▶ Folgt der Rundungsstelle eine 0, 1, 2, 3 oder 4, wird **abgerundet**. Der Stellenwert an der Rundungsstelle bleibt unverändert.
▶ Folgt der Rundungsstelle eine 5, 6, 7, 8 oder 9, wird **aufgerundet**. Der Stellenwert an der Rundungsstelle wird um 1 erhöht.
▶ Beim Runden ist auf sinnvolle Genauigkeit zu achten!

Termumformungen ↻ GTWK4513792-011-1

Auflösen von Klammern	$a + (b + c) = a + b + c$ $a - (b + c) = a - b - c$		$a + (b - c) = a + b - c$ $a - (b - c) = a - b + c$	
Ausmultiplizieren	$a \cdot (b + c - d) = ab + ac - ad$ $(a + b) \cdot (c + d) = ac + ad + bc + bd$ $(a - b) \cdot (c - d) = ac - ad - bc + bd$		$(a + b) \cdot (c - d) = ac - ad + bc - bd$ $(a - b) \cdot (c + d) = ac + ad - bc - bd$	
Ausklammern/ Faktorisieren	$ab + ac - ad = a \cdot (b + c - d)$			
Binomische Formeln	$(a + b)^2 = a^2 + 2ab + b^2$	$(a - b)^2 = a^2 - 2ab + b^2$		$(a + b) \cdot (a - b) = a^2 - b^2$

Rechnen mit Brüchen

Bezeichnungen	Ein **Bruch** ist ein Term der Form $\frac{a}{b}$ mit $b \neq 0$. a heißt **Zähler**, b heißt **Nenner.** Ist auch $a \neq 0$, so heißt $\frac{b}{a}$ **Kehrwert** von $\frac{a}{b}$.	Für jedes a gilt: $\frac{a}{1} = a$. Für $a \neq 0$ gilt: $\frac{a}{a} = 1$; $\frac{0}{a} = 0$
Erweitern	Man erweitert einen Bruch, indem man Zähler und Nenner mit derselben natürlichen Zahl multipliziert.	$\frac{a}{b} = \frac{a \cdot c}{b \cdot c}$ $(c \neq 0)$
Kürzen	Man kürzt einen Bruch, indem man Zähler und Nenner durch dieselbe natürliche Zahl dividiert.	$\frac{a}{b} = \frac{a : c}{b : c}$ $(c \neq 0)$
Addition/ Subtraktion	*Brüche mit gleichem Nenner* werden addiert bzw. subtrahiert, indem man die Summe bzw. die Differenz der Zähler durch den gemeinsamen Nenner dividiert. *Brüche mit verschiedenen Nennern* müssen zuerst durch Erweitern oder Kürzen auf einen gemeinsamen Nenner (z.B. auf den **Hauptnenner** als ↗ kgV (S.8) der einzelnen Nenner) gebracht werden.	$\frac{a}{c} \pm \frac{b}{c} = \frac{a \pm b}{c}$
Multiplikation	Brüche werden multipliziert, indem man das Produkt der Zähler durch das Produkt der Nenner dividiert. Multipliziert man einen Bruch mit einer ganzen Zahl c, schreibt man c als Bruch $\frac{c}{1}$ und verfährt genauso.	$\frac{a}{b} \cdot \frac{c}{d} = \frac{a \cdot c}{b \cdot d}$ $\frac{a}{b} \cdot c = \frac{a}{b} \cdot \frac{c}{1} = \frac{a \cdot c}{b}$
Division	Brüche werden dividiert, indem man den Dividenden mit dem Kehrwert des Divisors multipliziert. Dividiert man einen Bruch durch eine ganze Zahl c, schreibt man c als Bruch $\frac{c}{1}$ und verfährt genauso.	$\frac{a}{b} : \frac{c}{d} = \frac{a}{b} \cdot \frac{d}{c} = \frac{a \cdot d}{b \cdot c}$ $\frac{a}{b} : c = \frac{a}{b} : \frac{c}{1} = \frac{a}{b} \cdot \frac{1}{c} = \frac{a}{b \cdot c}$

Mittelwerte

	bei 2 Größen a_1, a_2	bei n Größen $a_1, a_2, \ldots, a_n$
Arithmetisches Mittel	$A = \frac{a_1 + a_2}{2}$	$A = \frac{a_1 + a_2 + \ldots + a_n}{n} = \frac{1}{n} \sum_{i=1}^{n} a_i$
Geometrisches Mittel	$G = \sqrt{a_1 \cdot a_2}$ $(a_1, a_2 > 0)$	$G = \sqrt[n]{a_1 \cdot a_2 \cdot \ldots \cdot a_n} = \sqrt[n]{\prod_{i=1}^{n} a_i}$ $(a_i > 0)$
Harmonisches Mittel	$H = \frac{2 \cdot a_1 \cdot a_2}{a_1 + a_2}$ $(a_1, a_2 > 0)$	$H = \frac{n}{\frac{1}{a_1} + \frac{1}{a_2} + \ldots + \frac{1}{a_n}} = \frac{n}{\sum_{i=1}^{n} \frac{1}{a_i}}$ $(a_i > 0)$

Potenzen

Definitionen für a^k	Die Zahl k heißt **Exponent**, die Zahl a **Basis** der Potenz.
	Für $k \in \mathbb{N}$ und $a \in \mathbb{R}$ gilt: $\quad$ Sonderfälle: $\quad a^1 = a$ $\quad a^0 = 1$ $\quad\quad a^k = \underbrace{a \cdot a \cdot \ldots \cdot a}_{k \text{ Faktoren}} \quad a^{-k} = \dfrac{1}{a^k} \quad (a \neq 0)$ $\quad\quad$ (0^0 ist nicht erklärt.)
	Für $k = \dfrac{p}{q}$ mit $p \in \mathbb{Z}$, $q \in \mathbb{N}$ und $q \neq 0$ gilt: $\quad a^{\frac{p}{q}} = (a^p)^{\frac{1}{q}} = \sqrt[q]{a^p}$; $\quad a^{\frac{1}{q}} = \sqrt[q]{a} \quad (a > 0)$
Potenzgesetze	Für $a, b \in \mathbb{R}$, $a, b \neq 0$ und $m, n \in \mathbb{Z}$ oder aber $a, b \in \mathbb{R}$, $a, b > 0$ und $m, n \in \mathbb{Q}$ gilt:
	Multiplikation und Division mit gleichen Exponenten: $\quad a^m \cdot b^m = (a \cdot b)^m \quad\quad \dfrac{a^m}{b^m} = \left(\dfrac{a}{b}\right)^m$
	Multiplikation und Division mit gleicher Basis: $\quad a^m \cdot a^n = a^{m+n} \quad\quad \dfrac{a^m}{a^n} = a^{m-n}$
	Potenzieren von Potenzen: $\quad (a^m)^n = a^{m \cdot n}$

Wurzeln

Definition für $\sqrt[n]{a}$ $x^n = a \Leftrightarrow x = \sqrt[n]{a}$	Für $a \in \mathbb{R}_0^+$ und $n \in \mathbb{N}$ ($n \geq 1$) ist die **n-te Wurzel aus a** (in Zeichen: $\sqrt[n]{a}$) die eindeutig bestimmte nichtnegative Zahl x mit $x^n = a$. Mit anderen Worten: $\sqrt[n]{a}$ ist die nichtnegative Lösung der Gleichung $x^n = a$. Die Zahl n wird als **Wurzelexponent**, die Zahl a als **Radikand** bezeichnet. $\sqrt[2]{a}$ ($a \in \mathbb{R}_0^+$) nennt man auch **Quadratwurzel** und schreibt dafür kurz $\sqrt{a}$.
Wurzelgesetze	Für $a, b \in \mathbb{R}$, $a, b \geq 0$ und $m, n \in \mathbb{N}$, $m, n \geq 1$ gilt:
	▶ $\sqrt[n]{a} \cdot \sqrt[n]{b} = \sqrt[n]{ab}$ $\quad\quad$ ▶ $\dfrac{\sqrt[n]{a}}{\sqrt[n]{b}} = \sqrt[n]{\dfrac{a}{b}}$ (für $b \neq 0$)
	▶ $\left(\sqrt[n]{a}\right)^m = \sqrt[n]{a^m}$ $\quad\quad$ ▶ $\sqrt[n]{\sqrt[m]{a}} = \sqrt[m]{\sqrt[n]{a}} = \sqrt[nm]{a}$

Logarithmen

Definition für $\log_a b$ $a^x = b \Leftrightarrow x = \log_a b$	Für $a, b \in \mathbb{R}^+$ und $a \neq 1$ ist der **Logarithmus von b zur Basis a** diejenige Zahl, mit der man a potenzieren muss, um b zu erhalten. Man schreibt für diese Zahl $\log_a b$. Die Zahl b wird als **Numerus** bezeichnet. Die Zahl $x = \log_a b$ ist die eindeutig bestimmte Lösung der Gleichung $a^x = b$.
	Für $a > 0$ und $a \neq 1$ gilt: $\quad \log_a a = 1 \quad\quad \log_a 1 = 0 \quad\quad \log_a \dfrac{1}{a} = -1 \quad\quad \log_a(a^c) = c$
Logarithmengesetze	Für $a \in \mathbb{R}$, $a > 0$, $a \neq 1$ und $b, b_1, b_2 \in \mathbb{R}^+$ und $r \in \mathbb{Q}$ und $n \in \mathbb{N}$, $n \neq 0$ gilt:
	▶ $\log_a(b_1 \cdot b_2) = \log_a b_1 + \log_a b_2$ $\quad\quad$ ▶ $\log_a\left(\dfrac{b_1}{b_2}\right) = \log_a b_1 - \log_a b_2$
	▶ $\log_a b^r = r \cdot \log_a b$ $\quad\quad$ ▶ $\log_a \sqrt[n]{b} = \dfrac{1}{n} \cdot \log_a b$
Zusammenhang zwischen Logarithmen (Basiswechsel)	$\log_a b = \dfrac{\log_c b}{\log_c a}$ $\quad\quad$ Spezialfall: $\log_a b = \dfrac{1}{\log_b a}$
	Insbesondere gilt: $\log_a b = \dfrac{\lg b}{\lg a}$ und $\log_a b = \dfrac{\ln b}{\ln a}$ $\quad$ (↗ spezielle Logarithmen)
Spezielle Logarithmen	▶ Der Logarithmus $\log_{10} x$ zur Basis 10 wird als **Zehnerlogarithmus** oder **dekadischer Logarithmus** bezeichnet. Die übliche Abkürzung dafür ist $\lg x$.
	▶ Der Logarithmus $\log_e x$ zur Basis e heißt **natürlicher Logarithmus** $\ln x$. $\quad\quad e = \lim\limits_{x \to \infty} \left(1 + \dfrac{1}{x}\right)^x \approx 2{,}71828$

Komplexe Zahlen

Komplexe Zahlen in Normalform	Der Bereich der komplexen Zahlen $\mathbb{C}$ umfasst alle Zahlen der Form $z = a + b\mathrm{i}$ ($a, b \in \mathbb{R}$; $\mathrm{i}^2 = -1$). a nennt man Realteil von z (Re z) und b Imaginärteil von z (Im z). Alle komplexen Zahlen mit $b = 0$ sind reelle Zahlen, also $\mathbb{R} \subset \mathbb{C}$. Alle komplexen Zahlen mit $a = 0$ und $b \neq 0$ sind imaginäre Zahlen. Die Zahl $\bar{z} = a - b\mathrm{i}$ heißt die zu $z = a + b\mathrm{i}$ konjugiert komplexe Zahl.	Darstellung der komplexen Zahlen in der Gauß'schen Zahlenebene 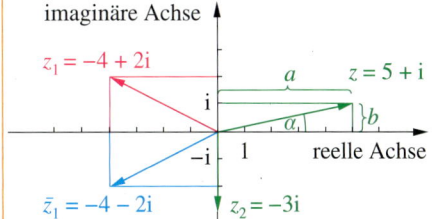
Rechenoperationen mit komplexen Zahlen in Normalform	Gegeben sind die komplexen Zahlen $z = a + b\mathrm{i}$, $z_1 = a_1 + b_1\mathrm{i}$, $z_2 = a_2 + b_2\mathrm{i}$. ▶ Gleichheit: z_1 und z_2 sind genau dann gleich, wenn $a_1 = a_2$ und $b_1 = b_2$. ▶ Addition: $z_1 + z_2 = (a_1 + a_2) + (b_1 + b_2)\mathrm{i}$ ▶ Subtraktion: $z_1 - z_2 = (a_1 - a_2) + (b_1 - b_2)\mathrm{i}$ ▶ Multiplikation: $z_1 \cdot z_2 = (a_1 a_2 - b_1 b_2) + (a_1 b_2 + a_2 b_1)\mathrm{i}$ ▶ Division: $z_1 : z_2 = \dfrac{a_1 a_2 + b_1 b_2}{a_2^2 + b_2^2} + \dfrac{a_2 b_1 - a_1 b_2}{a_2^2 + b_2^2} \cdot \mathrm{i}$ für $z_2 \neq 0 + 0\mathrm{i}$ ▶ Inverses: $\dfrac{1}{z} = \dfrac{a}{a^2 + b^2} - \dfrac{b}{a^2 + b^2} \cdot \mathrm{i}$ für $z \neq 0 + 0\mathrm{i}$ ▶ Betrag: $|z| = \sqrt{a^2 + b^2}$	
Komplexe Zahlen in trigonometrischer Form	Wegen $|z| = r = \sqrt{a^2 + b^2}$, $a = |z| \cdot \cos\alpha$ und $b = |z| \cdot \sin\alpha$ mit $0° \leq \alpha < 360°$ folgt aus $z = a + b\mathrm{i}$: $z = |z| \cdot \cos\alpha + |z| \cdot \sin\alpha \cdot \mathrm{i}$ $= |z| \cdot (\cos\alpha + \sin\alpha \cdot \mathrm{i})$ $= r \cdot (\cos\alpha + \sin\alpha \cdot \mathrm{i})$	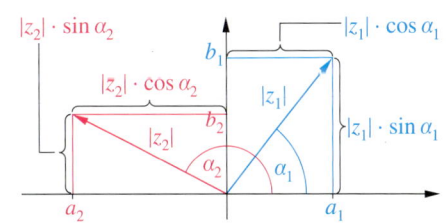
Rechenoperationen mit komplexen Zahlen in trigonometrischer Form	Gegeben sind die komplexen Zahlen $z = r \cdot (\cos\alpha + \sin\alpha \cdot \mathrm{i})$, $z_1 = r_1 \cdot (\cos\alpha_1 + \sin\alpha_1 \cdot \mathrm{i})$, $z_2 = r_2 \cdot (\cos\alpha_2 + \sin\alpha_2 \cdot \mathrm{i})$. ▶ Gleichheit: z_1 und z_2 sind genau dann gleich, wenn $r_1 = r_2$ und $\alpha_1 = \alpha_2$. ▶ Addition: $z_1 + z_2 = (r_1 \cdot \cos\alpha_1 + r_2 \cdot \cos\alpha_2) + (r_1 \cdot \sin\alpha_1 + r_2 \cdot \sin\alpha_2)\mathrm{i}$ ▶ Subtraktion: $z_1 - z_2 = (r_1 \cdot \cos\alpha_1 - r_2 \cdot \cos\alpha_2) + (r_1 \cdot \sin\alpha_1 - r_2 \cdot \sin\alpha_2)\mathrm{i}$ ▶ Multiplikation: $z_1 \cdot z_2 = r_1 r_2 [\cos(\alpha_1 + \alpha_2) + \sin(\alpha_1 + \alpha_2)\mathrm{i}]$ ▶ Division: $z_1 : z_2 = \dfrac{r_1}{r_2}[\cos(\alpha_1 - \alpha_2) + \sin(\alpha_1 - \alpha_2)\mathrm{i}]$ für $z_2 \neq 0 + 0\mathrm{i}$ ▶ Inverses: $\dfrac{1}{z} = \dfrac{1}{r}[\cos\alpha - \sin\alpha \cdot \mathrm{i}]$ für $z \neq 0 + 0\mathrm{i}$ ▶ Potenzieren: $z^n = r^n[\cos(n\alpha) + \sin(n\alpha) \cdot \mathrm{i}]$ (Satz von de Moivre)	
Beispiel für die grafische Addition bzw. Subtraktion komplexer Zahlen	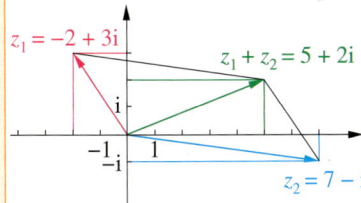	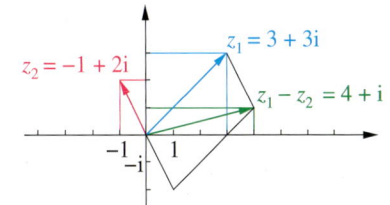

Gleichungen und Funktionen

Gleichungen und Funktionen stehen in enger Beziehung zueinander. Funktionale Abhängigkeiten können häufig durch Gleichungen beschrieben werden. Bestimmte Typen von Gleichungen entsprechen dabei bestimmten Funktionstypen.

Grundbegriffe zu Gleichungen

Grundbegriffe	Die **Definitionsmenge** D einer Gleichung mit einer **Variablen** (Unbekannten) gibt an, welche Zahlen für die Variable eingesetzt werden dürfen. Eine Zahl aus der Definitionsmenge ist eine **Lösung** der Gleichung, wenn beim Einsetzen der Zahl für die Variable eine wahre Aussage entsteht. Alle Zahlen, die Lösungen der Gleichung sind, bilden die **Lösungsmenge** L.
Äquivalenz-umformungen	Die wichtigsten **Äquivalenzumformungen** sind: ➤ Beide Seiten der Gleichung werden mit derselben von null verschiedenen Zahl multipliziert bzw. durch dieselbe von null verschiedene Zahl dividiert. ➤ Auf beiden Seiten der Gleichung wird dieselbe Zahl oder derselbe Term addiert bzw. subtrahiert. Zum Lösen von Gleichungen kann man versuchen, durch geeignete Äquivalenzumformungen die Variable zu isolieren.

Grundbegriffe zu Funktionen

Funktions-begriff	Eine **Zuordnung** ordnet jedem Element einer Menge (**Definitionsbereich**) einen oder mehrere Werte einer anderen Menge (**Wertebereich**) zu. Eine **Funktion** ist eine *eindeutige* Zuordnung: Jedem Element (**Argument**) des Definitionsbereichs wird jeweils **genau ein Funktionswert** zugeordnet. Die **Zuordnungsvorschrift** einer Funktion f gibt an, wie zu jedem Element x des Definitionsbereichs D_f der zugehörige Funktionswert y des Wertebereichs W_f gefunden wird. Man schreibt $f: x \mapsto y$. Oft lässt sich der zu x gehörende Funktionswert y durch einen **Funktionsterm** $f(x)$ berechnen. Die Gleichung $y = f(x)$ heißt **Funktionsgleichung**. 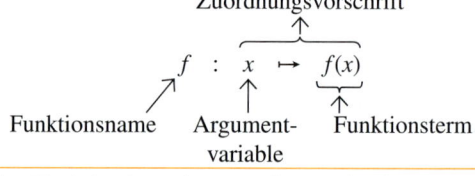
Darstellung von Funktionen	Eine Zuordnung oder eine Funktion kann (unter anderem) durch eine **Wortvorschrift**, eine **Funktionsgleichung**, eine **Wertetabelle** oder einen **Funktionsgraphen** (grafische Darstellung im Koordinatensystem) gegeben sein. Der **Graph** G_f einer Funktion f besteht aus allen Punkten $P(x; f(x))$ mit $x \in D_f$. Er kann eine lückenlose Kurve ergeben oder auch z. B. aus einzelnen Punkten bestehen. (Besonders bei Sachproblemen ist stets zu überlegen, ob und auf welche Weise einzelne Punkte eines Funktionsgraphen sinnvoll verbunden werden können.) Darstellung des Funktionsgraphen im Koordinatensystem: 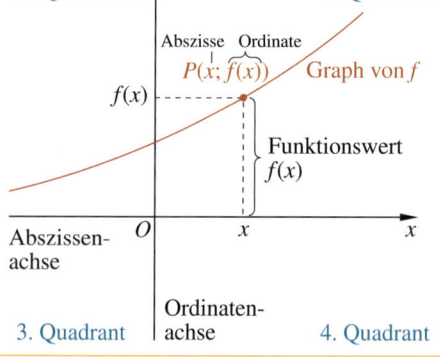

Eigenschaften von Funktionen und ihren Graphen

Nullstellen	Eine Zahl $x \in D_f$ heißt **Nullstelle** einer Funktion f, wenn gilt: $f(x) = 0$. Man ermittelt die Nullstellen rechnerisch, indem man die Gleichung $f(x) = 0$ löst und prüft, ob die Lösungen zum Definitionsbereich gehören. Die Nullstellen einer Funktion sind die x-Koordinaten der **Schnittpunkte ihres Graphen mit der x-Achse**.
Monotonie	Eine Funktion f bzw. ihr Graph heißt auf einer Teilmenge M des Definitionsbereiches ▶ **monoton steigend**, wenn für alle $x_1, x_2 \in M$ mit $x_1 < x_2$ gilt: $f(x_1) \leq f(x_2)$. ▶ **monoton fallend**, wenn für alle $x_1, x_2 \in M$ mit $x_1 < x_2$ gilt: $f(x_1) \geq f(x_2)$. ▶ **streng monoton steigend**, wenn für alle $x_1, x_2 \in M$ mit $x_1 < x_2$ gilt: $f(x_1) < f(x_2)$. ▶ **streng monoton fallend**, wenn für alle $x_1, x_2 \in M$ mit $x_1 < x_2$ gilt: $f(x_1) > f(x_2)$.
Symmetrie	Der Graph einer Funktion kann zum Beispiel achsensymmetrisch bezüglich irgendeiner Geraden oder punktsymmetrisch bezüglich irgendeines Punktes sein. Besonders wichtig sind die beiden folgenden Fälle: ▶ Der Graph einer Funktion f ist **achsensymmetrisch bzgl. der y-Achse**, wenn für jedes $x \in D_f$ gilt: $-x \in D_f$ und $f(-x) = f(x)$ ▶ Der Graph einer Funktion f ist **punktsymmetrisch zum Koordinatenursprung (0; 0)**, wenn für jedes $x \in D_f$ gilt: $-x \in D_f$ und $f(-x) = -f(x)$
Periodizität	Eine Funktion f heißt **periodisch**, wenn es eine positive Zahl p gibt, sodass für alle $x \in D_f$ die folgenden beiden Bedingungen erfüllt sind: $x + p \in D_f$ und $f(x + p) = f(x)$. p heißt **Periode** von f. Die Funktionswerte einer periodischen Funktion wiederholen sich in gleichen Abständen p regelmäßig. Der Graph kommt nach Verschiebung um p in x-Richtung mit sich selbst zur Deckung. Typische Beispiele sind die ↗ Sinusfunktion und die ↗ Kosinusfunktion.
Schnittpunkte zweier Graphen	Die Graphen zweier Funktionen f und g haben an der Stelle x einen Schnittpunkt, wenn dort die Funktionswerte $f(x)$ und $g(x)$ übereinstimmen. Man kann die x-Werte der Schnittpunkte ermitteln, indem man die Gleichung $f(x) = g(x)$ löst. Einsetzen einer solchen Lösung in den Funktionsterm $f(x)$ oder $g(x)$ ergibt den zugehörigen y-Wert.

Direkte und indirekte (umgekehrte) Proportionalität

	Direkte Proportionalität (Direkt proportionale Zuordnungen)	Indirekte Proportionalität (Antiproportionale Zuordnungen)
Definition	Zwei Größen sind **direkt proportional** zueinander, wenn die Verhältnisse einander zugeordneter Werte der beiden Größen stets gleich sind (**Quotientengleichheit**). Für alle Wertepaare $(x_i; y_i)$ und $(x_k; y_k)$ gilt: ▶ $\frac{y_i}{x_i} = m$ $(x_i \neq 0)$ bzw. $y_i = m \cdot x_i$ ▶ $\frac{y_i}{x_i} = \frac{y_k}{x_k}$ (Verhältnisgleichung) Die Konstante m heißt **Proportionalitätsfaktor**.	Zwei Größen sind **indirekt proportional** zueinander, wenn die Produkte einander zugeordneter Werte der beiden Größen stets gleich sind (**Produktgleichheit**). Für alle Wertepaare $(x_i; y_i)$ und $(x_k; y_k)$ gilt: ▶ $x_i \cdot y_i = k$ bzw. $y_i = \frac{k}{x_i}$ $(x_i \neq 0)$ ▶ $x_i \cdot y_i = x_k \cdot y_k$ (Produktgleichung)
Merkmale	Wird die eine Größe verdoppelt (verdreifacht, …), so verdoppelt (verdreifacht, …) sich auch die andere. Wird die eine Größe halbiert (gedrittelt, …), so halbiert (drittelt, …) sich auch die andere. *Faustregel:* „Je mehr – desto mehr."	Wird die eine Größe verdoppelt (verdreifacht, …), so halbiert (drittelt, …) sich die andere. Wird die eine Größe halbiert (gedrittelt, …), so verdoppelt (verdreifacht, …) sich die andere. *Faustregel:* „Je mehr – desto weniger."
Grafische Darstellung	Eine direkt proportionale Zuordnung $x \mapsto y$ ist eine Funktion mit der Funktionsgleichung $y = k \cdot x$. Der **Graph** liegt auf einer **Geraden**, die durch den Ursprung des Koordinatensystems geht.	Eine indirekt proportionale Zuordnung $x \mapsto y$ ist eine Funktion mit der Funktionsgleichung $y = \frac{a}{x}$ $(x \neq 0)$. Der **Graph** liegt auf einer **Hyperbel**, also auf einer Kurve, die sich für sehr kleine x-Werte an die y-Achse und für sehr große x-Werte an die x-Achse anschmiegt.
Verhältnisgleichung und Dreisatz	Grundaufgabe: Von zwei Wertepaaren $(x_1; y_1)$ und $(x_2; y_2)$ sind drei Werte bekannt, der vierte Wert ist gesucht. $(x_1, x_2 \neq 0)$ 1. Lösungsmöglichkeit: Die Verhältnisgleichung $\frac{y_1}{x_1} = \frac{y_2}{x_2}$ wird nach dem gesuchten Wert aufgelöst. 2. Lösungsmöglichkeit: **Dreisatzschema** *Beispiel:* Gegeben sind x_1, y_1 und x_2, gesucht ist y_2. Schluss auf die Einheit Schluss auf das Gesuchte $:x_1 \begin{pmatrix} x_1 \to y_1 \\ 1 \to \frac{y_1}{x_1} \\ x_2 \to \frac{y_1}{x_1} \cdot x_2 \end{pmatrix} :x_1$ $\cdot x_2$ Ergebnis: $y_2 = \frac{y_1}{x_1} \cdot x_2$	Grundaufgabe: Von zwei Wertepaaren $(x_1; y_1)$ und $(x_2; y_2)$ sind drei Werte bekannt, der vierte Wert ist gesucht. $(x_1, x_2 \neq 0)$ 1. Lösungsmöglichkeit: Die Produktgleichung $x_1 \cdot y_1 = x_2 \cdot y_2$ wird nach dem gesuchten Wert aufgelöst. 2. Lösungsmöglichkeit: **Dreisatzschema** *Beispiel:* Gegeben sind x_1, y_1 und x_2, gesucht ist y_2. Schluss auf die Einheit Schluss auf das Gesuchte $:x_1 \begin{pmatrix} x_1 \to y_1 \\ 1 \to y_1 \cdot x_1 \\ x_2 \to \frac{y_1 \cdot x_1}{x_2} \end{pmatrix} \cdot x_1$ $:x_2$ Ergebnis: $y_2 = \frac{y_1 \cdot x_1}{x_2}$

Prozent- und Zinsrechnung

	Prozentrechnung	Zinsrechnung
Begriffe	▶ Der **Grundwert G** ist die Bezugsgröße. Er stellt das Ganze (100%) dar. ▶ Der **Prozentsatz ($p\%$)** gibt einen Bruchteil *in Prozent* (Hundertstel) an. Die Zahl p heißt **Prozentzahl**. ▶ Der **Prozentwert W** ist der zum Prozentsatz gehörige Anteil des Ganzen. Prozentwert und Prozentsatz sind zueinander ↗ **direkt proportional**. (S. 16)	▶ Das **Kapital K** entspricht dem Grundwert G. ▶ Der **Zinssatz $p\%$** tritt an die Stelle des Prozentsatzes $p\%$. ▶ Die **Zinsen Z** entsprechen dem Prozentwert W. Zinsen und Zinssatz sind zueinander ↗ **direkt proportional**. (S. 16)
Grundgleichung	$\dfrac{W}{p} = \dfrac{G}{100}$ $\left(\text{auch } W = \dfrac{G \cdot p}{100}\right)$	$\dfrac{Z}{p} = \dfrac{K}{100}$ $\left(\text{auch } Z = \dfrac{K \cdot p}{100}\right)$
Grundaufgaben	Zu berechnen ist W: $\quad W = \dfrac{G \cdot p}{100}$ Zu berechnen ist $p\%$: $\quad p\% = \dfrac{p}{100} = \dfrac{W}{G}$ Zu berechnen ist G: $\quad G = \dfrac{W \cdot 100}{p}$	Zu berechnen ist Z: $\quad Z = \dfrac{K \cdot p}{100}$ Zu berechnen ist $p\%$: $\quad p\% = \dfrac{p}{100} = \dfrac{Z}{K}$ Zu berechnen ist K: $\quad K = \dfrac{Z \cdot 100}{p}$
Einige Prozentsätze		

1%	2%	2,5%	4%	5%	10%	12,5%	20%	25%	$33,\overline{3}\%$	50%	$66,\overline{6}\%$	75%
$\dfrac{1}{100}$	$\dfrac{1}{50}$	$\dfrac{1}{40}$	$\dfrac{1}{25}$	$\dfrac{1}{20}$	$\dfrac{1}{10}$	$\dfrac{1}{8}$	$\dfrac{1}{5}$	$\dfrac{1}{4}$	$\dfrac{1}{3}$	$\dfrac{1}{2}$	$\dfrac{2}{3}$	$\dfrac{3}{4}$

Zinsen für feste Anlagezeit	ein Jahr: $Z = \dfrac{K \cdot p}{100}$ $\qquad$ m Monate: $Z = \dfrac{K \cdot m \cdot p}{100 \cdot 12}$ $\qquad$ i Tage: $Z = \dfrac{K \cdot i \cdot p}{100 \cdot 360}$
Zinseszinsen	Die jährlichen Zinsen werden dem Kapital zugeschlagen und im Folgejahr mitverzinst. Bei einem Startkapital K_0 und einem Jahreszinssatz von $p\%$ beträgt das **Kapital nach n Jahren $K_n = K_0 \cdot \left(1 + \dfrac{p}{100}\right)^n$**. $\begin{array}{c\|c\|c\|c\|c}n & 1 & 2 & \dots & n \\ \hline K_n & K_0 \cdot q & K_0 \cdot q^2 & \dots & K_0 \cdot q^n\end{array}$ $\quad$ mit $\quad q = 1 + \dfrac{p}{100}$ Das Kapital wächst exponentiell (↗ S. 72) mit dem Wachstumsfaktor $q = 1 + \dfrac{p}{100}$. ▶ Gibt es m Zinsperioden pro Jahr (unterjährige Verzinsung) gilt für das Kapital nach n Jahren: $K_n = K_0 \cdot \left(1 + \dfrac{p}{m \cdot 100}\right)^{m \cdot n}$ ▶ Bei stetiger Verzinsung gilt: $K_n = K_0 \cdot e^{\left(\frac{p}{100}\right)n}$

Skonto und Umsatzsteuer (auch Mehrwertsteuer)

Skonto	prozentualer Preisnachlass auf den Rechnungsbetrag bei Zahlung innerhalb einer bestimmten Frist $\text{Skonto} = \dfrac{\text{Rechnungsbetrag} \cdot \text{Skontosatz}}{100}$	Rechnungsbetrag $\quad$ 100% − $\qquad\qquad$ Skonto $\quad$ 3% (z. B.) = $\qquad\qquad$ Barpreis $\quad$ 97%
Umsatzsteuer (USt.) auch Mehrwertsteuer (MwSt.)	Steuer, die den Austausch von Waren und Dienstleistungen besteuert $\text{Umsatzsteuer} = \dfrac{\text{Nettobetrag} \cdot \text{Steuersatz}}{100}$ $\text{Umsatzsteuer} = \dfrac{\text{Bruttobetrag} \cdot \text{Steuersatz}}{100 + \text{Steuersatz}}$ $\text{Nettobetrag} = \dfrac{\text{Bruttobetrag} \cdot 100}{100 + \text{Steuersatz}}$	Nettobetrag $\quad$ 100% + Umsatzsteuer $\quad$ 19% (z. B.) = Bruttobetrag $\quad$ 119%

Lineare Optimierung

Ausgangssituation ist die Bestimmung eines Minimums oder Maximums einer linearen Funktion, die von endlich vielen Variablen abhängig ist. Dabei müssen die Variablen endlich vielen Nebenbedingungen genügen. Die Nebenbedingungen (auch: Restriktionen) haben die Gestalt von linearen Ungleichungen.

Lösung von linearen Optimierungsproblemen mit zwei Variablen

Grafische Lösung	Lösung mit der Eckpunktmethode
1. Festlegen der Bedeutung von x und y	
2. Bestimmen der Zielfunktion $Z(x; y)$, deren Minimum oder Maximum berechnet werden soll: $Z(x; y) = p_1 x + p_2 y = \begin{cases} \max! \\ \min! \end{cases}$	
3. Festlegen der Restriktionen und Nichtnegativitätsbedingungen: $\begin{aligned} a_{11}x + a_{12}y &\leq b_1 \\ a_{21}x + a_{22}y &\leq b_2 \\ &\dots \\ x \geq 0,\ y &\geq 0 \end{aligned}$ mit $a_{ij}, b_i \in \mathbb{R},\ i \in \mathbb{N}, j \in \{1;2\}$	
4. Zeichnen des Planungsvielecks (dazu die Restriktionen nach y auflösen und die entsprechenden Geraden zeichnen):	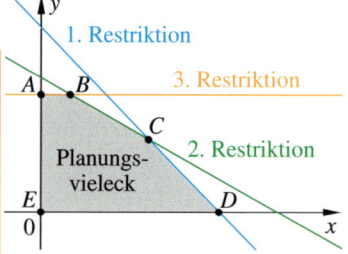
5. Umstellen der Zielfunktion nach y und Zeichnen der Zielfunktion für $Z = 0$: 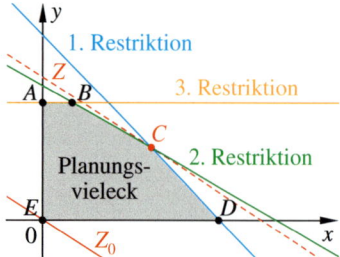 Parallelverschiebung von Z_0, bis der erste (bei Minimum) bzw. letzte (bei Maximum) Randpunkt $(x^*\|y^*)$ des Planungsvielecks getroffen wird. $((x^*\|y^*)$ existiert nicht zwingend.) Die Koordinaten des ermittelten Punktes $(x^*\|y^*)$ in die Zielfunktion einsetzen, um das gesuchte Ergebnis zu erhalten.	5. Berechnen aller Eckpunkte $(x_i\|y_i)$, die das Planungsvieleck begrenzen. Einsetzen der einzelnen Eckpunkte in die Zielfunktion $Z(x_i; y_i) = p_1 x_i + p_2 y_i$ mit $i \in \mathbb{N}$. Das maximale bzw. minimale Ergebnis ist das gesuchte Ergebnis. *Besonderheit:* Liefern zwei Eckpunkte das optimale Ergebnis, so ist die gesamte Kante zwischen diesen beiden Punkten das Ergebnis.
6. Ist eine Kante des Planungsvielecks das Ergebnis, so bilden alle Punkte der Kante die Lösungsmenge.	

Simplex-Algorithmus – Allgemeines Verfahren für lineare Optimierungsprobleme mit n Variablen $x_1, \dots, x_n$

▶ Festlegen der Bedeutung von $x_1 \dots x_n$.
▶ Restriktionen festlegen und in die Form $\mathbf{A} \cdot \vec{x} \leq \vec{b}$ bringen. Die Schlupfvariablen $y_1 \dots y_m$ ergänzen das Ungleichungssystem zu einem linearen Gleichungssystem: $\vec{y} + \mathbf{A} \cdot \vec{x} = \vec{b}$.
▶ Zielfunktion $Z(x_1; x_2; \dots; x_n) = \vec{p}^T \cdot \vec{x} = \max!$ aufstellen $(\vec{p}^t = (p_1\ p_2 \dots p_n))$.
▶ Koeffizienten in ein Simplextableau eintragen
▶ je Iterationsschritt folgendes ausführen:
1. Finden des **Pivotelements** $a_{i^*j^*}$
   (a) **Pivotspalte**: Spalte j^* mit $p_{j^*} = \max p_j$;
   (b) **Pivotzeile**: Zeile i^* mit $|b_{i^*}/a_{i^*j^*}| = \min (|b_i/a_{ij^*}|)$, wobei $b_i/a_{ij^*} < 0$
2. Variablen in Pivotzeile und -spalte tauschen;
3. Pivotelement durch sein Reziprokes ersetzen;
4. restliche Koeff. der Pivotspalte durch $a_{i^*j^*}$ teilen;
5. restliche Koeff. der Pivotzeile durch $-a_{i^*j^*}$ teilen;
6. restliche Koeff. des Tableaus wie folgt ersetzen:
a_{ij} durch $a_{ij} - \dfrac{a_{ij^*} \cdot a_{i^*j}}{a_{i^*j^*}}$, b_i durch $b_i - \dfrac{a_{ij^*} \cdot b_{i^*}}{a_{i^*j^*}}$, p_j durch $p_j - \dfrac{a_{i^*j} \cdot p_{j^*}}{a_{i^*j^*}}$

Simplextableau:

		Nichtbasisvariablen			
		x_1	x_2	$\dots$	x_n
	Z	p_1	p_2	$\dots$	p_m	0
Basisvariablen	y_1	$-a_{11}$	$-a_{12}$	$\dots$	$-a_{1n}$	b_1
	y_2	$-a_{21}$	$-a_{22}$	$\dots$	$-a_{2n}$	b_2
	$\dots$	$\dots$	$\dots$	$\dots$	$\dots$	$\dots$
	y_m	$-a_{m1}$	$-a_{m2}$	$\dots$	$-a_{mn}$	b_m

Sind in dem so entstehenden Tableau alle Koeffizienten $p_1, p_2, \dots, p_n$ negativ, enthält die rechte Spalte das Lösungstupel für die Basisvariablen.

Lineare Gleichungen und Lineare Gleichungssysteme (↗ S. 88)

Lineare Gleichungen	Eine Gleichung, in der die Variable nur in der ersten Potenz auftritt, heißt **lineare Gleichung**. Eine lineare Gleichung der Form $ax + b = 0$ hat genau eine **Lösung**, nämlich $x = -\frac{b}{a}$, $(a, b \in \mathbb{R}; a \neq 0)$
Lineares Gleichungssystem (LGS) mit 2 Variablen	*Allgemeine Form*: (I) $a_1 x + b_1 y + c_1 = 0$ $a_1, b_1, c_1, a_2, b_2, c_2 \in \mathbb{R}$ (II) $a_2 x + b_2 y + c_2 = 0$ *Lösungen* sind *Zahlenpaare* $(x; y)$, die beim Einsetzen *beide* Gleichungen erfüllen.
Rechnerisches Lösen linearer Gleichungssysteme	▶ **Gleichsetzungsverfahren**: Zwei Gleichungen werden nach derselben Variablen aufgelöst und die entstandenen Terme werden gleichgesetzt. ▶ **Einsetzungsverfahren**: Eine Gleichung wird nach einer Variablen aufgelöst. Die Variable wird in der anderen Gleichung durch den entstandenen Term ersetzt. ▶ **Additionsverfahren**: Beide Seiten einer Gleichung werden mit einer Zahl ($\neq 0$) multipliziert, sodass in beiden Gleichungen die Koeffizienten vor einer der Variablen dem Betrage nach gleich sind, aber unterschiedliches Vorzeichen haben. Dann werden die linken und rechten Seiten der beiden Gleichungen addiert.
Grafisches Lösen linearer Gleichungssysteme mit 2 Variablen	Das LGS hat *genau eine Lösung*, wenn die Geraden einander schneiden. Das LGS hat *keine Lösung*, wenn die Geraden parallel verlaufen. Das LGS hat *unendlich viele Lösungen*, wenn die Geraden zusammenfallen.

Lineare Funktionen   ↻ GTWK4513792-019-1

Definition, Bezeichnungen, Graph	Eine Funktion f mit $y = f(x) = mx + n$ ($m, n \in \mathbb{R}; m \neq 0$) heißt **lineare Funktion**. $D_f = \mathbb{R}; W_f = \mathbb{R}$ Der **Graph** ist eine **Gerade**. m heißt **Steigung** oder **Anstieg**. $m = \frac{\Delta y}{\Delta x} = \frac{y_2 - y_1}{x_2 - x_1} = \frac{f(x_2) - f(x_1)}{x_2 - x_1}$ ($x_1 \neq x_2$) n heißt **y-Achsenabschnitt**; $(0; n)$ ist der Schnittpunkt mit der y-Achse. α heißt **Steigungswinkel**; $\tan \alpha = m$ **Nullstelle**: $x_0 = -\frac{n}{m}$ ($m \neq 0$) **Zwei-Punkte-Form**: $y = \frac{y_2 - y_1}{x_2 - x_1} \cdot x + \left(y_1 - \frac{y_2 - y_1}{x_2 - x_1} \cdot x_1\right)$
Monotonie und Lagebeziehungen	$m > 0$: Die Gerade ist **monoton steigend**. ($m_1 > 0 \Rightarrow$ Graph von f monoton steigend) $m < 0$: Die Gerade ist **monoton fallend**. ($m_2 < 0 \Rightarrow$ Graph von g monoton fallend) Zwei Geraden g_1 und g_2 sind ▶ **parallel** zueinander, wenn für ihre Steigungen gilt: $m_1 = m_2$ ▶ **senkrecht** zueinander, wenn für ihre Steigungen gilt: $m_1 \cdot m_2 = -1$ bzw. $m_1 = -\frac{1}{m_2}$
Konstante Funktionen	Eine Funktion f mit $f(x) = c$ mit $c \in \mathbb{R}$ heißt **konstante Funktion**. Für eine konstante Funktion ist $D_f = \mathbb{R}; W_f = \{c\}$. Eine konstante Funktion hat die Steigung $m = 0$. Ihr Graph ist eine **zur x-Achse parallele (waagerechte, horizontale) Gerade**.

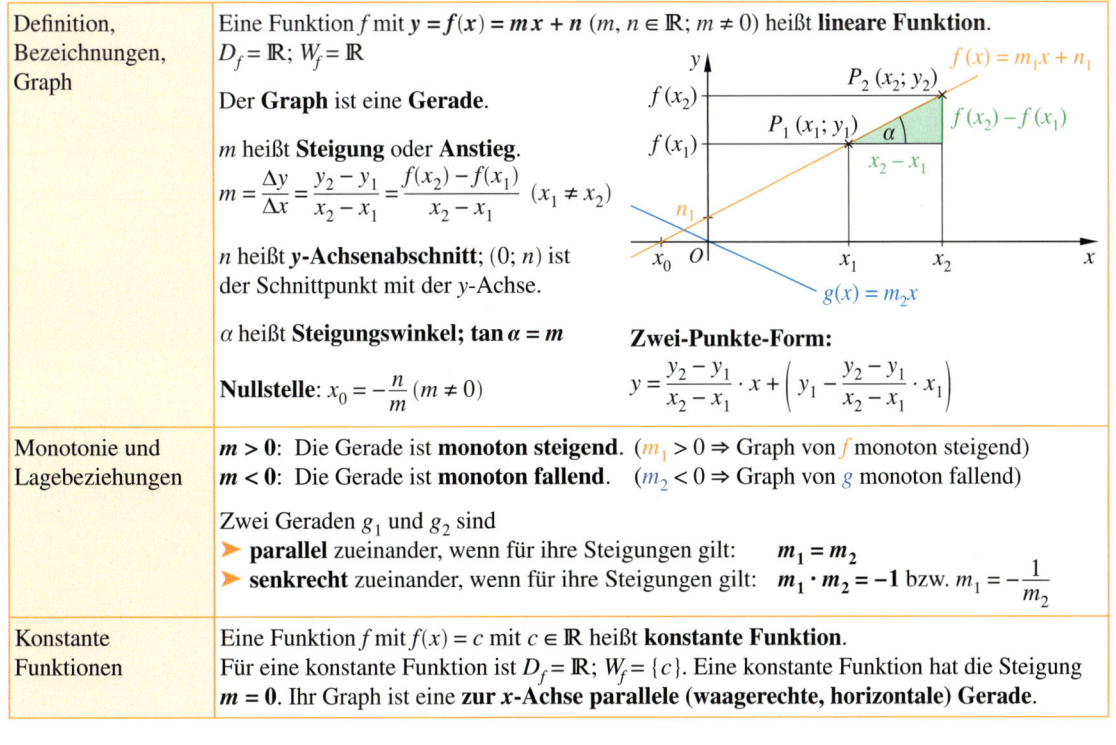

Quadratische Gleichungen

	Allgemeine Form	Normalform
Quadratische Gleichungen	$ax^2 + bx + c = 0$ $(a, b, c \in \mathbb{R}; a \neq 0)$	$x^2 + px + q = 0$ $(p, q \in \mathbb{R})$
Diskriminante	$D = b^2 - 4ac$	$D = \left(\dfrac{p}{2}\right)^2 - q$
Lösungsformeln	$x_{1/2} = -\dfrac{b}{2a} \pm \sqrt{\dfrac{b^2 - 4ac}{4a^2}}$ (a-b-c-Formel)	$x_{1/2} = -\dfrac{p}{2} \pm \sqrt{\left(\dfrac{p}{2}\right)^2 - q}$ (p-q-Formel)
Anzahl der Lösungen	$D > 0$: *zwei* Lösungen zugehörige Parabel hat zwei Nullstellen	$D = 0$: genau *eine* Lösung zugehörige Parabel hat eine (doppelte) Nullstelle $D < 0$: *keine* Lösung in $\mathbb{R}$ zugehörige Parabel hat keine Nullstellen
Satz von Vieta	Für die Lösungen x_1 und x_2 einer quadratischen Gleichung $x^2 + px + q = 0$ gilt: $x_1 + x_2 = -p$ und $x_1 \cdot x_2 = q$	
Linearfaktoren	Hat $x^2 + px + q = 0$ die Lösungen x_1 und x_2, so gilt: $x^2 + px + q = (x - x_1) \cdot (x - x_2)$	
Biquadratische Gleichungen	$ax^4 + bx^2 + c = 0$ $(a, b, c \in \mathbb{R}; a \neq 0)$ Lösungen: $x_{1/2} = \pm\sqrt{u_1}$ und $x_{3/4} = \pm\sqrt{u_2}$, falls $u_1 \geq 0$ und $u_2 \geq 0$ Lösungen der durch die Substitution $x^2 = u$ erhaltenen Gleichung $au^2 + bu + c = 0$ sind.	

Quadratische Funktionen ↻ GTWK4513792-020-1

Allgemeine Form	Funktionsgleichung: $y = f(x) = ax^2 + bx + c$ $(a, b, c \in \mathbb{R}; a \neq 0)$ Scheitelpunkt: $S\left(-\dfrac{b}{2a}; \dfrac{4ac - b^2}{4a}\right)$ Nullstellen: $x_{1/2} = -\dfrac{b}{2a} \pm \sqrt{\dfrac{b^2 - 4ac}{4a^2}}$
Normalform	Funktionsgleichung: $y = f(x) = x^2 + px + q$ $(p, q \in \mathbb{R}; a \neq 0)$ Scheitelpunkt: $S\left(-\dfrac{p}{2}; -\dfrac{p^2}{4} + q\right)$ Nullstellen: $x_{1/2} = -\dfrac{p}{2} \pm \sqrt{\left(\dfrac{p}{2}\right)^2 - q}$
Scheitelpunktform	Funktionsgleichung: $y = f(x) = a(x + d)^2 + e$ $(a, d, e \in \mathbb{R}; a \neq 0)$ Scheitelpunkt: $S(-d; e)$ Nullstellen: $x_{1/2} = -d \pm \sqrt{-\dfrac{e}{a}}$
Linearfaktorform	Sind x_1 und x_2 Nullstellen einer quadratischen Funktion f, so gilt: $y = f(x) = a(x - x_1)(x - x_2); (a \neq 0)$.
Grafische Darstellung	Der **Graph** einer quadratischen Funktion heißt **Parabel**. Der Graph der Funktion $y = x^2$ heißt **Normalparabel**.

Potenzfunktionen ↻ GTWK4513792-021-1

$f(x) = x^n$ mit $n \in \mathbb{N}$, n gerade	**Definitionsbereich**: $D_f = \mathbb{R}$ **Wertebereich**: $W_f = \mathbb{R}_0^+$ f hat genau eine **Nullstelle**: $x_0 = 0$ Der **Graph** ist eine **Parabel**. Er ist ▶ für $x < 0$ streng monoton **fallend**, ▶ für $x > 0$ streng monoton **steigend**, ▶ **achsensymmetrisch** zur y-Achse. **Gemeinsame Punkte** der Graphen: $(0; 0), (1; 1), (-1; 1)$ Die Funktion $y = x^0$ ist eine konstante Funktion mit einer „Lücke" bei $x = 0$. Sie gehört nicht zu den Potenzfunktionen. Für $n = 1$ erhält man eine lineare und für $n = 2$ eine quadratische Funktion.
$f(x) = x^n$ mit $n \in \mathbb{N}$, n ungerade	**Definitionsbereich**: $D_f = \mathbb{R}$ **Wertebereich**: $W_f = \mathbb{R}$ f hat genau eine **Nullstelle**: $x_0 = 0$ Der **Graph** ist eine **Parabel**. Er ist ▶ streng monoton **steigend** für alle $x \in \mathbb{R}$. ▶ **punktsymmetrisch** zum Ursprung. **Gemeinsame Punkte** der Graphen: $(0; 0), (1; 1), (-1; -1)$
$f(x) = x^{-n} = \dfrac{1}{x^n}$ mit $n \in \mathbb{N}$, n gerade	**Definitionsbereich**: $D_f = \mathbb{R} \setminus \{0\}$ **Wertebereich**: $W_f = \mathbb{R}^+$ f hat **keine Nullstelle**. Der Graph ist eine **Hyperbel**. Er ist ▶ für $x < 0$ streng monoton **steigend**, ▶ für $x > 0$ streng monoton **fallend**, ▶ **achsensymmetrisch** zur y-Achse. **Gemeinsame Punkte** der Graphen: $(1; 1), (-1; 1)$
$f(x) = x^{-n} = \dfrac{1}{x^n}$ mit $n \in \mathbb{N}$, n ungerade	**Definitionsbereich**: $D_f = \mathbb{R} \setminus \{0\}$ **Wertebereich**: $W_f = \mathbb{R} \setminus \{0\}$ f hat **keine Nullstelle**. Der Graph ist eine **Hyperbel**. Er ist ▶ für $x < 0$ streng monoton **fallend**, ▶ für $x > 0$ streng monoton **fallend**, ▶ **punktsymmetrisch** zum Ursprung. **Gemeinsame Punkte** der Graphen: $(1; 1), (-1; -1)$
$f(x) = x^q$ mit $q = \dfrac{m}{n}$, $m \in \mathbb{Z}, n \in \mathbb{N}$, m und n teilerfremd	**Definitionsbereich**: $D_f = \mathbb{R}_0^+$ für $m > 0$; $D_f = \mathbb{R}^+$ für $m < 0$ **Wertebereich**: $W_f = \mathbb{R}_0^+$ für $m > 0$; $W_f = \mathbb{R}^+$ für $m < 0$ Die **Wurzelfunktionen** $f(x) = \sqrt[n]{x}$ ($m = 1$) und $f(x) = \dfrac{1}{\sqrt[n]{x}}$ ($m = -1$) sind die ↗ Umkehrfunktionen von Potenzfunktionen mit ganzzahligen Exponenten. **Gemeinsamer Punkt** der Graphen: $(1; 1)$

Rationale Funktionen

Ganzrationale Funktionen	Eine Funktion f mit $y = f(x) = a_n x^n + \ldots + a_2 x^2 + a_1 x + a_0$ ($n \in \mathbb{N}$; $a_i \in \mathbb{R}$; $a_n \neq 0$) heißt **ganzrationale Funktion** oder **Polynomfunktion vom Grad n**. Der **Definitionsbereich** ist $D_f = \mathbb{R}$. Der Graph ist ▶ **achsensymmetrisch zur y-Achse**, wenn im Funktionsterm **nur gerade Potenzen** von x auftreten, ▶ **punktsymmetrisch zum Ursprung**, wenn im Funktionsterm **nur ungerade Potenzen** von x auftreten. (↗ Symmetrie von Funktionen; S. 15) Eine ganzrationale Funktion vom Grad n hat **höchstens n Nullstellen**. Zwischen zwei benachbarten Nullstellen liegt mindestens ein ↗ Maximum oder ↗ Minimum (↗ S. 65). 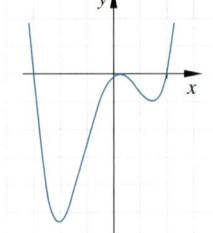 Graph einer ganzrationalen Funktion 4. Grades **Linearfaktordarstellung:** Hat die Funktion f die Nullstellen $x_1, x_2, \ldots x_n$, so gilt: $f(x) = a \cdot (x - x_1) \cdot (x - x_2) \cdot \ldots \cdot (x - x_n)$
Gebrochenrationale Funktionen	Eine Funktion f mit $y = f(x) = \dfrac{u(x)}{v(x)}$, wobei u und v Polynome sind, heißt **gebrochenrationale Funktion**. Der **Definitionsbereich** ist $D_f = \mathbb{R} \setminus \{x \mid v(x) = 0\}$ Grad(u) < Grad(v): Ist der Grad des Zählers kleiner als der Grad des Nenners, heißt die Funktion **echt gebrochenrational**. Grad(u) > Grad(v): Ist der Grad des Zählers größer als der des Nenners, heißt die Funktion **unecht gebrochenrational**. **Verhalten im Unendlichen** (↗ Seite 62) Jede gebrochenrationale Funktion $f(x) = \dfrac{u(x)}{v(x)}$ kann durch ↗ **Polynomdivision** auf die Form $f(x) = p(x) + \dfrac{r(x)}{v(x)}$ mit Polynomen p, r und v gebracht werden, wobei Grad(r) < Grad(v) ist. Deshalb strebt $\dfrac{r(x)}{v(x)}$ für $x \to \infty$ und für $x \to -\infty$ jeweils gegen 0, und folglich nähert sich der Graph von f **asymptotisch** dem Graphen von p. ▶ Grad(u) < Grad(v): $p(x) = 0$ Asymptote: x-Achse 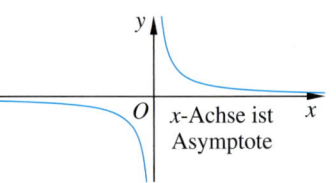 x-Achse ist Asymptote ▶ Grad(u) = Grad(v): $p(x) = n$ mit $n \neq 0$ Asymptote: eine zur x-Achse parallele Gerade durch $(0; n)$ 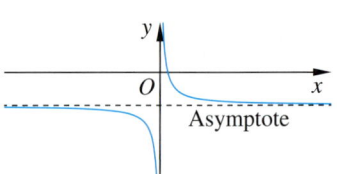 Asymptote ▶ Grad(u) > Grad(v): Ist der Grad des Zählers genau um 1 größer als der des Nenners gilt: $p(x) = mx + n$ mit $m \neq 0$. Die Asymptote ist eine Gerade, deren Anstieg nicht 0 beträgt. (Ist der Grad des Zählers um mehr als 1 größer als der des Nenners, ist die Asymptote ein gekrümmter Funktionsgraph.) 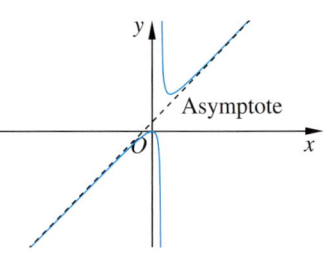 Asymptote

Verhalten an den Definitionslücken (→ Seite 62)

Gilt $u(x_0) = v(x_0) = 0$, hat der Graph von f eine **hebbare Lücke**.

Gilt $u(x_0) \neq 0$ und $v(x_0) = 0$, hat der Graph von f eine **Polstelle**.
Der Graph von f besitzt dort eine **senkrechte Asymptote**.

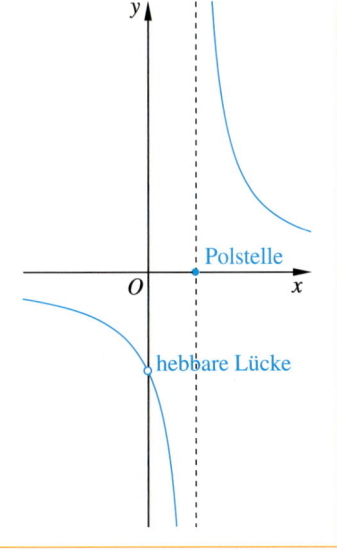

Gleichungen höheren Grades / Bruchgleichungen / Wurzelgleichungen

Gleichungen n-ten Grades	Eine **Gleichung n-ten Grades** ist eine Gleichung der Form $p(x) = 0$, wobei $p(x) = a_n x^n + \ldots + a_2 x^2 + a_1 x + a_0$ $(n \in \mathbb{N};\ a_i \in \mathbb{R};\ a_n \neq 0)$ ein **Polynom vom Grad n** ist. Lösungen der Gleichung sind die Nullstellen der ↗ ganzrationalen Funktion p. Falls eine Lösung x_1 der Gleichung bekannt ist, so ergibt die ↗ **Polynomdivision** $p(x) : (x - x_1) = p_1(x)$ ein Polynom $p_1(x)$ vom Grad $(n-1)$. Es ist dann zur Ermittlung weiterer Lösungen die (einfachere) Gleichung $p_1(x) = 0$ zu lösen.
Polynomdivision	Wird ein Polynom $f(x)$ durch ein Polynom $g(x)$ geteilt (Grad $f \geq$ Grad g), so entsteht ein Polynom $p(x)$ und evtl. ein Restpolynom $r(x)$: $f(x) = p(x) \cdot g(x) + r(x)$ $r(x)$ ist entweder das Nullpolynom oder ein Polynom mit Grad $r \leq$ Grad p. Für p gilt: Grad p = Grad f − Grad g Der Divisionsalgorithmus entspricht der schriftlichen Division natürlicher Zahlen.
Bruchgleichungen	Eine Gleichung, bei der die Variable im Nenner auftritt, heißt **Bruchgleichung**. Die **Definitionsmenge** enthält nur Zahlen, für die die Nenner ungleich null sind. Eine Bruchgleichung der Form $\dfrac{p(x)}{q(x)} = \dfrac{u(x)}{v(x)}$ kann durch *Über-Kreuz-Multiplizieren* in die Gleichung $p(x) \cdot v(x) = u(x) \cdot q(x)$ umgeformt werden. Falls p, q, u und v *Polynome* sind, entsteht so eine Gleichung n-ten Grades. *Achtung*: Prüfen, ob die gefundenen Lösungen zur Definitionsmenge gehören!
Wurzelgleichungen	Bei **Wurzelgleichungen** tritt die Variable auch im Radikanden einer Wurzel auf. Die **Definitionsmenge** enthält nur Zahlen, für die der Radikand nicht negativ wird. Kann man durch Äquivalenzumformungen den **Wurzelterm isolieren**, das heißt, die Gleichung auf die Form $\sqrt{R(x)} = f(x)$ bringen, führt anschließendes Potenzieren beider Seiten der Gleichung oft zum Ziel. Probe machen!

Gleichungen und Funktionen

Exponentialfunktionen/Logarithmusfunktionen   GTWK4513792-024-1

Exponentialfunktionen	Jede Funktion f mit $f(x) = a^x$ mit $a \in \mathbb{R}^+$, $a \neq 1$, heißt **Exponentialfunktion**. **Definitionsbereich**: $D_f = \mathbb{R}$ **Wertebereich**: $W_f = \mathbb{R}^+$ Die Funktion f hat **keine Nullstelle**. Der **Graph** von f ist ▶ **für $a > 1$** streng monoton **steigend**, ▶ **für $a < 1$** streng monoton **fallend**. *[Graph: $y = \left(\frac{1}{10}\right)^x$, $y = 10^x$, $y = e^x$]* Alle Graphen gehen durch $(0; 1)$. Der Graph verläuft stets oberhalb der x-Achse und nähert sich dieser für $a > 1$ für $x \to -\infty$ und für $a < 1$ für $x \to \infty$ **asymptotisch** an. Eine Exponentialfunktion mit der Basis e, heißt e-Funktion, z. B. $f(x) = e^x$. Jede Exponentialfunktion kann als e-Funktion dargestellt werden: $f(x) = a^x \quad \Leftrightarrow \quad f(x) = e^{x \cdot \ln a}$
Logarithmusfunktionen	$y = f(x) = \log_a x$ ist die Umkehrfunktion der Funktion $y = a^x$ mit $a \in \mathbb{R}^+$, $a \neq 1$. **Definitionsbereich**: $D_f = \mathbb{R}^+$ **Wertebereich**: $W_f = \mathbb{R}$ Die Funktion f hat genau eine **Nullstelle**: $x_0 = 1$ Die Umkehrfunktion zu $y = e^x$ ist die Funktion des **natürlichen Logarithmus** $f(x) = \ln x$. Die Umkehrfunktion zu $y = 10^x$ ist die Funktion des **dekadischen Logarithmus** $f(x) = \lg x$. *[Graph: $y = \ln x$, $y = \lg x$]* Alle Graphen gehen durch $(1; 0)$.

Exponentielles Wachstum ↗ Wachstumsprozesse und Differentialgleichungen S. 72

Exponential- und Logarithmusgleichungen

Exponentialgleichungen	Eine Gleichung, bei der die Variable auch im Exponenten auftritt, heißt **Exponentialgleichung**. Kann die Exponentialgleichung auf die Form $a^x = b$ mit $a, b \in \mathbb{R}^+$, $a \neq 1$, gebracht werden, dann ist $x = \log_a b$ die Lösung.
Logarithmusgleichungen	Eine Gleichung, bei der die Variable auch im Argument einer Logarithmusfunktion auftritt, heißt **Logarithmusgleichung**. Lösung der Gleichung $\log_a x = b$ ist $x = a^b$.

Umkehrbarkeit von Funktionen

Eine Funktion f, bei der zu jedem Funktionswert genau ein Argument gehört, ist **umkehrbar**, d. h., es gibt eine **Umkehrfunktion** f^{-1}, die jedem Funktionswert $y \in W_f$ der ursprünglichen Funktion f das zugehörige Argument $x \in D_f$ zuordnet.
Definitionsmenge von f^{-1} ist $D_{f^{-1}} = W_f$, die **Wertemenge** von f^{-1} ist $W_{f^{-1}} = D_f$.

Die Umkehrfunktion f^{-1} ist selbst auch umkehrbar, ihre Umkehrfunktion ist wieder die ursprüngliche Funktion f.

Man erhält den **Funktionsterm** der Umkehrfunktion von f, indem man die Gleichung $y = f(x)$ nach x auflöst und die Variablen y und x vertauscht.

Die **Graphen** der Funktion und ihrer Umkehrfunktion (Darstellung von f und f^{-1}) gehen jeweils aus dem anderen Graphen durch **Spiegelung an der Winkelhalbierenden** im 1. und 3. Quadranten hervor.

Eine Funktion, deren Graph auf ihrem gesamten Definitionsbereich streng monoton ist, ist umkehrbar.

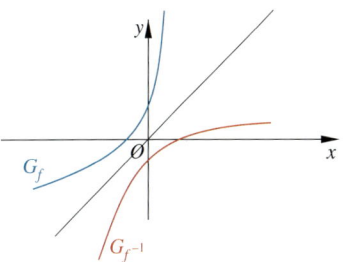

Einfluss von Parametern

Addition einer Konstante $b \in \mathbb{R}$ zum Funktionsterm: $g(x) = f(x) + b$	Der Graph von g geht aus dem Graphen von f durch eine **Verschiebung um b in Richtung der y-Achse** hervor.	$b > 0$
Addition einer Konstante $d \in \mathbb{R}$ zum Argument: $g(x) = f(x + d)$	Der Graph von g geht aus dem Graphen von f durch eine **Verschiebung um $-d$ in Richtung der x-Achse** hervor.	$d > 0$
Multiplikation des Funktionsterms mit einer Konstanten $a \in \mathbb{R}\setminus\{0\}$: $g(x) = a \cdot f(x)$	Der Graph von g geht aus dem Graphen von f durch eine **Streckung mit dem Faktor a in Richtung der y-Achse** hervor. Für $|a| < 1$ bedeutet das eine **Stauchung**. Für $a < 0$ findet zusätzlich eine **Spiegelung an der x-Achse** statt. Der Fall $a = 1$, d. h. $g(x) = -f(x)$, bedeutet ausschließlich eine **Spiegelung an der x-Achse**.	$a > 1$ $a < -1$
Multiplikation des Arguments mit einer Konstanten $c \in \mathbb{R}\setminus\{0\}$: $g(x) = f(c \cdot x)$	Der Graph von g geht aus dem Graphen von f durch eine **Streckung mit dem Faktor $\frac{1}{c}$ in Richtung der x-Achse** hervor. Für $|c| > 1$ bedeutet das eine **Stauchung**. Für $c < 0$ findet zusätzlich eine **Spiegelung an der y-Achse** statt. Der Fall $c = 1$, d. h. $g(x) = f(-x)$, bedeutet ausschließlich eine **Spiegelung an der y-Achse**.	$c > 1$ $c < -1$

Zur Beachtung: Findet in x- bzw. y-Richtung sowohl eine Verschiebung als auch eine Streckung (Stauchung, Spiegelung) statt, ist die Reihenfolge der Veränderungen entscheidend für den entstehenden Funktionsterm.

Winkelfunktionen – Sinusfunktion und Kosinusfunktion

	Sinusfunktion	Kosinusfunktion
Darstellung am Einheitskreis		
Graph der Funktion		
Definitionsbereich	$\mathbb{R}$	$\mathbb{R}$
Wertebereich	$[-1;\,1]$	$[-1;\,1]$
Periodizität	Periode $360°$ bzw 2π: $\sin x = \sin(x + k \cdot 360°)$, wobei $k \in \mathbb{Z}$	Periode $360°$ bzw 2π: $\cos x = \cos(x + k \cdot 360°)$, wobei $k \in \mathbb{Z}$
Symmetrie	punktsymmetrisch zum Koordinatenursprung: $\sin(-x) = -\sin x$	achsensymmetrisch zur y-Achse: $\cos(-x) = \cos x$
Quadrantenbeziehungen	II: $\sin(180° - x) = \sin x$ III: $\sin(180° + x) = -\sin x$ IV: $\sin(360° - x) = -\sin x$	II: $\cos(180° - x) = -\cos x$ III: $\cos(180° + x) = -\cos x$ IV: $\cos(360° - x) = \cos x$
Nullstellen	$k \cdot 180°$ bzw. $k \cdot \pi$, wobei $k \in \mathbb{Z}$	$90° + k \cdot 180°$ bzw. $\frac{\pi}{2} + k \cdot \pi$, wobei $k \in \mathbb{Z}$

Die Funktion $y = a \cdot \sin(bx + c)$ $(a \neq 0;\, b \neq 0)$

	$y = \sin x$	$y = a \cdot \sin x$	$y = \sin(bx)$	$y = \sin(x + c)$	$y = a \cdot \sin(bx + c)$
Kleinste Periode	2π bzw. $360°$	2π bzw. $360°$	$\frac{2\pi}{|b|}$ bzw. $\frac{360°}{|b|}$	2π bzw. $360°$	$\frac{2\pi}{|b|}$ bzw. $\frac{360°}{|b|}$
Nullstellen	$k \cdot \pi,\ k \in \mathbb{Z}$	$k \cdot \pi,\ k \in \mathbb{Z}$	$k \cdot \frac{\pi}{b},\ k \in \mathbb{Z}$	$k\pi - c,\ k \in \mathbb{Z}$	$\frac{k\pi - c}{b},\ k \in \mathbb{Z}$
Auswirkung des Parameters		Streckung ($|a| > 1$) bzw. Stauchung ($|a| < 1$) in y-Richtung	Streckung ($|b| < 1$) bzw. Stauchung ($|b| > 1$) in x-Richtung	Verschiebung in positive ($c < 0$) bzw. negative ($c > 0$) x-Richtung	Streckung bzw. Stauchung in y-Richtung und Verschiebung in x-Richtung, bezogen auf $y = \sin(bx)$

Sinus und Kosinus | Tangens und Kotangens

Winkelfunktionen – Tangensfunktion und Kotangensfunktion

	Tangensfunktion	Kotangensfunktion
Darstellung am Einheitskreis		
Graph der Funktion		
Definitionsbereich	$\mathbb{R}\setminus\left\{(2k+1)\cdot\frac{\pi}{2}\right\}$, $k\in\mathbb{Z}$	$\mathbb{R}\setminus\{k\cdot\pi\}$, $k\in\mathbb{Z}$
Wertebereich	$\mathbb{R}$	$\mathbb{R}$
Periodizität	Periode 180° bzw. π: $\tan x = \tan(x+k\cdot 180°)$, wobei $k\in\mathbb{Z}$	Periode 180° bzw. π: $\cot x = \cot(x+k\cdot 180°)$, wobei $k\in\mathbb{Z}$
Symmetrie	punktsymmetrisch zum Koordinatenursprung: $\tan(-x) = -\tan x$	punktsymmetrisch zum Koordinatenursprung: $\cot(-x) = -\cot x$
Quadrantenbeziehungen	II: $\tan(180°-x) = -\tan x$ III: $\tan(180°+x) = \tan x$ IV: $\tan(360°-x) = -\tan x$	II: $\cot(180°-x) = -\cot x$ III: $\cot(180°+x) = \cot x$ IV: $\cot(360°-x) = -\cot x$
Nullstellen	$k\cdot 180°$ bzw. $k\cdot\pi$, wobei $k\in\mathbb{Z}$	$90°+k\cdot 180°$ bzw. $\frac{\pi}{2}+k\cdot\pi$, wobei $k\in\mathbb{Z}$

Spezielle Funktionswerte der Winkelfunktionen

x	0	$\frac{\pi}{6}$	$\frac{\pi}{4}$	$\frac{\pi}{3}$	$\frac{\pi}{2}$	$\frac{2\pi}{3}$	$\frac{3\pi}{4}$	$\frac{5\pi}{6}$	π	$\frac{5\pi}{4}$	$\frac{3\pi}{2}$	2π
	0°	30°	45°	60°	90°	120°	135°	150°	180°	225°	270°	360°
$\sin x$	0	$\frac{1}{2}$	$\frac{1}{2}\sqrt{2}$	$\frac{1}{2}\sqrt{3}$	1	$\frac{1}{2}\sqrt{3}$	$\frac{1}{2}\sqrt{2}$	$\frac{1}{2}$	0	$-\frac{1}{2}\sqrt{2}$	-1	0
$\cos x$	1	$\frac{1}{2}\sqrt{3}$	$\frac{1}{2}\sqrt{2}$	$\frac{1}{2}$	0	$-\frac{1}{2}$	$-\frac{1}{2}\sqrt{2}$	$-\frac{1}{2}\sqrt{3}$	-1	$-\frac{1}{2}\sqrt{2}$	0	1
$\tan x$	0	$\frac{1}{3}\sqrt{3}$	1	$\sqrt{3}$	–	$-\sqrt{3}$	-1	$-\frac{1}{3}\sqrt{3}$	0	1	–	0

Darstellung einer Winkelfunktion durch eine andere Funktion desselben Winkels

Komplementwinkelbeziehung:	$\sin x = \cos(90° - x)$;	$\cos x = \sin(90° - x)$
	$\tan x = \cot(90° - x)$;	$\cot x = \tan(90° - x)$
„trigonometrischer Pythagoras":	$\sin^2 x + \cos^2 x = 1$	

$\sin^2 x = 1 - \cos^2 x$	$\cos^2 x = 1 - \sin^2 x$	$\tan^2 x = \dfrac{\sin^2 x}{1 - \sin^2 x}$	$\cot^2 x = \dfrac{1 - \sin^2 x}{\sin^2 x}$
$\sin^2 x = \dfrac{\tan^2 x}{1 + \tan^2 x}$	$\cos^2 x = \dfrac{1}{1 + \tan^2 x}$	$\tan^2 x = \dfrac{1 - \cos^2 x}{\cos^2 x}$	$\cot^2 x = \dfrac{\cos^2 x}{1 - \cos^2 x}$

Additionstheoreme

$\sin(\alpha + \beta) = \sin\alpha \cdot \cos\beta + \cos\alpha \cdot \sin\beta$	$\sin(\alpha - \beta) = \sin\alpha \cdot \cos\beta - \cos\alpha \cdot \sin\beta$
$\cos(\alpha + \beta) = \cos\alpha \cdot \cos\beta - \sin\alpha \cdot \sin\beta$	$\cos(\alpha - \beta) = \cos\alpha \cdot \cos\beta + \sin\alpha \cdot \sin\beta$
$\tan(\alpha + \beta) = \dfrac{\tan\alpha + \tan\beta}{1 - \tan\alpha \cdot \tan\beta}$	$\tan(\alpha - \beta) = \dfrac{\tan\alpha - \tan\beta}{1 + \tan\alpha \cdot \tan\beta}$

Summen/Differenzen sowie Funktionen des doppelten und des halben Winkels

$\sin\alpha + \sin\beta = 2 \cdot \sin\dfrac{\alpha+\beta}{2} \cdot \cos\dfrac{\alpha-\beta}{2}$	$\sin\alpha - \sin\beta = 2 \cdot \cos\dfrac{\alpha+\beta}{2} \cdot \sin\dfrac{\alpha-\beta}{2}$
$\cos\alpha + \cos\beta = 2 \cdot \cos\dfrac{\alpha+\beta}{2} \cdot \cos\dfrac{\alpha-\beta}{2}$	$\cos\alpha - \cos\beta = -2 \cdot \sin\dfrac{\alpha+\beta}{2} \cdot \sin\dfrac{\alpha-\beta}{2}$
$\tan\alpha + \tan\beta = \dfrac{\sin(\alpha+\beta)}{\cos\alpha \cdot \cos\beta}$	$\tan\alpha - \tan\beta = \dfrac{\sin(\alpha-\beta)}{\cos\alpha \cdot \cos\beta}$

$\sin 2\alpha = 2 \cdot \sin\alpha \cdot \cos\alpha = \dfrac{2 \cdot \tan\alpha}{1 + \tan^2\alpha}$	$\sin\dfrac{\alpha}{2} = \sqrt{\dfrac{1-\cos\alpha}{2}} \quad \tan\dfrac{\alpha}{2} = \sqrt{\dfrac{1-\cos\alpha}{1+\cos\alpha}}$
$\cos 2\alpha = \cos^2\alpha - \sin^2\alpha = 1 - 2 \cdot \sin^2\alpha$ $ = 2 \cdot \cos^2\alpha - 1$	$\cos\dfrac{\alpha}{2} = \sqrt{\dfrac{1+\cos\alpha}{2}} = \dfrac{\sin\alpha}{1+\cos\alpha}$
$\tan 2\alpha = \dfrac{2 \cdot \tan\alpha}{1 - \tan^2\alpha} \quad (\tan^2\alpha \neq 1)$	$\phantom{\cos\dfrac{\alpha}{2} = \sqrt{\dfrac{1+\cos\alpha}{2}}} = \dfrac{1-\cos\alpha}{\sin\alpha}$
$\sin 3\alpha = 3 \cdot \sin\alpha - 4 \cdot \sin^3\alpha$	$\cos 3\alpha = 4 \cdot \cos^3\alpha - 3 \cdot \cos\alpha$

Umkehrfunktionen der Winkelfunktionen (Zyklometrische Funktionen)

Wegen der Periodizität der Winkelfunktionen sind diese nicht über ihrem gesamten Definitionsbereich umkehrbar. Schränkt man sie aber auf einen Bereich ein, über dem sie streng monoton sind, so sind die eingeschränkten Funktionen umkehrbar. Die entsprechenden Umkehrfunktionen werden als **Arkusfunktionen** oder auch als **zyklometrische Funktionen** bezeichnet.

Arkuskosinus
$y = f(x) = \arccos x$
$D_f = [-1; 1]$;
$W_f = [0; \pi]$

Arkussinus
$y = f(x) = \arcsin x$
$D_f = [-1; 1]$;
$W_f = \left[-\dfrac{\pi}{2}; \dfrac{\pi}{2}\right]$

Arkustangens
$y = f(x) = \arctan x$
$D_f = \mathbb{R}$; $W_f = \left]-\dfrac{\pi}{2}; \dfrac{\pi}{2}\right[$

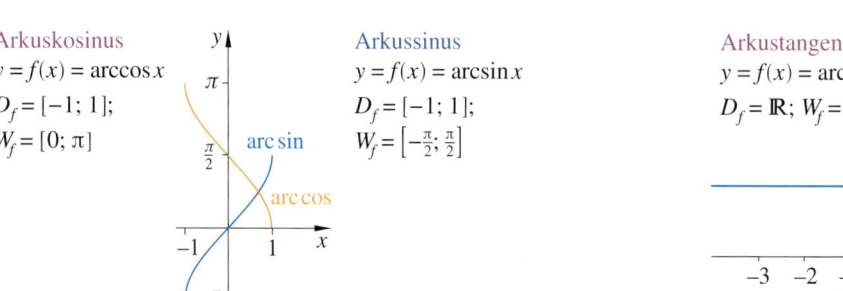

Grundbegriffe der Geometrie

Koordinatensysteme ↻ GTWK4513792-029-1

Kartesische Koordinatensysteme

Koordinaten eines Punktes in einer Ebene
$P(x_P; y_P)$
$Q(x_Q; y_Q)$

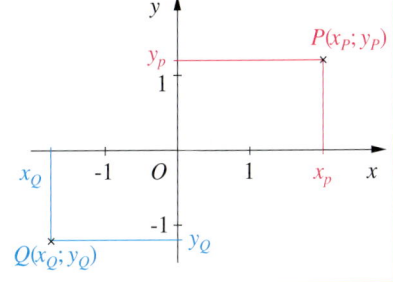

Koordinaten eines Punktes im Raum
$P(x_P; y_P; z_P)$

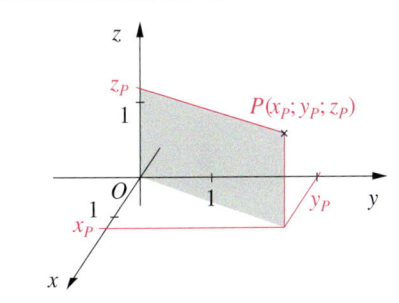

Polarkoordinaten

Koordinaten eines Punktes in einer Ebene
$P(r; \varphi)$ mit $0 < r < \infty$ und $0 \leq \varphi < 360°$

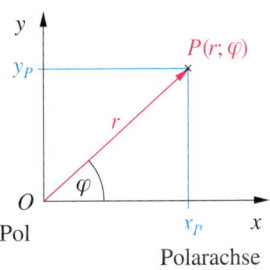

Koordinaten eines Punktes im Raum
$P(r; \lambda; \varphi)$ mit $0 < r < \infty$; $-180° \leq \lambda < 180°$; $-90° < \varphi < 90°$

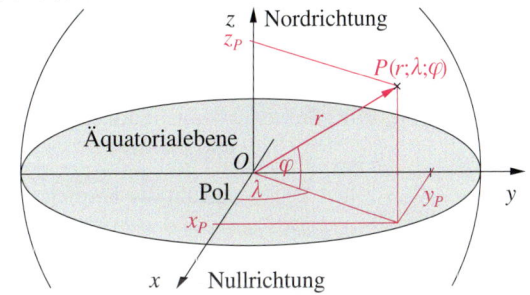

Zur Umrechnung von kartesischen Koordinaten in Polarkoordinaten gilt:
$x = r \cdot \cos \varphi$
$y = r \cdot \sin \varphi \qquad r = \sqrt{x^2 + y^2}$

Zur Umrechnung von kartesischen Koordinaten in Polarkoordinaten gilt:
$x = r \cdot \cos \varphi \cdot \cos \lambda$
$y = r \cdot \sin \lambda \cdot \cos \varphi \qquad r = \sqrt{x^2 + y^2 + z^2}$
$z = r \cdot \sin \varphi$

Winkelmaße ↻ GTWK4513792-029-2

Gradmaß Beim Gradmaß wird dem Vollwinkel die Zahl 360 zugeordnet.

Einheit: 1 Grad (1°)
(360ster Teil des Vollwinkels)
1 Winkelminute (1′)
1 Winkelsekunde (1″)
$1° = 60′ = 3600″$

Taschenrechner: Taste $\boxed{\text{DEG}}$

Bogenmaß

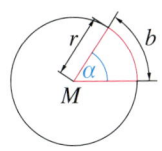

$\alpha = 1$ rad
$\approx 57{,}296°$

Beim Bogenmaß wird jedem Winkel das Verhältnis $\frac{b}{r}$ von Bogenlänge und Radius zugeordnet.

Einheit: 1 Radiant (1 rad)
(wenn Bogenlänge b = Radius r)

Taschenrechner: Taste $\boxed{\text{RAD}}$

Umrechnungsgleichungen: Bezeichnet man die Winkelgröße im Gradmaß mit α und die Winkelgröße im Bogenmaß mit arc α (lat. *arcus* = Bogen), so gilt:

arc $\alpha = \frac{\pi}{180°} \cdot \alpha \approx 0{,}01745 \cdot \alpha$ und $\alpha = \frac{180°}{\pi} \cdot$ arc $\alpha \approx 57{,}29578 \cdot$ arc α

Grad	1	10	30	45	60	72	90	180	270
rad	$\approx 0{,}0175$	$\approx 0{,}175$	$\frac{\pi}{6} \approx 0{,}524$	$\frac{\pi}{4} \approx 0{,}785$	$\frac{\pi}{3} \approx 1{,}047$	$\frac{2\pi}{5} \approx 1{,}257$	$\frac{\pi}{2} \approx 1{,}571$	π	$\frac{3\pi}{2}$

Winkelarten

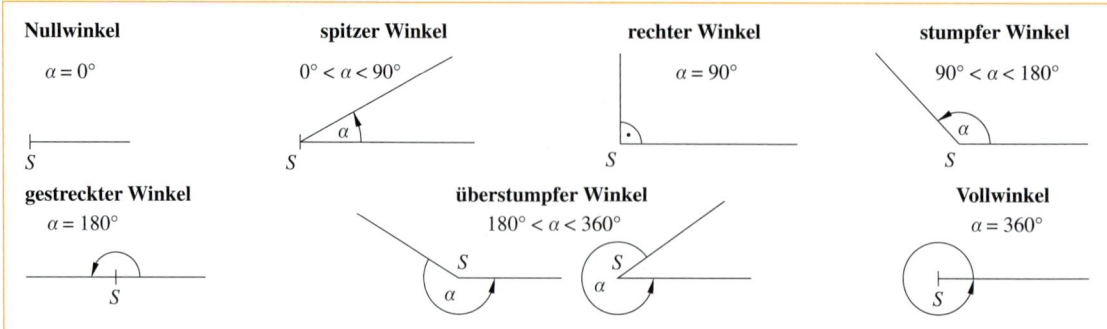

Kongruenz und Ähnlichkeit

Kongruenz	Zwei Figuren heißen zueinander **kongruent** oder **deckungsgleich**, wenn man sie durch geeignete Abbildungen (Bewegungen) zur Deckung bringen kann. Als **Kongruenzabbildung** wird jede Abbildung der Ebene auf sich bezeichnet, bei der das Bild jeder beliebigen Figur kongruent zur Originalfigur ist. Jede Kongruenzabbildung ist darstellbar als *Hintereinanderausführung von Parallelverschiebungen, Drehungen und Spiegelungen*. **Für alle Kongruenzabbildungen gilt:** Streckenlängen und Winkelgrößen bleiben erhalten.
Ähnlichkeit	Figuren, die durch **maßstäbliche Vergrößerung oder Verkleinerung** auseinander hervorgehen, heißen **zueinander ähnlich**. Der **Maßstab** wird auch als **Ähnlichkeitsfaktor k** bezeichnet. Als **Ähnlichkeitsabbildung** wird jede Abbildung der Ebene bezeichnet, bei der das Bild jeder beliebigen Figur zur Originalfigur ähnlich ist. Jede Ähnlichkeitsabbildung ist darstellbar als *Hintereinanderausführung von Kongruenzabbildungen und zentrischen Streckungen*. **Für alle Ähnlichkeitsabbildungen gilt:** Winkelgrößen und Längen*verhältnisse* bleiben erhalten.

Kongruenz- und Ähnlichkeitssätze für Dreiecke

Kongruenzsätze	Ähnlichkeitssätze
Dreiecke sind kongruent, ▶ wenn sie in den drei Seiten übereinstimmen (sss), ▶ wenn sie in einer Seite und den dieser Seite anliegenden Winkeln übereinstimmen (wsw), ▶ wenn sie in zwei Seiten und dem von diesen Seiten eingeschlossenen Winkel übereinstimmen (sws), ▶ wenn sie in zwei Seiten und dem der größeren Seite gegenüberliegenden Winkel übereinstimmen (SsW).	Dreiecke sind zueinander ähnlich, ▶ wenn jede Seite des einen Dreiecks mit je einer Seite des anderen Dreiecks das gleiche Verhältnis bildet, ▶ wenn sie in zwei Winkeln übereinstimmen **(Hauptähnlichkeitssatz)**, ▶ wenn sie in einem Winkel übereinstimmen und die dem Winkel anliegenden Seiten gleiche Verhältnisse bilden, ▶ wenn zwei Seiten des einen Dreiecks mit je einer Seite des anderen Dreiecks das gleiche Verhältnis bilden und wenn sie in dem Winkel übereinstimmen, der jeweils der größeren Seite gegenüberliegt.

Zentrische Streckung

Eine **zentrische Streckung** $(Z; k)$ mit dem **Streckungszentrum** Z und dem **Streckungsfaktor** k ist eine Abbildung, die jedem Punkt $A \neq Z$ einen Punkt A' zuordnet, der auf der Geraden ZA liegt und für den gilt: $|\overline{ZA'}| = |k| \cdot |\overline{ZA}|$.

Der Bildpunkt von Z ist Z selbst: $Z' = Z$.

Eigenschaften einer zentrischen Streckung $(Z; k)$
- Originalfigur und Bildfigur sind zueinander ähnlich.
- Für das Bild $\overline{A'B'}$ der Strecke $\overline{AB}$ gilt $|\overline{A'B'}| = |k| \cdot |\overline{AB}|$.
- Für die Flächeninhalte A_F und $A_{F'}$ einer Fläche F und ihres Bildes F' gilt $A_{F'} = |k|^2 \cdot A_F$.
- Für die Volumina V und V' eines Körpers K und seines Bildes K' gilt $V' = |k|^3 \cdot V$.
- Winkelgrößen bleiben erhalten.

Strahlensätze

Wenn zwei Strahlen mit einem gemeinsamen Anfangspunkt von zwei Parallelen geschnitten werden, dann gelten für die dabei entstehenden Teilstrecken folgende Sätze:

1. Strahlensatz
$|\overline{ZA}| : |\overline{ZB}| = |\overline{ZC}| : |\overline{ZD}|$ bzw. $|\overline{ZA}| : |\overline{AB}| = |\overline{ZC}| : |\overline{CD}|$

2. Strahlensatz
$|\overline{AC}| : |\overline{BD}| = |\overline{ZA}| : |\overline{ZB}|$ bzw. $|\overline{AC}| : |\overline{BD}| = |\overline{ZC}| : |\overline{ZD}|$

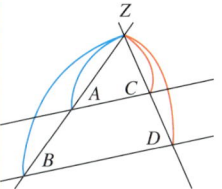
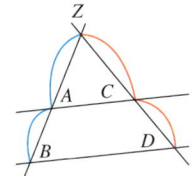
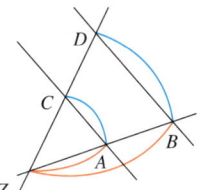
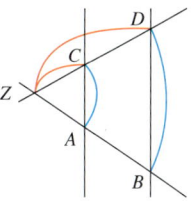

Umkehrung des 1. Strahlensatzes
Zwei Strahlen mit einem gemeinsamen Anfangspunkt werden von zwei Geraden geschnitten. Wenn für die Teilstrecken $|\overline{ZA}| : |\overline{ZB}| = |\overline{ZC}| : |\overline{ZD}|$ gilt, so sind die beiden Geraden parallel zueinander.
Achtung: Die Umkehrung des zweiten Strahlensatzes gilt nicht.
Hinweis: Mithilfe der Strahlensätze kann eine gegebene Strecke konstruktiv in einem vorgegebenen Verhältnis geteilt werden (**Streckenteilung**).

Goldener Schnitt

Wird eine Strecke $\overline{AB}$ in zwei Teilstrecken $\overline{AC}$ und $\overline{CB}$ geteilt und steht die größere Teilstrecke zur kleineren im gleichen Verhältnis wie die Gesamtstrecke zur größeren Teilstrecke, so spricht man vom Goldenen Schnitt:

$|\overline{AC}| : |\overline{CB}| = |\overline{AB}| : |\overline{AC}|$ bzw. $\dfrac{a}{b} = \dfrac{a+b}{a}$

Konstruktion:

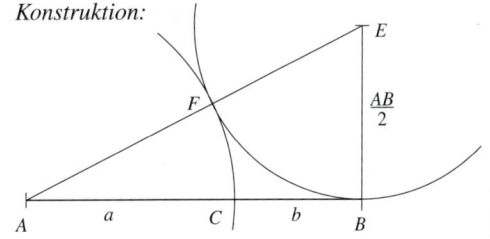

Begriffe am Kreis

Ein Kreis vom **Radius** r besteht aus allen Punkten der Ebene, die von einem gegebenen **Mittelpunkt** M den gleichen Abstand r haben.
Die Verbindungsstrecke zweier beliebiger Kreispunkte heißt **Sehne**, ihre Verlängerung zur Geraden heißt **Sekante**.

Eine Sehne durch M heißt **Durchmesser** d. Es gilt $d = 2r$.

Eine Gerade, die mit dem Kreis genau einen **Berührungspunkt** B gemeinsam hat, heißt **Tangente**. Der **Berührungsradius** $\overline{MB}$ steht senkrecht auf der Tangente.

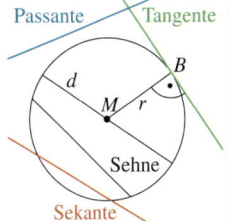

Ebene Figuren

Einteilung der Dreiecke

Einteilung der Dreiecke nach den Seiten		
unregelmäßig (alle Seiten sind paarweise verschieden lang) $a \neq b \neq c \neq a$	**gleichschenklig** (ein Paar gleich langer Seiten)	
	nicht gleichseitig (genau zwei Seiten sind gleich lang) $a = b \neq c$	**gleichseitig** (alle Seiten sind gleich lang) $a = b = c$

Einteilung der Dreiecke nach den Innenwinkeln		
spitzwinklig (alle Innenwinkel sind spitz) $\alpha < 90°$, $\beta < 90°$, $\gamma < 90°$	**rechtwinklig** (es gibt einen rechten Winkel) $\gamma = 90°$	**stumpfwinklig** (ein Innenwinkel ist stumpf) $\gamma > 90°$

Sätze im allgemeinen Dreieck

Dreiecksungleichung	Die Summe der Längen zweier Seiten ist stets größer als die Länge der dritten Seite: $a + b > c$, $a + c > b$, $b + c > a$.	
Sätze über Innenwinkel und Außenwinkel	**Summe der Innenwinkel:** $\alpha + \beta + \gamma = 180°$ **Summe der Außenwinkel:** $\alpha_1 + \beta_1 + \gamma_1 = 360°$ **Außenwinkelsatz:** $\alpha_1 = \beta + \gamma$, $\beta_1 = \alpha + \gamma$, $\gamma_1 = \alpha + \beta$	
Höhen	Die **Höhen** eines Dreiecks sind die Lote von den Eckpunkten auf die jeweils gegenüberliegende Seite (oder deren Verlängerung). Die Höhen schneiden sich in genau einem Punkt, dem **Höhenschnittpunkt.** Die Längen von je zwei Höhen stehen im umgekehrten Verhältnis wie die Längen der zugehörigen Seiten.	$\dfrac{h_c}{h_b} = \dfrac{b}{c}$
Seitenhalbierende	Die **Seitenhalbierenden** eines Dreiecks verbinden jeweils den Mittelpunkt einer Seite mit dem gegenüberliegenden Eckpunkt. Sie schneiden sich im **Schwerpunkt** S des Dreiecks. S teilt die Seitenhalbierenden im Verhältnis $2:1$.	
Winkelhalbierende	Die **Winkelhalbierenden** eines Dreiecks schneiden sich im **Inkreismittelpunkt.** Dies ist der Mittelpunkt des Kreises, der alle Dreiecksseiten berührt.	
Mittelsenkrechte	Die **Mittelsenkrechten** eines Dreiecks sind die Mittelsenkrechten seiner Seiten. Sie schneiden sich im **Umkreismittelpunkt**, dem Mittelpunkt des Kreises, auf dem alle drei Eckpunkte des Dreiecks liegen.	

Berechnungsformeln für Dreiecke ↗ „Ebene Figuren – Übersicht und Berechnungsformeln", S. 34
Kongruenz- und Ähnlichkeitssätze für Dreiecke ↗ „Kongruenz und Ähnlichkeit", S. 30

Sätze im allgemeinen Dreieck | Pythagoras | Trigonometrie

Rechtwinklige Dreiecke – Grundbegriffe

Bezeichnungen	Die in einem rechtwinkligen Dreieck dem rechten Winkel gegenüberliegende Seite heißt **Hypotenuse**. Sie wird von der zugehörigen Höhe in die **Hypotenusenabschnitte** unterteilt. Die Hypotenuse ist die längste Seite im rechtwinkligen Dreieck. Die beiden kürzeren Seiten, die den rechten Winkel einschließen, heißen **Katheten**.
Satz des Thales	Liegen die Ecken eines Dreiecks so auf einem Kreis, dass eine Seite des Dreiecks der Kreisdurchmesser ist, so ist das Dreieck rechtwinklig. Umgekehrt liegt der Umkreismittelpunkt eines rechtwinkligen Dreiecks auf der Hypotenuse.

Satzgruppe des Pythagoras (Flächensätze am rechtwinkligen Dreieck)

Satz des Pythagoras	Kathetensatz	Höhensatz
$a^2 + b^2 = c^2$	$b^2 = q \cdot c;\ a^2 = p \cdot c$	$h^2 = p \cdot q$
In jedem rechtwinkligen Dreieck ist das Hypotenusenquadrat flächengleich mit der Summe der Kathetenquadrate.	In jedem rechtwinkligen Dreieck ist ein Kathetenquadrat flächengleich zu dem Rechteck aus Hypotenuse und zugehörigem Hypotenusenabschnitt.	In jedem rechtwinkligen Dreieck ist das Quadrat über der Höhe flächengleich zu dem Rechteck aus den beiden Hypotenusenabschnitten.

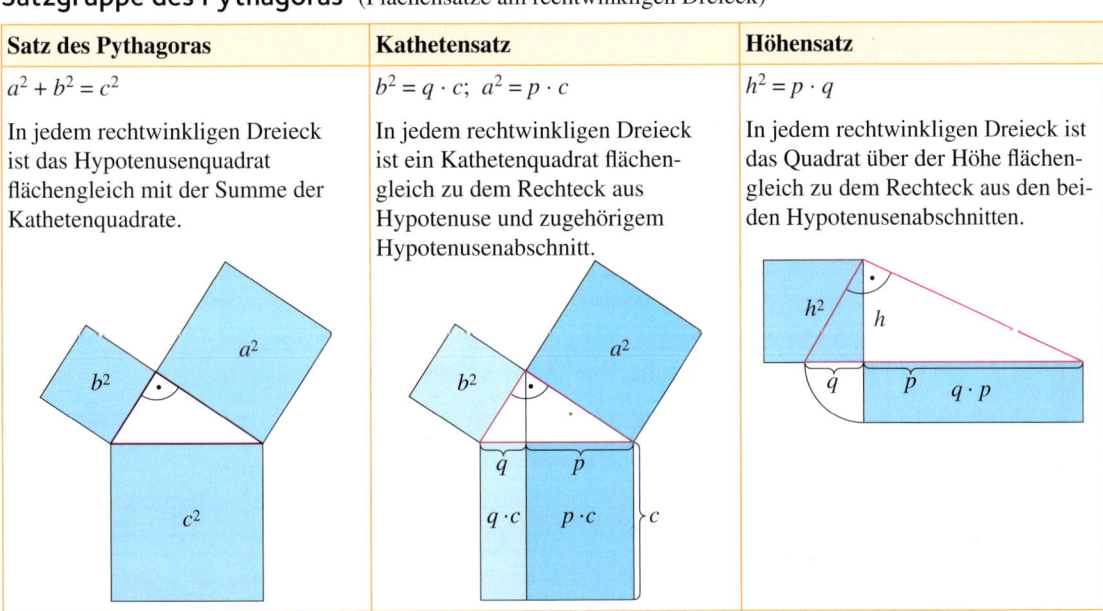

Trigonometrische Beziehungen in Dreiecken

Sinus, Kosinus, Tangens im rechtwinkligen Dreieck	**Sinus** von α $\quad \sin\alpha = \dfrac{\text{Gegenkathete}}{\text{Hypotenuse}}$ **Kosinus** von α $\quad \cos\alpha = \dfrac{\text{Ankathete}}{\text{Hypotenuse}}$ **Tangens** von α $\quad \tan\alpha = \dfrac{\text{Gegenkathete}}{\text{Ankathete}} = \dfrac{\sin\alpha}{\cos\alpha}$
Sinussatz	In jedem Dreieck verhalten sich die Längen zweier Seiten wie die Sinuswerte der gegenüberliegenden Winkel. $\quad \dfrac{a}{b} = \dfrac{\sin\alpha}{\sin\beta};\ \dfrac{a}{c} = \dfrac{\sin\alpha}{\sin\gamma};\ \dfrac{b}{c} = \dfrac{\sin\beta}{\sin\gamma}$
Kosinussatz	In jedem Dreieck ist das Quadrat einer Seitenlänge gleich der Summe der Quadrate der beiden anderen Seitenlängen vermindert um das doppelte Produkt aus diesen beiden Seitenlängen und dem Kosinus des von ihnen eingeschlossenen Winkels. $\quad \begin{aligned} a^2 &= b^2 + c^2 - 2bc \cdot \cos\alpha \\ b^2 &= a^2 + c^2 - 2ac \cdot \cos\beta \\ c^2 &= a^2 + b^2 - 2ab \cdot \cos\gamma \end{aligned}$

Ebene Figuren – Übersicht und Berechnungsformeln

(Bezeichnungen: u – Umfang; A – Flächeninhalt; h – Höhe; h_s – Höhe auf der Seite s; r – Radius)

Allgemeines Dreieck

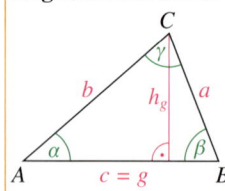

$u = a + b + c$

$A = \frac{1}{2} g \cdot h_g = \frac{1}{2} ab \cdot \sin\gamma$

$\alpha + \beta + \gamma = 180°$

$\frac{a}{\sin\alpha} = \frac{b}{\sin\beta} = \frac{c}{\sin\gamma}$

$c^2 = a^2 + b^2 - 2ab \cdot \cos\gamma$

Rechtwinkliges Dreieck
($\gamma = 90°$)

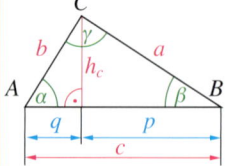

$A = \frac{1}{2}ab; \ a^2 + b^2 = c^2$

$h_c^2 = p \cdot q; \ a^2 = p \cdot c$

$b^2 = q \cdot c; \ \sin\alpha = \frac{a}{c}$

$\cos\alpha = \frac{b}{c}; \ \tan\alpha = \frac{a}{b}$

Gleichschenkliges Dreieck

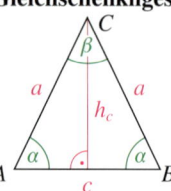

$u = 2a + c; \ \beta = 180° - 2\alpha$

$h_c = \sqrt{a^2 - \frac{1}{4}c^2}$

$A = \frac{1}{2} c \cdot h_c$

1 Symmetrieachse

Gleichseitiges Dreieck

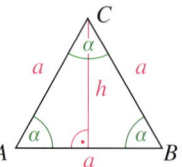

$u = 3a$

$A = \frac{a^2}{4}\sqrt{3}$ mit $h = \frac{a}{2}\sqrt{3}$

$\alpha = 60°$

drei Symmetrieachsen

Allgemeines (unregelmäßiges) Viereck

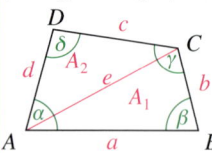

$u = a + b + c + d$

$A = A_1 + A_2$

$\alpha + \beta + \gamma + \delta = 360°$

Allgemeines n-Eck

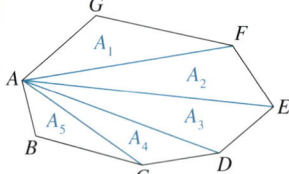

$A = A_1 + A_2 + \ldots + A_{n-2}$

Innenwinkelsumme:
$(n - 2) \cdot 180°$

Trapez ($a \parallel c$)

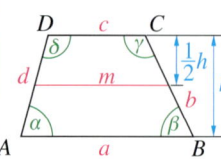

$A = \frac{1}{2}(a + c) \cdot h = m \cdot h$

$m = \frac{1}{2}(a + c)$

$\alpha + \delta = 180°$

$\beta + \gamma = 180°$

Parallelogramm ($a \parallel c; \ b \parallel d$)

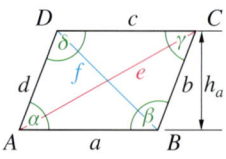

$u = 2(a + b)$

$A = a \cdot h_a = b \cdot h_b$

$A = ab \cdot \sin\alpha$

$\quad = ab \cdot \sin\beta$

$a = c; \ b = d$

$\beta = \delta; \ \alpha + \beta = 180°$

$\alpha = \gamma; \ \alpha + \delta = 180°$

Die Diagonalen halbieren einander.
Ein Parallelogramm hat keine Symmetrieachse.

Raute (Rhombus) ($a \parallel c; \ b \parallel d$)

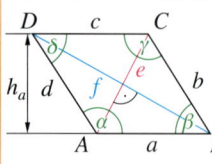

$u = 4a; \ A = a \cdot h_a$

$A = \frac{1}{2} e \cdot f; \ e \perp f$

$A = a^2 \cdot \sin\alpha = a^2 \cdot \sin\beta$

$a = b = c = d$

$\alpha = \gamma; \ \beta = \delta$

$\alpha + \beta = 180°$

Die Diagonalen halbieren einander. Eine Raute hat zwei Symmetrieachsen.

Drachenviereck ($a = b; \ c = d$)

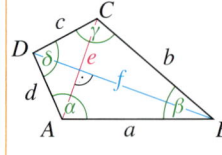

$u = 2(a + d)$

$A = \frac{1}{2} e \cdot f$

$\alpha = \gamma$

$e \perp f$

Eine Diagonale (in der Zeichnung e) wird von der anderen halbiert. Es gibt eine Symmetrieachse.

Rechteck ($a \parallel c; \ b \parallel d; \ a \perp b$)

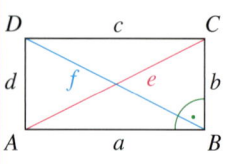

$u = 2(a + b)$

$A = ab$

$a = c, \ b = d$

$e = f$

$e = \sqrt{a^2 + b^2}$

$\alpha = \beta = \gamma = \delta = 90°$

Die Diagonalen sind gleich lang und halbieren einander.
Ein Rechteck hat zwei Symmetrieachsen.

Quadrat ($a \parallel c; \ b \parallel d; \ a \perp b$)

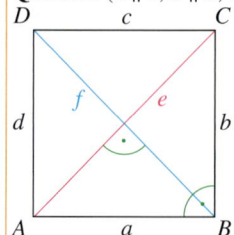

$u = 4a$

$A = a^2$

$a = b = c = d$

$\alpha = \beta = \gamma = \delta = 90°$

$e = f; \ e \perp f$

$e = a\sqrt{2}$

Die Diagonalen sind orthogonal, gleich lang und halbieren einander. Es gibt vier Symmetrieachsen.

Ebene Figuren – Übersicht und Formeln | Winkelsätze   **35**

Sehnenviereck

Die Summe der Gegenwinkel im Sehnenviereck ist stets 180°. Es gibt einen Umkreis.

$\alpha + \gamma = 180°$
$\beta + \delta = 180°$

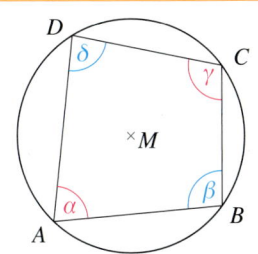

Tangentenviereck

Die Summe der Gegenseiten im Tangentenviereck ist jeweils gleich groß. Es gibt einen Inkreis.

$a + c = b + d$

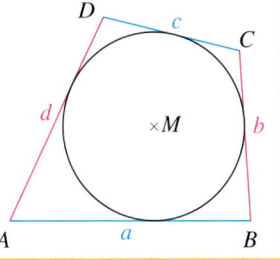

Regelmäßiges n-Eck

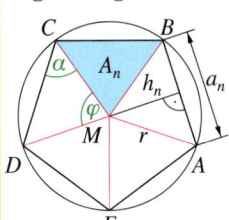

$u = n \cdot a_n;\ A = n \cdot A_n$

$\varphi = \dfrac{360°}{n};\ \alpha = \dfrac{180° - \varphi}{2}$

$h_n^2 = r^2 - \left(\dfrac{1}{2}a_n\right)^2$

$a_n = 2r \cdot \sin\dfrac{\varphi}{2}$

$A_n = \dfrac{1}{2} r^2 \cdot \sin\varphi$

Kreis (r – Radius)

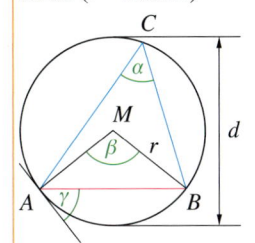

$u = 2\pi r = \pi d$

$A = \pi r^2 = \dfrac{1}{4}\pi d^2$

$\alpha = \dfrac{\beta}{2};\ \alpha = \gamma$

α Peripheriewinkel
β Zentriwinkel über $\widehat{AB}$
γ Sehnen-Tangenten-Winkel

Kreisbogen

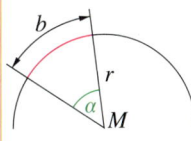

$b : u = \alpha : 360°$

$b = \dfrac{\pi r}{180°} \cdot \alpha$

$b = r \cdot \text{arc}\,\alpha$

Kreisausschnitt (Sektor)

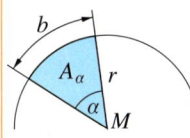

$A_\alpha : A = \alpha : 360°$
$\qquad\ \ = \text{arc}\,\alpha : 2\pi$

$A_\alpha = \dfrac{\pi r^2}{360°} \cdot \alpha$

$A_\alpha = \dfrac{1}{2}b \cdot r = \dfrac{1}{2}r^2 \cdot \text{arc}\,\alpha$

Winkel an ebenen Figuren

Winkelpaare an sich schneidenden Geraden

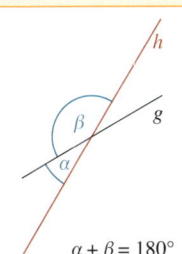	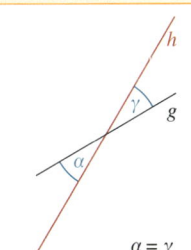	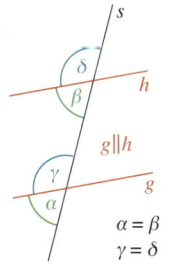	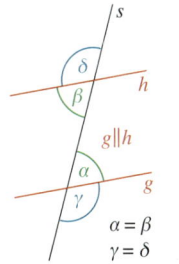
$\alpha + \beta = 180°$	$\alpha = \gamma$	$\alpha = \beta$ $\gamma = \delta$	$\alpha = \beta$ $\gamma = \delta$
Nebenwinkel ergänzen sich zu 180°.	**Scheitelwinkel** sind gleich groß.	**Stufenwinkel** an geschnittenen Parallelen sind gleich groß.	**Wechselwinkel** an geschnittenen Parallelen sind gleich groß.

Sätze über Winkel am Kreis

Satz des Thales	**Mittelpunktswinkelsatz**	**Umfangswinkelsatz Sehnensatz**	**Sekantensatz**
$\gamma = 90°$	$\gamma = \dfrac{\alpha}{2}$	$\gamma_1 = \gamma_2$	
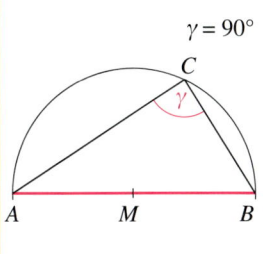	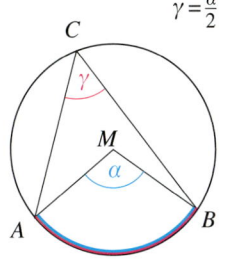	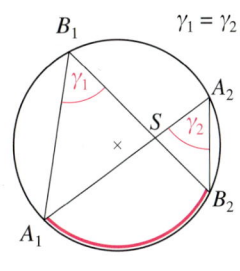	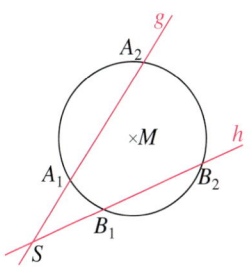
		$|\overline{SA_1}| \cdot |\overline{SA_2}| = |\overline{SB_1}| \cdot |\overline{SB_2}|$	$|\overline{SA_1}| \cdot |\overline{SA_2}| = |\overline{SB_1}| \cdot |\overline{SB_2}|$

Körper

Prismen, Zylinder, Pyramiden, Kegel ↻ GTWK4513792-036-1

(A_O – Oberflächeninhalt; A_G – Grundflächeninhalt; A_M – Mantelflächeninhalt; V – Volumen; A_D – Deckfläche)

Würfel

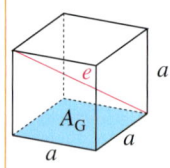

$A_G = a^2$

$V = a^3$; $e = a \cdot \sqrt{3}$
$A_O = 6a^2$

Netz:

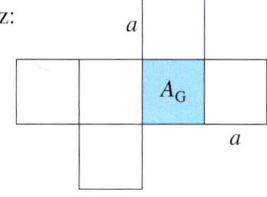

Quader

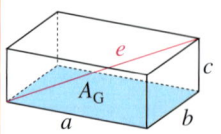

$A_G = ab$

$V = abc$; $e = \sqrt{a^2 + b^2 + c^2}$
$A_O = 2(ab + ac + bc)$

Netz:

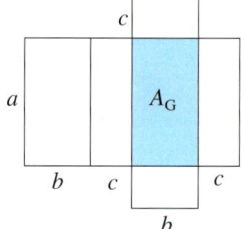

Prisma

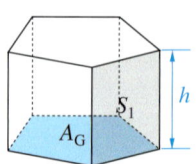

$V = A_G \cdot h$
$A_O = 2A_G + S_1 + S_2 + \ldots + S_n$

Netz:

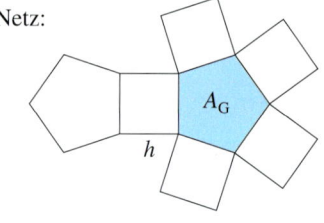

Kreiszylinder

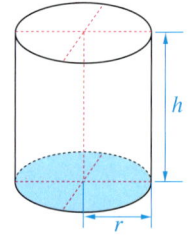

$V = \pi r^2 h$; $A_M = 2\pi r h$
$A_O = 2\pi r(r + h)$

Netz:

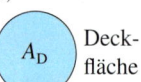 Deckfläche

  Mantel h $2 \cdot r \cdot \pi$

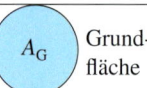 Grundfläche

Pyramide

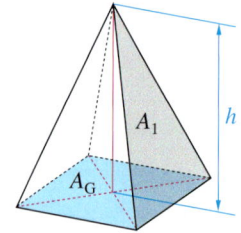

$V = \dfrac{1}{3} A_G \cdot h$
$A_O = A_G + A_1 + A_2 + \ldots + A_n$

Netz:

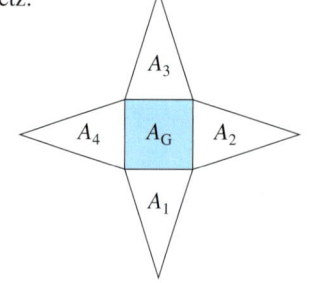

Kreiskegel

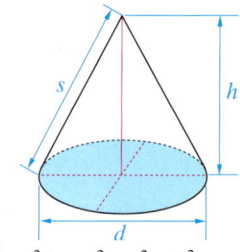

$V = \dfrac{1}{3}\pi r^2 h$; $s^2 = r^2 + h^2$
$A_O = \pi r(r + s)$; $A_M = \pi r s$

Netz:

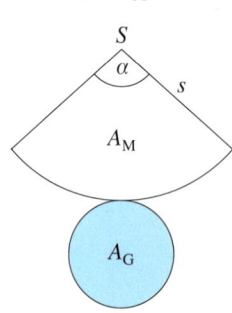

Kreiskegelstumpf

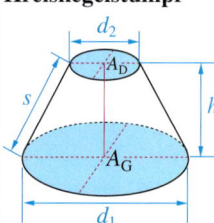

$V = \dfrac{1}{3}\pi \cdot h \cdot (r_1^2 + r_1 \cdot r_2 + r_2^2)$
$A_O = \pi(r_1^2 + s(r_1 + r_2) + r_2^2)$
$s^2 = (r_1 - r_2)^2 + h^2$

Pyramidenstumpf

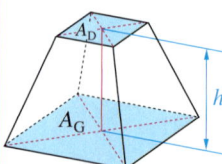

$V = \dfrac{1}{3} h \cdot (A_G + \sqrt{A_G \cdot A_D} + A_D)$
$A_O = A_G + A_D + A_M$

Kugel und Kugelteile ⊃ GTWK4513792-037-1

Kugel

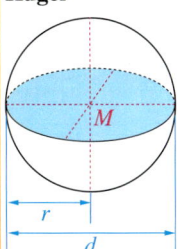

$A_O = 4\pi \cdot r^2$

$V = \dfrac{4}{3}\pi \cdot r^3$

Kugelschicht

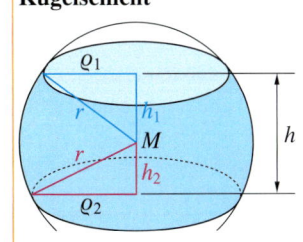

$V = \dfrac{\pi h}{6}\left(3\varrho_1^2 + 3\varrho_2^2 + h^2\right)$

$A_O = 2\pi r h + \pi\left(\varrho_1^2 + \varrho_2^2\right)$

$\varrho_1^2 = r^2 - h_1^2$

Kugelabschnitt (Kugelkappe)

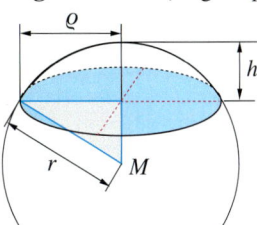

$V = \dfrac{1}{6}\pi h(3\varrho^2 + h^2)$

$A_O = 2\pi r h + \varrho^2 \pi$

$\varrho = \sqrt{h(2r - h)}$

Kugelausschnitt (Kugelsektor)

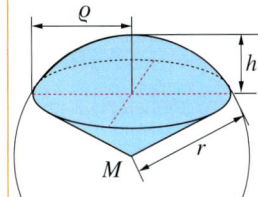

$V = \dfrac{2\pi}{3}r^2 h$

$A_O = \pi \varrho r + 2\pi r h$

$\varrho = \sqrt{h(2r - h)}$

Satz des Cavalieri

Wenn zwei Körper gleich große Höhen und in gleicher Höhe gleiche Querschnittsflächeninhalte besitzen, so sind ihre Volumina gleich groß.

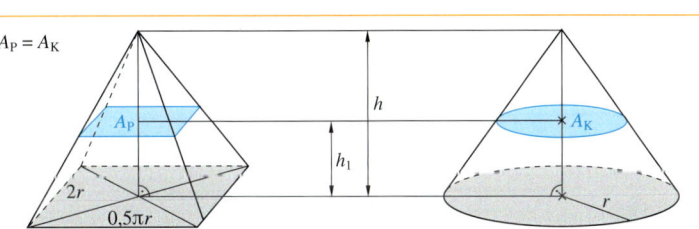

Regelmäßige Polyeder (Platonische Körper) ⊃ GTWK4513792-037-2

| | Tetraeder | Oktaeder | Hexaeder | Ikosaeder | Dodekaeder |

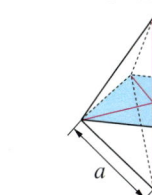 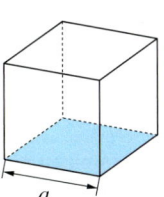 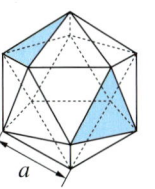 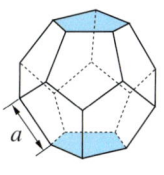

	Seitenflächen	Volumen	Oberfläche
Tetraeder	4 gleichseitige Dreiecke	$V = \dfrac{\sqrt{2}}{12}a^3 \approx 0{,}117\,9\,a^3$	$A_O = \sqrt{3}\cdot a^2 \approx 1{,}732\,1\,a^2$
Oktaeder	8 gleichseitige Dreiecke	$V = \dfrac{\sqrt{2}}{3}a^3 \approx 0{,}471\,4\,a^3$	$A_O = 2\sqrt{3}\cdot a^2 \approx 3{,}464\,1\,a^2$
Hexaeder (Würfel)	6 Quadrate	$V = a^3$	$A_O = 6a^2$
Ikosaeder	20 gleichseitige Dreiecke	$V \approx 2{,}181\,7\,a^3$	$A_O \approx 8{,}660\,3\,a^2$
Dodekaeder	12 regelmäßige Fünfecke	$V \approx 7{,}663\,1\,a^3$	$A_O \approx 20{,}645\,7\,a^2$

Auswerten von Daten

Diagramme

Piktogramme	Visualisierung absoluter Häufigkeiten (↗ S. 39) und Größen. Jedem Symbol entspricht eine bestimmte Anzahl bzw. Größe.	
Säulendiagramme	Meist Veranschaulichung der zeitlichen Entwicklung absoluter oder relativer Häufigkeiten (↗ S. 39). Die y-Achse sollte so skaliert werden, dass keine falschen Eindrücke entstehen (bei null beginnend; Kennzeichnung von Lücken). Die Häufigkeiten werden durch die Säulenhöhen dargestellt.	
Balkendiagramme	Balkendiagramme können prinzipiell wie Säulendiagramme eingesetzt werden. Die Häufigkeiten werden durch die Balkenlängen dargestellt.	
Streifendiagramme	Darstellung von Anteilen an einem Ganzen (meist in %). Anteile sind proportional zu den Längen der zugehörigen Teilstreifen.	
Kreisdiagramme	Darstellung von Anteilen an einem Ganzen (meist in %). Anteile sind proportional zur Größe des Winkels des zugehörigen Kreissektors (z. B. 100 % $\cong$ 360°, 1 % $\cong$ 3,6°).	
Liniendiagramme	Darstellung von proportionalen und linearen Zusammenhängen. Besonders aussagekräftig sind Liniendiagramme, wenn verschiedene Datenreihen gruppiert werden können. Bei der Skalierung der Achsen ist darauf zu achten, dass keine irreführenden Eindrücke entstehen.	
Histogramme	Häufig werden Datenreihen durch eine Klasseneinteilung geordnet. Die Klassenhäufigkeiten werden in Histogrammen i. d. R. wie bei Säulendiagrammen aber ohne Zwischenräume dargestellt. Wichtig ist, dass hier die Klassenhäufigkeiten durch die Rechtecks*flächen* veranschaulicht werden. Die Höhe der Säulen hängt also von der Klassenbreite ab. Die Summe aller Rechteckflächen beträgt 1.	
Boxplots	Mithilfe von Boxplots können Datenreihen mit ihren Streubereichen so dargestellt werden, dass sie gut vergleichbar sind. Die Daten werden der Größe nach geordnet, die 5 folgenden Werte ergeben die Lage des Boxplots: Minimalwert, Viertelwert (1. Quartil), Median, Dreiviertelwert (3. Quartil), Maximalwert (↗ S. 39). Die „Box" markiert den Bereich, in dem 50 % der Werte liegen.	
Streudiagramme	Für Zusammenhänge zwischen zwei Größen können Messwerte als „Punktwolke" dargestellt werden (↗ S. 40: Regressionsgerade, Korrelationskoeffizient).	

Häufigkeiten

absolute Häufigkeit	Anzahl des Auftretens eines Ergebnisses x_i in einer Stichprobe vom Umfang n: $H_n(x_i)$
relative Häufigkeit	Anteil des Ergebnisses x_i in einer Stichprobe vom Umfang n: $$h_n(x_i) = \frac{H_n(x_i)}{n}$$ Es gilt: $0 \leq h_n(x_i) \leq 1$ Die Summe der relativen Häufigkeiten aller Ergebnisse beträgt 1: $\sum_{i=1}^{n} h_n(x_i) = 1$

Kenngrößen zur Charakterisierung der Lage

Arithmetisches Mittel $\bar{x}$ (↗ Seite 11)	Berechnung von $\bar{x}$ aus der Summe aller Ergebnisse $x_1, x_2, \ldots, x_n$: $$\bar{x} = \frac{x_1 + x_2 + \ldots + x_n}{n} \quad (n \in \mathbb{N}; n \geq 1)$$ Treten bei den n Ergebnissen r verschiedene Ergebnisse auf ($r \in \mathbb{N}; 1 \leq r \leq n$), so berechnet man $\bar{x}$ unter Hinzuziehung ▶ der **absoluten Häufigkeiten** der Ergebnisse: $$\bar{x} = \frac{x_1 \cdot H_n(x_1) + x_2 \cdot H_n(x_2) + \ldots + x_r \cdot H_n(x_r)}{n}$$ ▶ der **relativen Häufigkeiten** der Ergebnisse: $$\bar{x} = x_1 \cdot h_n(x_1) + x_2 \cdot h_n(x_2) + \ldots + x_r \cdot h_n(x_r)$$
Zentralwert $\tilde{x}$ (Median)	$\tilde{x}$ liegt in der Mitte der nach ihrer Größe geordneten Daten. Ist die Anzahl n der Daten gerade, wird der Durchschnitt der beiden mittleren Werte genommen. **Achtung:** *Alle* Ergebnisse der Stichprobe müssen der Reihe nach aufgelistet sein, also auch sich wiederholende Werte.
Quartile	Die 3 Quartile unterteilen die der Größe nach geordnete Datenreihe in 4 Bereiche: 1. Quartil: 25 % der Werte liegen darunter, 75 % darüber. 2. Quartil: 50 % der Werte liegen darunter, 50 % darüber. Das 2. Quartil entspricht dem Median. 3. Quartil: 75 % der Werte liegen darunter, 25 % darüber. Veranschaulichung im **Boxplot**:
Modalwert m	m ist der am häufigsten beobachtete Wert. (Eine Datenreihe kann mehrere Modalwerte haben.)

Kenngrößen zur Charakterisierung der Streuung

Spannweite d	d ist die Differenz zwischen dem größten und dem kleinsten Wert einer Datenreihe: $d = x_{max} - x_{min}$
Quartilsabstand	Differenz zwischen dem oberen Viertelwert (3. Quartil) und dem unteren Viertelwert (1. Quartil) der nach ihrer Größe geordneten Datenreihe: $Q_3 - Q_1$. In diesem Bereich liegen 50% der Werte.
Mittlere quadratische Abweichung (empirische Varianz) s^2	s^2 ist ein Maß für die Streuung der Beobachtungswerte um den Mittelwert $\overline{x}$. Berechnung der mittleren quadratischen Abweichung der Beobachtungswerte vom Mittelwert $\overline{x}$ der Beobachtungswerte ▶ unter Hinzuziehung der **absoluten Häufigkeiten** $H_n(x_1), H_n(x_2), \ldots, H_n(x_r)$: $$s^2 = \frac{(x_1 - \overline{x})^2 \cdot H_n(x_1) + (x_2 - \overline{x})^2 \cdot H_n(x_2) + \ldots + (x_r - \overline{x})^2 \cdot H_n(x_r)}{n}$$ ▶ unter Hinzuziehung der **relativen Häufigkeiten** $h_n(x_1), h_n(x_2), \ldots, h_n(x_r)$: $$s^2 = (x_1 - \overline{x})^2 \cdot h_n(x_1) + (x_2 - \overline{x})^2 \cdot h_n(x_2) + \ldots + (x_r - \overline{x})^2 \cdot h_n(x_r) = \sum_{i=1}^{r}(x_i - \overline{x})^2 \cdot h_n(x_i)$$
Standardabweichung s	Ein weiteres Maß für die Streuung um den Mittelwert $\overline{x}$ ist die Standardabweichung s: $$s = \sqrt{s^2} = \sqrt{(x_1 - \overline{x})^2 \cdot h_n(x_1) + (x_2 - \overline{x})^2 \cdot h_n(x_2) + \ldots + (x_r - \overline{x})^2 \cdot h_n(x_r)}$$
Streuungsintervall	Intervall um das arithmetische Mittel der Länge $2s$: $[\overline{x} - s; \overline{x} + s]$ Werte im Streuungsintervall gelten als „normal".
Regressionsgerade (Ausgleichsgerade)	$y = \frac{s_{xy}}{s_x^2}(x - \overline{x}) + \overline{y}$ (Ausgleichsgerade für die Messpunkte $(x_1; y_1), (x_2; y_2), \ldots, (x_n; y_n)$) Dabei gilt: $s_{xy} = \frac{1}{n} \cdot [(y_1 - \overline{y})(x_1 - \overline{x}) + (y_2 - \overline{y})(x_2 - \overline{x}) + \ldots + (y_n - \overline{y})(x_n - \overline{x})]$ und $s_x^2 = \frac{1}{n} \cdot [(x_1 - \overline{x})^2 + (x_2 - \overline{x})^2 + \ldots + (x_n - \overline{x})^2]$. Die Gerade verläuft durch den Schwerpunkt $S(\overline{x}\|\overline{y})$, wobei $\overline{x}$ das arithmetische Mittel aller x-Werte ist und $\overline{y}$ das arithmetische Mittel aller y-Werte.
Korrelationskoeffizient r_{xy}	$r_{xy} = \frac{s_{xy}}{s_x s_y} = \frac{(x_1 - \overline{x})(y_1 - \overline{y}) + (x_2 - \overline{x})(y_2 - \overline{y}) + \ldots + (x_n - \overline{x})(y_n - \overline{y})}{\sqrt{(x_1 - \overline{x})^2 + (x_2 - \overline{x})^2 + \ldots + (x_n - \overline{x})^2} \cdot \sqrt{(y_1 - \overline{y})^2 + (y_2 - \overline{y})^2 + \ldots + (y_n - \overline{y})^2}}$ **Deutung:** | $\|r\|$	Stärke des linearen Zusammenhangs
$\|r\| < 0{,}2$	schwach
$0{,}2 \leq \|r\| < 0{,}4$	niedrig
$0{,}4 \leq \|r\| < 0{,}7$	mäßig
$0{,}7 \leq \|r\| < 0{,}9$	hoch
$0{,}9 \leq \|r\|$	sehr hoch	

Stochastik

Grundbegriffe der Stochastik

Ergebnisse und Ereignisse	Ein **Vorgang mit zufälligem Ergebnis** (ein Zufallsversuch) hat mehrere mögliche Ergebnisse, von denen nicht vorausgesagt werden kann, welches eintritt. Die Menge aller möglichen Ergebnisse ist die **Ergebnismenge Ω.** Jede Teilmenge A von Ω heißt ein zu diesem Zufallsversuch gehörendes **Ereignis** ($A \subseteq \Omega$). Das Ereignis A tritt ein, wenn bei dem Zufallsversuch ein Ergebnis aus A eintritt. Das **Gegenereignis** $\overline{A}$ zu einem Ereignis A ist die Menge aller Ergebnisse aus Ω, die nicht zu A gehören. **Sicheres Ereignis:** Alle möglichen Ergebnisse sind günstig für das Ereignis. **Unmögliches Ereignis:** Keines der möglichen Ergebnisse ist günstig für das Ereignis. **Elementarereignis**: Ereignis mit nur einem Element (ein Ergebnis).
absolute Häufigkeit	Die absolute Häufigkeit $H_n(x_i)$ gibt an, wie oft das Ergebnis x_i bei n Beobachtungen des Zufallsversuches bzw. in einer Stichprobe vom Umfang n eintritt.
relative Häufigkeit	Relative Häufigkeit des Ergebnisses x_i bei n Beobachtungen ($n \geq 1$) eines Zufallsversuches (bei einer Stichprobe vom Umfang n): $\quad h_n(x_i) = \dfrac{H_n(x_i)}{n}$ Relative Häufigkeit des Ereignisses A bei n Beobachtungen eines Zufallsversuches (bei einer Stichprobe vom Umfang n, $n \geq 1$), wobei insgesamt k-mal für das Ereignis A günstige Ergebnisse aufgetreten sind: $\quad h_n(A) = \dfrac{k}{n}$ Die relative Häufigkeit des Ereignisses A ist gleich der Summe der relativen Häufigkeiten der Ergebnisse, die für das Ereignis A günstig sind. Für $A = \{x_1, x_2, \ldots, x_r\}$, $1 \leq r \leq n$, gilt: $\quad h_n(A) = h_n(x_1) + h_n(x_2) + \ldots + h_n(x_r)$
Wahrscheinlichkeit	Die beobachtete relative Häufigkeit $h_n(A)$ des Eintretens von A nähert sich mit wachsender Beobachtungszahl n dem stabilen Wert $P(A)$, der **Wahrscheinlichkeit des Ereignisses**. *Grundeigenschaften:* Es gilt $0 \leq P(A) \leq 1$, und ferner ist: $P(A) = P(x_1) + P(x_2) + \ldots + P(x_r)$, falls $A = \{x_1, x_2, \ldots, x_r\}$ $\quad\Big\}$ Axiomensystem $P(\Omega) = 1 \quad$ Wahrscheinlichkeit des sicheren Ereignisses Ω $\quad\Big\}$ von Kolmogorow $P(\emptyset) = 0 \quad$ Wahrscheinlichkeit des unmöglichen Ereignisses $\emptyset$ $P(\overline{A}) = 1 - P(A) \quad$ Wahrscheinlichkeit des zu A entgegengesetzten Ereignisses $\overline{A}$ *Additionssatz:* Für die Wahrscheinlichkeit des Eintretens des Ereignisses A oder des Ereignisses B gilt: $P(A \cup B) = P(A) + P(B) - P(A \cap B)$ Falls A und B unvereinbar sind, gilt: $P(A \cup B) = P(A) + P(B)$ **Laplace-Wahrscheinlichkeit (klassische Wahrscheinlichkeit):** Sind alle Ergebnisse bei einem Vorgang mit zufälligem Ergebnis gleich wahrscheinlich, so gilt: $P(A) = \dfrac{\text{Anzahl der für } A \text{ günstigen Ergebnisse}}{\text{Anzahl der möglichen Ergebnisse}}$

Mehrstufige Zufallsversuche

Darstellung im Baumdiagramm	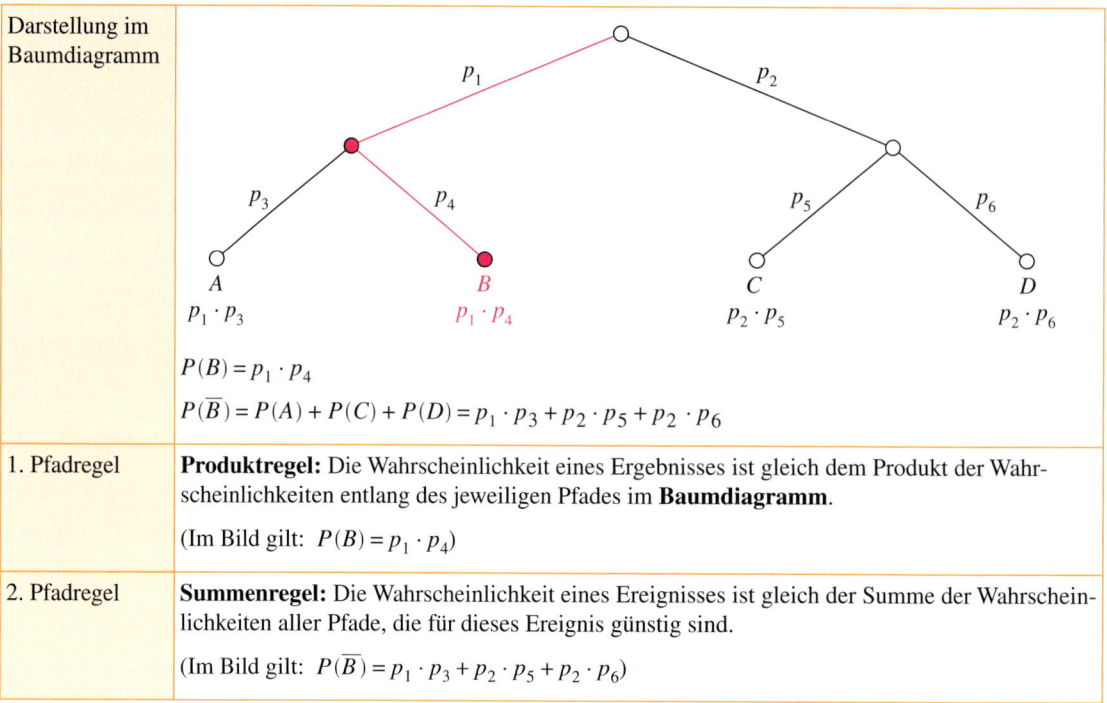
1. Pfadregel	**Produktregel:** Die Wahrscheinlichkeit eines Ergebnisses ist gleich dem Produkt der Wahrscheinlichkeiten entlang des jeweiligen Pfades im **Baumdiagramm**. (Im Bild gilt: $P(B) = p_1 \cdot p_4$)
2. Pfadregel	**Summenregel:** Die Wahrscheinlichkeit eines Ereignisses ist gleich der Summe der Wahrscheinlichkeiten aller Pfade, die für dieses Ereignis günstig sind. (Im Bild gilt: $P(\overline{B}) = p_1 \cdot p_3 + p_2 \cdot p_5 + p_2 \cdot p_6$)

Bedingte Wahrscheinlichkeit und Unabhängigkeit

Bedingte Wahrscheinlichkeit	Für die Wahrscheinlichkeit des Eintretens von A unter der Bedingung, dass das Ereignis B eingetreten ist, gilt: $P(A\|B) = \dfrac{P(A \cap B)}{P(B)}$ (Für $P(A\|B)$ schreibt man auch $P_B(A)$.)
Darstellung im Baumdiagramm und in der Vierfeldertafel	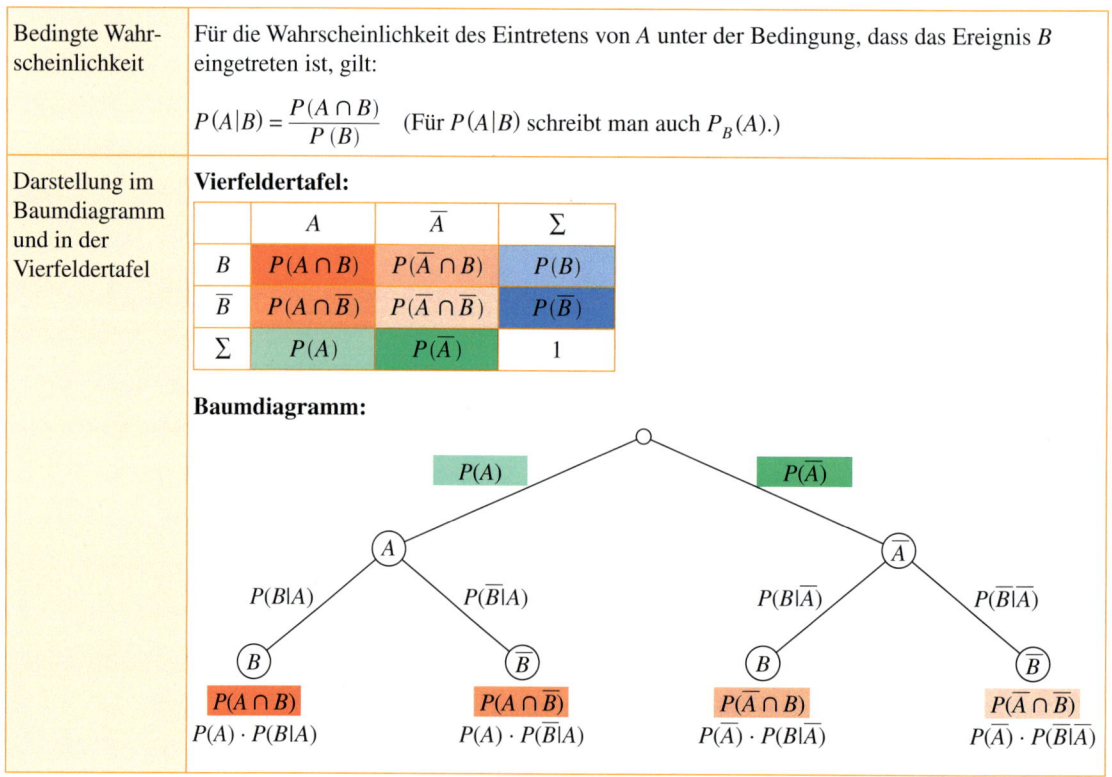

	Inverses Baumdiagramm: 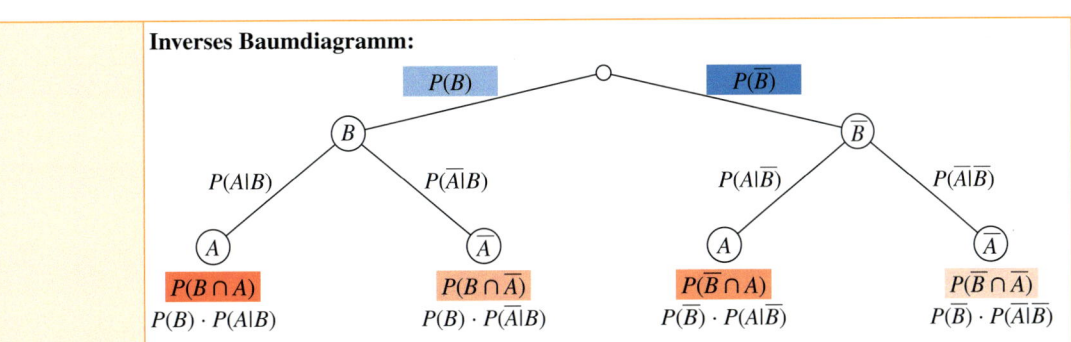
Multiplikations-satz	Für die Wahrscheinlichkeit des Eintretens sowohl des Ereignisses A als auch des Ereignisses B gilt: $P(A \cap B) = P(A) \cdot P(B \mid A) = P(B) \cdot P(A \mid B)$ Allgemein gilt für die Ereignisse $A_1, A_2, \ldots, A_n$: $P(A_1 \cap A_2 \cap \ldots \cap A_n) = P(A_1) \cdot P(A_2 \mid A_1) \cdot P(A_3 \mid A_1 \cap A_2) \cdot \ldots \cdot P(A_n \mid A_1 \cap A_2 \cap \ldots \cap A_{n-1})$
Unabhängigkeit	Die Ereignisse A und B heißen voneinander **unabhängig** genau dann, wenn gilt: $P(A \cap B) = P(A) \cdot P(B)$ Für voneinander unabhängige Ereignisse $A_1, A_2, \ldots, A_n$ gilt: $P(A_1 \cap A_2 \cap \ldots \cap A_n) = P(A_1) \cdot P(A_2) \cdot \ldots \cdot P(A_n)$
Formel für die totale Wahr-scheinlichkeit	Bilden die Ereignisse B_1 und B_2 eine Zerlegung, d.h. gilt $B_1 \cup B_2 = \Omega$ und $B_1 \cap B_2 = \emptyset$, so gilt für jedes Ereignis A die Formel $P(A) = P(A \mid B_1) \cdot P(B_1) + P(A \mid B_2) \cdot P(B_2)$. Für $B_1 = B$ und $B_2 = \overline{B}$ gilt also: $P(A) = P(A\mid B) \cdot P(B) + P(A\mid \overline{B}) \cdot P(\overline{B})$ Allgemein gilt für jedes Ereignis A im Falle einer Zerlegung von Ω in die Ereignisse $B_1, B_2, \ldots, B_n$, also mit $B_1 \cup B_2 \cup \ldots \cup B_n = \Omega$ und $B_i \cap B_j = \emptyset$ für $i \neq j$, die Formel $P(A) = P(A \mid B_1) \cdot P(B_1) + P(A \mid B_2) \cdot P(B_2) + \ldots + P(A \mid B_n) \cdot P(B_n)$. 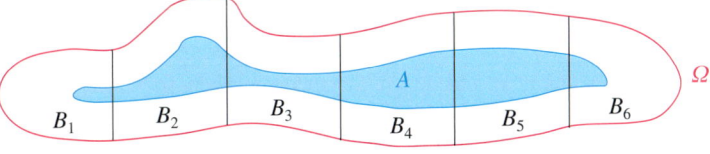
Satz von Bayes	Bilden die Ereignisse B_1 und B_2 eine Zerlegung, gilt also $B_1 \cup B_2 = \Omega$ und $B_1 \cap B_2 = \emptyset$, und ist A ein Ereignis mit $P(A) > 0$, so gilt $P(B_1 \mid A) = \dfrac{P(A \mid B_1) \cdot P(B_1)}{P(A \mid B_1) \cdot P(B_1) + P(A \mid B_2) \cdot P(B_2)}$ und $P(B_2 \mid A) = \dfrac{P(A \mid B_2) \cdot P(B_2)}{P(A \mid B_1) \cdot P(B_1) + P(A \mid B_2) \cdot P(B_2)}$. Für $B_1 = B$ und $B_2 = \overline{B}$ gilt also: $P(B\mid A) = \dfrac{P(A\mid B) \cdot P(B)}{P(A\mid B) \cdot P(B) + P(A\mid \overline{B}) \cdot P(\overline{B})} = \dfrac{P(A\mid B) \cdot P(B)}{P(A)}$ bzw. $P(A\mid B) = \dfrac{P(B\mid A) \cdot P(A)}{P(B)}$ Allgemein gilt für jedes Ereignis A mit $P(A) > 0$ im Falle einer Zerlegung von Ω in die Ereignisse $B_1, B_2, \ldots, B_n$, also mit $B_1 \cup B_2 \cup \ldots \cup B_n = \Omega$ und $B_i \cap B_j = \emptyset$ für $i \neq j$ und alle $k = 1, 2, \ldots, n$ die Formel $P(B_k \mid A) = \dfrac{P(A \mid B_k) \cdot P(B_k)}{P(A \mid B_1) \cdot P(B_1) + P(A \mid B_2) \cdot P(B_2) + \ldots + P(A \mid B_n) \cdot P(B_n)}$.

Kombinatorik

Potenzen von Binomen	Wenn $a, b \in \mathbb{R}$ und $n \in \mathbb{N}$, so gilt: $\qquad$ Pascal'sches Dreieck $(a \pm b)^0 = 1$ .... $\qquad$ 1 $(a \pm b)^1 = a \pm b$ .... $\qquad$ 1 1 $(a \pm b)^2 = a^2 \pm 2ab + b^2$ .... $\qquad$ 1 2 1 $(a \pm b)^3 = a^3 \pm 3a^2b + 3ab^2 \pm b^3$ ...... $\qquad$ 1 3 3 1 $(a \pm b)^4 = a^4 \pm 4a^3b + 6a^2b^2 \pm 4ab^3 + b^4$ ...... 1 4 6 4 1 $(a \pm b)^5 = a^5 \pm 5a^4b + 10a^3b^2 \pm 10a^2b^3 + 5ab^4 \pm b^5$ 1 5 10 10 5 1
Binomialkoeffizienten	$\binom{n}{k} = \dfrac{n(n-1)\ldots[n-(k-1)]}{k!} = \dfrac{n!}{k!(n-k)!}$ $(n, k \in \mathbb{N}; 0 < k \leq n)$; $\binom{n}{0} = 1$ $\binom{n}{k} = \binom{n}{n-k}$ $\binom{n}{k} + \binom{n}{k+1} = \binom{n+1}{k+1}$
Binomischer Satz	$(a+b)^n = \binom{n}{0}a^n + \binom{n}{1}a^{n-1}b + \binom{n}{2}a^{n-2}b^2 + \ldots + \binom{n}{n-1}ab^{n-1} + \binom{n}{n}b^n$ $\qquad = \sum_{k=0}^{n} \binom{n}{k} a^{n-k} b^k$
Fakultät	$a! = 1 \cdot 2 \cdot 3 \cdot 4 \cdot \ldots \cdot (a-1) \cdot a$ ($a \in \mathbb{N}, a \geq 2$); $0! = 1$; $1! = 1$; $(a+1)! = a!(a+1)$
Permutationen	Ist eine Menge mit n Elementen gegeben, so bezeichnet man die möglichen Anordnungen aller dieser n Elemente als Permutationen. Anzahl der Permutationen, wenn die n Elemente untereinander verschieden sind: $n!$ $\qquad\qquad$ Anzahl der Permutationen, wenn es unter den n Elementen $r, s, \ldots, t$ gleiche Elemente gibt: $\dfrac{n!}{r! \cdot s! \cdot \ldots \cdot t!}$
Variationen	Ist eine Menge mit n verschiedenen Elementen gegeben, so bezeichnet man die möglichen Anordnungen aus je k Elementen dieser Menge in jeder möglichen Reihenfolge als Variationen (Variationen von n Elementen zur k-ten Klasse). Anzahl der Variationen aus je k Elementen, wenn jedes Element in einer Variation jeweils nur einmal vorkommen kann (Anzahl der Variationen ohne Zurücklegen der Elemente): $\dfrac{n!}{(n-k)!}$ $\qquad$ Anzahl der Variationen aus je k Elementen, wenn jedes Element in einer Variation beliebig oft vorkommen kann (Anzahl der Variationen mit Zurücklegen der Elemente): n^k
Kombinationen	Ist eine Menge mit n verschiedenen Elementen gegeben, so bezeichnet man die möglichen Anordnungen aus je k Elementen dieser Menge ohne Berücksichtigung ihrer Reihenfolge als Kombinationen. Variationen sind also Kombinationen mit Berücksichtigung der Reihenfolge der Elemente (Kombinationen von n Elementen zur k-ten Klasse). Anzahl der Kombinationen aus je k Elementen, wenn jedes Element in einer Kombination jeweils nur einmal vorkommen kann: $\binom{n}{k}$ bzw. $\dfrac{n!}{k!(n-k)!}$ $\qquad$ Anzahl der Kombinationen aus je k Elementen, wenn jedes Element in einer Variation beliebig oft vorkommen kann: $\binom{n+k-1}{k}$

Zufallsgrößen und ihre Wahrscheinlichkeitsverteilung

Wahrscheinlichkeitsverteilung einer diskreten Zufallsgröße X	Es seien x_i ($i = 1, 2, 3, \ldots, k$) die Werte, die eine diskrete Zufallsgröße X annehmen kann, und p_i die zugeordneten Wahrscheinlichkeiten für das Eintreten der x_i. Es ist $E(X) = \sum_{i=1}^{k} x_i \cdot p_i = \mu$ der **Erwartungswert** (Mittelwert) der Zufallsgröße X, $V(X) = \sum_{i=1}^{k} (x_i - \mu)^2 \cdot p_i$ die **Varianz** der Zufallsgröße X und $\sigma(X) = \sqrt{V(X)}$ die **Standardabweichung** von X.
Bernoulli-Versuch	Ein **Bernoulli-Versuch** ist ein Zufallsversuch, bei dem man sich nur dafür interessiert, ob ein bestimmtes Ereignis (Treffer) eintritt oder nicht. Eine **Bernoulli-Kette** ist eine Serie unabhängiger Bernoulli-Versuche. Wenn p die **Trefferwahrscheinlichkeit** (**Erfolgswahrscheinlichkeit**) ist und der Zufallsversuch n-mal wiederholt wird, dann gilt: Die Wahrscheinlichkeit für genau k Treffer ist: $P(X = k) = \binom{n}{k} p^k \cdot (1-p)^{n-k}$ Die Wahrscheinlichkeit für mindestens einen Treffer ist: $P(X \geq 1) = 1 - (1-p)^n$ Soll die Wahrscheinlichkeit für mindestens einen Treffer größer oder gleich a ($0 < a < 1$) sein, so gilt für die Länge n der Kette: $n \geq \dfrac{\ln(1-a)}{\ln(1-p)}$
Binomialverteilung	Eine Zufallsgröße X heißt **binomialverteilt** mit den Parametern n und p, wenn für alle k ($k = 0, 1, \ldots, n$) gilt: $B(n; p; k) = P(X = k) = \binom{n}{k} p^k \cdot (1-p)^{n-k}$ (Für $B(n; p; k)$ schreibt man auch $(B_{n;p}(k))$.) **Erwartungswert:** $E(X) = n \cdot p$ n: Anzahl der Versuche **Varianz:** $V(X) = n \cdot p \cdot (1-p)$ p: Trefferwahrscheinlichkeit **Standardabweichung:** $\sigma(X) = \sqrt{n \cdot p \cdot (1-p)}$ k: Anzahl der Treffer **Kumulierte Wahrscheinlichkeit:** $P(X \leq k) = F(n; p; k)$ $\qquad\qquad\qquad\qquad\qquad\qquad = B(n; p; 1) + B(n; p; 2) + \ldots + B(n; p; k)$ $\qquad\qquad\qquad\qquad\qquad\qquad = \sum_{i=0}^{k} \binom{n}{i} p^i (1-p)^{n-i}$

Trefferwahrscheinlichkeiten	
genau k Treffer	$P(X = k) = B(n; p; k)$
höchstens k Treffer	$P(X \leq k) = F(n; p; k)$
weniger als k Treffer	$P(X < k) = P(X \leq k - 1)$ $\qquad\qquad = F(n; p; k - 1)$
mindestens k Treffer	$P(X \geq k) = 1 - P(X < k)$ $\qquad\qquad = 1 - P(X \leq k - 1)$ $\qquad\qquad = 1 - F(n; p; k - 1)$
mehr als k Treffer	$P(X > k) = 1 - P(X \leq k)$ $\qquad\qquad = 1 - F(n; p; k)$
mehr als k_1 und weniger als k_2 Treffer	$P(k_1 < X < k_2) = P(X \leq k_2 - 1) - P(X \leq k_1)$ $\qquad\qquad\qquad = F(n; p; k_2 - 1) - F(n; p; k_1)$
mindestens k_1 und höchstens k_2 Treffer	$P(k_1 \leq X \leq k_2) = P(X \leq k_2) - P(X \leq k_1 - 1)$ $\qquad\qquad\qquad = F(n; p; k_2) - F(n; p; k_1 - 1)$

Poisson-verteilung	Für sehr große n und sehr kleine p gilt für die Binomialverteilung die **Näherungsformel von Poisson**: $P(X=k) = \binom{n}{k} p^k \cdot (1-p)^{n-k} \approx \dfrac{\mu^k}{k!} \cdot e^{-\mu}; \quad e \approx 2{,}7183; \quad \mu = n \cdot p$
Gleich-verteilung	Eine diskrete Zufallsgröße ist **gleichverteilt**, wenn gilt: $P(X = x_i) = \dfrac{1}{r} \quad (i = 1, 2, 3, \ldots, r)$ Im **Spezialfall** $x_i = i$ gilt: $E(X) = \dfrac{r+1}{2}, \quad V(X) = \dfrac{r^2 - 1}{12}, \quad \sigma(X) = \sqrt{\dfrac{r^2 - 1}{12}}$
Hyper-geometrische Verteilung	$P(X=k) = \dfrac{\binom{M}{k}\binom{N-M}{n-k}}{\binom{N}{n}} \quad (k \le n \le N;\; k \le M \le N)$ Die Problemstellung kann durch eine Stichprobe vom Umfang n aus einer Gesamtheit von N Elementen charakterisiert werden, in der M Elemente mit abweichender Gestalt enthalten sind; es interessiert die Frage, mit welcher Wahrscheinlichkeit k Elemente der Art M in der Stichprobe n enthalten sind.
Tscheby-schew'sche Ungleichung	Die folgende Ungleichung liefert im Falle einer Binomialverteilung für große n eine Abschätzung der Wahrscheinlichkeit für das Abweichen der Zufallsgröße X vom Erwartungswert $E(X)$ um mindestens ε. $P(|X - E(X)| \ge \varepsilon) \le \dfrac{V(X)}{\varepsilon^2} \quad \text{für alle } \varepsilon > 0$
Dichtefunktion und Verteilungs-funktion stetiger Zufalls-größen	Eine stetige Zufallsgröße X kann in einem Intervall $[a, b]$ von $\mathbb{R}$, mitunter sogar in $\mathbb{R}$ selbst, alle Werte annehmen. In diesem Fall gibt es eine Funktion f (**Dichtefunktion** von X) derart, dass gilt: $P(a < X \le b) = \displaystyle\int_a^b f(x)\,\mathrm{d}x \quad (a, b \in \mathbb{R})$ Falls das (uneigentliche) Integral $\displaystyle\int_{-\infty}^{\infty} x \cdot f(x)\,\mathrm{d}x$ existiert (➚ S. 71), gilt für stetige Zufallsgrößen: $E(X) = \displaystyle\int_{-\infty}^{\infty} x \cdot f(x)\,\mathrm{d}x,$ $V(X) = \displaystyle\int_{-\infty}^{\infty} (x - E(x))^2 \cdot f(x)\,\mathrm{d}x = E((X - E(X))^2)$ $\sigma = \sqrt{V(X)}$ Eine stetige Zufallsgröße X mit der Dichtefunktion f hat die **Verteilungsfunktion** F mit $F(x) = P(X \le x) = \displaystyle\int_{-\infty}^{x} f(t)\,\mathrm{d}t \quad (x \in \mathbb{R}).$ Dichtefunktion: Verteilungsfunktion: $\displaystyle\int_{-\infty}^{x_0} f(t)\,\mathrm{d}t = P(X \le x_0) = F(x_0)$

Gaußfunktion

Die für alle $x \in \mathbb{R}$ definierte Dichtefunktion φ mit $\varphi(x) = \dfrac{1}{\sqrt{2\pi}} e^{-\frac{1}{2}x^2}$ heißt **Gaußfunktion**. Ihr Graph heißt **Gauß'sche Glockenkurve**.

Eigenschaften:
- Graph symmetrisch zur y-Achse
- Hochpunkt $H\left(0 \,\Big|\, \dfrac{1}{\sqrt{2\pi}}\right)$
- Wendepunkte $W_1\left(-1 \,\Big|\, \dfrac{1}{\sqrt{2\pi e}}\right)$ und $W_2\left(1 \,\Big|\, \dfrac{1}{\sqrt{2\pi e}}\right)$
- Der zwischen dem Graphen und der x-Achse eingeschlossene Flächeninhalt ist 1.

Zur Gaußfunktion φ gehört die Verteilungsfunktion bzw. Gauß'sche Summenfunktion Φ mit

$$\Phi(x) = \int_{-\infty}^{x} \varphi(t)\,dt = \dfrac{1}{\sqrt{2\pi}} \int_{-\infty}^{x} e^{-\frac{1}{2}t^2}\,dt \quad (x \in \mathbb{R}).$$

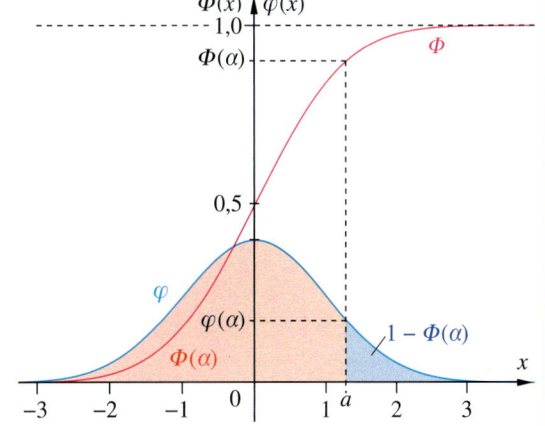

Normalverteilung

Eine stetige Zufallsgröße X mit dem Erwartungswert $E(X) = \mu$ und der Standardabweichung σ heißt **normalverteilt**, wenn für ihre Dichtefunktion f für alle $x \in \mathbb{R}$ gilt:

$$f(x) = \dfrac{1}{\sigma} \cdot \varphi\!\left(\dfrac{x - \mu}{\sigma}\right) = \dfrac{1}{\sigma} \cdot \varphi(z) \text{ mit } z = \dfrac{x - \mu}{\sigma}, \text{ wobei } \varphi \text{ die Gaußfunktion ist, also: } f(x) = \dfrac{1}{\sigma\sqrt{2\pi}} e^{-\frac{1}{2}\left(\frac{x-\mu}{\sigma}\right)^2}.$$

μ und σ sind die Parameter der Normalverteilung. Man spricht von einer $(\mu;\sigma^2)$-Normalverteilung oder $N(\mu;\sigma^2)$-Verteilung und schreibt: $X \sim N(\mu;\sigma^2)$.

Eigenschaften:
- Hochpunkt $H\left(\mu \,\Big|\, \dfrac{1}{\sigma\sqrt{2\pi}}\right)$
- Wendepunkte $W_1\left(\mu - \sigma \,\Big|\, \dfrac{1}{\sigma\sqrt{2\pi e}}\right)$ und $W_2\left(\mu + \sigma \,\Big|\, \dfrac{1}{\sqrt{2\pi e}}\right)$

Die Verteilungsfunktion lautet:

$$F(x) = \Phi\!\left(\dfrac{x - \mu}{\sigma}\right) = \Phi(z) \text{ mit } z = \dfrac{x - \mu}{\sigma}, \text{ also}$$

$$F(x) = \dfrac{1}{\sigma\sqrt{2\pi}} \int_{-\infty}^{x} e^{-\frac{1}{2}\left(\frac{t-\mu}{\sigma}\right)^2}\,dt.$$

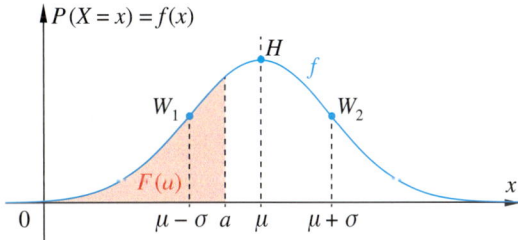

Wahrscheinlichkeiten

höchstens a	$P(X \leq a) = \displaystyle\int_{-\infty}^{a} f(x)\,dx = \dfrac{1}{\sigma\sqrt{2\pi}} \int_{-\infty}^{a} e^{-\frac{1}{2}\left(\frac{x-\mu}{\sigma}\right)^2}\,dx$	
mindestens a und höchstens b	$P(a \leq X \leq b) = \displaystyle\int_{a}^{b} f(x)\,dx = \dfrac{1}{\sigma\sqrt{2\pi}} \int_{a}^{b} e^{-\frac{1}{2}\left(\frac{x-\mu}{\sigma}\right)^2}\,dx$	

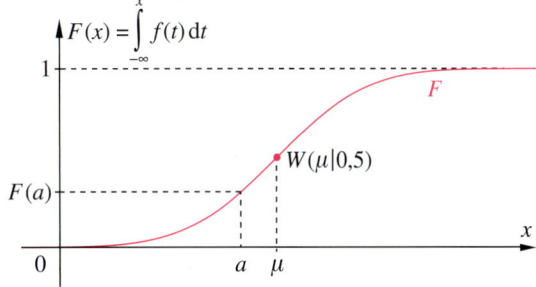

Stochastik

Standardnormalverteilung

Die **Standardnormalverteilung** $N(0;1)$ ist eine Normalverteilung mit dem Erwartungswert $E(X) = \mu = 0$ und der Standardabweichung $\sigma = 1$.

Dichtefunktion: $f(x) = \varphi(x) = \dfrac{1}{\sqrt{2\pi}} e^{-\frac{1}{2}x^2}$

Eigenschaften:

➤ Graph symmetrisch zur y-Achse

➤ Hochpunkt $H\left(0 \left| \dfrac{1}{\sqrt{2\pi}}\right.\right)$

➤ Wendepunkte $W_1\left(-1 \left|\dfrac{1}{\sqrt{2\pi e}}\right.\right)$ und $W_2\left(1 \left|\dfrac{1}{\sqrt{2\pi e}}\right.\right)$

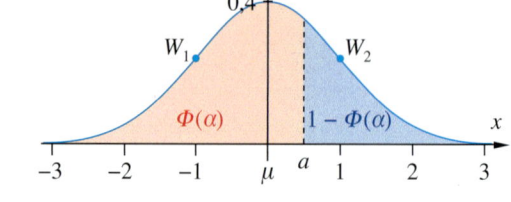

Verteilungsfunktion:

$F(x) = \Phi(x) = \dfrac{1}{\sqrt{2\pi}} \displaystyle\int_{-\infty}^{x} e^{-\frac{1}{2}t^2}\, dt$

Mit der Standardisierung $Z = \dfrac{X - \mu}{\sigma}$ lässt sich jede $N(\mu; \sigma^2)$-verteilte Zufallsgröße X auf eine $N(0;1)$-verteilte Zufallsgröße Z zurückführen.

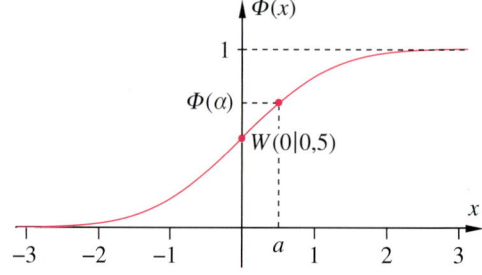

Wahrscheinlichkeiten

höchstens a	höchstens $-a$
$P(X \leq a) = \Phi(a)$	$P(X \leq -a) = 1 - \Phi(a)$
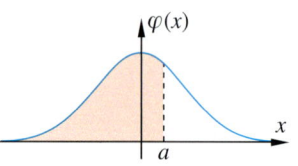	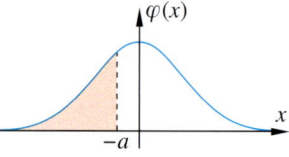
mindestens a	mindestens $-a$
$P(X \geq a) = 1 - \Phi(a)$	$P(X \geq -a) = \Phi(a)$
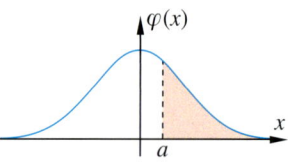	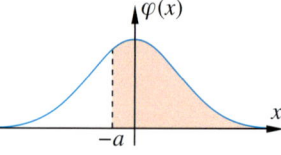
mindestens $-a$ und höchstens a	mindestens a und höchstens b
$P(-a \leq X \leq a) = 2\Phi(a) - 1$	$P(a \leq X \leq b) = \Phi(b) - \Phi(a)$
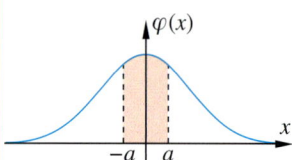	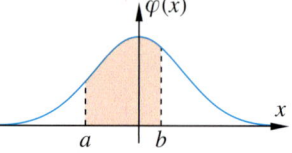

Zufallsgrößen und ihre Wahrscheinlichkeitsverteilung

Laplace-Bedingung	Für eine binomialverteilte Zufallsgröße X mit dem Stichprobenumfang $n \in \mathbb{N}$ und der Trefferwahrscheinlichkeit p $(0 \leq p \leq 1)$ lautet die **Laplace-Bedingung**: $\sigma^2 = n \cdot p \cdot (1-p) > 9$ oder $\sigma = \sqrt{n \cdot p \cdot (1-p)} > 3$
Näherungsformel von Moivre und Laplace	Für eine binomialverteilte Zufallsgröße X mit dem Erwartungswert μ und der Standardabweichung $\sigma > 3$ (Laplace-Bedingung erfüllt) gilt:

Wahrscheinlichkeiten

genau k Treffer	$P(X = k) \approx \dfrac{1}{\sigma\sqrt{2\pi}} e^{-\frac{1}{2}\left(\frac{k-\mu}{\sigma}\right)^2} = \dfrac{1}{\sigma}\varphi(z)$ mit $z = \dfrac{k-\mu}{\sigma}$	
höchstens k Treffer	$P(X \leq k) \approx \Phi\left(\dfrac{k + 0{,}5 - \mu}{\sigma}\right)$	
mindestens a und höchstens b Treffer	$P(a \leq X \leq b) \approx \Phi\left(\dfrac{b + 0{,}5 - \mu}{\sigma}\right) - \Phi\left(\dfrac{a - 0{,}5 - \mu}{\sigma}\right)$	
Treffer innerhalb des Bereichs c um den Erwartungswert μ	$P(\mu - c \leq X \leq \mu + c)$ $= P(\lvert X - \mu \rvert \leq c)$ $\approx 2\Phi(z) - 1$ mit $z = \dfrac{c + 0{,}5}{\sigma}$	
Treffer außerhalb des Bereichs c um den Erwartungswert μ	$P(\lvert X - \mu \rvert > c)$ $\approx 2(1 - \Phi(z))$ mit $z = \dfrac{c + 0{,}5}{\sigma}$	

Intervallwahrscheinlichkeiten normalverteilter Zufallsgrößen	Intervallwahrscheinlichkeiten für eine normalverteilte Zufallsgröße $X \sim N(\mu; \sigma^2)$ mit der Dichtefunktion f (s. S. 46) lassen sich mithilfe der Standardnormalverteilung berechnen. Es gilt: $P(a \leq X \leq b) = P\left(\dfrac{a-\mu}{\sigma} \leq \dfrac{X-\mu}{\sigma} \leq \dfrac{b-\mu}{\sigma}\right) = \Phi\left(\dfrac{b-\mu}{\sigma}\right) - \Phi\left(\dfrac{a-\mu}{\sigma}\right)$.
c-σ-Intervalle normalverteilter Zufallsgrößen	Wenn $X \sim N(\mu; \sigma^2)$, so gilt: $P(\mu - 1 \cdot \sigma \leq X \leq \mu + 1 \cdot \sigma) = 0{,}683 = \lambda$ $P(\mu - 2 \cdot \sigma \leq X \leq \mu + 2 \cdot \sigma) = 0{,}954 = \lambda$ $P(\mu - 3 \cdot \sigma \leq X \leq \mu + 3 \cdot \sigma) = 0{,}997 = \lambda$ λ nennt man Sicherheitswahrscheinlichkeit der betreffenden σ-Umgebung

Weitere Werte für $P(\mu - c \cdot \sigma \leq X \leq \mu + c \cdot \sigma)$:

c	0,8	1,2	1,4	1,6	1,64	1,8
P	0,576	0,770	0,838	0,890	0,900	0,928
c	1,96	2,2	2,4	2,58	2,6	2,8
P	0,950	0,972	0,984	0,990	0,991	0,995

c-σ-Intervalle binomialverteilter Zufallsgrößen	Eine binomialverteile Zufallsgröße X mit den Parametern n und p kann durch eine Normalverteilung angenähert werden, falls $n \cdot p \cdot (1-p) > 9$ (Näherungsformel von Moivre und Laplace). Dann gilt: $P(\mu - 1 \cdot \sigma \leq X \leq \mu + 1 \cdot \sigma) \approx 0{,}683$ $P(\mu - 2 \cdot \sigma \leq X \leq \mu + 2 \cdot \sigma) \approx 0{,}954$ $P(\mu - 3 \cdot \sigma \leq X \leq \mu + 3 \cdot \sigma) \approx 0{,}997$

Beurteilende Statistik

Stichproben als Bernoulli-Versuche	Die Entnahme einer (kleinen) Stichprobe aus einer (großen) Grundgesamtheit kann oft als Bernoulli-Versuch behandelt werden. Dabei gelten folgende Entsprechungen: ▶ Stichprobenumfang n (Elemente durchnummeriert bis n) ≙ Anzahl der Stufen n ▶ absolute Häufigkeit H_n eines Merkmals in der Stichprobe ≙ Anzahl der Erfolge k ▶ relative Häufigkeit h_n eines Merkmals in der Stichprobe ≙ Erfolgswahrscheinlichkeit p ▶ Standardabweichung s_n in der Stichprobe ≙ Standardabweichung σ
Vertrauens-intervalle	Soll eine unbekannte Wahrscheinlichkeit p anhand einer Stichprobe mit einer vorgegebenen **Irrtumswahrscheinlichkeit** α geschätzt werden, so ist $\varepsilon > 0$ so zu wählen, dass $P(h_n - \varepsilon \leq p \leq h_n + \varepsilon) \geq 1 - \alpha$ gilt. Man bezeichnet $[h_n - \varepsilon; h_n + \varepsilon]$ dann als **Vertrauensintervall** bzw. **Konfidenzintervall** zur **Sicherheitswahrscheinlichkeit** (Vertrauensniveau) $1 - \alpha = \lambda$. Ein Vertrauensintervall bzw. Konfidenzintervall ist also ein Schätzintervall, das die unbekannte Wahrscheinlichkeit p mit einer vorgegebenen Sicherheitswahrscheinlichkeit λ enthält.

Die Lösung der Ungleichung:

$$|h_n - p| \leq c \cdot \sqrt{\frac{p(1-p)}{n}} \text{ bzw.}$$

$$(h_n - p)^2 \leq c^2 \cdot \frac{p(1-p)}{n}$$

liefert ein Vertrauensintervall $VI = [p_1; p_2]$ für die Wahrscheinlichkeit p.

h_n relative Häufigkeit der Stichprobe
p zu schätzende Wahrscheinlichkeit der Gesamtheit
c Breite der Sigma-Umgebung
n Umfang der Stichprobe

Dabei gilt: $\Phi(c) = \frac{2-\alpha}{2}$ bzw. $\Phi(c) = \frac{1+\lambda}{2}$

Spezialfälle:

Sicherheitswahrscheinlichkeit λ	Sigma-Umgebung c
90%	1,64
95%	1,96
99%	2,58

Bestimmung näherungsweise:
(bei $n \geq 1000$ oder $0{,}3 \leq h_n \leq 0{,}7$ oder $\sqrt{n \cdot p \cdot (1-p)} > 3$)

$$VI = \left[h_n - c \cdot \sqrt{\frac{h_n(1-h_n)}{n}}; h_n + c \cdot \sqrt{\frac{h_n(1-h_n)}{n}}\right]$$

Bestimmung exakt:

$$VI = \left[\frac{h_n \cdot n + \frac{1}{2}c^2 - c \cdot \sqrt{h_n(1-h_n) \cdot n + \frac{1}{4}c^2}}{n + c^2}; \frac{h_n \cdot n + \frac{1}{2}c^2 + c \cdot \sqrt{h_n(1-h_n) \cdot n + \frac{1}{4}c^2}}{n + c^2}\right]$$

Parabelansatz (exakt):

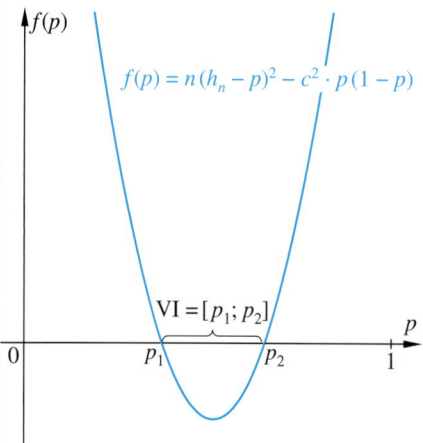

Ellipsenansatz (exakt):

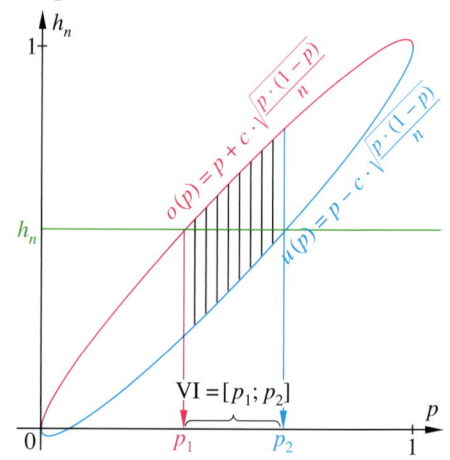

Stichprobenumfang:
Soll $\lambda = 1 - \alpha \approx P$ sein (für einen gewählten Wert von c), so ist der Stichprobenumfang $n > \left(\frac{c}{2\varepsilon}\right)^2$ oder $n \geq \frac{1}{4\alpha\varepsilon^2}$ zu wählen. Dabei ist c die Vertrauenszahl und 2ε die Länge des Vertrauensintervalls $[h_n - \varepsilon; h_n + \varepsilon]$.

Testen von Hypothesen

Bei einem **Alternativtest** werden zwei einander ausschließende Hypothesen betrachtet. Die **Nullhypothese H_0** (z. B. $p = p_0$) gibt oft einen bisherigen Kenntnisstand wieder, von dem man nicht leichtfertig abrücken möchte. Die **Gegenhypothese H_1** (z. B. $p = p_1$) stellt eine neue zu prüfende Vermutung dar.

Entscheidungsregel:
Fällt die Prüfgröße X mit den Parametern n und p in einen vor Durchführung des Tests definierten **Ablehnungsbereich** $A \subseteq \{0, 1, 2, \ldots, n\}$, wird die Nullhypothese abgelehnt und somit die Gegenhypothese angenommen. Fällt die Prüfgröße in den **Annahmebereich** $\{0, 1, 2, \ldots, n\} \setminus A$, wird die Nullhypothese angenommen (bzw. beibehalten).

Da die Entscheidung eines Hypothesentests aufgrund einer Stichprobe erfolgt, kann es zu Fehlentscheidungen kommen:
Beim **Fehler 1. Art** wird die Nullhypothese abgelehnt, obwohl sie richtig ist.
Beim **Fehler 2. Art** wird die Nullhypothese angenommen, obwohl sie falsch ist.

	Entscheidung für H_0	Entscheidung für H_1
H_0 richtig	kein Fehler	**Fehler 1. Art**
H_1 richtig	**Fehler 2. Art**	kein Fehler

Um Fehler 1. Art möglichst zu vermeiden, wird häufig für die Wahrscheinlichkeit eines Fehlers 1. Art eine obere Grenze vorgegeben. (↗ Signifikanztest)

Signifikanztests

Ein **Signifikanztest** für eine unbekannte Wahrscheinlichkeit p ist ein Hypothesentest, bei dem für die **Irrtumswahrscheinlichkeit** (Wahrscheinlichkeit des Fehlers 1. Art) eine obere Grenze α (**Signifikanzniveau**) vorgegeben ist. Für α sind die Werte 5 %, 1 % und 0,1 % üblich.

Fällt die mit den Parametern n (= Stichprobengröße) und p (= unbekannte Trefferwahrscheinlichkeit) binomialverteilte Prüfgröße X der Stichprobe in den Ablehnungsbereich der Nullhypothese H_0 (**kritischer Bereich**), dann ist das Stichprobenergebnis **signifikant** für die Gültigkeit einer Gegenhypothese H_1.

Je nachdem, ob H_1 die Form $p < p_0$ oder $p > p_0$ oder $p \neq p_0$ hat, spricht man von einem linksseitigen oder einem rechtsseitigen oder einem zweiseitigen Signifikanztest.

linksseitiger Signifikanztest

H_0: $p = p_0$ $\quad$ H_1: $p < p_0$

Entscheidungsregel:

Ist $X > K$, so wird H_0 angenommen

Ist $X \leq K$, so wird H_1 angenommen

Ablehnungsbereich: $\{0; 1; \ldots; K\}$

Die Irrtumswahrscheinlichkeit $P(X \leq K)$ ist für $p = p_0$ am größten.

Die **kritische Zahl K** ist die größte ganze Zahl, für die die Irrtumswahrscheinlichkeit bei $p = p_0$ höchstens α beträgt, d. h.

$P(X \leq K) \leq \alpha$

rechtsseitiger Signifikanztest

H_0: $p = p_0$ $\quad$ H_1: $p > p_0$

Entscheidungsregel:

Ist $X < K$, so wird H_0 angenommen

Ist $X \geq K$, so wird H_1 angenommen

Ablehnungsbereich: $\{K; K + 1; \ldots; n\}$

Die Irrtumswahrscheinlichkeit $P(X \geq K)$ ist für $p = p_0$ am größten.

Die **kritische Zahl K** ist die kleinste ganze Zahl, für die die Irrtumswahrscheinlichkeit bei $p = p_0$ höchstens α beträgt, d. h.

$P(X \geq K) = 1 - P(X \leq K - 1) \leq \alpha$

Die Wahrscheinlichkeit für die fälschliche Annahme der Nullhypothese (Fehler 2. Art) ist umso geringer, je stärker sich der unbekannte Wert p von p_0 unterscheidet. Sie kann bei festem α durch Erhöhung des Stichprobenumfangs n verringert werden.

Einzelwahrscheinlichkeiten der Binomialverteilung $P(X = k) = \binom{n}{k} \cdot p^k \cdot (1 - p)^{n-k}$

↻ GTWK4513792-052-1

n	k	0,01	0,02	0,05	0,10	1/6	0,2	0,25	0,3	1/3	0,4	0,5	k	n
2	0	0,9801	9604	9025	8100	6944	6400	5625	4900	4444	3600	2500	2	
	1	0198	0392	0950	1800	2778	3200	3750	4200	4444	4800	5000	1	2
	2	0001	0004	0025	0100	0278	0400	0625	0900	1111	1600	2500	0	
3	0	0,9703	9412	8574	7290	5787	5120	4219	3430	2963	2160	1250	3	
	1	0294	0576	1354	2430	3472	3840	4219	4410	4444	4320	3750	2	3
	2	0003	0012	0071	0270	0694	0960	1406	1890	2222	2880	3750	1	
	3	0000	0000	0001	0010	0046	0080	0156	0270	0370	0640	1250	0	
4	0	0,9606	9224	8145	6561	4823	4096	3164	2401	1975	1296	0625	4	
	1	0388	0753	1715	2916	3858	4096	4219	4116	3951	3456	2500	3	
	2	0006	0023	0135	0486	1157	1536	2109	2646	2963	3456	3750	2	4
	3			0005	0036	0154	0256	0469	0756	0988	1536	2500	1	
	4				0001	0008	0016	0039	0081	0123	0256	0625	0	
5	0	0,9510	9039	7738	5905	4019	3277	2373	1681	1317	0778	0313	5	
	1	0480	0922	2036	3281	4019	4096	3955	3602	3292	2592	1563	4	
	2	0010	0038	0214	0729	1608	2048	2637	3087	3292	3456	3125	3	5
	3		0001	0011	0081	0322	0512	0879	1323	1646	2304	3125	2	
	4				0005	0032	0064	0146	0284	0412	0768	1583	1	
	5					0001	0003	0010	0024	0041	0102	0313	0	
6	0	0,9415	8858	7351	5314	3349	2621	1780	1176	0878	0467	0156	6	
	1	0571	1085	2321	3543	4019	3932	3560	3025	2634	1866	0938	5	
	2	0014	0055	0305	0984	2009	2458	2966	3241	3292	3110	2344	4	
	3		0002	0021	0146	0536	0819	1318	1852	2195	2765	3125	3	6
	4			0001	0012	0080	0154	0330	0595	0823	1382	2344	2	
	5				0001	0006	0015	0044	0102	0165	0369	0938	1	
	6						0001	0002	0007	0014	0041	0156	0	
7	0	0,9321	8681	6983	4783	2791	2097	1335	0824	0585	0280	0078	7	
	1	0659	1240	2573	3720	3907	3670	3115	2471	2048	1306	0547	6	
	2	0020	0076	0406	1240	2344	2753	3115	3177	3073	2613	1641	5	
	3		0003	0036	0230	0781	1147	1730	2269	2561	2903	2734	4	7
	4			0002	0026	0156	0287	0577	0972	1280	1935	2734	3	
	5				0002	0019	0043	0115	0250	0384	0774	1641	2	
	6					0001	0004	0013	0036	0064	0172	0547	1	
	7							0001	0002	0005	0016	0078	0	
8	0	0,9227	8508	6634	4305	2326	1678	1001	0576	0390	0168	0039	8	
	1	0746	1389	2793	3826	3721	3355	2670	1977	1561	0896	0313	7	
	2	0026	0099	0515	1488	2605	2936	3115	2965	2731	2090	1094	6	
	3	0001	0004	0054	0331	1042	1468	2076	2541	2731	2787	2188	5	
	4			0004	0046	0260	0459	0865	1361	1707	2322	2734	4	8
	5				0004	0042	0092	0231	0467	0683	1239	2188	3	
	6					0004	0011	0038	0100	0171	0413	1094	2	
	7						0001	0004	0012	0024	0079	0313	1	
	8								0001	0002	0007	0039	0	
9	0	0,9135	8337	6302	3874	1938	1342	0751	0404	0260	0101	0020	9	
	1	0830	1531	2985	3874	3489	3020	2253	1556	1171	0605	0176	8	
	2	0034	0125	0629	1722	2791	3020	3003	2668	2341	1612	0703	7	
	3	0001	0006	0077	0446	1302	1762	2336	2668	2731	2508	1641	6	
	4			0006	0074	0391	0661	1168	1715	2048	2508	2461	5	9
	5				0008	0078	0165	0389	0735	1024	1672	2461	4	
	6				0001	0010	0028	0087	0210	0341	0743	1641	3	
	7					0001	0003	0012	0039	0073	0212	0703	2	
	8							0001	0004	0009	0035	0176	1	
	9									0001	0003	0020	0	
10	0	0,9044	8171	5987	3487	1615	1074	0563	0282	0173	0060	0010	10	
	1	0914	1667	3151	3874	3230	2684	1877	1211	0867	0403	0098	9	
	2	0042	0153	0746	1937	2907	3020	2816	2335	1951	1209	0439	8	
	3	0001	0008	0105	0574	1550	2013	2503	2668	2601	2150	1172	7	
	4			0010	0112	0543	0881	1460	2001	2276	2508	2051	6	
	5			0001	0015	0130	0264	0584	1029	1366	2007	2461	5	10
	6				0001	0022	0055	0162	0368	0569	1115	2051	4	
	7	Alle freien Plätze dieser Seite würden				0002	0008	0031	0090	0163	0425	1172	3	
	8	durch das Runden auf 4 Dezimalen					0001	0004	0014	0030	0106	0439	2	
	9	den Wert 0,0000 enthalten.							0001	0003	0016	0098	1	
	10										0001	0010	0	
n	k	0,99	0,98	0,95	0,9	5/6	0,8	0,75	0,7	2/3	0,6	0,5	k	n
							p							

Einzelwahrscheinlichkeiten der Binomialverteilung

n	k	0,01	0,02	0,05	0,10	1/6	0,20	0,25	0,30	1/3	0,40	0,50	k	n
20	0	0,8179	6676	3585	1216	0261	0115	0032	0008	0003			20	
	1	1652	2725	3774	2702	1043	0576	0211	0068	0030	0005		19	
	2	0159	0528	1887	2852	1982	1369	0669	0278	0143	0031	0002	18	
	3	0010	0065	0596	1901	2379	2054	1339	0716	0429	0123	0011	17	
	4		0006	0133	0898	2022	2182	1897	1304	0911	0350	0046	16	
	5			0022	0319	1294	1746	2023	1789	1457	0746	0148	15	
	6			0003	0089	0647	1091	1686	1916	1821	1244	0370	14	
	7				0020	0259	0545	1124	1643	1821	1659	0739	13	
	8				0004	0084	0222	0609	1144	1480	1797	1201	12	
	9				0001	0022	0074	0271	0654	0987	1597	1602	11	
	10					0005	0020	0099	0308	0543	1171	1762	10	20
	11					0001	0005	0030	0120	0247	0710	1602	9	
	12						0001	0008	0039	0092	0355	1201	8	
	13							0002	0010	0028	0146	0739	7	
	14								0002	0007	0049	0370	6	
	15									0001	0013	0148	5	
	16										0003	0046	4	
	17											0011	3	
	18											0002	2	
	19												1	
	20												0	
50	0	0,6050	3642	0769	0052	0001							50	
	1	3056	3716	2025	0286	0011	0002						49	
	2	0756	1858	2611	0779	0054	0011	0001					48	
	3	0122	0607	2199	1386	0172	0044	0004					47	
	4	0015	0145	1360	1809	0405	0128	0016	0001				46	
	5	0001	0027	0658	1849	0745	0295	0049	0006	0001			45	
	6		0004	0260	1541	1118	0554	0123	0018	0004			44	
	7		0001	0086	1076	1405	0870	0259	0048	0012			43	
	8			0024	0643	1510	1169	0463	0110	0033	0002		42	
	9			0006	0333	1410	1364	0721	0220	0077	0005		41	
	10			0001	0152	1156	1398	0985	0386	0157	0014		40	
	11				0061	0841	1271	1194	0602	0286	0035		39	
	12				0022	0546	1033	1294	0838	0465	0076	0001	38	
	13				0007	0319	0755	1261	1050	0679	0147	0003	37	
	14				0002	0169	0499	1110	1189	0898	0260	0008	36	
	15				0001	0081	0299	0888	1223	1077	0415	0020	35	
	16					0035	0164	0648	1147	1178	0606	0044	34	
	17					0014	0082	0432	0983	1178	0808	0087	33	
	18					0005	0037	0264	0772	1080	0987	0160	32	
	19					0002	0016	0148	0558	0910	1109	0270	31	
	20					0001	0006	0077	0370	0705	1146	0419	30	
	21						0002	0036	0227	0503	1091	0598	29	50
	22						0001	0016	0128	0332	0959	0788	28	
	23							0006	0067	0202	0778	0960	27	
	24							0002	0032	0114	0584	1080	26	
	25							0001	0014	0059	0405	1123	25	
	26								0006	0028	0259	1080	24	
	27								0002	0013	0154	0960	23	
	28								0001	0005	0084	0788	22	
	29									0002	0043	0598	21	
	30									0001	0020	0419	20	
	31										0009	0270	19	
	32										0003	0160	18	
	33										0001	0087	17	
	34											0044	16	
	35											0020	15	
	36											0008	14	
	37											0003	13	
	38											0001	12	
	39												11	
	40												10	
	⋮												⋮	
	49												1	
	50												0	
n	k	0,99	0,98	0,95	0,9	5/6	0,8	0,75	0,7	2/3	0,6	0,5	k	n

Alle freien Plätze dieser Seite würden durch das Runden auf 4 Dezimalen den Wert 0,0000 enthalten. Das gilt auch für die nicht aufgeführten Werte von k.

54 Stochastik

n	k	0,01	0,02	0,05	0,10	1/6	0,20	0,25	0,30	1/3	0,40	0,50	k	n
	0	0,3660	1326	0059									100	
	1	3697	2707	0312	0003								99	
	2	1849	2734	0812	0016								98	
	3	0610	1823	1396	0059								97	
	4	0149	0902	1781	0159	0001							96	
	5	0029	0353	1800	0339	0003							95	
	6	0005	0114	1500	0596	0009	0001						94	
	7	0001	0031	1060	0889	0025	0002						93	
	8		0007	0649	1148	0058	0006						92	
	9		0002	0349	1304	0118	0015						91	
	10			0167	1319	0214	0034	0001					90	
	11			0072	1199	0350	0069	0003					89	
	12			0028	0988	0520	0128	0006					88	
	13			0010	0743	0703	0216	0014					87	
	14			0003	0513	0874	0335	0030	0001				86	
	15			0001	0327	1002	0481	0057	0002				85	
	16				0193	1065	0638	0100	0006	0001			84	
	17				0106	1052	0789	0165	0012	0001			83	
	18				0054	0971	0909	0254	0024	0003			82	
	19				0026	0838	0981	0365	0044	0006			81	
	20				0012	0679	0993	0493	0076	0013			80	
	21				0005	0517	0946	0626	0124	0024			79	
	22				0002	0371	0849	0749	0190	0043	0001		78	
	23				0001	0252	0720	0847	0277	0073	0001		77	
	24					0162	0577	0906	0380	0117	0003		76	
	25					0098	0439	0918	0496	0178	0006		75	
	26					0057	0316	0883	0613	0256	0012		74	
	27					0031	0217	0806	0720	0351	0022		73	
	28					0016	0141	0701	0804	0458	0038		72	
	29					0008	0088	0580	0856	0569	0063		71	
	30					0004	0052	0458	0868	0673	0100		70	
	31					0002	0029	0344	0840	0760	0151	0001	69	
	32					0001	0016	0248	0776	0819	0217	0001	68	
	33						0008	0170	0685	0844	0297	0002	67	
100	34						0004	0112	0579	0831	0391	0005	66	100
	35						0002	0070	0468	0784	0491	0009	65	
	36						0001	0042	0362	0708	0591	0016	64	
	37							0024	0268	0612	0682	0027	63	
	38							0013	0191	0507	0754	0045	62	
	39							0007	0130	0403	0799	0071	61	
	40							0004	0085	0308	0812	0108	60	
	41							0002	0053	0225	0792	0159	59	
	42							0001	0032	0158	0742	0223	58	
	43								0019	0107	0667	0301	57	
	44								0010	0069	0576	0390	56	
	45								0005	0043	0478	0485	55	
	46								0003	0026	0381	0580	54	
	47								0001	0015	0292	0666	53	
	48								0001	0008	0215	0735	52	
	49									0004	0152	0780	51	
	50									0002	0103	0796	50	
	51									0001	0068	0780	49	
	52									0001	0042	0735	48	
	53										0026	0666	47	
	54										0015	0580	46	
	55										0008	0485	45	
	56										0004	0390	44	
	57										0002	0301	43	
	58										0001	0223	42	
	59										0001	0159	41	
	60											0108	40	
	61											0071	39	
	62											0045	38	
	63											0027	37	
	64											0016	36	
	65											0009	35	
	66											0005	34	
	67											0002	33	
	68											0001	32	
	69											0001	31	
n	k	0,99	0,98	0,95	0,9	5/6	0,8	0,75	0,7	2/3	0,6	0,5	k	n

Alle freien Plätze dieser Seite würden durch das Runden auf 4 Dezimalen den Wert 0,0000 enthalten. Das gilt auch für die nicht aufgeführten Werte von k.

Summierte (kumulierte) Binomialverteilung ↻ GTWK4513792-055-1

Dargestellt sind auf den Seiten 55 bis 57 die Werte $P(x \leq k) = \sum_{i=0}^{k} \binom{n}{i} \cdot p^i \cdot (1-p)^{n-i}$ für einige häufig vorkommende Werte von n und p.

Beachte: Wenn Werte für $p \geq 0{,}5$ abgelesen werden sollen, muss der zweite, grau unterlegte Tabelleneingang genutzt werden. In diesen Fällen muss die Differenz 1 − (abgelesener Wert) ermittelt werden.
Beispiel: $n = 6$; $k = 3$; $p = 0{,}6$; $P(X \leq 3) = 1{,}0000 − 0{,}5443 = 0{,}4557$.

n	k	0,02	0,03	0,04	0,05	0,10	1/6	0,20	0,25	0,30	1/3	0,40	0,50	k	n
2	0	0,9604	9409	9216	9025	8100	6944	6400	5625	4900	4444	3600	2500	1	2
	1	9996	9991	9984	9975	9900	9722	9600	9375	9100	8889	8400	7500	0	
3	0	0,9412	9127	8847	8574	7290	5787	5120	4219	3430	2963	2160	1250	2	3
	1	9988	9974	9953	9928	9720	9259	8960	8438	7840	7407	6480	5000	1	
	2			9999	9999	9990	9954	9920	9844	9730	9630	9360	8750	0	
4	0	0,9224	8853	8493	8145	6561	4823	4096	3164	2401	1975	1296	0625	3	4
	1	9977	9948	9909	9860	9477	8681	8192	7383	6517	5926	4752	3125	2	
	2		9999	9998	9995	9963	9838	9728	9492	9163	8889	8208	6875	1	
	3					9999	9992	9984	9961	9919	9877	9744	9375	0	
5	0	0,9039	8587	8154	7738	5905	4019	3277	2373	1681	1317	0778	0313	4	5
	1	9962	9915	9852	9774	9185	8038	7373	6328	5282	4609	3370	1875	3	
	2	9999	9997	9994	9988	9914	9645	9421	8965	8369	7901	6826	5000	2	
	3				9995	9967	9933	9844	9692	9547	9130	8125	1	
	4						9999	9997	9990	9976	9959	9898	9688	0	
6	0	0,8858	8330	7828	7351	5314	3349	2621	1780	1176	0878	0467	0156	5	6
	1	9943	9875	9784	9672	8857	7368	6554	5339	4202	3512	2333	1094	4	
	2	9998	9995	9988	9978	9842	9377	9011	8306	7443	6804	5443	3438	3	
	3				9999	9987	9913	9830	9624	9295	8999	8208	6563	2	
	4					9999	9993	9984	9954	9891	9822	9590	8906	1	
	5							9999	9998	9993	9986	9959	9844	0	
7	0	0,8681	8080	7514	6983	4783	2791	2097	1335	0824	0585	0280	0078	6	7
	1	9921	9829	9706	9556	8503	6698	5767	4449	3294	2634	1586	0625	5	
	2	9997	9991	9980	9962	9743	9042	8520	7564	6471	5706	4199	2266	4	
	3			9999	9998	9973	9824	9667	9294	8740	8267	7102	5000	3	
	4					9998	9980	9953	9871	9712	9547	9037	7734	2	
	5						9999	9996	9987	9962	9931	9812	9375	1	
	6								9999	9998	9995	9984	9922	0	
8	0	0,8508	7837	7214	6634	4305	2326	1678	1001	0576	0390	0168	0039	7	8
	1	9897	9777	9619	9428	8131	6047	5033	3671	2553	1951	1064	0352	6	
	2	9996	9987	9969	9942	9619	8652	7969	6785	5518	4682	3154	1445	5	
	3		9999	9998	9996	9950	9693	9437	8862	8059	7414	5941	3633	4	
	4					9996	9954	9896	9727	9420	9121	8263	6367	3	
	5						9996	9988	9958	9887	9803	9502	8555	2	
	6							9999	9996	9987	9974	9915	9648	1	
	7									9999	9998	9993	9961	0	
10	0	0,8171	7374	6648	5987	3487	1615	1074	0563	0282	0173	0060	0010	9	10
	1	9838	9655	9418	9139	7361	4845	3758	2440	1493	1040	0464	0107	8	
	2	9991	9972	9938	9885	9298	7752	6778	5256	3828	2991	1673	0547	7	
	3		9999	9996	9990	9872	9303	8791	7759	6496	5593	3823	1719	6	
	4				9999	9984	9845	9672	9219	8497	7869	6331	3770	5	
	5					9999	9976	9936	9803	9527	9234	8338	6230	4	
	6						9997	9991	9965	9894	9803	9452	8281	3	
	7							9999	9996	9984	9966	9877	9453	2	
	8									9999	9996	9983	9893	1	
	9											9999	9990	0	
15	0	0,7386	6333	5421	4633	2059	0649	0352	0134	0047	0023	0005	0000	14	15
	1	9647	9270	8809	8290	5490	2596	1671	0802	0353	0194	0052	0005	13	
	2	9970	9906	9797	9638	8159	5322	3980	2361	1268	0794	0271	0037	12	
	3	9998	9992	9976	9945	9444	7685	6482	4613	2969	2092	0905	0176	11	
	4		9999	9998	9994	9873	9102	8358	6865	5155	4041	2173	0592	10	
	5				9999	9978	9726	9389	8516	7216	6184	4032	1509	9	
	6					9997	9934	9819	9434	8689	7970	6098	3036	8	
	7	Alle freien Plätze dieser Seite würden				9987	9958	9827	9500	9118	7869	5000	7	
	8	durch das Runden auf 4 Dezimalen den				9998	9992	9958	9848	9692	9050	6964	6	
	9	Wert 1,0000 enthalten.					9999	9992	9963	9915	9662	8491	5	
	10	Das gilt auch für die nicht aufgeführten						9999	9993	9982	9907	9408	4	
	11	Werte von k.							9999	9997	9981	9824	3	
	12										9997	9963	2	
	13											9995	1	
n	k	0,98	0,97	0,96	0,95	0,90	5/6	0,80	0,75	0,70	2/3	0,60	0,50	k	n

Stochastik

n	k	0,02	0,03	0,04	0,05	0,10	1/6	0,20	0,25	0,30	1/3	0,40	0,50	k	n
20	0	0,6676	5438	4420	3585	1216	0261	0115	0032	0008	0003	0000	0000	19	20
	1	9401	8802	8103	7358	3917	1304	0692	0243	0076	0033	0005	0000	18	
	2	9929	9790	9561	9245	6769	3287	2061	0913	0355	0176	0036	0002	17	
	3	9994	9973	9926	9841	8670	5665	4114	2252	1071	0604	0160	0013	16	
	4		9997	9990	9974	9568	7687	6296	4148	2375	1515	0510	0059	15	
	5			9999	9997	9887	8982	8042	6172	4164	2972	1256	0207	14	
	6					9976	9629	9133	7858	6080	4793	2500	0577	13	
	7					9996	9887	9679	8982	7723	6615	4159	1316	12	
	8					9999	9972	9900	9591	8867	8095	5956	2517	11	
	9						9994	9974	9861	9520	9081	7553	4119	10	
	10						9999	9994	9961	9829	9624	8725	5881	9	
	11							9999	9991	9949	9870	9435	7483	8	
	12								9998	9987	9963	9790	8684	7	
	13									9997	9991	9935	9423	6	
	14										9998	9984	9793	5	
	15											9997	9941	4	
	16												9987	3	
	17												9998	2	
	18													1	
	19													0	
50	0	0,3642	2181	1299	0769	0052	0001	0000	0000	0000	0000	0000	0000	49	50
	1	7358	5553	4005	2794	0338	0012	0002	0000	0000	0000	0000	0000	48	
	2	9216	8108	6767	5405	1117	0066	0013	0001	0000	0000	0000	0000	47	
	3	9822	9372	8609	7604	2503	0238	0057	0005	0000	0000	0000	0000	46	
	4	9968	9832	9510	8964	4312	0643	0185	0021	0002	0000	0000	0000	45	
	5	9995	9963	9856	9622	6161	1388	0480	0070	0007	0001	0000	0000	44	
	6	9999	9993	9964	9882	7702	2506	1034	0194	0025	0005	0000	0000	43	
	7		9999	9992	9968	8779	3911	1904	0453	0073	0017	0001	0000	42	
	8			9999	9992	9421	5421	3073	0916	0183	0050	0002	0000	41	
	9				9998	9755	6830	4437	1637	0402	0127	0008	0000	40	
	10					9906	7986	5836	2622	0789	0284	0022	0000	39	
	11					9968	8827	7107	3816	1390	0570	0057	0000	38	
	12					9990	9373	8139	5110	2229	1035	0133	0002	37	
	13					9997	9693	8894	6370	3279	1715	0280	0005	36	
	14					9999	9862	9393	7481	4468	2612	0540	0013	35	
	15						9943	9692	8369	5692	3690	0955	0033	34	
	16						9978	9856	9017	6839	4868	1561	0077	33	
	17						9992	9937	9449	7822	6046	2369	0164	32	
	18						9997	9975	9713	8594	7126	3356	0325	31	
	19						9999	9991	9861	9152	8036	4465	0595	30	
	20							9997	9937	9522	8741	5610	1013	29	
	21							9999	9974	9749	9244	6701	1611	28	
	22								9990	9877	9576	7660	2399	27	
	23								9996	9944	9778	8438	3359	26	
	24								9999	9976	9892	9022	4439	25	
	25									9991	9951	9427	5561	24	
	26									9997	9979	9686	6641	23	
	27									9999	9992	9840	7601	22	
	28										9997	9924	8389	21	
	29										9999	9966	8987	20	
	30											9986	9405	19	
	31											9995	9675	18	
	32											9998	9836	17	
	33											9999	9923	16	
	34												9967	15	
	35		Alle freien Plätze dieser Seite würden										9987	14	
	36		durch das Runden auf 4 Dezimalen den										9995	13	
	37		Wert 1,0000 enthalten.										9998	12	
	⋮		Das gilt auch für die nicht aufgeführten											⋮	
	48		Werte von k.											1	
	49													0	
n	k	0,98	0,97	0,96	0,95	0,90	5/6	0,80	0,75	0,70	2/3	0,60	0,50	k	n

Dargestellt sind auf den Seiten 56 und 57 die Werte $P(x \leq k) = \sum_{i=0}^{k} \binom{n}{i} \cdot p^i \cdot (1-p)^{n-i}$ für $n = 20$, 50 und 100 für einige häufig vorkommende Werte von p.

Beachte: Wenn Werte für $p \geq 0{,}5$ abgelesen werden sollen, muss der zweite, grau unterlegte Tabelleneingang genutzt werden. In diesen Fällen muss die Differenz 1 − (abgelesener Wert) ermittelt werden.

Beispiel: $n = 50$; $k = 36$; $p = 0{,}6$; $P(X \leq 36) = 1{,}0000 - 0{,}0280 = 0{,}972$.

Summierte (kumulierte) Binomialverteilung

n	k	0,02	0,03	0,04	0,05	0,10	1/6	0,20	0,25	0,30	1/3	0,40	0,50	k	n
	0	0,1326	0476	0169	0059	0000	0000	0000	0000	0000	0000	0000	0000	99	
	1	4033	1946	0872	0371	0003	0000	0000	0000	0000	0000	0000	0000	98	
	2	6767	4198	2321	1183	0019	0000	0000	0000	0000	0000	0000	0000	97	
	3	8590	6472	4295	2578	0078	0000	0000	0000	0000	0000	0000	0000	96	
	4	9492	8179	6289	4360	0237	0001	0000	0000	0000	0000	0000	0000	95	
	5	9845	9192	7884	6160	0576	0004	0000	0000	0000	0000	0000	0000	94	
	6	9959	9688	8936	7660	1172	0013	0001	0000	0000	0000	0000	0000	93	
	7	9991	9894	9525	8720	2061	0038	0003	0000	0000	0000	0000	0000	92	
	8	9998	9968	9810	9369	3209	0095	0009	0000	0000	0000	0000	0000	91	
	9		9991	9932	9718	4513	0213	0023	0000	0000	0000	0000	0000	90	
	10		9998	9978	9885	5832	0427	0057	0001	0000	0000	0000	0000	89	
	11			9993	9957	7030	0777	0126	0004	0000	0000	0000	0000	88	
	12			9998	9985	8018	1297	0253	0010	0000	0000	0000	0000	87	
	13				9995	8761	2000	0469	0025	0001	0000	0000	0000	86	
	14				9999	9274	2874	0804	0054	0002	0000	0000	0000	85	
	15					9601	3877	1285	0111	0004	0000	0000	0000	84	
	16					9794	4942	1923	0211	0010	0001	0000	0000	83	
	17					9900	5994	2712	0376	0022	0002	0000	0000	82	
	18					9954	6965	3621	0630	0045	0005	0000	0000	81	
	19					9980	7803	4602	0995	0089	0011	0000	0000	80	
	20					9992	8481	5595	1488	0165	0024	0000	0000	79	
	21					9997	8998	6540	2114	0288	0048	0000	0000	78	
	22					9999	9370	7389	2864	0479	0091	0001	0000	77	
	23						9621	8109	3711	0755	0164	0003	0000	76	
	24						9783	8686	4617	1136	0281	0006	0000	75	
	25						9881	9125	5535	1631	0458	0012	0000	74	
	26						9938	9442	6417	2244	0715	0024	0000	73	
	27						9969	9658	7224	2964	1066	0046	0000	72	
	28						9985	9800	7925	3768	1524	0084	0000	71	
	29						9993	9888	8505	4623	2093	0148	0000	70	
	30						9997	9939	8962	5491	2766	0248	0000	69	
	31						9999	9969	9307	6331	3525	0398	0001	68	
	32							9985	9554	7107	4344	0615	0002	67	
	33							9993	9724	7793	5188	0913	0004	66	
100	34							9997	9836	8371	6019	1303	0009	65	100
	35							9999	9906	8839	6803	1795	0018	64	
	36							9999	9948	9201	7511	2386	0033	63	
	37								9973	9470	8123	3068	0060	62	
	38								9986	9660	8630	3822	0105	61	
	39								9993	9790	9034	4621	0176	60	
	40								9997	9875	9341	5433	0284	59	
	41								9999	9928	9566	6225	0443	58	
	42									9960	9724	6967	0666	57	
	43									9979	9831	7635	0967	56	
	44									9989	9900	8211	1356	55	
	45									9995	9943	8689	1841	54	
	46									9997	9969	9070	2421	53	
	47									9999	9983	9362	3087	52	
	48									9999	9991	9577	3822	51	
	49										9996	9729	4602	50	
	50										9998	9832	5398	49	
	51										9999	9900	6178	48	
	52											9942	6914	47	
	53											9968	7579	46	
	54											9983	8159	45	
	55											9991	8644	44	
	56											9996	9033	43	
	57											9998	9334	42	
	58											9999	9557	41	
	59												9716	40	
	60												9824	39	
	61												9895	38	
	62												9940	37	
	63												9967	36	
	64												9982	35	
	65												9991	34	
	66												9996	33	
	67												9998	32	
	68												9999	31	
n	k	0,98	0,97	0,96	0,95	0,90	5/6	0,80	0,75	0,70	2/3	0,60	0,50	k	n

Alle freien Plätze dieser Seite würden durch das Runden auf 4 Dezimalen den Wert 1,0000 enthalten. Das gilt auch für die nicht aufgeführten Werte von k.

Standardnormalverteilung (Werte der Verteilungsfunktion Φ)

Die Binomialverteilung kann für große n durch die **Normalverteilung** angenähert werden. Wählt man dabei für die Parameter μ und σ^2 die Werte 0 bzw. 1, so nimmt die Dichtefunktion folgende Gestalt an:

$$\varphi(t) = \frac{1}{\sqrt{2\pi}} e^{-0.5 t^2} \quad \text{mit } t \in \mathbb{R} \text{ und } e \approx 2{,}7183$$

Zur Berechnung von Intervallwahrscheinlichkeiten wird das jeweilige Integral in den Grenzen des betrachteten Intervalls gebildet:

$$\Phi(x) = \frac{1}{\sqrt{2\pi}} \int_{-\infty}^{x} e^{-0.5 t^2} \, dt$$

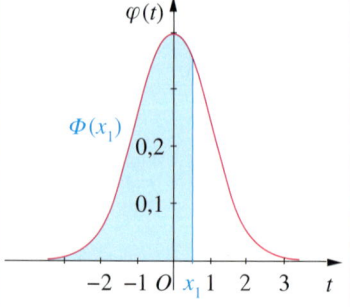

x	0	1	2	3	4	5	6	7	8	9
0,0	0,5000	5040	5080	5120	5160	5199	5239	5279	5319	5359
0,1	0,5398	5438	5478	5517	5557	5596	5636	5675	5714	5753
0,2	5793	5832	5871	5910	5948	5987	6026	6064	6103	6141
0,3	6179	6217	6255	6293	6331	6368	6406	6443	6480	6517
0,4	0,6554	6591	6628	6664	6700	6736	6772	6808	6844	6879
0,5	6915	6950	6985	7019	7054	7088	7123	7157	7190	7224
0,6	7257	7291	7324	7357	7389	7422	7454	7486	7517	7549
0,7	0,7580	7611	7642	7673	7703	7734	7764	7794	7823	7852
0,8	7881	7910	7939	7967	7995	8023	8051	8078	8106	8133
0,9	8159	8186	8212	8238	8264	8289	8315	8340	8365	8389
1,0	0,8413	8438	8461	8485	8508	8531	8554	8577	8599	8621
1,1	0,8643	8665	8686	8708	8729	8749	8770	8790	8810	8830
1,2	8849	8869	8888	8907	8925	8944	8962	8980	8997	9015
1,3	9032	9049	9066	9082	9099	9115	9131	9147	9162	9177
1,4	0,9192	9207	9222	9236	9251	9265	9279	9292	9306	9319
1,5	9332	9345	9357	9370	9382	9394	9406	9418	9429	9441
1,6	9452	9463	9474	9484	9495	9505	9515	9525	9535	9545
1,7	0,9554	9564	9573	9582	9591	9599	9608	9616	9625	9633
1,8	9641	9649	9656	9664	9671	9678	9686	9693	9699	9706
1,9	9713	9719	9726	9732	9738	9744	9750	9756	9761	9767
2,0	0,9772	9778	9783	9788	9793	9798	9803	9808	9812	9817
2,1	0,9821	9826	9830	9834	9838	9842	9846	9850	9854	9857
2,2	9861	9864	9868	9871	9875	9878	9881	9884	9887	9890
2,3	9893	9896	9898	9901	9904	9906	9909	9911	9913	9916
2,4	0,9918	9920	9922	9925	9927	9929	9931	9932	9934	9936
2,5	9938	9940	9941	9943	9945	9946	9948	9949	9951	9952
2,6	9953	9955	9956	9957	9959	9960	9961	9962	9963	9964
2,7	0,9965	9966	9967	9968	9969	9970	9971	9972	9973	9974
2,8	9974	9975	9976	9977	9977	9978	9979	9979	9980	9981
2,9	9981	9982	9982	9983	9984	9984	9985	9985	9986	9986
3,0	0,9987	9987	9987	9988	9988	9989	9989	9989	9990	9990
3,1	0,9990	9991	9991	9991	9992	9992	9992	9992	9993	9993
3,2	9993	9993	9994	9994	9994	9994	9994	9995	9995	9995
3,3	9995	9995	9996	9996	9996	9996	9996	9996	9996	9997
3,4	9997	9997	9997	9997	9997	9997	9997	9997	9997	9998

Beachte! $\Phi(-x) = 1 - \Phi(x)$

Beispiel: $\Phi(0{,}45) = 0{,}6736 \quad \Phi(-0{,}45) = 1 - 0{,}6736 = 0{,}3264$

Zufallsziffern

Zeile	Spalte 1	6	11	16	21	26	31	36	41	46
1	40653	82715	29835	27852	32191	08941	50090	61628	65483	68626
	20388	02169	45693	90569	04706	17889	05236	26044	69228	97623
	57375	04758	13200	06366	26794	80210	12428	97669	38347	14644
	29285	35386	06306	17756	01889	46567	63690	63322	01017	61988
	83962	35849	08903	05793	96942	95658	46987	27525	65613	52743
6	66069	77855	15735	32548	10974	45251	05650	48448	07123	91208
	88181	96842	04303	54328	24074	47946	86171	07035	01102	13039
	95048	96876	80669	11018	41785	59413	13462	77991	67173	67110
	54896	29949	98441	20674	21872	37943	19470	94930	49602	60368
	67330	86909	12329	30622	48336	40615	89047	01519	28522	10795
11	46523	20927	02553	56011	73696	58072	52382	93454	68062	04286
	02349	65756	96906	12472	63225	76378	70719	86979	79069	87335
	41171	30721	67419	01523	62544	90206	01661	40897	04276	12350
	47476	71046	59731	53044	38860	51080	25567	28590	42538	24039
	80949	37558	59607	86281	78195	34547	64538	55686	17243	14952
16	42544	61262	61917	67009	02129	53738	78084	39678	11714	75672
	78525	59155	17681	27377	53521	87219	21689	38698	36575	38855
	85123	05896	67580	83757	16462	97117	80214	35832	22654	97535
	55625	54556	34184	37696	49685	52220	12043	43907	34623	09100
	32886	56880	00664	92270	95370	68380	40080	88305	32970	27418
21	90245	78149	75928	56698	30673	17850	90999	83915	83790	51120
	95852	27875	23509	08221	78018	33343	78167	44176	43353	20759
	58523	59268	46692	65717	46108	43848	44345	02564	98770	04382
	02091	44328	69638	24757	07074	53044	55039	29285	06272	65713
	45386	46823	39271	56819	57679	82300	44452	38678	08782	40501
26	63403	45072	53838	64968	38927	58665	82977	15721	47508	16489
	91764	22041	14681	13412	90484	32597	61926	62937	70314	09562
	84775	96110	74931	78038	45171	77311	39051	50771	24411	05340
	00684	72931	20561	98505	85582	88178	13299	85881	93058	82880
	74419	83717	02176	91077	22202	26631	62100	41765	24536	24967
31	61317	29832	55744	31002	94051	95486	38471	01157	24471	78669
	41977	67597	56282	17431	57695	67395	68436	90916	09096	93813
	10214	70778	62085	37554	69699	89270	67972	60884	69308	57300
	59174	66491	35653	17796	86621	07090	80557	82156	68647	67575
	40972	92317	37287	92170	45520	85312	15886	00166	91310	20742
36	50859	98860	73847	93671	75457	84486	17553	24646	70496	92346
	80182	46662	49420	21032	31032	95462	29379	28618	60379	87240
	44530	85870	07606	76299	65612	23594	28940	64327	34674	12644
	13869	49069	45952	88431	20573	38782	45150	18252	50247	54242
	30038	56122	13554	03554	22104	47212	21491	45984	44902	53207
41	90616	89917	71773	64981	85522	23626	55851	57164	69873	23091
	41820	68749	22163	40313	09859	23212	06345	07204	57710	53547
	59653	83841	82064	76753	22364	96886	17853	00664	99338	92784
	70559	89219	44858	66573	97933	08784	49282	97784	31554	96917
	12222	04150	30928	08237	16014	68122	98054	95004	94713	41249
46	00862	80639	03290	48441	74768	40968	33732	59771	63843	69580
	28361	92650	64922	29306	59084	73676	64468	49862	91288	13219
	61043	46009	56209	12845	47235	75884	75720	57387	60512	35296
	11048	25187	58211	89139	05366	10889	47076	54450	77124	78444
	98629	82125	41154	99335	77586	16905	34048	38516	40653	30500

Analysis

Folgen und Reihen

Definition Folge	Eine reelle **Zahlenfolge** (a_n) besteht aus unendlich vielen reellen Zahlen $a_1, a_2, a_3, \ldots$, die in einer festen Reihenfolge angeordnet sind. Die Zahl a_1 steht an erster, die Zahl a_n an n-ter Stelle in der Reihenfolge der Folgenglieder.
Partialsummen-folge	Werden aus den Gliedern einer Zahlenfolge (a_n) die Summen $s_1 = a_1$, $s_2 = a_1 + a_2$, $\ldots$ $s_n = a_1 + a_2 + \ldots + a_n = \sum_{k=1}^{n} a_k$ usw. gebildet, so entsteht eine neue Folge (s_n), die **Partialsummenfolge**.
Definition Reihe	Die Partialsummenfolge (s_n) zu einer gegebenen Folge (a_n) heißt die zu (a_n) gehörende (unendliche) **Reihe**.
Monotone Zahlenfolgen (a_n)	▶ monoton steigend (wachsend): Für alle $n \in \mathbb{N}$ $(n > 0)$ gilt $a_{n+1} \geq a_n$. ▶ monoton fallend (abnehmend): Für alle $n \in \mathbb{N}$ $(n > 0)$ gilt $a_{n+1} \leq a_n$. ▶ streng monoton steigend: Für alle $n \in \mathbb{N}$ $(n > 0)$ gilt $a_{n+1} > a_n$. ▶ streng monoton fallend: Für alle $n \in \mathbb{N}$ $(n > 0)$ gilt $a_{n+1} < a_n$.
Arithmetische Folge $(k = 1, 2, 3, \ldots)$	$(a_k) = (a_1; a_1 + d; \ldots; a_1 + (k-1)d; \ldots)$ $a_k = a_1 + (k-1)d;\ \ a_{k+1} = a_k + d$ $s_n = \sum_{k=1}^{n} a_k = \dfrac{n}{2}(a_1 + a_n) = n \cdot a_1 + \dfrac{(n-1) \cdot n}{2} \cdot d$
Geometrische Folge $(k = 1, 2, 3, \ldots)$	$(a_k) = (a_1; a_1 q; a_1 q^2; \ldots; a_1 q^{k-1}; \ldots)$ $(a_1 \neq 0; q \neq 0)$ $a_k = a_1 \cdot q^{k-1};\ \ a_{k+1} = a_k \cdot q$ $s_n = \sum_{k=1}^{n} a_k = a_1 \dfrac{q^n - 1}{q - 1} = \dfrac{a_n q - a_1}{q - 1}$ (falls $q \neq 1$) $s_n = a_1 n$ (falls $q = 1$) Spezialfall $a_1 = 1$ $(q \neq 0)$: $(a_k) = (1; q; q^2; \ldots; q^{k-1}; \ldots)$ $a_k = q^{k-1};\ \ a_{k+1} = a_k \cdot q$ $s_n = \sum_{k=1}^{n} a_k = \dfrac{q^n - 1}{q - 1}$ (falls $q \neq 1$) $s_n = n$ (falls $q = 1$)
Unendliche geometrische Reihe	$s = \sum_{i=1}^{\infty} a_1 q^{i-1} = a_1 + a_1 q + \ldots + a_1 q^{n-1} + \ldots = \dfrac{a_1}{1-q}$ $(a_1 \neq 0; q \neq 0; |q| < 1)$ Spezialfall $a_1 = 1$ $(q \neq 0; |q| < 1)$ $s = \sum_{i=1}^{\infty} q^{i-1} = 1 + q + q^2 + q^3 + \ldots = \dfrac{1}{1-q}$
Spezielle Partialsummen	Summen der ersten n Glieder der Folge der ▶ natürlichen Zahlen $1 + 2 + 3 + \ldots + n = \sum_{i=1}^{n} i = \dfrac{n}{2}(n+1)$ ⎫ ▶ geraden Zahlen $2 + 4 + 6 + \ldots + 2n = \sum_{i=1}^{n} 2i = n(n+1)$ ⎬ arithmetische Reihen ▶ ungeraden Zahlen $1 + 3 + 5 + \ldots + (2n-1) = \sum_{i=1}^{n} (2i - 1) = n^2$ ⎭ ▶ Quadratzahlen $1^2 + 2^2 + 3^2 + \ldots + n^2 = \sum_{i=1}^{n} i^2 = \dfrac{n(n+1)(2n+1)}{6}$ ⎫ Potenz-summen-formeln ▶ Kubikzahlen $1^3 + 2^3 + 3^3 + \ldots + n^3 = \sum_{i=1}^{n} i^3 = \left[\dfrac{n(n+1)}{2}\right]^2$ ⎭

Grenzwerte

ε-Umgebung	Die Menge aller reellen Zahlen x, für die $|x - a| < \varepsilon$ gilt, wobei ε eine positive reelle Zahl ist, heißt ε-Umgebung der Zahl a. Andere Schreibweise: $a - \varepsilon < x < a + \varepsilon$
Grenzwert einer Zahlenfolge	Die Zahl g heißt **Grenzwert** der Folge (a_n) genau dann, wenn es für jedes $\varepsilon > 0$ eine natürliche Zahl n_0 gibt, sodass für alle $n \geq n_0$ gilt: $|a_n - g| < \varepsilon$ Man schreibt: $\lim_{n \to \infty} a_n = g$ Eine Zahlenfolge heißt **konvergent**, wenn sie einen Grenzwert besitzt, andernfalls heißt sie **divergent**.
Grenzwertsätze für unendliche konvergente Zahlenfolgen	Falls die Grenzwerte $\lim_{n \to \infty} a_n = a$ und $\lim_{n \to \infty} b_n = b$ existieren, gilt: ▶ $\lim_{n \to \infty}(a_n \pm b_n) = \lim_{n \to \infty} a_n \pm \lim_{n \to \infty} b_n = a \pm b$ ▶ $\lim_{n \to \infty}(a_n \cdot b_n) = \lim_{n \to \infty} a_n \cdot \lim_{n \to \infty} b_n = a \cdot b$ ▶ $\lim_{n \to \infty} \frac{a_n}{b_n} = \frac{\lim_{n \to \infty} a_n}{\lim_{n \to \infty} b_n} = \frac{a}{b}$, falls $b_n \neq 0$ für alle n und $\lim_{n \to \infty} b_n \neq 0$
Einige wichtige Grenzwerte	**Nullfolgen:** $\lim_{n \to \infty} \frac{1}{n} = 0$ $\quad \lim_{n \to \infty} a^n = 0$ für $|a| < 1$ $\quad \lim_{n \to \infty} \frac{a^n}{n!} = 0$ $\lim_{n \to \infty} a^n = 1$ für $a = 1$ $\quad \lim_{n \to \infty} \sqrt[n]{a} = 1$ für $a > 0$ $\quad \lim_{x \to 0} \frac{\sin x}{x} = 1$ $\lim_{n \to \infty}\left(1 + \frac{1}{n}\right)^n = e \approx 2{,}7182818284\ldots$ (Euler'sche Zahl)
Grenzwert einer Funktion	Eine Funktion f hat an der Stelle x_0 den **Grenzwert** g genau dann, wenn für jede Folge (x_n) mit $x_n \neq x_0$, die gegen x_0 konvergiert, die Folge $(f(x_n))$ der zugehörigen Funktionswerte gegen g konvergiert.
Stetigkeit von Funktionen an einer Stelle $x_0 \in D_f$	Die Funktion f heißt **stetig** an der Stelle x_0 genau dann, wenn gilt: (1) $\lim_{x \to x_0} f(x)$ existiert (2) $\lim_{x \to x_0} f(x) = f(x_0)$ *Geometrische Interpretation*: Eine Funktion ist stetig, wenn man ihren Graphen in jedem zusammenhängenden Teil ihres Definitionsbereiches „in einem Zug zeichnen kann". Die Funktion f mit $f(x) = \begin{cases} \frac{1}{x} & (x \neq 0) \\ 0 & (x = 0) \end{cases}$ ist an der Stelle $x_0 = 0$ **nicht** stetig.
Grenzwertsätze für Funktionen	Ist $\lim_{x \to x_0} f(x) = a$ und $\lim_{x \to x_0} g(x) = b$ mit $a, b \in \mathbb{R}$, so gilt: ▶ $\lim_{x \to x_0}[f(x) \pm g(x)] = a \pm b$ $\quad$ ▶ $\lim_{x \to x_0}[f(x) \cdot g(x)] = a \cdot b$ $\quad$ ▶ $\lim_{x \to x_0} \frac{f(x)}{g(x)} = \frac{a}{b}$ für $b \neq 0$
Regel von l'Hospital	Haben in einer Quotientenfunktion $q(x) = \frac{f(x)}{g(x)}$ sowohl f als auch g an der Stelle x_0 eine Nullstelle und sind f und g beide in einer Umgebung von x_0 ↗ differenzierbar, so gilt: Falls der Grenzwert $\lim_{x \to x_0} \frac{f'(x)}{g'(x)}$ existiert, so existiert auch $\lim_{x \to x_0} \frac{f(x)}{g(x)}$, und es gilt $\lim_{x \to x_0} \frac{f(x)}{g(x)} = \lim_{x \to x_0} \frac{f'(x)}{g'(x)}$. Die Regel gilt auch für $x \to \infty$ bzw. für $x \to -\infty$, falls Zähler und Nenner beide für $x \to \infty$ bzw. für $x \to -\infty$ gegen 0 streben.

Verhalten von Funktionen im Unendlichen und bei Definitionslücken

Verhalten ausgewählter Funktionen im Unendlichen GTWK4513792-062-1	**Verhalten für $x \to \infty$**		**Verhalten für $x \to -\infty$**	
	$\lim\limits_{x \to \infty} x^n = \infty$	für $n \in \mathbb{N}, n > 0$	$\lim\limits_{x \to -\infty} x^n = \infty$	für $n \in \mathbb{N}, n$ gerade, $n > 0$
	$\lim\limits_{x \to \infty} \frac{1}{x^n} = 0$	für $n \in \mathbb{N}, n > 0$	$\lim\limits_{x \to -\infty} x^n = -\infty$	für $n \in \mathbb{N}, n$ ungerade
	$\lim\limits_{x \to \infty} a^x = \infty$	für $a \in \mathbb{R}^+, a > 1$	$\lim\limits_{x \to -\infty} \frac{1}{x^n} = 0$	für $n \in \mathbb{N}, n > 0$
	$\lim\limits_{x \to \infty} a^x = 0$	für $a \in \mathbb{R}^+, a < 1$	$\lim\limits_{x \to -\infty} a^x = 0$	für $a \in \mathbb{R}^+, a > 1$
	$\lim\limits_{x \to \infty} \frac{a^x}{x^n} = \infty$	für $a \in \mathbb{R}^+, a > 1, n \in \mathbb{N}$	$\lim\limits_{x \to -\infty} a^x = \infty$	für $a \in \mathbb{R}^+, a < 1$
	$\lim\limits_{x \to \infty} \sqrt[n]{x} = \infty$			
	$\lim\limits_{x \to \infty} \log_a x = \infty$	für $a \in \mathbb{R}^+, a > 1$		
Asymptoten	Eine Gerade, die Graph einer linearen Funktion A ist, heißt **Asymptote** einer Funktion f, wenn sich der Graph von f dieser Geraden im Unendlichen beliebig genau annähert, d. h., wenn gilt: $\lim\limits_{x \to \infty} |f(x) - A(x)| = 0 \quad$ oder $\quad \lim\limits_{x \to -\infty} |f(x) - A(x)| = 0$ Gilt $\lim\limits_{x \to \infty} f(x) = g$ bzw. $\lim\limits_{x \to -\infty} f(x) = g$, ist die Parallele zur x-Achse mit $y = g$ eine **waagerechte Asymptote** von f. (Für $g = 0$ ist dies die x-Achse.) Auch senkrechte Geraden und gekrümmte Funktionsgraphen können als Asymptoten auftreten. Asymptoten bei gebrochenrationalen Funktionen (➚ S. 22)			
Verhalten bei Definitionslücken	Bei der Annäherung der Argumente von links ($x < x_0$) bzw. von rechts ($x > x_0$) an eine **Definitionslücke** x_0 sind folgende Fälle von besonderem Interesse: ▶ Es gilt $\lim\limits_{\substack{x \to x_0 \\ x < x_0}} f(x) = \lim\limits_{\substack{x \to x_0 \\ x > x_0}} f(x) = a$. Dann hat der Graph von f an der Stelle x_0 lediglich ein „Loch", das sich durch die Festsetzung $f(x_0) = a$ schließen lässt. Die Stelle x_0 heißt dann eine **hebbare Lücke**. *(hebbare Lücke bei $x_0 = 1$)* ▶ Es gilt $\lim\limits_{\substack{x \to x_0 \\ x < x_0}} f(x) = a$ und $\lim\limits_{\substack{x \to x_0 \\ x > x_0}} f(x) = b$ mit $a \neq b$. Dann hat der Graph von f an der Stelle x_0 eine **Sprungstelle**. ▶ Es gilt $\lim\limits_{\substack{x \to x_0 \\ x < x_0}} f(x) = \pm\infty$ und $\lim\limits_{\substack{x \to x_0 \\ x > x_0}} f(x) = \pm\infty$. Dann nennt man x_0 eine **Polstelle** des Graphen von f. Je nach Situation unterscheidet man Polstellen mit oder ohne Vorzeichenwechsel. Der Graph der Funktion besitzt bei einer Polstelle eine **senkrechte Asymptote**. *($f(x) = \frac{1}{x^2}$, Pol ohne Vorzeichenwechsel bei $x_0 = 0$)* Verhalten an Definitionslücken bei gebrochenrationalen Funktionen (➚ S. 23)			

Differenzialrechnung

Differenzenquotient	Sei f eine Funktion, die in einer Umgebung U von x_0 definiert ist. Dann nennt man $$\frac{f(x_0+h)-f(x_0)}{h}$$ mit $h \in \mathbb{R}$; $h \neq 0$ und $x_0 + h \in D(f)$ den zu h gehörigen **Differenzenquotienten** der Funktion f an der Stelle x_0. 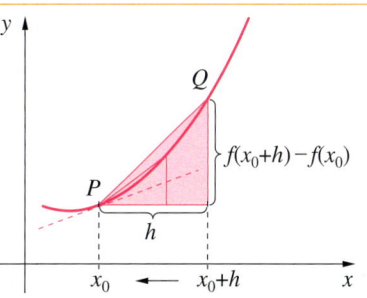 **Differenzenquotient:** Steigung der Sekante durch P und Q (durchschnittliche Änderungsrate)
Differenzialquotient	Der **Differenzialquotient** (oder die **Ableitung**) der Funktion f an der Stelle x_0 ist der Grenzwert $\lim\limits_{h\to 0}\frac{f(x_0+h)-f(x_0)}{h}$, falls er existiert. Man schreibt auch: $f'(x_0)$ oder $\left.\frac{dy}{dx}\right|_{x=x_0}$ **Differenzialquotient:** Steigung der Tangente im Punkt P Steigung des Graphen von f im Punkt P (momentane Änderungsrate)
Differenzierbarkeit	Die Funktion f ist an der Stelle $x = x_0$ differenzierbar, wenn (1) $f(x)$ in einer Umgebung von x_0 definiert ist und (2) der Grenzwert $\lim\limits_{h\to 0}\frac{f(x_0+h)-f(x_0)}{h}$ existiert.
Differenziationsregeln (Ableitungsregeln)	Falls die Funktionen u und v differenzierbar sind, so gilt für ▶ eine konstante Funktion $\quad y = c$ (c eine Konstante) $\quad y' = 0$ ▶ einen konstanten Faktor $\quad y = c \cdot v$ $\quad y' = c \cdot v'$ ▶ eine Potenzfunktion $\quad y = x^n$ $\quad y' = n \cdot x^{n-1}$ **(Potenzregel)** $\quad y'' = n \cdot (n-1) \cdot x^{n-2}$ ... $y^{(k)} = \begin{cases} \frac{n!}{(n-k)!} \cdot x^{n-k} & \text{(für } k \leq n\text{)} \\ 0 & \text{(für } k > n\text{)} \end{cases}$ ▶ eine Summe/Differenz $\quad y = u \pm v$ $\quad y' = u' \pm v'$ **(Summenregel)** ▶ ein Produkt $\quad y = uv$ $\quad y' = u'v + uv'$ **(Produktregel)** ▶ einen Quotienten $\quad y = \frac{u}{v}$ $(v \neq 0)$ $\quad y' = \frac{u'v - uv'}{v^2}$ **(Quotientenregel)** **Kettenregel:** Sind u und v differenzierbare Funktionen, dann ist die Funktion $f(x) = u(v(x))$ differenzierbar. $f'(x) = u'(v(x)) \cdot v'(x)$ oder mit $y = u(z)$ und $z = v(x)$: $\frac{dy}{dx} = \frac{dy}{dz} \cdot \frac{dz}{dx}$ **Differenziation einer Umkehrfunktion $\bar{f}$:** Ist f eine eineindeutige Funktion, die in einer Umgebung der Stelle x_0 differenzierbar ist, und gilt $f'(x_0) \neq 0$, so ist die zu f inverse Funktion $\bar{f}$ an der Stelle $y_0 = f(x_0)$ differenzierbar und es gilt: $\bar{f}'(y_0) = \frac{1}{f'(x_0)}$

Ableitung spezieller Funktionen GTWK4513792-064-1	Funktion	1. Ableitung	2. (und k-te) Ableitung
	$y = e^x$	$y' = e^x$	$y'' = e^x;\ y^{(k)} = e^x$
	$y = a^x \quad (a > 0, a \neq 1)$	$y' = a^x \cdot \ln a = \dfrac{a^x}{\log_a e}$	$y'' = a^x \cdot \ln a \cdot \ln a$
	$y = \ln x \quad (x > 0)$	$y' = \dfrac{1}{x}$	$y'' = -\dfrac{1}{x^2}$
	$y = \log_a x \quad (a > 0, a \neq 1; x > 0)$	$y' = \dfrac{1}{x \cdot \ln a}$	$y'' = -\dfrac{1}{x^2 \cdot \ln a}$
	$y = \sin x$	$y' = \cos x$	$y'' = -\sin x$
	$y = \cos x$	$y' = -\sin x$	$y'' = -\cos x$
	$y = \tan x$	$y' = \dfrac{1}{\cos^2 x} = 1 + \tan^2 x$	$y'' = 2 \cdot \tan x (1 + \tan^2 x)$
	$y = \arcsin x$	$y' = \dfrac{1}{\sqrt{1 - x^2}}$	$y'' = \dfrac{x}{(1 - x^2) \cdot \sqrt{1 - x^2}}$
	$y = \arccos x$	$y' = \dfrac{-1}{\sqrt{1 - x^2}}$	$y'' = \dfrac{-x}{(1 - x^2) \cdot \sqrt{1 - x^2}}$
	$y = \arctan x$	$y' = \dfrac{1}{1 + x^2}$	$y'' = \dfrac{-2x}{(1 + x^2)^2}$

Mittelwertsatz der Differenzialrechnung
GTWK4513792-064-2

Wenn eine Funktion f im Intervall $[a, b]$ stetig und in (a, b) differenzierbar ist, so gibt es eine Zahl ξ mit $a < \xi < b$ und

$$\dfrac{f(b) - f(a)}{b - a} = f'(\xi).$$

Geometrische Interpretation:
Im Intervall $(a; b)$ gibt es eine Stelle ξ mit folgender Eigenschaft: Die Tangente an f im Punkt $P(\xi; f(\xi))$ hat die gleiche Steigung wie die Sekante durch $P_1(a; f(a))$ und $P_2(b; f(b))$.

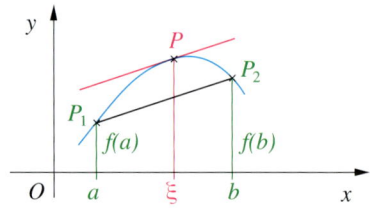

Näherungsverfahren zur Berechnung von Nullstellen

Newton'sches Näherungsverfahren
Falls x_n eine erste Näherung für x_0 ist, so gilt:

$$x_{n+1} = x_n - \dfrac{f(x_n)}{f'(x_n)} \qquad (f'(x_n) \neq 0)$$

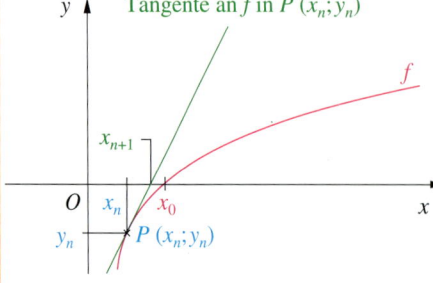

Regula falsi
Falls a und b Näherungswerte für x_0 sind, wobei $f(a) < 0$ und $f(b) > 0$ sind, so erhält man eine bessere Näherung mit

$$x_s = a - \dfrac{f(a) \cdot (b - a)}{f(b) - f(a)}.$$

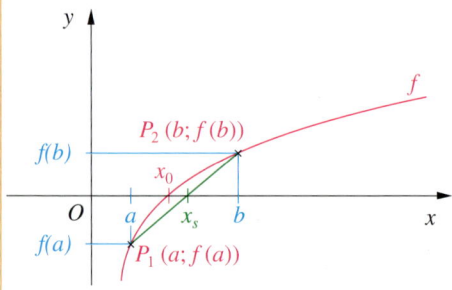

Anwendungen der Differenzialrechnung (Untersuchen von Funktionen)

Monotonie-kriterien	Für eine auf einem Intervall $I =]a, b[$ differenzierbare Funktion f gelten folgende **hinreichende Bedingungen für strenge Monotonie**: ▶ Ist $f'(x) > 0$ für alle $x \in I$, so ist f auf I streng monoton steigend. ▶ Ist $f'(x) < 0$ für alle $x \in I$, so ist f auf I streng monoton fallend. Für eine auf einem Intervall $I =]a, b[$ differenzierbare Funktion f gelten folgende **notwendige und hinreichende Bedingungen für Monotonie**: ▶ f ist auf I genau dann monoton steigend, wenn $f'(x) \geq 0$ für alle $x \in I$ ist. ▶ f ist auf I genau dann monoton fallend, wenn $f'(x) \leq 0$ für alle $x \in I$ ist.
Lokale Extrema	Eine Funktion f hat in $x_0 \in D_f$ ein **lokales Extremum**, wenn für alle x aus einer Umgebung $U \subset D_f$ von x_0 gilt: $f(x) \leq f(x_0)$ (**lokales Maximum**) bzw. $f(x) \geq f(x_0)$ (**lokales Minimum**). Man nennt x_0 **Extremstelle**, $f(x_0)$ **Extremwert** und $(x_0; f(x_0))$ **Extrempunkt**. Bei Extrempunkten unterscheidet man **Hochpunkte** und **Tiefpunkte**. Hat eine an einer Stelle x_0 differenzierbare Funktion f an dieser Stelle ein lokales Extremum, so gilt $f'(x_0) = 0$. Mit anderen Worten: **Die Bedingung $f'(x_0) = 0$ ist notwendig für das Vorhandensein eines lokalen Extremums.** 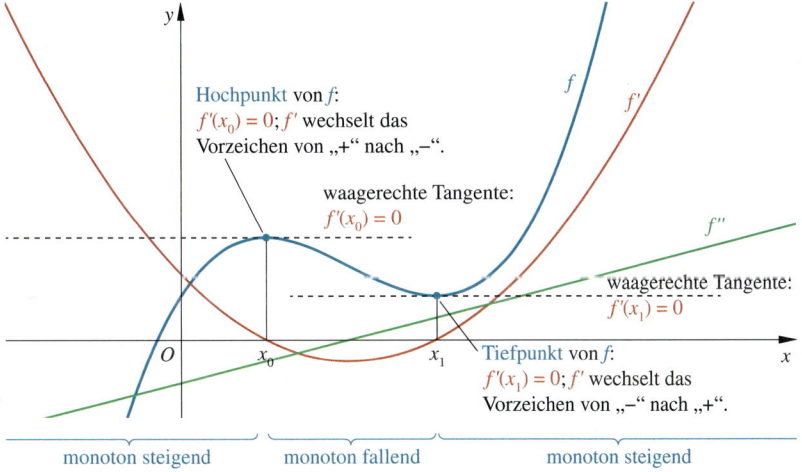 ▶ Eine Funktion f hat bei x_0 ein **lokales Maximum**, wenn $f'(x_0) = 0$ ist und die Ableitung an der Stelle x_0 das Vorzeichen von + nach – wechselt. ▶ Eine zweimal differenzierbare Funktion f hat bei x_0 ein **lokales Maximum**, wenn $f'(x_0) = 0$ und $f''(x_0) < 0$ gilt. ▶ Eine Funktion f hat bei x_1 ein **lokales Minimum**, wenn $f'(x_1) = 0$ ist und die Ableitung an der Stelle x_1 das Vorzeichen von – nach + wechselt. ▶ Eine zweimal differenzierbare Funktion f hat bei x_1 ein **lokales Minimum**, wenn $f'(x_1) = 0$ und $f''(x_1) > 0$ gilt.
Globale Extrema	Eine Funktion f hat in $x_0 \in D_f$ ein **globales Extremum**, wenn für alle $x \in D_f$ gilt: $f(x) \leq f(x_0)$ (**globales Maximum**) bzw. $f(x) \geq f(x_0)$ (**globales Minimum**). Es sei f eine Funktion, die auf einem abgeschlossenen Intervall I definiert ist und an der Stelle $x_0 \in I$ ein globales Extremum annimmt. Dann ist x_0 entweder ein Randpunkt von I oder x_0 ist eine lokale Extremstelle von f. Man findet demnach die globalen Extremwerte von f im Intervall $[a; b]$ durch Vergleich der lokalen Extremwerte mit den Funktionswerten in den Randpunkten a und b.

Krümmungs-verhalten	Aus den Werten der zweiten Ableitung können Schlüsse auf das Krümmungsverhalten des Funktionsgraphen von f gezogen werden. Für eine im Intervall I zweimal differenzierbare Funktion f gilt: ▶ Der Graph von f ist in I **rechtsgekrümmt** ⌢ **(konkav)** $\Leftrightarrow f''(x) < 0$ für alle $x \in I$ ▶ Der Graph von f ist in I **linksgekrümmt** ⌣ **(konvex)** $\Leftrightarrow f''(x) > 0$ für alle $x \in I$
Wendestellen	Eine Stelle $x_0 \in D_f$ heißt **Wendestelle** der Funktion f genau dann, wenn der Graph G_f von f an der Stelle x_0 sein Krümmungsverhalten ändert. Der Punkt $(x_0; f(x_0))$ heißt dann **Wendepunkt** des Graphen von f. Hat eine in x_0 differenzierbare Funktion f an dieser Stelle einen Wendepunkt, so gilt $f''(x_0) = 0$. Mit andere Worten: **Die Bedingung $f''(x_0) = 0$ ist notwendig für das Vorhandensein eines Wendepunktes in x_0.** *[Grafik: Wendepunkt von f mit Rechts-Links-Krümmungswechsel: $f''(x_0) = 0$; f'' wechselt das Vorzeichen von „−" nach „+". Terrassenpunkt von f: $f'(x_2) = 0$; $f''(x_2) = 0$; f'' wechselt das Vorzeichen. Wendepunkt von f mit Links-Rechts-Krümmungswechsel: $f''(x_1) = 0$; f'' wechselt das Vorzeichen von „+" nach „−". Bereiche: rechtsgekrümmt, linksgekrümmt, rechtsgekrümmt, linksgekrümmt. Waagerechte Tangente im Terrassenpunkt $(x_2; f(x_2))$.]* ▶ Eine Funktion f hat bei x_0 eine **Wendestelle mit Rechts-Links-Krümmungswechsel**, wenn $f''(x_0) = 0$ ist und die zweite Ableitung an der Stelle x_0 das Vorzeichen von − nach + wechselt. ▶ Eine Funktion f hat bei x_1 eine **Wendestelle mit Links-Rechts-Krümmungswechsel**, wenn $f''(x_1) = 0$ ist und die zweite Ableitung an der Stelle x_1 das Vorzeichen von + nach − wechselt. ▶ Eine Funktion f hat bei x_0 eine **Wendestelle mit Rechts-Links-Krümmungswechsel**, wenn $f''(x_0) = 0$ und $f'''(x_0) > 0$ gilt. ▶ Eine Funktion f hat bei x_1 eine **Wendestelle mit Links-Rechts-Krümmungswechsel**, wenn $f''(x_1) = 0$ und $f'''(x_1) < 0$ gilt. ▶ Eine Funktion f hat im Punkt $(x_2; f(x_2))$ einen **Terrassenpunkt** (Sattelpunkt), wenn $f'(x_2) = f''(x_2) = 0$ gilt und die zweite Ableitung an der Stelle x_2 das Vorzeichen wechselt. Die Gleichung der zu einem Wendepunkt $(x_0; f(x_0))$ einer Funktion f gehörigen **Wendetangente** lautet: $y - f(x_0) = f'(x_0) \cdot (x - x_0)$

Degressiver und progressiver Graphenverlauf

Graph steigt progressiv	Graph steigt degressiv	Graph fällt progressiv	Graph fällt degressiv
größerer Zuwachs / Zuwachs	*kleinerer Zuwachs / Zuwachs*		
$f'(x) > 0$ $f''(x) > 0$ (linksgekrümmt)	$f'(x) > 0$ $f''(x) < 0$ (rechtsgekrümmt)	$f'(x) < 0$ (rechtsgekrümmt)	$f'(x) < 0$ $f''(x) > 0$ (linksgekrümmt)

Anwendungen der Differenzialrechnung | Degressiver und progressiver Graphenverlauf | Integralrechnung **67**

Integralrechnung

Stammfunktion	Eine Funktion F heißt Stammfunktion von f genau dann, wenn F und f in einem Intervall I definiert sind, wenn F in I differenzierbar ist und wenn gilt: $F'(x) = f(x)$ für alle $x \in I$. Ist F eine Stammfunktion von f, so ist jede beliebige Stammfunktion G von f von der Form $G(x) = F(x) + c$ mit einer Konstanten $c \in \mathbb{R}$.
Unbestimmtes Integral	Das unbestimmte Integral der Funktion f ist die Menge aller Stammfunktionen von $f(x)$. Es gilt $\int f(x)\,dx = F(x) + c \;\; (c \in \mathbb{R})$.
Bestimmtes Integral ↻ GTWK4513792-067-1	Das bestimmte Integral einer differenzierbaren Funktion f auf dem abgeschlossenen Intervall $[a; b]$ ist eine mit $\int_a^b f(x)\,dx$ bezeichnete reelle Zahl. Diese Zahl ist die Summe der positiv oder negativ gezählten Maßzahlen der von dem Funktionsgraphen von f und der x-Achse über dem Intervall $[a, b]$ eingeschlossenen Flächenstücke. Dabei werden Flächenstücke, die oberhalb der x-Achse liegen, positiv gezählt, Flächenstücke, die unterhalb der x-Achse liegen, negativ. Die Zahlen a und b heißen **Integrationsgrenzen**. Die Zahl a heißt **untere Grenze**, die Zahl b heißt **obere Grenze**. Die Funktion f heißt **Integrand**.
Kriterien für Integrierbarkeit	Eine Funktion f heißt **integrierbar auf dem Intervall $[a, b]$**, wenn das bestimmte Integral der Funktion f auf dem Intervall $[a, b]$ existiert. ▶ Jede in einem Intervall $[a, b]$ monotone Funktion f ist auf $[a, b]$ integrierbar. ▶ Jede in einem Intervall $[a, b]$ ↗ stetige Funktion f ist auf $[a, b]$ integrierbar. *Anmerkung:* Aus dem erstgenannten Kriterium ergibt sich z. B. die Integrierbarkeit einer stückweise konstanten Funktion („Treppenfunktion") in der Umgebung einer Sprungstelle.
Integralfunktion	Für eine auf einem offenen Intervall I integrierbare Funktion f und beliebiges $a \in I$ heißt die Funktion F mit $F(x) = \int_a^x f(t)\,dt$ eine **Integralfunktion von f**.
Hauptsatz der Differenzial- und Integralrechnung	Ist F eine Integralfunktion einer stetigen Funktion f, dann ist F differenzierbar, und es gilt $F'(x) = f(x)$. Mit anderen Worten: Jede Integralfunktion einer stetigen Funktion f ist eine Stammfunktion von f.
Allgemeine Integrationsformel	Ist f eine im Intervall $I = [a, b]$ stetige Funktion und F irgendeine Stammfunktion von f, so gilt: $\int_a^b f(x)\,dx = F(b) - F(a) = [F(x)]_a^b$
Eigenschaften des bestimmten Integrals	Es seien f und g auf $I = [a, b]$ integrierbare Funktionen. Dann gilt: $\int_a^b f(x)\,dx = -\int_b^a f(x)\,dx \qquad \int_a^a f(x)\,dx = 0$ $\int_a^b f(x)\,dx = \int_a^c f(x)\,dx + \int_c^b f(x)\,dx \qquad (a, b, c \in \mathbb{R}; c \in [a, b])$ **(Additivität des Integrals)** $f(x) < g(x)$ für alle $x \in I \Rightarrow \int_a^b f(x)\,dx < \int_a^b g(x)\,dx$ **(Monotonie des Integrals)** $\int_a^b k \cdot f(x)\,dx = k \cdot \int_a^b f(x)\,dx \qquad (k \in \mathbb{R})$ $\int_a^b (f(x) + g(x))\,dx = \int_a^b f(x)\,dx + \int_a^b g(x)\,dx$ **(Linearität des Integrals)**

Integrations-regeln	▶ Für einen **konstanten Faktor** gilt: $\int k \cdot f(x)\,dx = k \cdot \int f(x)\,dx$ ▶ Für eine **Summe/Differenz** gilt: $\int [f(x) \pm g(x)]\,dx = \int f(x)\,dx \pm \int g(x)\,dx$ ▶ **Substitutionsregel:** $\int f[\varphi(t)] \cdot \varphi'(t)\,dt = \int f(x)\,dx$ mit $x = \varphi(t)$ und $dx = \varphi'(t)\,dt$ ▶ **Partielle Integration** (Produktintegration): $\int u v'\,dx = u v - \int v u'\,dx$
Grundintegrale und weitere spezielle Integrale ↻ GTWK4513792-068-1	$\int a \cdot dx = a x + c \quad (a \in \mathbb{R})$ $\int x\,dx = 0{,}5 \cdot x^2 + c$ $\int x^n\,dx = \dfrac{x^{n+1}}{n+1} + c \quad \text{mit } n \in \mathbb{Z},\, n \neq -1 \text{ und } \begin{cases} x \in \mathbb{R}, & \text{falls } n \geq 0 \\ x \in \mathbb{R},\, x \neq 0 & \text{falls } n < 0 \end{cases}$ $\int x^{-1}\,dx = \int \dfrac{dx}{x} = \ln|x| + c = \begin{cases} \ln x + c & \text{falls } x > 0 \\ \ln(-x) + c, & \text{falls } x < 0 \end{cases}$ $\int x^r\,dx = \dfrac{x^{r+1}}{r+1} + c \quad \text{mit } r \in \mathbb{Q},\, r \neq -1,\, x \in \mathbb{R} \text{ und } x > 0$ $\int a^x\,dx = \dfrac{1}{\ln a} a^x + c = a^x \cdot \log_a e + c \quad \text{mit } a \in \mathbb{R},\, a > 0,\, a \neq 1 \text{ und } x \in \mathbb{R}$ $\int e^x\,dx = e^x + c \quad (x \in \mathbb{R})$ $\int \ln x\,dx = x \cdot \ln(x) - x + c \quad (x > 0)$ $\int x \cdot \ln x\,dx = x^2 \left(\dfrac{\ln(x)}{2} - \dfrac{1}{4} \right) + c \quad (x > 0)$ $\int \dfrac{dx}{a^2 + x^2} = \dfrac{1}{a} \arctan \dfrac{x}{a} + c \quad (a \neq 0)$ $\int \dfrac{dx}{a x + b} = \dfrac{1}{a} \ln|a x + b| + c$ $\int \sin x\,dx = -\cos x + c \quad (x \in \mathbb{R})$ $\int \cos x\,dx = \sin x + c \quad (x \in \mathbb{R})$ $\int \dfrac{dx}{\cos^2 x} = \tan x + c \quad \text{mit } x \neq (2k+1) \cdot \dfrac{\pi}{2},\, k \in \mathbb{Z}$ $\int \tan x\,dx = -\ln|\cos x| + c \quad \text{mit } x \neq (2k+1) \cdot \dfrac{\pi}{2},\, \text{wobei } k \in \mathbb{Z}$ $\int \cot x\,dx = \ln|\sin x| + c \quad \text{mit } x \neq k \cdot \pi,\, \text{wobei } k \in \mathbb{Z}$ $\int \dfrac{dx}{\sqrt{a^2 - x^2}} = \arcsin \dfrac{x}{a} + c,\, \text{wenn } |x| < |a|;\, a \neq 0$ $\int (a x + b)^n\,dx = \dfrac{(a x + b)^{n+1}}{a(n+1)} + c \quad (n \neq -1)$

Integralrechnung

Mittelwertsatz der Integralrechnung

C GTWK4513792-069-1

Wenn eine Funktion $f(x)$ im Intervall $[a, b]$ stetig ist, so gibt es wenigstens eine Zahl ξ mit $a \leq \xi \leq b$, für die gilt:

$$\frac{\int_a^b f(x)\,dx}{b-a} = f(\xi) \quad \text{bzw.} \quad \int_a^b f(x)\,dx = f(\xi) \cdot (b-a)$$

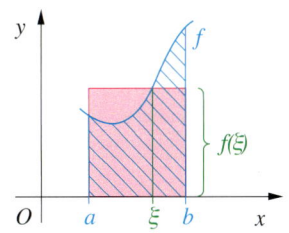

Geometrische Interpretation:
Im Intervall $(a; b)$ gibt es eine Stelle ξ, sodass das Rechteck mit den Seitenlängen $f(\xi)$ und $(b - a)$ den gleichen Flächeninhalt besitzt wie die Fläche unter dem Graphen von f in den Grenzen a und b.

Näherungsweise Berechnung von Integralen

Trapezverfahren

Mit $d = \dfrac{b-a}{n} = \dfrac{x_n - x_0}{n}$ erhält man für den Flächeninhalt A folgende Näherung:

$$A \approx \sum_{k=1}^{n} \frac{1}{2}\left(f(x_{k-1}) + f(x_k)\right) \cdot d \quad \text{bzw.}$$

$$A = \int_a^b f(x)\,dx \approx \left(\frac{f(x_0) + f(x_n)}{2} + \sum_{k=1}^{n-1} f(x_k)\right) \cdot d$$

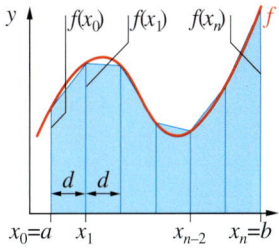

Simpson'sche Regel

Das Integrationsintervall $[x_0, x_n]$ wird in eine gerade Anzahl gleich breiter Teilintervalle zerlegt. Über jedem Intervall $[x_{2k}, x_{2k+2}]$ – bestehend aus zwei benachbarten Teilintervallen – wird die Fläche unter dem Graphen von f durch die Fläche unter dem *Parabelbogen* durch die drei Punkte $(x_{2k}; f(x_{2k}))$, $(x_{2k+1}; f(x_{2k+1}))$ und $(x_{2k+2}; f(x_{2k+2}))$ angenähert.

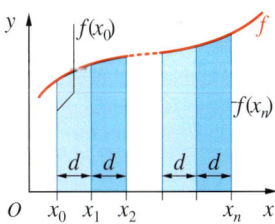

Die Genauigkeit ist bei gleich vielen Stützpunkten i. Allg. größer als beim Trapezverfahren.
Mit $d = \dfrac{x_n - x_0}{n}$, n gerade, gilt:

$$A = \int_{x_0}^{x_n} f(x)\,dx \approx \frac{d}{3} \cdot [f(x_0) + f(x_n) + 2 \cdot (f(x_2) + f(x_4) + \ldots + f(x_{n-2})) + 4 \cdot (f(x_1) + f(x_3) + \ldots + f(x_{n-1}))]$$

Kepler'sche (Fass-)Regel

Die Kepler'sche Regel ist der Spezialfall der Simpson'schen Regel für $n = 2$.

Mit $d = \dfrac{x_2 - x_0}{2}$ gilt:

$$A = \int_{x_0}^{x_2} f(x)\,dx \approx \frac{d}{3} \cdot [f(x_0) + 4 \cdot f(x_1) + f(x_2)]$$

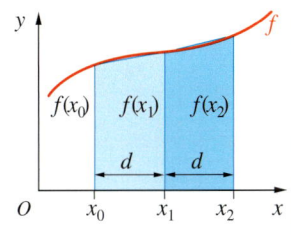

Flächenbilanz

positiv und negativ orientierte Flächen	Flächen oberhalb der x-Achse sind positiv orientiert.	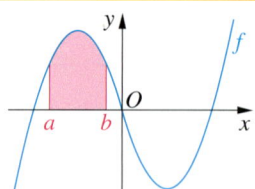	Flächen unterhalb der x-Achse sind negativ orientiert.

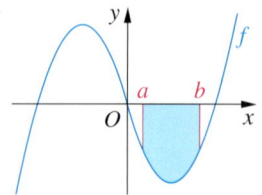

Das bestimmte Integral gibt die orientierte Flächenmaßzahl an:

Bei positiv orientierten Flächen ($f(x) > 0$) ist das bestimmte Integral $\int_a^b f(x)\,dx$ positiv und entspricht dem Flächeninhalt über dem Intervall $[a; b]$.

Bei negativ orientierten Flächen ($f(x) < 0$) ist das bestimmte Integral $\int_a^b f(x)\,dx$ negativ. Der Betrag $\left|\int_a^b f(x)\,dx\right|$ entspricht dem Flächeninhalt über dem Intervall $[a; b]$.

Flächenbilanz	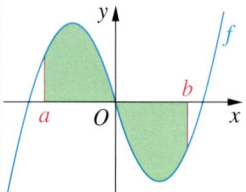	Positiv und negativ orientierte Flächen werden gegeneinander aufgerechnet. Das bestimmte Integral $\int_a^b f(x)\,dx$ entspricht der Flächenbilanz.

Flächeninhaltsberechnung durch Integration

	Fläche oberhalb der x-Achse	Fläche unterhalb der x-Achse
Fläche ober- *oder* unterhalb der x-Achse	$A = \int_a^b f(x)\,dx$	$A = -\int_a^b f(x)\,dx = \left|\int_a^b f(x)\,dx\right|$

Fläche oberhalb *und* unterhalb der x-Achse	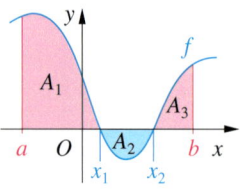	Achtung: Zuerst Nullstellen bestimmen. $A = A_1 + A_2 + A_3 = \int_a^{x_1} f(x)\,dx - \int_{x_1}^{x_2} f(x)\,dx + \int_{x_2}^b f(x)\,dx$ $= \left|\int_a^{x_1} f(x)\,dx\right| + \left|\int_{x_1}^{x_2} f(x)\,dx\right| + \left|\int_{x_2}^b f(x)\,dx\right|$
Fläche zwischen zwei Graphen	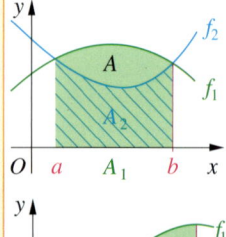	Achtung: Zuerst Schnittstellen der Graphen von f_1 und f_2 bestimmen. $A = A_1 - A_2 = \int_a^b [f_1(x) - f_2(x)]\,dx$, falls $f_1 \geq f_2$ in $[a, b]$ Allgemein falls $f_1 \geq f_2$ oder $f_2 \geq f_1$ in $[a; b]$: $A = \left|\int_a^b [f_1(x) - f_2(x)]\,dx\right|$ $A = A_1 - A_2 + A_3 - A_4 = \int_a^{x_s} [f_2(x) - f_1(x)]\,dx + \int_{x_s}^b [f_1(x) - f_2(x)]\,dx$, falls x_s Schnittstelle ist und $f_2 \geq f_1$ in $[a; x_s]$ sowie $f_1 \geq f_2$ in $[x_s; b]$ Allgemein falls x_s Schnittstelle in $[a; b]$ ist: $A = \left|\int_a^{x_s} [f_1(x) - f_2(x)]\,dx\right| + \left|\int_{x_s}^b [f_1(x) - f_2(x)]\,dx\right|$

Uneigentliche Integrale

(1) Der Integrationsbereich ist nach mindestens einer Seite nicht beschränkt:
Ist f eine auf jedem Teilintervall von $[a, \infty)$ bzw. von $(-\infty, b]$ bzw. von $\mathbb{R}$ integrierbare Funktion, so definiert man:

$$\int_a^\infty f(x)\,dx = \lim_{b \to \infty} \int_a^b f(x)\,dx; \quad \int_{-\infty}^b f(x)\,dx = \lim_{a \to -\infty} \int_a^b f(x)\,dx; \quad \int_{-\infty}^\infty f(x)\,dx = \int_{-\infty}^0 f(x)\,dx + \int_0^\infty f(x)\,dx$$

(2) Der Integrand ist an der unteren oder oberen Grenze nicht beschränkt:
Ist f eine auf $(a, b]$ bzw. auf $[a, b)$ integrierbare Funktion, und gilt $f(x) \to \pm\infty$ für $x \to a,\ x > a$ bzw. $f(x) \to \pm\infty$ für $x \to b,\ x < b$, so definiert man:

$$\int_a^b f(x)\,dx = \lim_{\substack{t \to a \\ t > a}} \int_t^b f(x)\,dx \quad \text{bzw.} \quad \int_a^b f(x)\,dx = \lim_{\substack{t \to b \\ t < b}} \int_a^t f(x)\,dx$$

Die in (1) und (2) definierten Integrale heißen **uneigentliche Integrale**. Die auftretenden Grenzwerte können existieren oder nicht existieren. Das betreffende uneigentliche Integral existiert, falls der entsprechende Grenzwert existiert.

Bogenlänge ebener Kurven

Bogenlänge einer Parameterkurve	Eine ebene Kurve $\varphi: [a, b] \to \mathbb{R}^2,\ t\,(x(t); y(t))$ mit differenzierbaren Funktionen x und y hat die Bogenlänge $s = \displaystyle\int_a^b \sqrt{[x'(t)]^2 + [y'(t)]^2}\,dt$.
Bogenlänge eines Funktionsgraphen	Der zu $a \leq x \leq b$ gehörige Abschnitt des Graphen einer differenzierbaren Funktion f hat die Bogenlänge $s = \displaystyle\int_a^b \sqrt{1 + [f'(x)]^2}\,dx$.

Volumenberechnung durch Integration

Volumen und Mantelfläche von Rotationskörpern	Lässt man den Graphen einer Funktion f um die x-Achse bzw. um die y-Achse rotieren, so entsteht ein Rotationskörper. Für sein Volumen und seine Mantelfläche gilt

bei **Rotation um die x-Achse**:

$$V_x = \pi \int_{x_1}^{x_2} [f(x)]^2\,dx \quad (x_1 < x_2);$$

$$M_x = 2\pi \int_{x_1}^{x_2} f(x)\sqrt{1 + [f'(x)]^2}\,dx$$

bei **Rotation um die y-Achse**:

$$V_y = \pi \int_{y_1}^{y_2} [g(y)]^2\,dy \quad (y_1 < y_2);$$

$$M_y = 2\pi \int_{y_1}^{y_2} g(y)\sqrt{1 + [g'(y)]^2}\,dy$$

Dabei ist g die Umkehrfunktion von f.

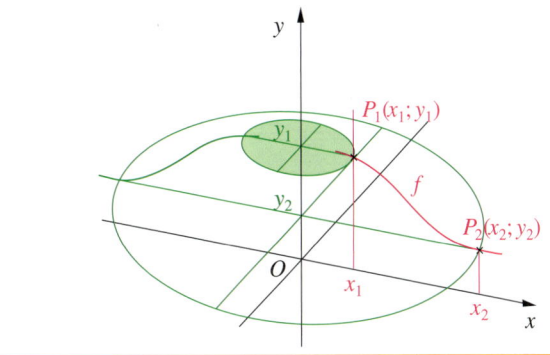

Wachstumsprozesse und Differenzialgleichungen

Lineares Wachstum

Die wachsende Größe erhöht bzw. vermindert sich in gleichen Zeitspannen jeweils um den gleichen Wachstumssummanden m.
Die Wachstumsgeschwindigkeit ist konstant.

Wachstumsfunktion: $f(x) = m \cdot x + n$ mit $n > 0$

Zunahme: $m > 0$ Abnahme: $m < 0$

Bestand: $f(x)$
Anfangsbestand zum Beobachtungsbeginn: $f(0) = n$

Wachstumsgeschwindigkeit: m
Rekursionsformel: $f(x + 1) = f(x) + m$
Differenzialgleichung: $f'(x) = m$

Zunahme:

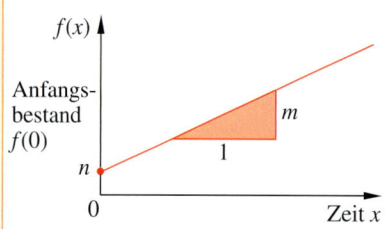

Abnahme:

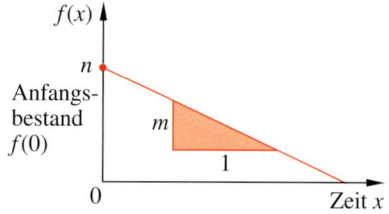

Exponentielles Wachstum

Die wachsende bzw. zerfallende Größe erhöht bzw. vermindert sich in gleichen Zeitspannen jeweils mit dem gleichen Wachstumsfaktor b.
Die Wachstumsgeschwindigkeit ist proportional zum Bestand.
Der absolute Zuwachs bzw. die absolute Abnahme hängt von der vorhandenen Menge ab.

Wachstumsfunktion: $f(x) = a \cdot b^x$ bzw. $f(x) = a \cdot e^{\ln(b) \cdot x}$ mit $a, b > 0$

Zunahme: $b > 1$ Abnahme: $0 < b < 1$

Bestand: $f(x)$
Anfangsbestand zum Beobachtungsbeginn: $f(0) = a$

Wachstumsfaktor: b
Wachstums- bzw. Zerfallskonstante: $k = \ln(b)$
Rekursionsformel: $f(x + 1) = f(x) \cdot b$
Differenzialgleichung: $f'(x) = k \cdot f(x)$

Zunahme:

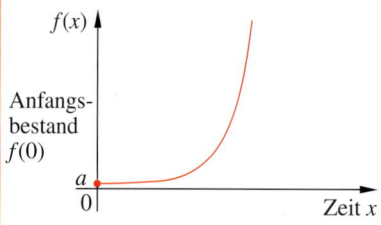

Abnahme:

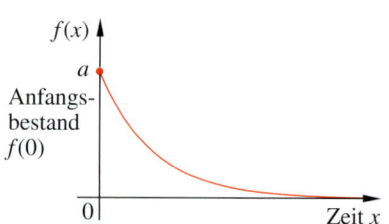

Verdopplungszeit:
Bei exponentieller Zunahme gibt die Verdopplungszeit T_2 die Zeit an, in der sich der Anfangsbestand verdoppelt: $b^{T_2} = 2$.

Halbwertszeit:
Bei exponentieller Abnahme gibt die Halbwertszeit $T_{1/2}$ die Zeit an, in der sich der Anfangsbestand halbiert: $b^{T_{1/2}} = \frac{1}{2}$.

Wachstumsprozesse und Differenzialgleichungen

Beschränktes Wachstum	Es gibt eine Sättigungsgrenze g (Höchststand bzw. Tiefstand), gegen die der Bestand strebt. Die Wachstumsgeschwindigkeit ist proportional zum Sättigungsmanko (Differenz aus Sättigungsgrenze und Bestand).

Wachstumsfunktion: $f(x) = g - a \cdot b^x$ bzw. $f(x) = g - a \cdot e^{\ln(b) \cdot x}$
mit $a = g - f(0)$; $0 < b < 1$ und $g > 0$

Zunahme: $g > f(0)$ also $a > 0$ *Abnahme:* $g < f(0)$ also $a < 0$

Bestand: $f(x)$
Anfangsbestand zum Beobachtungsbeginn: $f(0) = g - a$
Sättigungsgrenze: $\lim\limits_{x \to \infty} f(x) = g$
Sättigungsmanko zum Zeitpunkt x: $g - f(x)$ bzw. $a \cdot b^x$
Rekursionsformel: $f(x + 1) = f(x) + q \cdot (g - f(x))$
Differenzialgleichung: $f'(x) = -\ln(b) \cdot (g - f(x))$

Zunahme: *Abnahme:*

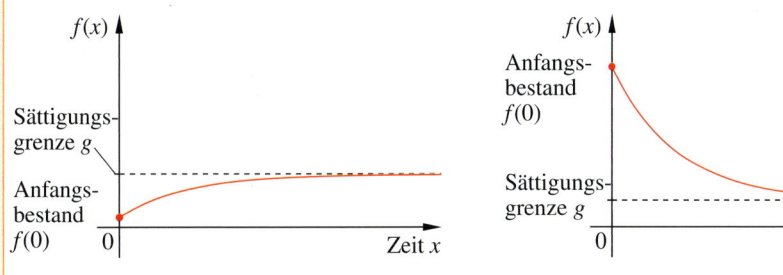

Logistisches Wachstum

Bei zahlreichen Wachstumsprozessen ist unbegrenztes Wachstum nicht möglich. Es gibt eine Sättigungsgrenze g, gegen die der Bestand strebt.
Die Wachstumsgeschwindigkeit ist proportional zum Bestand und zum Sättigungsmanko.

Wachstumsfunktion: $f(x) = \dfrac{a \cdot g}{a + (g - a) \cdot e^{-k \cdot g \cdot x}}$ mit $a, g, k > 0$ und $a < g$

Bestand: $f(x)$
Anfangsbestand zum Beobachtungsbeginn: $f(0) = a$
Sättigungsgrenze: $\lim\limits_{x \to \infty} f(x) = g$
Sättigungsmanko zum Zeitpunkt x: $g - f(x)$
Rekursionsformel: $f(x + 1) = f(x) + q \cdot f(x) \cdot (g - f(x))$
Differenzialgleichung: $f'(x) = k \cdot f(x) \cdot (g - f(x))$

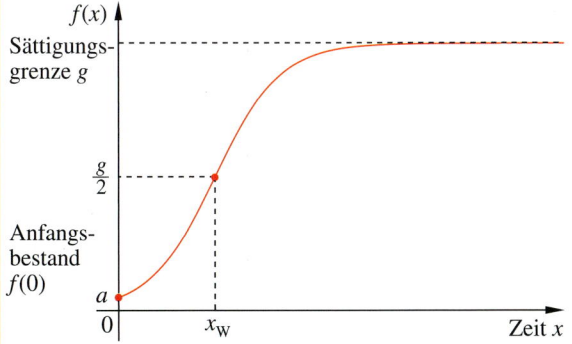

Der Bestand hat an der Wendestelle x_W der Wachstumsfunktion f die halbe Sättigungsgrenze erreicht: $f(x_W) = \dfrac{g}{2}$.
Die Wachstumsgeschwindigkeit ist an der Wendestelle maximal.

Vergiftetes Wachstum

Vergiftetes Wachstum	Das freie Wachstum eines Bestandes bzw. einer Population wird durch einen wachstumshemmenden Stoff in einen negativen Prozess umgekehrt, der letztlich auf das Aussterben des Bestandes hinausläuft. **Wachstumsfunktion:** $f(x) = a \cdot e^{w \cdot x - \frac{1}{2} s \cdot x^2}$ mit $a, w, s > 0$ Bestand: $f(x)$ Anfangsbestand zum Beobachtungsbeginn: $f(0) = a$ Geburtenrate/Wachstumsrate: w Sterberate/Vergiftungsrate: s Differenzialgleichung: $f'(x) = (w - s \cdot x) \cdot f(x)$ 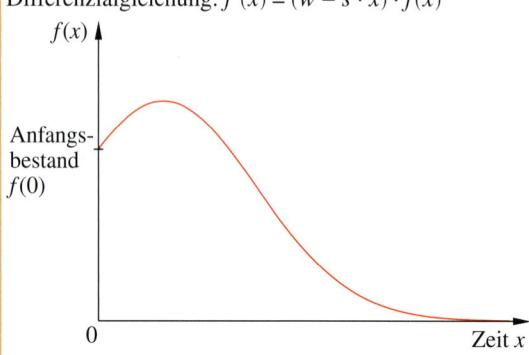

Interpolation durch Polynome; Splines

Die Grundaufgabe der **Polynominterpolation** besteht darin, isolierte Punkte (z. B. aus einer Messreihe) durch eine möglichst glatte Kurve zu verbinden, die einem vermuteten oder gewünschten Verlauf möglichst nahe kommt und abschnittsweise durch Polynomfunktionen beschreibbar ist.

Eine auf einem Intervall zweimal differenzierbare Kurve, die abschnittsweise aus Polynomfunktionen 3. Grades zusammengesetzt ist, bezeichnet man als (kubischen) **Spline**.
Erläuterung des Prinzips der Interpolation mithilfe eines kubischen Splines:
Gegeben sind 5 Punkte $P_i(x_i; y_i); i = 1, \ldots, 5$.
Die Punkte P_1, P_2 und P_3 sollen durch ein Polynom $y = f(x) = a_3 x^3 + a_2 x^2 + a_1 x + a_0$, die Punkte P_3, P_4 und P_5 durch ein Polynom $y = g(x) = b_3 x^3 + b_2 x^2 + b_1 x + b_0$ verbunden werden. Im Punkt P_3 müssen außer den beiden Polynomfunktionen selbst auch ihre ersten beiden Ableitungen denselben Funktionswert haben. Das liefert ein lineares Gleichungssystem mit 8 Gleichungen für die 8 zu bestimmenden Koeffizienten der beiden Polynome:
$y_i = f(x_i)$ für $i = 1, 2, 3$; $y_i = g(x_i)$ für $i = 3, 4, 5$; $f'(x_3) = g'(x_3)$; $f''(x_3) = g''(x_3)$.

Potenzreihenentwicklung spezieller Funktionen ↻ GTWK4513792-074-1

Die Entwicklung einer Funktion in eine Potenzreihe der Form $\sum_{k=0}^{\infty} a_k (x - x_0)^k$ mit $a_k \in \mathbb{R}, x, x_0 \in \mathbb{R}$ ist für numerische Berechnungen häufig von Vorteil.
Die Exponentialfunktion $f(x) = e^x$ und die Funktionen $f(x) = \sin x$ und $f(x) = \cos x$ können als Potenzreihen dargestellt werden, die für jedes $x \in \mathbb{R}$ konvergent sind. Es gilt:

$$e^x = 1 + x + \frac{x^2}{2!} + \frac{x^3}{3!} + \frac{x^4}{4!} + \frac{x^5}{5!} + \ldots = \sum_{k=0}^{\infty} \frac{x^k}{k!}$$

$$\sin x = x - \frac{x^3}{3!} + \frac{x^5}{5!} - \frac{x^7}{7!} + \frac{x^9}{9!} \mp \ldots = \sum_{k=0}^{\infty} (-1)^k \frac{x^{2k+1}}{(2k+1)!}$$

$$\cos x = 1 - \frac{x^2}{2!} + \frac{x^4}{4!} - \frac{x^6}{6!} + \frac{x^8}{8!} \mp \ldots = \sum_{k=0}^{\infty} (-1)^k \frac{x^{2k}}{(2k)!}$$

Vektorrechnung und analytische Geometrie

Vektoren

Definition eines Vektors	Eine Klasse paralleler Pfeile mit gleicher Länge und gleicher Orientierung heißt Vektor. Die Länge eines Repräsentanten des Vektors $\vec{a}$ bezeichnet man als **Betrag des Vektors** und schreibt: $|\vec{a}|$. Als **Nullvektor** $\vec{o}$ bezeichnet man einen Vektor mit dem Betrag 0: $\vec{o} = \overrightarrow{AA} = \overrightarrow{BB}$ … Zwei Vektoren $\vec{a} \neq 0$ und $\vec{b} \neq 0$ sind gleich genau dann, wenn gilt: $\vec{a} \parallel \vec{b}$ (Parallelität), $\vec{a} \uparrow\uparrow \vec{b}$ (gleiche Orientierung) und $|\vec{a}| = |\vec{b}|$ (gleiche Länge).
Beschreibung von Vektoren durch Koordinaten ↻ GTWK4513792-075-1	**Koordinaten eines Vektors in einer Ebene** $\vec{a} = \overrightarrow{PQ}$ mit $P(x_P; y_P)$ und $Q(x_Q; y_Q)$: $\vec{a} = \overrightarrow{PQ} = \begin{pmatrix} x_Q - x_P \\ y_Q - y_P \end{pmatrix}$ **Koordinaten eines Vektors im Raum** $\vec{a} = \overrightarrow{PQ}$ mit $P(x_P; y_P; z_P)$ und $Q(x_Q; y_Q; z_Q)$: $\vec{a} = \overrightarrow{PQ} = \begin{pmatrix} x_Q - x_P \\ y_Q - y_P \\ z_Q - z_P \end{pmatrix}$
Vektoren in Komponentendarstellung	$\vec{i} = \overrightarrow{OE_1}, \vec{j} = \overrightarrow{OE_2}$ bzw. $\vec{i} = \overrightarrow{OE_1}, \vec{j} = \overrightarrow{OE_2}, \vec{k} = \overrightarrow{OE_3}$ sind die in einem Koordinatensystem paarweise senkrecht aufeinander stehenden Einheitsvektoren der Länge 1 (↗ Basis, S. 83). **Komponentendarstellung in einer Ebene** ▶ Ortsvektor $\vec{p}$ eines Punktes $P(x_P; y_P)$: $\overrightarrow{OP} = \vec{p} = x_P \vec{i} + y_P \vec{j}$ ▶ Vektor $\vec{a} = \overrightarrow{P_1 P_2}$ mit $P_1(x_1; y_1)$ und $P_2(x_2; y_2)$: $\overrightarrow{P_1 P_2} = (x_2 - x_1)\vec{i} + (y_2 - y_1)\vec{j}$ oder $\overrightarrow{P_1 P_2} = \vec{a} = a_x \vec{i} + a_y \vec{j}$ **Komponentendarstellung im Raum** ▶ Ortsvektor $\vec{p}$ eines Punktes $P(x_P; y_P; z_P)$: $\overrightarrow{OP} = x_P \vec{i} + y_P \vec{j} + z_P \vec{k}$ ▶ Vektor $\vec{a} = \overrightarrow{P_1 P_2}$ mit $P_1(x_1; y_1; z_1)$ und $P_2(x_2; y_2; z_2)$: $\overrightarrow{P_1 P_2} = (x_2 - x_1)\vec{i} + (y_2 - y_1)\vec{j} + (z_2 - z_1)\vec{k}$ gegebenenfalls auch $\overrightarrow{P_1 P_2} = \vec{a} = a_x \vec{i} + a_y \vec{j} + a_z \vec{k}$

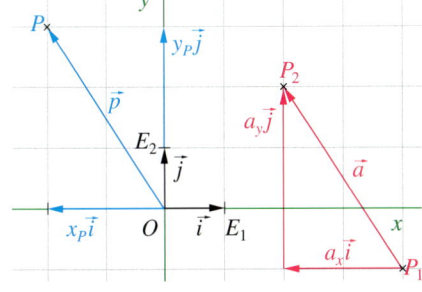
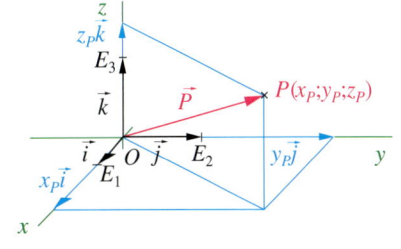

Länge (Betrag) eines Vektors

Länge eines Vektors in der Ebene	▶ Länge des Vektors $\vec{a}$ mit $\vec{a} = \begin{pmatrix} a_x \\ a_y \end{pmatrix}$: $|\vec{a}| = \sqrt{a_x^2 + a_y^2}$	▶ Länge des Vektors $\overrightarrow{PQ}$: $|\overrightarrow{PQ}| = \sqrt{(x_Q - x_P)^2 + (y_Q - y_P)^2}$
Länge eines Vektors im Raum	▶ Länge des Vektors $\vec{a}$ mit $\begin{pmatrix} a_x \\ a_y \\ a_z \end{pmatrix}$: $|\vec{a}| = \sqrt{a_x^2 + a_y^2 + a_z^2}$	▶ Länge des Vektors $\overrightarrow{PQ}$: $|\overrightarrow{PQ}| = \sqrt{(x_Q - x_P)^2 + (y_Q - y_P)^2 + (z_Q - z_P)^2}$

Einfache Operationen mit Vektoren ↻ GTWK4513792-076-1

Addition und Subtraktion von Vektoren	Für $\vec{a} = \begin{pmatrix} a_x \\ a_y \\ a_z \end{pmatrix}$ und $\vec{b} = \begin{pmatrix} b_x \\ b_y \\ b_z \end{pmatrix}$ gilt $\vec{a} \pm \vec{b} = \begin{pmatrix} a_x \pm b_x \\ a_y \pm b_y \\ a_z \pm b_z \end{pmatrix}$. 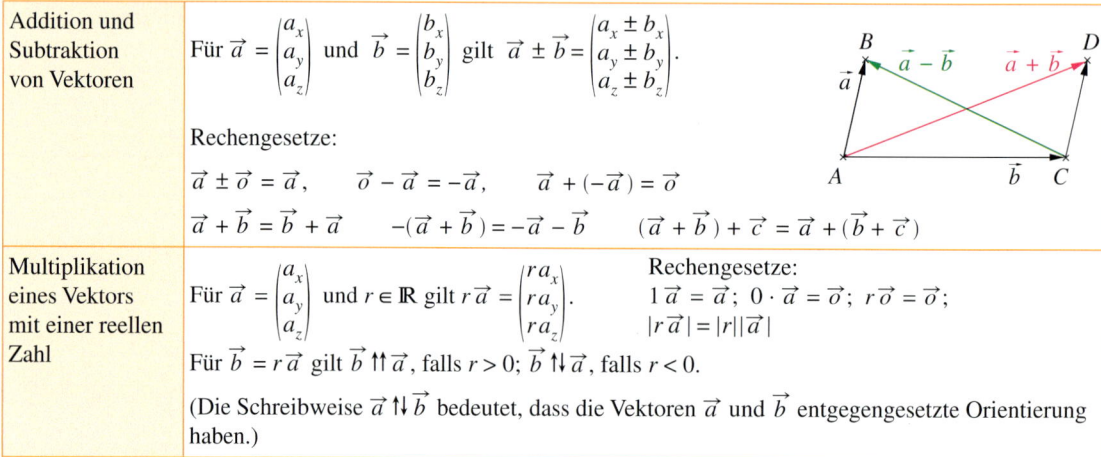 Rechengesetze: $\vec{a} \pm \vec{o} = \vec{a}, \quad \vec{o} - \vec{a} = -\vec{a}, \quad \vec{a} + (-\vec{a}) = \vec{o}$ $\vec{a} + \vec{b} = \vec{b} + \vec{a} \quad -(\vec{a} + \vec{b}) = -\vec{a} - \vec{b} \quad (\vec{a} + \vec{b}) + \vec{c} = \vec{a} + (\vec{b} + \vec{c})$
Multiplikation eines Vektors mit einer reellen Zahl	Für $\vec{a} = \begin{pmatrix} a_x \\ a_y \\ a_z \end{pmatrix}$ und $r \in \mathbb{R}$ gilt $r\vec{a} = \begin{pmatrix} ra_x \\ ra_y \\ ra_z \end{pmatrix}$. Rechengesetze: $1\vec{a} = \vec{a}; \quad 0 \cdot \vec{a} = \vec{o}; \quad r\vec{o} = \vec{o};$ $|r\vec{a}| = |r||\vec{a}|$ Für $\vec{b} = r\vec{a}$ gilt $\vec{b} \uparrow\uparrow \vec{a}$, falls $r > 0$; $\vec{b} \uparrow\downarrow \vec{a}$, falls $r < 0$. (Die Schreibweise $\vec{a} \uparrow\downarrow \vec{b}$ bedeutet, dass die Vektoren $\vec{a}$ und $\vec{b}$ entgegengesetzte Orientierung haben.)

Lineare Abhängigkeit und lineare Unabhängigkeit

Linearkombination	Jeder Vektor $\vec{b}$, der sich als Summe $\vec{b} = r_1\vec{a}_1 + r_2\vec{a}_2 + r_3\vec{a}_3 + \ldots + r_n\vec{a}_n$ mit $r_i \in \mathbb{R}$ darstellen lässt, heißt Linearkombination der Vektoren $\vec{a}_1, \vec{a}_2, \vec{a}_3, \ldots, \vec{a}_n$.
Lineare Unabhängigkeit	Die Vektoren $\vec{a}_1, \vec{a}_2, \vec{a}_3, \ldots, \vec{a}_n$ heißen genau dann **linear unabhängig**, wenn die Gleichung $r_1\vec{a}_1 + r_2\vec{a}_2 + r_3\vec{a}_3 + \ldots + r_n\vec{a}_n = \vec{o}$ nur für $r_1 = r_2 = r_3 = \ldots = r_n = 0$ erfüllt ist. Andernfalls heißen sie **linear abhängig**. Insbesondere sind Vektoren $\vec{a}_1, \vec{a}_2, \ldots, \vec{a}_n$ stets linear abhängig, wenn einer von ihnen der Nullvektor ist. Je drei Vektoren der Ebene $\mathbb{R}^2$ sind stets linear abhängig. Je vier Vektoren des Raumes $\mathbb{R}^3$ sind stets linear abhängig. (siehe auch ↗ Basis eines ↗ Vektorraums, S. 83)
Kollinearität	Sind zwei Vektoren $\vec{a} \neq \vec{0}$ und $\vec{b} \neq \vec{0}$ linear abhängig, so gilt $\vec{a} = r\vec{b}$ mit $r \in \mathbb{R}$, das heißt, einer der beiden Vektoren ist ein Vielfaches des anderen. Die Vektoren $\vec{a}$ und $\vec{b}$ heißen dann **kollinear**.
Komplanarität	Sind drei Vektoren $\vec{a} \neq \vec{0}$, $\vec{b} \neq \vec{0}$ und $\vec{c} \neq \vec{0}$ linear abhängig, so gilt (evtl. nach geeigneter Umbenennung) $\vec{a} = r\vec{b} + s\vec{c}$ mit $r, s \in \mathbb{R}$. Die Vektoren $\vec{a}$, $\vec{b}$ und $\vec{c}$ heißen dann **komplanar**. Repräsentanten dreier komplanarer Vektoren können in eine Ebene gelegt werden. Zwei vom Nullvektor verschiedene, nicht-kollineare Vektoren des Raumes sind stets komplanar; sie spannen eine Ebene auf. (↗ Ebenendarstellungen, S. 79)

Vektoren | Rechnen mit Vektoren | Lineare Abhängigkeit 77

Multiplikation von Vektoren

Skalarprodukt von Vektoren	$\vec{a} \cdot \vec{b} = a_1 b_1 + a_2 b_2 + a_3 b_3$ für $\vec{a} = \begin{pmatrix} a_1 \\ a_2 \\ a_3 \end{pmatrix}$ und $\vec{b} = \begin{pmatrix} b_1 \\ b_2 \\ b_3 \end{pmatrix}$. $\vec{a} \cdot \vec{b}$ ist eine reelle Zahl. Eigenschaften: $\vec{a}^2 = \vec{a} \cdot \vec{a} = |\vec{a}|^2 > 0$; $|\vec{a}| = \sqrt{\vec{a} \cdot \vec{a}}$; $\vec{a} \cdot \vec{b} = \vec{b} \cdot \vec{a}$ $(\vec{a} + \vec{b}) \cdot \vec{c} = \vec{a} \cdot \vec{c} + \vec{b} \cdot \vec{c}$; $r(\vec{a} \cdot \vec{b}) = (r\vec{a}) \cdot \vec{b} = \vec{a} \cdot (r\vec{b})$. Winkel zwischen zwei Vektoren: Schließen die Vektoren $\vec{a} \neq \vec{o}$ und $\vec{b} \neq \vec{o}$ den Winkel $\varphi = \sphericalangle(\vec{a}, \vec{b})$ ein, so gilt: $\vec{a} \cdot \vec{b} = |\vec{a}||\vec{b}| \cdot \cos\varphi$ oder $\cos\varphi = \dfrac{\vec{a} \cdot \vec{b}}{|\vec{a}||\vec{b}|}$ Es gilt: $\vec{a} \cdot \vec{b} > 0$ genau dann, wenn $\vec{a} \neq \vec{o}$; $\vec{b} \neq \vec{o}$ und $0° \leq \sphericalangle(\vec{a}, \vec{b}) < 90°$, $\vec{a} \cdot \vec{b} < 0$ genau dann, wenn $\vec{a} \neq \vec{o}$; $\vec{b} \neq \vec{o}$ und $90° < \sphericalangle(\vec{a}, \vec{b}) \leq 180°$, $\vec{a} \cdot \vec{b} = 0$ genau dann, wenn $\vec{a} = \vec{o}$ **oder wenn** $\vec{b} = \vec{o}$ **oder wenn** $\vec{a} \neq \vec{o}$; $\vec{b} \neq \vec{o}$ und $\varphi = 90°$ (d.h. $\vec{a} \perp \vec{b}$).
Vektorprodukt ↻ GTWK4513792-077-1	$\vec{a} \times \vec{b} = \begin{pmatrix} a_2 b_3 - a_3 b_2 \\ a_3 b_1 - a_1 b_3 \\ a_1 b_2 - a_2 b_1 \end{pmatrix}$ für $\vec{a} = \begin{pmatrix} a_1 \\ a_2 \\ a_3 \end{pmatrix}$ und $\vec{b} = \begin{pmatrix} b_1 \\ b_2 \\ b_3 \end{pmatrix}$. $\vec{a} \times \vec{b}$ ist ein Vektor. Eigenschaften: $\vec{a} \times \vec{a} = \vec{o}$; $\vec{a} \times \vec{o} = \vec{o} \times \vec{a} = \vec{o}$; $(r\vec{a}) \times \vec{b} = \vec{a} \times (r\vec{b}) = r(\vec{a} \times \vec{b})$; $\vec{a} \times \vec{b} = -\vec{b} \times \vec{a}$; $\vec{a} \times (\vec{b} + \vec{c}) = (\vec{a} \times \vec{b}) + (\vec{a} \times \vec{c})$; $(\vec{a} + \vec{b}) \times \vec{c} = (\vec{a} \times \vec{c}) + (\vec{b} \times \vec{c})$ Winkel zwischen Vektoren, Flächeninhalte: Schließen die Vektoren $\vec{a} \neq \vec{o}$ und $\vec{b} \neq \vec{o}$ den Winkel $\varphi = \sphericalangle(\vec{a}, \vec{b})$ ein, so gilt: $|\vec{a} \times \vec{b}| = |\vec{a}||\vec{b}|\sin\varphi$. Der Vektor $\vec{a} \times \vec{b}$ ist zu $\vec{a}$ und zu $\vec{b}$ orthogonal. $\vec{a}, \vec{b}, \vec{a} \times \vec{b}$ bilden in der angegebenen Reihenfolge ein Rechtssystem. $|\vec{a} \times \vec{b}|$ ist der Flächeninhalt des von $\vec{a}$ und $\vec{b}$ aufgespannten Parallelogramms. Der Flächeninhalt des von $\vec{a}$ und $\vec{b}$ aufgespannten Dreiecks ist $\frac{1}{2}|\vec{a} \times \vec{b}|$. Für $\vec{a} \neq \vec{o}$ und $\vec{b} \neq \vec{o}$ gilt $\vec{a} \times \vec{b} = \vec{o}$, falls $\vec{a} \parallel \vec{b}$.
Spatprodukt von Vektoren (gemischtes Produkt)	$(\vec{a} \times \vec{b}) \cdot \vec{c} = \begin{pmatrix} a_2 b_3 - a_3 b_2 \\ a_3 b_1 - a_1 b_3 \\ a_1 b_2 - a_2 b_1 \end{pmatrix} \cdot \begin{pmatrix} c_1 \\ c_2 \\ c_3 \end{pmatrix} = a_2 b_3 c_1 + a_3 b_1 c_2 + a_1 b_2 c_3 - a_3 b_2 c_1 - a_1 b_3 c_2 - a_2 b_1 c_3$ $(\vec{a} \times \vec{b}) \cdot \vec{c}$ ist eine reelle Zahl. Das Spatprodukt $(\vec{a} \times \vec{b}) \cdot \vec{c}$ ist dem Betrag nach das Volumen des von $\vec{a}, \vec{b}$ und $\vec{c}$ aufgespannten Spats: $|(\vec{a} \times \vec{b}) \cdot \vec{c}| = |\vec{a} \times \vec{b}| \cdot |\vec{c}| \cdot \cos\sphericalangle(\vec{a} \times \vec{b}; \vec{c})$ 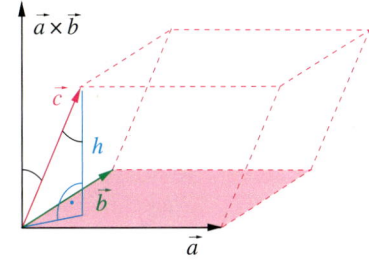

Mittelpunkt einer Strecke; Schwerpunkt eines Dreiecks

Mittelpunkt einer Strecke	Für den **Mittelpunkt** M einer **Strecke** $\overline{AB}$ gilt: $\overrightarrow{OM} = \frac{1}{2} \cdot (\overrightarrow{OA} + \overrightarrow{OB})$ Dabei sind $\overrightarrow{OA}$ und $\overrightarrow{OB}$ die Ortsvektoren der Streckenendpunkte.
Schwerpunkt eines Dreiecks	Für den Schwerpunkt S eines Dreiecks ABC gilt: $\overrightarrow{OS} = \frac{1}{3} \cdot (\overrightarrow{OA} + \overrightarrow{OB} + \overrightarrow{OC})$ Dabei sind $\overrightarrow{OA}$, $\overrightarrow{OB}$ und $\overrightarrow{OC}$ die Ortsvektoren der Eckpunkte des Dreiecks.

Vektorielle Geradendarstellungen

Punkt-richtungs-gleichung	$\vec{x} = \vec{p} + t \cdot \vec{a}$ mit $t \in \mathbb{R}$; $\vec{a} \neq \vec{o}$ Sind die Koordinaten eines **Ortsvektors** $\vec{p} = \overrightarrow{OP}$ und eines **Richtungsvektors** $\vec{a}$ gegeben, so gilt: **in einer Ebene:** $\begin{pmatrix} x \\ y \end{pmatrix} = \begin{pmatrix} p_1 \\ p_2 \end{pmatrix} + t \cdot \begin{pmatrix} a_1 \\ a_2 \end{pmatrix}$ **im Raum:** $\begin{pmatrix} x \\ y \\ z \end{pmatrix} = \begin{pmatrix} p_1 \\ p_2 \\ p_3 \end{pmatrix} + t \cdot \begin{pmatrix} a_1 \\ a_2 \\ a_3 \end{pmatrix}$
Zweipunkte-gleichung	Gleichung der Geraden durch die Punkte P und Q: **in einer Ebene** für $P(p_1; p_2)$ und $Q(q_1; q_2)$: $\begin{pmatrix} x \\ y \end{pmatrix} = \begin{pmatrix} p_1 \\ p_2 \end{pmatrix} + t \cdot \begin{pmatrix} q_1 - p_1 \\ q_2 - p_2 \end{pmatrix}$ $(t \in \mathbb{R})$ **im Raum** für $P(p_1; p_2; p_3)$ und $Q(q_1; q_2; q_3)$: $\begin{pmatrix} x \\ y \\ z \end{pmatrix} = \begin{pmatrix} p_1 \\ p_2 \\ p_3 \end{pmatrix} + t \cdot \begin{pmatrix} q_1 - p_1 \\ q_2 - p_2 \\ q_3 - p_3 \end{pmatrix}$ $(t \in \mathbb{R})$
Normalenform	Eine Gerade g **in einer Ebene** ist durch einen **Normalenvektor** (d.h. einen zu g orthogonalen Vektor) $\vec{n} = \begin{pmatrix} n_1 \\ n_2 \end{pmatrix}$ und einen Punkt $P(p_1; p_2) \in g$ (mit dem Ortsvektor $\vec{p}$) eindeutig festgelegt. Gleichung in **Normalenform**: $(\vec{x} - \vec{p}) \cdot \vec{n} = 0$ bzw. $n_1 x_1 + n_2 x_2 - (n_1 p_1 + n_2 p_2) = 0$ Jeder Punkt $X(x_1; x_2) \in g$ mit dem Ortsvektor $\vec{x} = \overrightarrow{OP}$ erfüllt diese Gleichung. **Hesse'sche Normalenform**: $(\vec{x} - \vec{p}) \cdot \vec{n}^0 = 0$, wobei $\vec{n}^0$ der **Normaleneinheitsvektor** zu $\vec{n}$ ist: $\vec{n}^0 = \frac{\vec{n}}{|\vec{n}|}$; $|\vec{n}^0| = 1$. Durch Ausmultiplizieren erhält man aus der Hesse'schen Normalenform eine Koordinatengleichung der Form $x \cdot \cos \varphi + y \cdot \sin \varphi - d = 0$. Dabei ist d die Länge des Lotes von O auf g (also der Abstand der Geraden g vom Ursprung O) und φ der Winkel zwischen dem positiven Teil der x-Achse und dem Lot.

Geradendarstellungen | Lagebeziehungen | Ebenendarstellungen

Lagebeziehungen zwischen Geraden ↻ GTWK4513792-079-1

(siehe auch: ↗ Lineare Funktionen; S. 19)

Zwei Geraden in einer Ebene	Für g: $\vec{x} = \vec{p} + r\vec{a}$ ($r \in \mathbb{R}$; $\vec{a} \neq \vec{o}$) und h: $\vec{x} = \vec{q} + s\vec{b}$ ($s \in \mathbb{R}$; $\vec{b} \neq \vec{o}$) gilt: $g \parallel h$ genau dann, wenn $\vec{b} = r\vec{a}$ ($r \neq 0$), $g = h$ genau dann, wenn $\vec{b} = r\vec{a}$ ($r \neq 0$) und es ein $s \in \mathbb{R}$ gibt, sodass $\vec{p} = \vec{q} + s\vec{b}$, $g \perp h$ genau dann, wenn $\vec{a} \cdot \vec{b} = 0$. Falls $g \not\parallel h$ ist, gibt es reelle Zahlen r, s mit $\vec{p} + r\vec{a} = \vec{q} + s\vec{b}$, das heißt, die Geraden schneiden einander. Für den Schnittpunkt S gilt: $\vec{s} = \begin{pmatrix} p_1 \\ p_2 \end{pmatrix} + r\begin{pmatrix} a_x \\ a_y \end{pmatrix} = \begin{pmatrix} q_1 \\ q_2 \end{pmatrix} + s\begin{pmatrix} b_x \\ b_y \end{pmatrix}$. 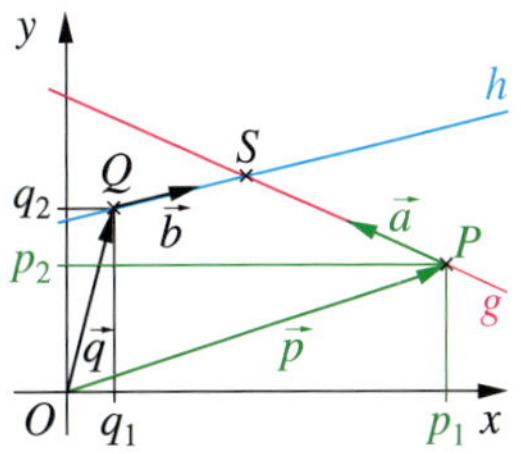
Zwei Geraden im Raum	Für g: $\vec{x} = \vec{p} + r\vec{a}$ ($r \in \mathbb{R}$; $\vec{a} \neq \vec{o}$) und h: $\vec{x} = \vec{q} + s\vec{b}$ ($s \in \mathbb{R}$; $\vec{b} \neq \vec{o}$) gilt: $g \parallel h$, $g = h$ genau dann, wenn $\vec{b} = r\vec{a}$ ($r \neq 0$) und $\vec{p} = \vec{q} + s\vec{b}$ für ein $s \in \mathbb{R}$ ist. $g \parallel h$, $g \neq h$ genau dann, wenn $\vec{b} = r\vec{a}$ ($r \neq 0$) und wenn es kein $s \in \mathbb{R}$ gibt, sodass $\vec{p} = \vec{q} + s\vec{b}$ ist. Die Geraden schneiden einander, wenn es reelle Zahlen r, s gibt, sodass $\vec{p} + r\vec{a} = \vec{q} + s\vec{b}$. Für den Schnittpunkt S gilt: $\vec{s} = \begin{pmatrix} p_1 \\ p_2 \\ p_3 \end{pmatrix} + r\begin{pmatrix} a_x \\ a_y \\ a_z \end{pmatrix} = \begin{pmatrix} q_1 \\ q_2 \\ q_3 \end{pmatrix} + r\begin{pmatrix} b_x \\ b_y \\ b_z \end{pmatrix}$ Trifft keiner dieser drei Fälle zu, so sind die Geraden **windschief**. 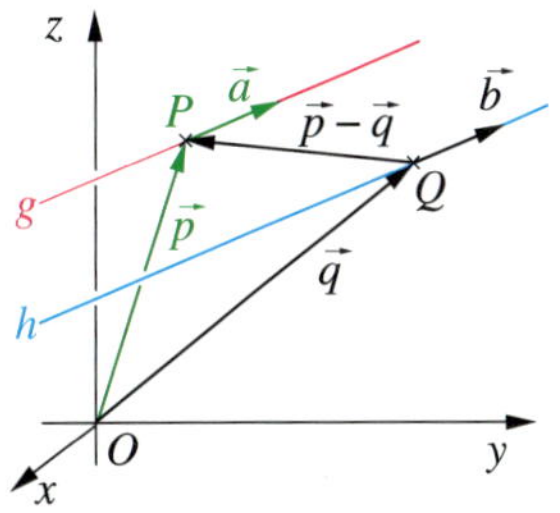

Ebenendarstellungen ↻ GTWK4513792-079-2

Punkt-Richtungs-gleichung	E: $\vec{x} = \vec{p} + r\vec{a} + s\vec{b}$; $r, s \in \mathbb{R}$ sind Parameter; $P \in E$ ist ein Punkt mit dem Ortsvektor $\vec{p}$; die Vektoren $\vec{a}$ und $\vec{b}$ sind linear unabhängige **Richtungsvektoren** der Ebene E.
Drei-Punkte-gleichung	E: $\vec{x} = \vec{p} + r(\vec{q} - \vec{p}) + s(\vec{r} - \vec{p})$; $r, s \in \mathbb{R}$ sind Parameter; P, Q, R sind drei nicht kollineare Punkte mit den Ortsvektoren $\vec{p}, \vec{q}, \vec{r}$.
Allgemeine Form	E: $ax + by + cz = d$ mit $a, b, c, d \in \mathbb{R}$ und $a^2 + b^2 + c^2 \neq 0$. Die Koeffizienten a, b und c sind die **Koordinaten eines Normalenvektors** von E.
Normalenform	Ist P ein beliebiger Punkt der Ebene E und $\vec{n}_E$ ein **Normalenvektor** von E (d. h. ein zu E **senkrechter** Vektor), dann erfüllt jeder Punkt X der Ebene die Gleichung: E: $\vec{n}_E \cdot (\vec{x} - \vec{p}) = 0$ **(Normalenform in Vektordarstellung)** Mit $\vec{n}_E = \begin{pmatrix} n_1 \\ n_2 \\ n_3 \end{pmatrix}$, $\vec{x} = \begin{pmatrix} x_1 \\ x_2 \\ x_3 \end{pmatrix}$ und $\vec{p} = \begin{pmatrix} p_1 \\ p_2 \\ p_3 \end{pmatrix}$ ergibt sich durch Ausmultiplizieren eine Ebenengleichung in allgemeiner (Koordinaten-)Form: E: $n_1 x_1 + n_2 x_2 + n_3 x_3 + c = 0$ (Dabei ist $c = -(\vec{n}_E \cdot \vec{p}) = -n_1 p_1 - n_2 p_2 - n_3 p_3$.) E: $\vec{n}^0 \cdot (\vec{x} - \vec{p}) = 0$ mit einem Normaleneinheitsvektor $\vec{n}^0$ von E heißt **Hesse'sche Normalform** der Ebenengleichung. 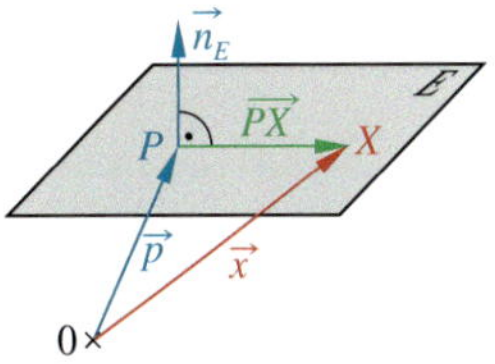 Sind $\vec{u}$ und $\vec{v}$ nicht kollineare Richtungsvektoren von E, kann z. B. $\vec{n}_E = \vec{u} \times \vec{v}$ gewählt werden.

Lagebeziehungen

Gerade g – Ebene E	Es sind drei Fälle der gegenseitigen Lage einer Geraden g: $\vec{x} = \vec{p} + \lambda \cdot \vec{u}$ ($\lambda \in \mathbb{R}$) und einer Ebene E: $\vec{n} \cdot (\vec{x} - \vec{q}) = 0$ im Raum zu unterscheiden: $g \subset E$ genau dann, wenn $\vec{u} \perp \vec{n}$ und $P \in E$ $g \parallel E$ genau dann, wenn $\vec{u} \perp \vec{n}$ und $P \notin E$ g und E haben (genau) einen Schnittpunkt genau dann, wenn $\vec{u} \not\perp \vec{n}$.
Ebene E – Ebene F	Es sind drei Fälle der gegenseitigen Lage zweier Ebenen E: $\vec{n}_E \cdot (\vec{x} - \vec{p}) = 0$ und F: $\vec{n}_F \cdot (\vec{x} - \vec{q}) = 0$ im Raum zu unterscheiden: $F = E$ genau dann, wenn $\vec{n}_E \parallel \vec{n}_F$ und $P \in F$ oder $Q \in E$ $F \parallel E$ genau dann, wenn $\vec{n}_E \parallel \vec{n}_F$ und $P \notin F$ oder $Q \notin E$ E und F haben eine **Schnittgerade** genau dann, wenn $\vec{n}_E$ und $\vec{n}_F$ nicht kollinear sind.

Schnittwinkel

Winkel φ zwischen zwei Geraden	Für den Schnittwinkel φ zweier einander schneidender Geraden g und h mit den Richtungsvektoren $\vec{u}_g$ bzw. $\vec{u}_h$ gilt: $\cos \varphi = \dfrac{|\vec{u}_g \cdot \vec{u}_h|}{|\vec{u}_g| \cdot |\vec{u}_h|}$
Winkel φ ($0° \leq \varphi \leq 90°$) zwischen Gerade und Ebene	Ist $\vec{u}_g$ ein Richtungsvektor der Geraden und $\vec{n}$ ein Normalenvektor der Ebene, so gilt: $\sin \varphi = \dfrac{|\vec{n} \cdot \vec{u}_g|}{|\vec{n}| \cdot |\vec{u}_g|}$
Winkel φ ($0° \leq \varphi \leq 90°$) zwischen zwei Ebenen	Ist $\vec{n}_1$ ein Normalenvektor der einen und $\vec{n}_2$ ein Normalenvektor der anderen Ebene, so gilt: $\cos \varphi = \dfrac{|\vec{n}_1 \cdot \vec{n}_2|}{|\vec{n}_1| \cdot |\vec{n}_2|}$

Abstände

Abstand eines Punktes P von einer Ebene E	Gegeben sind ein Punkt $P(p_1; p_2; p_3)$ und eine Ebene E: $\vec{n} \cdot (\vec{p} - \vec{a}) = 0$ (Gleichung in Normalenform). Dann gilt für den **Abstand** $d(P, E)$ des Punktes von der Ebene $d(P, E) = \left|\dfrac{\vec{n} \cdot (\vec{p} - \vec{a})}{|\vec{n}|}\right| = \dfrac{|n_1 p_1 + n_2 p_2 + n_3 p_3 + c|}{\sqrt{n_1^2 + n_2^2 + n_3^2}}$ mit $c = -(\vec{n} \cdot \vec{a})$
Abstand eines Punktes P von einer Geraden g	Man stellt zunächst die Gleichung einer Hilfsebene H auf, die senkrecht auf g steht und P enthält: H: $u_1 x_1 + u_2 x_2 + u_3 x_3 - (\vec{u} \cdot \vec{p}) = 0$. (Der Richtungsvektor $\vec{u}$ von g ist Normalenvektor von H.) Der Schnittpunkt F von g und H ist dann der Fußpunkt des Lotes von P auf g. Der **Abstand** $d(P, g)$ des Punktes $P \notin g$ von der Geraden g ist die Länge der Strecke $\overline{PF}$.
Abstand zweier windschiefer Geraden	Es seien g und h zwei zueinander windschiefe Geraden. Ist A irgendein Punkt auf g und B irgendein Punkt auf h, und ist $\vec{n}$ ein Normalenvektor sowohl von g als auch von h, so gilt für den **Abstand** $d(g, h)$ von g und h $d(g, h) = \left|\dfrac{(\vec{a} - \vec{b}) \cdot \vec{n}}{|\vec{n}|}\right|$ (Dabei sind $\vec{a}$ und $\vec{b}$ die Ortsvektoren von A bzw. B.) Sind $\vec{u}$ bzw. $\vec{v}$ Richtungsvektoren von g bzw. h, so kann $\vec{n} = \vec{u} \times \vec{v}$ gewählt werden.

Kreis und Kugel

	Kreis	Kugel
Vektorielle Gleichung	$(\overrightarrow{OP_0} - \overrightarrow{OM})^2 = r^2$ mit $\overrightarrow{OP_0}$ Ortsvektor eines Punktes P_0 des Kreises, $\overrightarrow{OM}$ Ortsvektor des Mittelpunktes M und r Radius des Kreises Spezialfall $M(0; 0)$: $\overrightarrow{OP_0} \cdot \overrightarrow{OP_0} = r^2$	$(\overrightarrow{OP_0} - \overrightarrow{OM})^2 = r^2$ mit $\overrightarrow{OP_0}$ Ortsvektor eines Punktes P_0 auf der Kugel, $\overrightarrow{OM}$ Ortsvektor des Mittelpunktes M und r Radius der Kugel Spezialfall $M(0; 0; 0)$: $\overrightarrow{OP_0} \cdot \overrightarrow{OP_0} = r^2$
Koordinatengleichung	$(x-c)^2 + (y-d)^2 = r^2$ mit $M(c; d)$ und $P(x; y)$ Spezialfall $M(0; 0)$: $x^2 + y^2 = r^2$	$(x-c)^2 + (y-d)^2 + (z-e)^2 = r^2$ mit $M(c; d; e)$ und $P(x; y; z)$ Spezialfall $M(0; 0; 0)$: $x^2 + y^2 + z^2 = r^2$
Parametergleichung (Polarkoordinaten)	$\vec{x} = \overrightarrow{OM} + r \begin{pmatrix} \cos\varphi \\ \sin\varphi \end{pmatrix}$ mit $-180° < \varphi \leq 180°$ (r, φ) nennt man Polarkoordinaten (↗ S. 29).	$\vec{x} = \overrightarrow{OM} + r \begin{pmatrix} \cos\lambda\cos\varphi \\ \sin\lambda\cos\varphi \\ \sin\varphi \end{pmatrix}$ mit $-180° < \lambda \leq 180°$; $-90 \leq \varphi \leq 90°$ (r, λ, φ) nennt man Kugelkoordinaten.
Gleichung einer Tangente bzw. Tangentialebene	im Punkt $P_0(x_0, y_0)$ $\overrightarrow{MP_0} \cdot \overrightarrow{MP} = r^2$ oder $(x-x_m)(x_0-x_m) + (y-y_m)(y_0-y_m) = r^2$ Spezialfall $M(0; 0)$: $\overrightarrow{OP_0} \cdot \overrightarrow{OP} = r^2$ oder $xx_0 + yy_0 = r^2$	im Punkt $P_0(x_0, y_0, z_0)$ $\overrightarrow{MP_0} \cdot \overrightarrow{MP} = r^2$ oder $(x-x_m)(x_0-x_m) + (y-y_m)(y_0-y_m)$ $\quad + (z-z_m)(z_0-z_m) = r^2$ Spezialfall $M(0; 0; 0)$: $\overrightarrow{OP_0} \cdot \overrightarrow{OP} = r^2$ oder $xx_0 + yy_0 + zz_0 = r^2$
Lagebeziehung zweier Kreise bzw. Kugeln	▶ kein Schnittpunkt für $|\overrightarrow{M_1M_2}| > r_1 + r_2$ oder $|\overrightarrow{M_1M_2}| < |r_1 - r_2|$ ▶ genau ein Schnittpunkt für $|\overrightarrow{M_1M_2}| = r_1 + r_2$ oder $|\overrightarrow{M_1M_2}| = |r_1 - r_2|$ ▶ genau zwei Schnittpunkte für $|r_1 - r_2| < |\overrightarrow{M_1M_2}| < r_1 + r_2$ ▶ identisch für $|\overrightarrow{M_1M_2}| = 0$ und $r_1 = r_2$	▶ kein Schnittpunkt für $|\overrightarrow{M_1M_2}| > r_1 + r_2$ oder $|\overrightarrow{M_1M_2}| < |r_1 - r_2|$ ▶ genau ein Schnittpunkt für $|\overrightarrow{M_1M_2}| = r_1 + r_2$ oder $|\overrightarrow{M_1M_2}| = |r_1 - r_2|$ ▶ Schnittkreis für $|r_1 - r_2| < |\overrightarrow{M_1M_2}| < r_1 + r_2$ ▶ identisch für $|\overrightarrow{M_1M_2}| = 0$ und $r_1 = r_2$

Kegelschnitte ↻ GTWK4513792-082-1

	Ellipse	Hyperbel	Parabel
Mittel- bzw. Scheitel-punktslage: $M(0; 0)$ bzw. $S(0; 0)$	$\dfrac{x^2}{a^2} + \dfrac{y^2}{b^2} = 1$	$\dfrac{x^2}{a^2} - \dfrac{y^2}{b^2} = 1$	$y^2 = 2px$
Achsen-parallele Lage: $M(c; d)$ bzw. $S(c; d)$	$\dfrac{(x-c)^2}{a^2} + \dfrac{(y-d)^2}{b^2} = 1$	$\dfrac{(x-c)^2}{a^2} - \dfrac{(y-d)^2}{b^2} = 1$	$(y-d)^2 = 2p(x-c)$
Bezeichnungen	F_1, F_2 Brennpunkte $2a$ Hauptachse $2b$ Nebenachse e lineare Exzentrizität	F_1, F_2 Brennpunkte $2a$ Hauptachse $2b$ Nebenachse e lineare Exzentrizität	F Brennpunkt l Leitlinie $2p$ Parameter S Scheitelpunkt
Ortsdefinition	$\lvert\overline{F_1P}\rvert + \lvert\overline{F_2P}\rvert = 2a > \lvert\overline{F_1F_2}\rvert$	$\lvert\lvert\overline{F_1P}\rvert - \lvert\overline{F_2P}\rvert\rvert = 2a < \lvert\overline{F_1F_2}\rvert$	$\lvert\overline{PF}\rvert = (P, l)$
Lineare Exzentrizität	$e^2 = a^2 - b^2$	$e^2 = a^2 + b^2$	–
Tangente im Punkt $P_0(x_0; y_0)$	bei Mittelpunktslage: $\dfrac{xx_0}{a^2} + \dfrac{yy_0}{b^2} = 1$ bei achsenparalleler Lage: $\dfrac{(x-c)(x_0-c)}{a^2} + \dfrac{(y-d)(y_0-d)}{b^2} = 1$	bei Mittelpunktslage: $\dfrac{xx_0}{a^2} - \dfrac{yy_0}{b^2} = 1$ bei achsenparalleler Lage: $\dfrac{(x-c)(x_0-c)}{a^2} - \dfrac{(y-d)(y_0-d)}{b^2} = 1$	bei Scheitelpunktslage: $yy_0 = p(x + x_0)$ bei achsenparalleler Lage: $(y-d)(y_0-d) = p((x-c) + (x_0-c))$
Gemeinsame Scheitel-gleichung	Mit $2p$ (Länge der Sehne senkrecht zur Hauptachse durch einen Brennpunkt) und $\varepsilon = \dfrac{e}{a}$ (numerische Exzentrizität) gilt für Kegelschnitte in Mittel- bzw. Scheitelpunktslage die Gleichung: $y^2 = 2px - (1 - \varepsilon^2)x^2$ ($0 < \varepsilon < 1$ für eine Ellipse, $\varepsilon = 1$ für eine Parabel, $\varepsilon > 1$ für eine Hyperbel)		
Allgemeine Form der Kegel-schnittgleichung	$Ax^2 + 2Bxy + Cy^2 + 2Dx + 2Ey + F = 0$ ($AC - B^2 > 0$ für eine Ellipse, $AC - B^2 = 0$ für eine Parabel, $AC - B^2 < 0$ für eine Hyperbel)		

Lineare Algebra

Begriff des Vektorraums

Vektorraum	Eine Menge V heißt **Vektorraum** über den reellen Zahlen, wenn für ihre Elemente eine Addition „+" und eine **Skalar-Multiplikation** „·" mit reellen Zahlen definiert ist und wenn die folgenden Bedingungen (V1) bis (V10) erfüllt sind: *Bedingungen für die Addition:* (V1) $\vec{a} + \vec{b} \in V$ für alle $\vec{a}, \vec{b} \in V$ (Abgeschlossenheit) (V2) $(\vec{a} + \vec{b}) + \vec{c} = \vec{a} + (\vec{b} + \vec{c})$ für alle $\vec{a}, \vec{b}, \vec{c} \in V$ (Assoziativgesetz) (V3) Es gibt ein **neutrales Element** $\vec{0} \in V$ mit $\vec{0} + \vec{a} = \vec{a}$ für alle $\vec{a} \in V$. (V4) Zu jedem $\vec{a} \in V$ gibt es ein **inverses Element** $-\vec{a} \in V$ mit $-\vec{a} + \vec{a} = \vec{0}$. (V5) $\vec{a} + \vec{b} = \vec{b} + \vec{a}$ für alle $\vec{a}, \vec{b} \in V$ (Kommutativgesetz) *Bedingungen für die Skalar-Multiplikation:* Für alle $r, s \in \mathbb{R}$ und alle $\vec{a}, \vec{b} \in V$ gelten die folgenden Gesetze: (V6) $r \cdot \vec{a} \in V$ (Abgeschlossenheit) (V7) $(r \cdot s) \cdot \vec{a} = r \cdot (s \cdot \vec{a})$ (Assoziativgesetz) (V8) $(r + s) \cdot \vec{a} = r \cdot \vec{a} + s \cdot \vec{a}$ } (Distributivgesetze) (V9) $r \cdot (\vec{a} + \vec{b}) = r \cdot \vec{a} + r \cdot \vec{b}$ (V10) $1 \cdot \vec{a} = \vec{a}$ (neutrales Element) Die Bedingungen (V1) bis (V10) nennt man **Vektorraumaxiome**. Die Elemente von V heißen **Vektoren**, die reellen Zahlen werden in diesem Zusammenhang als **Skalare** bezeichnet.
Basis und Dimension	Eine Menge $\{\vec{v}_1; \vec{v}_2; \ldots; \vec{v}_n\}$ (paarweise) linear unabhängiger Vektoren heißt **Basis** des Vektorraums V, wenn jeder beliebige Vektor $\vec{v} \in V$ als **Linearkombination** $\vec{v} = r_1 \vec{v}_1 + r_2 \vec{v}_2 + \ldots + r_n \vec{v}_n$ dargestellt werden kann. Diese Darstellung ist für eine gegebene Basis eindeutig. Je zwei Basen eines Vektorraums enthalten stets gleich viele Elemente. Ist die Anzahl der Basiselemente gleich n, so heißt n die **Dimension** des Vektorraums V.
Vektorraum $\mathbb{R}^n$; Ebene $\mathbb{R}^2$; Raum $\mathbb{R}^3$	Die Menge $\mathbb{R}^n$ der n-Tupel $(a_1, a_2, \ldots, a_n)$ mit $a_1, \ldots, a_n \in \mathbb{R}$ und $n \in \mathbb{N}$ bildet mit der elementweisen Addition und Skalar-Multiplikation einen n-dimensionalen Vektorraum. Die Elemente dieses Vektorraums werden üblicherweise als Spaltenvektoren $\begin{pmatrix} a_1 \\ \vdots \\ a_n \end{pmatrix}$ geschrieben. Vektoraddition und die Skalarmultiplikation sehen dann so aus: $\begin{pmatrix} a_1 \\ \vdots \\ a_n \end{pmatrix} + \begin{pmatrix} b_1 \\ \vdots \\ b_n \end{pmatrix} = \begin{pmatrix} a_1 + b_1 \\ \vdots \\ a_n + b_n \end{pmatrix}$; $r \cdot \begin{pmatrix} a_1 \\ \vdots \\ a_n \end{pmatrix} = \begin{pmatrix} r a_1 \\ \vdots \\ r a_n \end{pmatrix}$ $(r \in \mathbb{R})$ Die *Standardbasis* der **Ebene $\mathbb{R}^2$** ist $\left\{ \begin{pmatrix} 1 \\ 0 \end{pmatrix}, \begin{pmatrix} 0 \\ 1 \end{pmatrix} \right\}$. Die *Standardbasis* des **Raums $\mathbb{R}^3$** ist $\left\{ \begin{pmatrix} 1 \\ 0 \\ 0 \end{pmatrix}, \begin{pmatrix} 0 \\ 1 \\ 0 \end{pmatrix}, \begin{pmatrix} 0 \\ 0 \\ 1 \end{pmatrix} \right\}$. Die Basisvektoren sind dabei orthogonale Einheitsvektoren.

Matrizen

(m, n)-Matrix	Eine Matrix ist ein System von $m \cdot n$ Zahlen, die in einem rechteckigen Schema von m Zeilen und n Spalten angeordnet wurden. Das Paar (m, n) gibt den Typ der Matrix an: m Zeilen und n Spalten. $$\mathbf{A}_{(m,n)} = \begin{pmatrix} a_{11} & a_{12} & a_{13} & \dots & a_{1n} \\ a_{21} & a_{22} & a_{23} & \dots & a_{2n} \\ \dots & \dots & \dots & \dots & \dots \\ a_{m1} & a_{m2} & a_{m3} & \dots & a_{mn} \end{pmatrix}$$ Für die Bezeichnung des allgemeinen Elements der Matrix wählt man oft: a_{ik} mit $i = 1, 2, \dots, m$ und $k = 1, 2, \dots, n$. Zwei Matrizen $\mathbf{A}_{(m,n)}$ und $\mathbf{B}_{(m,n)}$ sind dann und nur dann gleich, wenn sie im Typ übereinstimmen und wenn alle entsprechenden Elemente gleich sind, d. h. $a_{ij} = b_{ij}$ für $i = 1, \dots, m$ und $j = 1, \dots, n$.	
Zeilenvektoren und Spaltenvektoren	Eine Matrix $\mathbf{A}_{(m,n)}$ kann als Zusammenschluss von m Zeilenvektoren $\mathbf{a}_{(i)}$ oder aber von n Spaltenvektoren $\mathbf{a}_{(k)}$ angesehen werden. Ein **Spaltenvektor** ist danach eine einspaltige Matrix vom Typ $(m, 1)$, ein **Zeilenvektor** ist eine einzeilige Matrix vom Typ $(1, n)$.	
Rang einer Matrix	Die maximale Anzahl paarweise linear unabhängiger Spaltenvektoren einer Matrix wird als ihr **Spaltenrang** bezeichnet, die maximale Anzahl paarweise linear unabhängiger Zeilenvektoren einer Matrix wird als ihr **Zeilenrang** bezeichnet. Da stets **Zeilenrang = Spaltenrang** gilt, spricht man kurz vom **Rang** der Matrix. Der Rang einer ↗ quadratischen Matrix A vom Typ (n, n) ist höchstens gleich n, und er ist kleiner als n genau dann, wenn $\det(\mathbf{A}) = 0$ ist (↗ Determinanten, S. 86).	
Transponierte Matrix	Wenn in einer (m, n)-Matrix $\mathbf{A}$ die Zeilen mit den entsprechenden Spalten vertauscht werden, so entsteht eine Matrix $\mathbf{A}^T$ vom Typ (n, m); die **transponierte Matrix**. Rechenregeln: $(\mathbf{A}^T)^T = \mathbf{A}$ $(r\mathbf{A})^T = r\mathbf{A}^T$ $(\mathbf{A} + \mathbf{B})^T = \mathbf{A}^T + \mathbf{B}^T$	
Quadratische Matrizen	In einer quadratischen Matrix ist die Anzahl der Zeilen gleich der Anzahl der Spalten: $m = n$ Die Elemente $a_{11}, a_{22}, a_{33}, \dots, a_{nn}$ bilden die **Hauptdiagonale**; die Elemente $a_{1n}, a_{2(n-1)}, a_{3(n-2)}, \dots, a_{n1}$ die Nebendiagonale. $$\mathbf{A}_{(n,n)} = \begin{pmatrix} a_{11} & a_{12} & a_{13} & \dots & a_{1n} \\ a_{21} & a_{22} & a_{23} & \dots & a_{2n} \\ \dots & \dots & \dots & \dots & \dots \\ a_{n1} & a_{n2} & a_{n3} & \dots & a_{nn} \end{pmatrix}$$ Spezielle Formen quadratischer Matrizen sind: **Diagonalmatrix** **Einheitsmatrix** **obere Dreiecksmatrix** **untere Dreiecksmatrix** $$\mathbf{D} = \begin{pmatrix} d_{11} & 0 & \dots & 0 \\ 0 & d_{22} & \dots & 0 \\ \dots & \dots & \dots & \dots \\ 0 & 0 & \dots & d_{nn} \end{pmatrix} \quad \mathbf{E} = \begin{pmatrix} 1 & 0 & \dots & 0 \\ 0 & 1 & \dots & 0 \\ \dots & \dots & \dots & \dots \\ 0 & 0 & \dots & 1 \end{pmatrix} \quad \begin{pmatrix} a_{11} & a_{12} & \dots & a_{1n} \\ 0 & a_{22} & \dots & a_{2n} \\ \dots & \dots & \dots & \dots \\ 0 & 0 & \dots & a_{nn} \end{pmatrix} \quad \begin{pmatrix} a_{11} & 0 & \dots & 0 \\ a_{21} & a_{22} & \dots & 0 \\ \dots & \dots & \dots & \dots \\ a_{n1} & a_{n2} & \dots & a_{nn} \end{pmatrix}$$	
Symmetrische und schiefsymmetrische Matrizen	Eine *quadratische* Matrix A (n, n) heißt **symmetrisch**, wenn $\mathbf{A} = \mathbf{A}^T$ gilt. Für ihre Elemente gilt: $a_{ik} = a_{ki}$ mit $i = 1, 2, 3, \dots, n$ und $k = 1, 2, \dots, n$. Eine *quadratische* Matrix A (n, n) heißt **schiefsymmetrisch**, wenn $\mathbf{A} = -\mathbf{A}^T$ gilt. Für ihre Elemente gilt: $a_{ik} = -a_{ki}$ mit $i = 1, 2, 3, \dots, n$ und $k = 1, 2, \dots, n$. Insbesondere sind alle Elemente der Hauptdiagonalen null: $a_{ii} = 0$ für $i = 1, 2, 3, \dots, n$.	
Inverse Matrix	Die Matrix $\mathbf{A}^{-1}$ ist inverse Matrix der quadratischen Matrix $\mathbf{A}_{(n,n)}$, wenn gilt: $\mathbf{A} \cdot \mathbf{A}^{-1} = \mathbf{A}^{-1} \cdot \mathbf{A} = \mathbf{E}$. (↗ Multiplikation von Matrizen) Eine inverse Matrix von $\mathbf{A}_{(n,n)}$ existiert, wenn $\det \mathbf{A}_{(n,n)} \neq 0$ ist. (↗ Determinanten, S. 86) Für $\mathbf{A}_{(2,2)} = \begin{pmatrix} a_1 & b_1 \\ a_2 & b_2 \end{pmatrix}$ ist $\mathbf{A}^{-1} = \dfrac{1}{a_1 b_2 - a_2 b_1} \begin{pmatrix} b_2 & -b_1 \\ -a_2 & a_1 \end{pmatrix}$.	

Rechnen mit Matrizen

Addition/ Subtraktion	Für (m, n)-Matrizen **A** und **B** vom gleichen Typ gilt: $$\mathbf{A} \pm \mathbf{B} = \begin{pmatrix} a_{11} \pm b_{11} & a_{12} \pm b_{12} & \dots & a_{1n} \pm b_{1n} \\ a_{21} \pm b_{21} & a_{22} \pm b_{22} & \dots & a_{2n} \pm b_{2n} \\ \dots & \dots & & \dots \\ a_{m1} \pm b_{m1} & a_{m2} \pm b_{m2} & \dots & a_{mn} \pm b_{mn} \end{pmatrix}$$	Rechenregeln: $\mathbf{A} + \mathbf{B} = \mathbf{B} + \mathbf{A}$ $(\mathbf{A} + \mathbf{B}) + \mathbf{C} = \mathbf{A} + (\mathbf{B} + \mathbf{C})$ $\mathbf{A} + 0 = \mathbf{A}$ $\mathbf{A} - \mathbf{A} = 0$
Multiplikation einer Matrix $\mathbf{A}_{(m, n)}$ mit einer reellen Zahl r	$$r\mathbf{A} = \begin{pmatrix} ra_{11} & ra_{12} & \dots & ra_{1n} \\ ra_{21} & ra_{22} & \dots & ra_{2n} \\ \dots & \dots & \dots & \dots \\ ra_{m1} & ra_{m2} & \dots & ra_{mn} \end{pmatrix}$$	Rechenregeln: $(r + s)\mathbf{A} = r\mathbf{A} + s\mathbf{A}$ $r(\mathbf{A} + \mathbf{B}) = r\mathbf{A} + r\mathbf{B}$ $r(s\mathbf{A}) = (rs)\mathbf{A}$ $1 \cdot \mathbf{A} = \mathbf{A}$ $0 \cdot \mathbf{A} = 0$
Multiplikation von Matrizen	Die Multiplikation zweier Matrizen **A** und **B** ist möglich, wenn die Anzahl der Spalten von **A** gleich der Anzahl der Zeilen von **B** ist, wenn also $\mathbf{A}_{(m, n)}$ und $\mathbf{B}_{(n, q)}$ gilt. Die Ergebnismatrix **C** hat die Zeilenzahl von **A** und die Spaltenzahl von **B**. Ihre Elemente c_{ik} werden durch das Skalarprodukt der i-ten Zeile von **A** mit der k-ten Spalte von **B** bestimmt: $$\mathbf{A}_{(m, n)} \cdot \mathbf{B}_{(n, q)} = \mathbf{C}_{(m, q)} \text{ mit } c_{ik} = \sum_{j=1}^{n} a_{ij} b_{jk} \text{ und } i = 1, 2, \dots, m; \; k = 1, 2, \dots, q$$ m Zeilen, n Spalten $\quad$ n Zeilen, q Spalten $\quad$ m Zeilen, q Spalten $$\begin{pmatrix} a_{11} & a_{12} & \dots & a_{1n} \\ \dots & \dots & \dots & \dots \\ a_{m1} & a_{m2} & \dots & a_{mn} \end{pmatrix} \cdot \begin{pmatrix} b_{11} & b_{12} & \dots & b_{1q} \\ \dots & \dots & \dots & \dots \\ b_{n1} & b_{n2} & \dots & b_{nq} \end{pmatrix} = \begin{pmatrix} \sum_{j=1}^{n} a_{1j} b_{j1} & \sum_{j=1}^{n} a_{1j} b_{j2} & \dots & \sum_{j=1}^{n} a_{1j} b_{jq} \\ \dots & \dots & \dots & \dots \\ \sum_{j=1}^{n} a_{mj} b_{j1} & \sum_{j=1}^{n} a_{mj} b_{j2} & \dots & \sum_{j=1}^{n} a_{mj} b_{jq} \end{pmatrix}$$ **Falk-Schema:** $\mathbf{A}_{(2, 3)} \cdot \mathbf{B}_{(3, 3)} = \mathbf{C}_{(2, 3)}$ $$\begin{array}{c\|ccc} & \begin{matrix} b_{11} \\ b_{21} \\ b_{31} \end{matrix} & \begin{matrix} b_{12} \\ b_{22} \\ b_{32} \end{matrix} & \begin{matrix} b_{13} \\ b_{23} \\ b_{33} \end{matrix} \\ \hline \begin{matrix} a_{11} & a_{12} & a_{13} \\ a_{21} & a_{22} & a_{23} \end{matrix} & \begin{matrix} a_{11} \cdot b_{11} + a_{12} \cdot b_{21} + a_{13} \cdot b_{31} \\ a_{21} \cdot b_{11} + a_{22} \cdot b_{21} + a_{23} \cdot b_{31} \end{matrix} & \begin{matrix} a_{11} \cdot b_{12} + a_{12} \cdot b_{22} + a_{13} \cdot b_{32} \\ a_{21} \cdot b_{12} + a_{22} \cdot b_{22} + a_{23} \cdot b_{32} \end{matrix} & \begin{matrix} a_{11} \cdot b_{13} + a_{12} \cdot b_{23} + a_{13} \cdot b_{33} \\ a_{21} \cdot b_{13} + a_{22} \cdot b_{23} + a_{23} \cdot b_{33} \end{matrix} \end{array}$$ Rechenregeln: $\quad (\mathbf{A} + \mathbf{B}) \cdot \mathbf{C} = \mathbf{A} \cdot \mathbf{C} + \mathbf{B} \cdot \mathbf{C} \quad\quad r(\mathbf{A} \cdot \mathbf{B}) = (r\mathbf{A}) \cdot \mathbf{B}$ *Achtung*: Die Matrizenmultiplikation ist nicht kommutativ, i. Allg. ist $\mathbf{A} \cdot \mathbf{B} \neq \mathbf{B} \cdot \mathbf{A}$.	
„Matrix mal Vektor"	Als Spezialfall der Matrizenmultiplikation ergibt sich: Eine Matrix $\mathbf{A}_{(m, n)}$ kann von links mit einem Zeilenvektor der Länge m und von rechts mit einem Spaltenvektor der Länge n multipliziert werden. Das Ergebnis ist jeweils ein Vektor. $$(b_1, \dots, b_m) \cdot \begin{pmatrix} a_{11} & a_{12} & \dots & a_{1n} \\ \dots & \dots & \dots & \dots \\ a_{m1} & a_{m2} & \dots & a_{mn} \end{pmatrix} = \left(\sum_{j=1}^{m} b_j a_{j1}, \dots, \sum_{j=1}^{m} b_j a_{jn} \right)$$ $$\begin{pmatrix} a_{11} & a_{12} & \dots & a_{1n} \\ \dots & \dots & \dots & \dots \\ a_{m1} & a_{m2} & \dots & a_{mn} \end{pmatrix} \cdot \begin{pmatrix} b_1 \\ \vdots \\ b_n \end{pmatrix} = \begin{pmatrix} \sum_{j=1}^{m} a_{1j} b_j \\ \vdots \\ \sum_{j=1}^{m} a_{mj} b_j \end{pmatrix}$$	

Begriff der Determinante

Eine Determinante ist eine spezielle Funktion, die jeder quadratischen Matrix $\mathbf{A} = \mathbf{A}_{(n,n)}$ mit reellen Zahlen als Elemente eindeutig eine reelle Zahl zuordnet, sodass folgende Bedingungen gelten:

- $\det E = 1$ (E = Einheitsmatrix)
- Wird ein Vielfaches einer Zeile (bzw. Spalte) zu einer anderen Zeile (bzw. Spalte) einer Matrix addiert, ändert dies den Wert der Determinante nicht.
- $\det B = r \cdot \det A$, wenn die Matrix B aus der Matrix A durch Multiplikation einer Zeile bzw. einer Spalte mit der Zahl r entsteht.
- $\det B = -\det A$, wenn die Matrix B aus der Matrix A durch Vertauschen zweier Zeilen bzw. zweier Spalten entsteht.

Man schreibt: $\det \mathbf{A} = \begin{vmatrix} a_{11} & a_{12} & \dots & a_{1n} \\ a_{21} & a_{22} & \dots & a_{2n} \\ \dots & \dots & \dots & \dots \\ a_{n1} & a_{n2} & \dots & a_{nn} \end{vmatrix}$

In der Schreibweise $\mathbf{D}^{(n)} = \det \mathbf{A}$ wird die **Ordnung n** der Determinante angezeigt.

Berechnen von Determinanten

Entwicklung nach Unterdeterminanten	Die **Unterdeterminante** $\det \mathbf{A}_{ij}$ der (n, n)-Matrix $\mathbf{A}$ ist die Determinante der $(n-1, n-1)$-Matrix, die man durch Streichen der i-ten Zeile und der j-ten Spalte aus der Matrix $\mathbf{A}$ erhält. Für jedes $i \in \{1, 2, \dots, n\}$ gilt folgende Formel: Entwicklung von $\det A$ nach der i-ten Zeile: $\det A = \sum_{j=1}^{n} (-1)^{i+j} a_{ij} \det A_{ij}$
Determinanten 2. Ordnung	$D^{(2)} \begin{vmatrix} a_{11} & a_{12} \\ a_{21} & a_{22} \end{vmatrix} = a_{11} \cdot a_{22} - a_{12} \cdot a_{21}$ Produkt der Elemente der Hauptdiagonale minus Produkt der Elemente der Nebendiagonale
Determinanten 3. Ordnung	$D^{(3)} = \begin{vmatrix} a_{11} & a_{12} & a_{13} \\ a_{21} & a_{22} & a_{23} \\ a_{31} & a_{32} & a_{33} \end{vmatrix} = a_{11}a_{22}a_{33} + a_{12}a_{23}a_{31} + a_{13}a_{21}a_{32} - a_{13}a_{22}a_{31} - a_{11}a_{23}a_{32} - a_{12}a_{21}a_{33}$ Für dreireihige (und nur für dreireihige) Determinanten können die Summanden mithilfe der **Regel von Sarrus** ermittelt werden: [Schema der Regel von Sarrus] Berechnung mithilfe von Unterdeterminanten: $\begin{vmatrix} a_{11} & a_{12} & a_{13} \\ a_{21} & a_{22} & a_{23} \\ a_{31} & a_{32} & a_{33} \end{vmatrix} = a_{11}\begin{vmatrix} a_{22} & a_{23} \\ a_{32} & a_{33} \end{vmatrix} - a_{12}\begin{vmatrix} a_{21} & a_{23} \\ a_{31} & a_{33} \end{vmatrix} + a_{13}\begin{vmatrix} a_{21} & a_{22} \\ a_{31} & a_{32} \end{vmatrix}$ weiter mit Determinanten zweiter Ordnung
Regeln für das Rechnen mit Determinanten	▶ $\det(A \cdot B) = \det A \cdot \det B$ ▶ Im Allgemeinen gilt: $\det(A + B) \neq \det A + \det B$ ▶ $\det(r \cdot A) = r^n \cdot \det A$ ($r \in \mathbb{R}$, A ist $(n \times n)$-Matrix)

Lineare Abbildungen der Ebene ↻ GTWK4513792-086-1

Definition	Eine Abbildung $f: \mathbb{R}^2 \to \mathbb{R}^2$ heißt genau dann linear, wenn ▶ für alle $\vec{a}, \vec{b} \in \mathbb{R}^2$ gilt: $f(\vec{a} + \vec{b}) = f(\vec{a}) + f(\vec{b})$ (Additivität) und ▶ für alle $\vec{a} \in \mathbb{R}^2$ und $r \in \mathbb{R}$ gilt: $f(r \cdot \vec{a}) = r \cdot f(\vec{a})$ (Homogenität).

Abbildungs-gleichungen, Abbildungs-matrix	Jede lineare Abbildung $f: \mathbb{R}^2 \to \mathbb{R}^2$ lässt sich durch eine Abbildungsmatrix beschreiben: $$f(\vec{x}) = \vec{x}\,' = \begin{pmatrix} a_{11} & a_{12} \\ a_{21} & a_{22} \end{pmatrix} \cdot \vec{x} \quad \text{bzw.} \quad f\begin{pmatrix} x_1 \\ x_2 \end{pmatrix} = \begin{pmatrix} x_1' \\ x_2' \end{pmatrix} = \begin{pmatrix} a_{11} & a_{12} \\ a_{21} & a_{22} \end{pmatrix} \cdot \begin{pmatrix} x_1 \\ x_2 \end{pmatrix}$$ also: $x_1' = a_{11} \cdot x_1 + a_{12} \cdot x_2$ und $x_2' = a_{21} \cdot x_1 + a_{22} \cdot x_2$ Dabei gilt: $\begin{pmatrix} a_{11} \\ a_{21} \end{pmatrix} = f\begin{pmatrix} 1 \\ 0 \end{pmatrix}$ und $\begin{pmatrix} a_{12} \\ a_{22} \end{pmatrix} = f\begin{pmatrix} 0 \\ 1 \end{pmatrix}$ Umgekehrt vermittelt jede (2, 2)-Matrix A durch $\mathbb{R}^2 \to \mathbb{R}^2, \vec{x} \mapsto A \cdot \vec{x}$ eine lineare Abbildung der Ebene $\mathbb{R}^2$ in sich.
Rang einer linearen Abbildung	Als **Rang einer linearen Abbildung** bezeichnet man den Rang der zugehörigen Abbildungsmatrix A. Den Rang 0 hat nur die Nullabbildung $\mathbb{R}^2 \to \mathbb{R}^2, \vec{x} \mapsto \vec{0}$ für alle $\vec{x} \in \mathbb{R}^2$. Bei einer linearen Abbildung vom Rang 1 wird die ganze Ebene $\mathbb{R}^2$ auf eine Ursprungsgerade abgebildet. Eine lineare Abbildung vom Rang 2 ist eine eineindeutige Abbildung der Ebene $\mathbb{R}^2$ in sich. Die zugehörige Umkehrabbildung ist ebenfalls linear. Ihre Abbildungsmatrix ist die zu A ↗ inverse Matrix.

Eigenwerte, Eigenvektoren und Fixpunkte linearer Abbildungen

Eigenvektoren, Eigenwerte	Gilt für einen Vektor $\vec{x} \in \mathbb{R}^2$, $\vec{x} \neq \vec{0}$ und eine (2,2)-Matrix A eine Gleichung der Form $A \cdot \vec{x} = \lambda \vec{x}$ mit $\lambda \in \mathbb{R}$, so heißt $\vec{x}$ ein **Eigenvektor** von A (bzw. ein Eigenvektor der zu A gehörigen linearen Abbildung) und λ der zugehörige **Eigenwert**. Die Eigenwerte einer linearen Abbildung mit der Abbildungsmatrix A sind die Lösungen der Gleichung $\det\left(A - \lambda \begin{pmatrix} 1 & 0 \\ 0 & 1 \end{pmatrix}\right) = 0$. Diese Gleichung ist eine polynomiale Gleichung von höchstens zweitem Grad. Das Polynom $\det\left(A - \lambda \begin{pmatrix} 1 & 0 \\ 0 & 1 \end{pmatrix}\right)$ heißt **charakteristisches Polynom** von A.
Fixpunkte, Fixgeraden	Eigenvektoren sind Richtungsvektoren der **Fixgeraden** (Geraden, die auf sich selbst abgebildet werden) einer linearen Abbildung. Ein Eigenvektor zum Eigenwert 1 ist Ortsvektor eines **Fixpunktes** der linearen Abbildung.

Spezielle lineare Abbildungen

Drehung	**Drehung um den Koordinatenursprung** um den Winkel α: $\begin{pmatrix} x \\ y \end{pmatrix} \mapsto \begin{pmatrix} \cos\alpha & -\sin\alpha \\ \sin\alpha & \cos\alpha \end{pmatrix} \cdot \begin{pmatrix} x \\ y \end{pmatrix}$	Für $\alpha \neq 2k\pi$ ($k \in \mathbb{Z}$): $O(0; 0)$ ist der einzige Fixpunkt; die Abbildung hat keine Eigenvektoren.
Spiegelung	**Spiegelung an der Ursprungsgeraden** $g: y = mx$ ($m \in \mathbb{R}$): $\begin{pmatrix} x \\ y \end{pmatrix} \mapsto \dfrac{1}{1+m^2}\begin{pmatrix} 1-m^2 & 2m \\ 2m & m^2-1 \end{pmatrix} \cdot \begin{pmatrix} x \\ y \end{pmatrix}$	Für $m \neq 0$: g ist *Fixpunktgerade*; alle zu g parallelen Vektoren sind Eigenvektoren zum Eigenwert $+1$, alle zu g orthogonalen Vektoren sind Eigenvektoren zum Eigenwert -1. Die zu g orthogonalen Geraden sind Fixgeraden.
Zentrische Streckung	**Zentrische Streckung** mit dem Koordinatenursprung als Streckungszentrum und dem Streckungsfaktor k: $\begin{pmatrix} x \\ y \end{pmatrix} \mapsto \begin{pmatrix} k & 0 \\ 0 & k \end{pmatrix} \cdot \begin{pmatrix} x \\ y \end{pmatrix}$	Für $k \notin \{0, 1\}$: $O(0; 0)$ ist der einzige Fixpunkt; jeder Vektor $\vec{x} \neq \vec{0}$ ist Eigenvektor zum Eigenwert k; alle Ursprungsgeraden sind Fixgeraden.

Lineare Gleichungssysteme

LGS in Matrizenschreibweise	Ein lineares Gleichungssystem mit m **Gleichungen** und n **Unbekannten** $x_1, x_2, \ldots, x_n$ (siehe rechts; $a_{ij}, b_i \in \mathbb{R}$) kann mit der **Koeffizientenmatrix** $$\begin{pmatrix} a_{11}x_1 + a_{12}x_2 + \ldots + a_{1n}x_n = b_1 \\ a_{21}x_1 + a_{22}x_2 + \ldots + a_{2n}x_n = b_2 \\ \vdots \quad + \quad \vdots \quad + \quad + \quad \vdots \\ a_{m1}x_1 + a_{m2}x_2 + \ldots + a_{mn}x_n = b_m \end{pmatrix}$$ $$A = \begin{pmatrix} a_{11} & a_{12} & \ldots & a_{1n} \\ a_{21} & a_{22} & \ldots & a_{2n} \\ \vdots & \vdots & & \vdots \\ a_{m1} & a_{m2} & \ldots & a_{mn} \end{pmatrix}$$ und den Vektoren $\vec{x} = \begin{pmatrix} x_1 \\ \vdots \\ x_n \end{pmatrix}$ und $\vec{b} = \begin{pmatrix} b_1 \\ \vdots \\ b_m \end{pmatrix}$ in Matrizenschreibweise geschrieben werden: $A \cdot \vec{x} = \vec{b}$. Die Matrix, die aus A durch „Anfügen" des Vektors $\vec{b}$ entsteht, wird als **erweiterte Koeffizientenmatrix** des linearen Gleichungssystems bezeichnet. $$\left(\begin{array}{cccc|c} a_{11} & a_{12} & \ldots & a_{1n} & b_1 \\ a_{21} & a_{22} & \ldots & a_{2n} & b_2 \\ \ldots & \ldots & \ldots & \ldots & \ldots \\ a_{m1} & a_{m2} & \ldots & a_{mn} & b_m \end{array}\right)$$
Elementare Zeilenumformungen	Durch folgende elementare Zeilenumformungen der erweiterten Koeffizientenmatrix *ändert sich die Lösungsmenge nicht*: ➤ Vertauschen zweier Zeilen ➤ Multiplikation einer Zeile mit einer reellen Zahl $r \neq 0$ ➤ Addition einer Zeile zu einer anderen Zeile
Gauß'sches Eliminationsverfahren	Bei diesem algorithmischen Verfahren überführt man die **erweiterte Koeffizientenmatrix** systematisch durch *elementare Zeilenumformungen* in eine **Stufenform**, aus der sich durch Einsetzen von unten nach oben die Lösungen des LGS ermitteln lassen. Schematische Darstellung für 3 Gleichungen und 3 Unbekannte: Lineares LGS: $$\begin{pmatrix} a_{11}x_1 + a_{12}x_2 + a_{13}x_3 = b_1 \\ a_{21}x_1 + a_{22}x_2 + a_{23}x_3 = b_2 \\ a_{31}x_1 + a_{32}x_2 + a_{33}x_3 = b_3 \end{pmatrix}$$ Erweiterte Koeffizientenmatrix: $$\left(\begin{array}{ccc|c} a_{11} & a_{12} & a_{13} & b_1 \\ a_{21} & a_{22} & a_{23} & b_2 \\ a_{31} & a_{32} & a_{33} & b_3 \end{array}\right)$$ Stufenform nach Umformung durch elementare Zeilenoperationen: *genau eine Lösung* $$\left(\begin{array}{ccc|c} a_{11} & a_{12} & a_{13} & b_1 \\ 0 & a'_{22} & a'_{23} & b'_2 \\ 0 & 0 & a'_{33} & b'_3 \end{array}\right) \quad \begin{array}{l} a_{11}x_1 + a_{12}x_2 + a_{13}x_3 = b_1 \\ a'_{22}x_2 + a'_{23}x_3 = b'_2 \\ a'_{33}x_3 = b'_3 \end{array} \quad x_3 = \frac{b'_3}{a'_{33}} \quad \text{usw.}$$ *keine Lösung:* $$\left(\begin{array}{ccc|c} a_{11} & a_{12} & a_{13} & b_1 \\ 0 & a'_{22} & a'_{23} & b'_2 \\ \mathbf{0} & \mathbf{0} & \mathbf{0} & \mathbf{b'_3} \end{array}\right) \quad \begin{array}{l} a_{11}x_1 + a_{12}x_2 + a_{13}x_3 = b_1 \\ a'_{22}x_2 + a'_{23}x_3 = b'_2 \\ 0 = b'_3 \end{array} \quad \text{Widerspruch für } b'_3 \neq 0$$ *unendlich viele Lösungen:* $$\left(\begin{array}{ccc|c} a_{11} & a_{12} & a_{13} & b_1 \\ 0 & a'_{22} & a'_{23} & b'_2 \\ \mathbf{0} & \mathbf{0} & \mathbf{0} & \mathbf{0} \end{array}\right) \quad \begin{array}{l} a_{11}x_1 + a_{12}x_2 + a_{13}x_3 = b_1 \\ a'_{22}x_2 + a'_{23}x_3 = b'_2 \\ 0 = 0 \end{array}$$ Aufgrund der Nullzeile kann x_3 frei gewählt werden. Man verwendet dann Parameter, z. B. $x_3 = r \in \mathbb{R}$. Die weiteren Variablen werden in Abhängigkeit des Parameters bestimmt.
Cramer'sche Regel	Ist ein lineares Gleichungssystem $A \cdot \vec{x} = \vec{b}$ mit n **Gleichungen** und n **Unbekannten** eindeutig lösbar, so gilt für die i-te Komponente der Lösung $$x_i = \frac{\det A_i}{\det A},$$ wobei A_i diejenige Matrix ist, die entsteht, wenn bei der Matrix A die i-te Spalte durch die Spalte $(b_1; b_2; \ldots; b_n)$ ersetzt wird.

Markow-Ketten

Übergangs- bzw. Austauschprozesse	Ausgangssituation ist ein System (zum Beispiel von Objekten, Individuen, Dingen) mit einem bestehenden Zustand. Im zeitlichen Ablauf verändert das System durch Austauschprozesse den Zustand. Im Markow'schen Prozess haben die Übergänge die Bedeutung von Übergangswahrscheinlichkeiten.
Übergangsdiagramm	Tabelle: 	von \ nach	A_1	A_2	A_3	 |---|---|---|---| 	A_1	a_{11}	a_{12}	a_{13}	 	A_2	a_{21}	a_{22}	a_{23}	 	A_3	a_{31}	a_{32}	a_{33}	 Graph: (mit Zuständen A_1, A_2, A_3 und Übergängen a_{ij}) Das Element a_{23} beschreibt die Übergangswahrscheinlichkeit von A_2 zu A_3. Das Element a_{22} beschreibt die Übergangswahrscheinlichkeit von A_2 zu A_2, also den Nichtwechsel. Die Summe aller Elemente je einer Zeile (die Zeilensumme) ist 1.
Übergangsmatrix A (stochastische Matrix)	$\mathbf{A} = \begin{pmatrix} a_{11} & a_{12} & a_{13} \\ a_{21} & a_{22} & a_{23} \\ a_{31} & a_{32} & a_{33} \end{pmatrix}; a_{ij} \geq 0$ $a_{i1} + a_{i2} + a_{i3} = 1, i \in \{1, 2, 3\}$
Anfangsverteilung	$\vec{v}_0^T = (v_1 \ v_2 \ v_3)$ Die Anfangsverteilung beschreibt den Zustand zu Beginn der Beobachtung.
Zustand am Ende des 1. Beobachtungszeitraums	$\vec{v}_1^T = \vec{v}_0^T \cdot \mathbf{A}$
Zustand am Ende des n-ten Beobachtungszeitraums	$\vec{v}_n^T = \vec{v}_0^T \cdot \mathbf{A}^n$ bzw. $\vec{v}_n^T = \vec{v}_{n-1}^T \cdot \mathbf{A}$
Zustand einen Beobachtungszeitraum vor dem Beginn	$\vec{v}_{-1}^T = \vec{v}_0^T \cdot \mathbf{A}^{-1}$
Fixvektor $\vec{v}^T$	$\vec{v}^T$ ist die stationäre Verteilung. Sie hängt nicht von der Anfangsverteilung ab. Bedingung: $\vec{v}^T = \vec{v}^T \cdot \mathbf{A}$ und $\sum_{i=1}^{n} v_i = 1$
Grenzmatrix	$\lim_{n \to \infty} \mathbf{A}^n = \begin{pmatrix} v_1 & v_2 & \dots & v_n \\ v_1 & v_2 & \dots & v_n \\ \dots & \dots & \dots & \dots \\ v_1 & v_2 & \dots & v_n \end{pmatrix}$ Alle Zeilen haben identische Elemente. Jede Zeile entspricht dem Fixvektor.

Zyklische Prozesse, Populationsentwicklung

Übergangsprozesse	Ausgangssituation ist ein System (zum Beispiel von einer Tierpopulation, Entwicklungsstadien von Individuen) mit einem bestehenden Zustand. Im zeitlichen Ablauf verändert das System den Zustand durch Übergänge von einem Stadium in ein anderes, durch Geburten oder durch Mortalität. Mit zyklischen Prozessen wird die Frage geklärt, ob eine Population von Individuen langfristig zu- oder abnimmt.
Übergangsdiagramm	Tabelle: | von \ nach	A_1	A_2	A_3
---	---	---	---
A_1	0	a_{12}	0
A_2	0	0	a_{23}
A_3	a_{31}	0	0	 Graph: (Knoten A_1, A_2, A_3 mit Kanten a_{12}: $A_1 \to A_2$, a_{23}: $A_2 \to A_3$, a_{31}: $A_3 \to A_1$) Das Element a_{12} beschreibt die Überlebensrate von Zeitraum/Stufe A_1 zu A_2. Das Element a_{23} beschreibt die Überlebensrate von Zeitraum/Stufe A_2 zu A_3. Das Element a_{31} beschreibt die Vermehrungsrate von Zeitraum/Stufe A_3 zu A_1.
Übergangsmatrix $\mathbf{A}$	$\mathbf{A} = \begin{pmatrix} 0 & a_{12} & 0 \\ 0 & 0 & a_{23} \\ a_{31} & 0 & 0 \end{pmatrix}$; $a_{12}, a_{23} \in (0,1]$; $a_{31} \in \mathbb{R}^+$ Gilt $\begin{cases} a_{12} \cdot a_{23} \cdot a_{31} < 1, \text{ stirbt die Population aus,} \\ a_{12} \cdot a_{23} \cdot a_{31} = 1, \text{ entwickelt sich die Population zyklisch,} \\ a_{12} \cdot a_{23} \cdot a_{31} > 1, \text{ vermehrt sich die Population.} \end{cases}$
Anfangsverteilung	$\vec{v}_0^T = (v_1\ v_2\ v_3)$ Die Anfangsverteilung beschreibt den Zustand zu Beginn der Beobachtung.
Zustand am Ende des 1. Beobachtungszeitraums	$\vec{v}_1^T = \vec{v}_0^T \cdot \mathbf{A}$
Zustand am Ende des n-ten Beobachtungszeitraums	$\vec{v}_n^T = \vec{v}_0^T \cdot \mathbf{A}^n$ bzw. $\vec{v}_n^T = \vec{v}_{n-1}^T \cdot \mathbf{A}$
Zustand einen Beobachtungszeitraum vor dem Beginn	$\vec{v}_{-1}^T = \vec{v}_0^T \cdot \mathbf{A}^{-1}$
Zyklisches Verhalten	Ein zyklisches Verhalten der Population liegt vor, wenn $\mathbf{A}^i = \mathbf{E} = \begin{pmatrix} 1 & 0 & 0 \\ 0 & 1 & 0 \\ 0 & 0 & 1 \end{pmatrix}$, $i \in \mathbb{N}$ (hier: $i = 3$), also wenn sich nach einem Zyklus von i Zeiteinheiten wieder die Ausgangspopulation einstellt.

Informatik

Grundbegriffe

Einheiten

Bit	Das Bit ist die kleinste Einheit, um eine Information im Computer zu speichern. Der Zustand eines Bits kann 0 oder 1 sein. Dies kann verschieden dargestellt werden, z. B. als Strom (schwach/stark), Ladung (positiv/negativ) oder Licht (hell/dunkel).
Byte	Ein Byte ist die Zusammenfassung von 8 Bit zur Darstellung eines Zeichens im Computer. Aus den 8 Bitstellen ergeben sich 256 Kombinationsmöglichkeiten der Zeichendarstellung. Weitere Einheiten sind z. B.: 1 Kilobyte (KB) = 2^{10} Byte = 1 024 Byte ≈ 1 000 Byte 1 Megabyte (MB) = 2^{20} Byte = 1 048 576 Byte ≈ 1 000 000 Byte 1 Gigabyte (GB) = 2^{30} Byte = 1 073 741 824 Byte ≈ 1 000 000 000 Byte

Grundlegende Datentypen (Auswahl)

Datentyp	Schlüsselwort		Wertebereich	Operatoren (Auswahl)
	Java	**Delphi**		
Wahrheitswert/ logischer Wert	`boolean`	`Boolean`	`true` oder `false`	Operation: und oder in **Java**: & | in **Delphi**: and or
ein Zeichen	`char`	`Char`	'a' bis 'z' sowie Satz- und Sonderzeichen	+ zwei Zeichen zu einer Zeichenfolge verknüpfen
Zeichenfolge	`String`	`String`	Zeichenkombinationen	+ zwei Zeichenfolgen miteinander verknüpfen
ganze Zahl	`int`	`Integer`	−2 147 483 648 bis 2 147 483 647	+ Addition − Subtraktion * Multiplikation / ganzzahliger Teil einer Division mit Rest
Fließkommazahl	`double`	`Double`	$\pm 4{,}94 \cdot 10^{-324}$ bis $\pm 1{,}97 \cdot 10^{308}$	+ Addition − Subtraktion * Multiplikation / Division

Algorithmusbegriff

Definition	Ein Algorithmus ist die eindeutige Beschreibung eines Verfahrens zur Lösung von gleichartigen Problemen. Er gibt an, wie Eingabegrößen schrittweise in Ausgabegrößen umgewandelt werden.	
Eigenschaften eines Algorithmus Prozesseigenschaft	▶ **Allgemeingültigkeit:**	Ein Algorithmus gilt für eine Klasse gleichartiger Probleme.
	▶ **Ausführbarkeit:**	Alle Anweisungen sind verständlich formuliert und ausführbar.
	▶ **Endlichkeit:**	Die Beschreibung erfolgt in einem endlich langen Text.
	▶ **Eindeutigkeit:**	Mit jeder Anweisung ist auch die nächstfolgende festgelegt. Gleiche Eingabegrößen werden bei wiederholter Abarbeitung auf dieselben Ausgabegrößen abgebildet.
	▶ **Terminiertheit:**	Nach endlich vielen Schritten ist eine Lösung gefunden.

Zahlensysteme (↗ S. 9) und Umrechnungstafel mit ASCII-Code: ↻ GTWK4513792-091-1

Algorithmik

Kontrollstrukturen in verschiedenen Darstellungsformen

Beschreibung	Flussdiagramm / Programmablaufplan (PAP)	Struktogramm / Nassi-Shneiderman-Diagramm (NSD)	Programmierung in Java	Programmierung in Delphi
Sequenz				
Mehrere Anweisungen werden aufeinanderfolgend abgearbeitet.	*Anweisung 1* → *Anweisung 2* → *Anweisung n*	*Anweisung 1* / *Anweisung 2* / ... / *Anweisung n*	*Anweisung 1*; *Anweisung 2*; ... *Anweisung n*;	*Anweisung 1*; *Anweisung 2*; ... *Anweisung n*;
Auswahl				
einseitige Auswahl Führe Anweisungen nur aus, falls eine Bedingung erfüllt ist.	*Bedingung* ja → *Anweisungen* ; nein →	*Bedingung* — ja: *Anweisungen* / nein: —	`if (`*Bedingung*`) {` *Anweisungen* `}`	`if` *Bedingung* `then begin` *Anweisungen* `end;`
zweiseitige Auswahl Führe Anweisungen A nur aus, falls eine Bedingung erfüllt ist, andernfalls führe Anweisungen B aus.	*Bedingung* ja → *Anweisungen A* ; nein → *Anweisungen B*	*Bedingung* — ja: *Anweisungen A* / nein: *Anweisungen B*	`if (`*Bedingung*`) {` *Anweisungen A* `} else {` *Anweisungen B* `}`	`if` *Bedingung* `then begin` *Anweisungen A* `end else begin` *Anweisungen B* `end`
mehrseitige Auswahl (Fallunterscheidung) Führe bestimmte Anweisungen dann aus, wenn eine Variable einen bestimmten Wert hat.	*Variable* = *Wert 1* → *Anweisungen A* ; = *Wert 2* → *Anweisungen B* ; sonst → *Anweisungen Z*	*Variable*: *Wert 1* → *Anweisungen A* / *Wert 2* → *Anweisungen B* / ... / sonst → *Anweisungen Z*	`switch (`*Variable*`) {` `case` *Wert 1* `:` *Anweisungen A* `break;` `case` *Wert 2* `:` *Anweisungen B* `break;` `default :` *Anweisungen Z* `}`	`case` *Variable* `of` *Wert 1* `:begin` *Anweisungen A* `end;` *Wert 2* `:begin` *Anweisungen B* `end;` ... `else begin` *Anweisungen Z* `end;` `end;`

Programmierung in Python:

Kontrollstrukturen (Algorithmik)

Wiederholung

Beschreibung	Struktogramm / NSD	Flussdiagramm	Programmierung in Java	Programmierung in Delphi

vorprüfende Schleife Wiederhole Anweisungen solange, wie eine Bedingung gilt.	solange *Bedingung* / *Anweisungen*	(Bedingung → ja: Anweisungen; nein: exit)	`while (Bedingung) {`
			`  Anweisungen`
			`}`
				`while Bedingung do`
				`begin`
				`  Anweisungen`
				`end;`

nachprüfende Schleife Wiederhole Anweisungen solange, wie eine Bedingung gilt (Java) bzw. *bis* eine Abbruchbedingung erfüllt ist (Delphi). Die Anweisungen werden mindestens einmal ausgeführt.	*Anweisungen* solange *Bedingung* / *Anweisungen* bis *Abbruchbedingung*	(Anweisungen → Bedingung? ja: zurück; nein: exit)	`do {`
			`  Anweisungen`
			`} while (Bedingung);`
				`repeat`
				`  Anweisungen`
				`until Abbruchbedingung;`

Zählschleife Wiederhole Anweisungen solange, bis eine Zählvariable ausreichend oft erhöht bzw. erniedrigt wurde.	für *Zähler* = *Startwert* bis *Endwert* / *Anweisungen*	(Zähler <= Endwert? ja: Anweisungen; nein: exit)	`for (int Zähler = Startwert;`
			`     Zähler <= Endwert;`
			`     Zähler++) {`
			`  Anweisungen`
			`}`
			(abwärts mit −− statt ++ und Vergleich auf >=)
				`for Zähler := Startwert to Endwert do`
				`begin`
				`  Anweisungen`
				`end;`
				(abwärts mit downto *statt* to*)*

Vereinbarung und Aufruf eines (Teil-)Algorithmus in einer Methode, Prozedur oder Funktion

Beschreibung	Struktogramm / NSD	Programmierung in Java	Programmierung in Delphi

Vereinbarung ohne Rückgabewert	*Name des Algorithmus* / *Anweisungen in Sequenzen, Auswahlen, Wiederholungen und/oder Aufrufe weiterer Teilalgorithmen*	`void Name des Algorithmus (Parameter)`
		`{`
		`  Anweisungen ...`
		`}`
			`procedure Name des Algorithmus (Parameter);`
			`  Deklaration lokaler Variablen`
			`begin`
			`  Anweisungen ...`
			`end;`

Vereinbarung mit Rückgabewert – hier ist der Datentyp des Rückgabewertes anzugeben		`Rückgabetyp Name des Algorithmus (Parameter)`
		`{`
		`  Anweisungen ...`
		`}`
			`function Name d. A. (Param.) : Rückgabetyp;`
			`  Deklaration lokaler Variablen`
			`begin`
			`  Anweisungen ...`
			`end;`

Aufruf	*Name des Algorithmus*	`Name des Algorithmus (Parameterwerte)`	`Name des Algorithmus (Parameterwerte)`

Objektorientierung

Grundbegriffe der objektorientierten Programmierung

Objekt, Attribut, Methode	Der Zustand eines **Objekts** wird durch die Werte seiner **Attribute** (**Eigenschaften**) bestimmt. Die Attributwerte können durch zu den Objekten gehörige **Methoden** (**Operationen**) geändert werden. Um unerwünschte Manipulationen des Objektzustands zu verhindern, unterliegen die Methoden gemäß dem **Geheimnisprinzip** bestimmten Einschränkungen; Attribute und Methoden sind nicht von allen Klassen aus „sichtbar". Folgende **Sichtbarkeit** von Attributen und Methoden wird unterschieden und in UML wie folgt markiert: – *private* Zugriff nur innerhalb der eigenen Klasse # *protected* Zugriff innerhalb der eigenen Klasse und von Klassen aus, die von der eigenen Klasse erben + *public* Zugriff von allen Klassen aus	*Objektname : Klassenname* *Attributname : Wert* *ein Objekt in UML* Beispiel: kleiner Kreis : Kreis radius : 13 großer Kreis : Kreis radius : 59
Klasse	Von einer **Klasse** können mehrere gleichartige Objekte erzeugt werden. Jedes Objekt einer Klasse hat die gleichen Attribute. Die einzelnen Objekte einer Klasse unterscheiden sich in den Werten ihrer Attribute. Es lassen sich auch **Klassenattribute** definieren, die unabhängig von den Objekten der Klasse existieren (in Java mit `static`). **Klassenmethoden** können sich nur auf Klassenattribute beziehen und werden direkt über den Klassennamen aufgerufen.	*Klassenname* – *Attributname : Datentyp* + *Methodenname* (*Parameter*) : *Datentyp* *eine Klasse in UML* Beispiel: Kreis – radius : Integer + getRadius(): Integer + groesser (x : Integer)
UML	Die **U**nified **M**odeling **L**anguage (**UML**) dient der Darstellung von Klassen und der Beziehungen und Interaktionen ihrer Objekte in Diagrammen, zum Beispiel in Klassen-, Interaktions- oder Zustandsdiagrammen.	

Aufbau einer Klasse, Objekte erzeugen und Operationen aufrufen ↻ GTWK4513792-094-1

Bestandteil	Programmierung in Java	Programmierung in Delphi	
Klasse	`class` *Klassenname* `{`	`Type` *Klassenname* `= class`	Klassennamen beginnen in Delphi mit einem T.
Attribut	`private` *Datentyp Attributname*`;`	`private` *Attributname* `:` *Datentyp*`;`	

Methode		`public`
		   `procedure` *Methodenname* (*Parameter*) `:` *Datentyp*`;`
		   `function` *Methodenname* (*Parameter*) `:` *Datentyp*`;`
		 `end;`	

ohne Rückgabewert	`public void` *Methodenname* (*Parameter*)
	 `{`
	   `...`
	 `}`
		`procedure` *Klassenname*`.`*Methodenname* (*Parameter*) `;`
		 `begin`
		   `...`
		 `end;`	

mit Rückgabewert	`public` *Datentyp Methodenname* (*Parameter*)
	 `{`
	   `...`
	   `return ...;`
	 `}`
		`function` *Klassenname*`.`*Methodenname* (*Parameter*) `:` *Datentyp*`;`
		 `begin`
		   `result :=...;`
		 `end;`	

Deklaration	*Klassenname Objektname*`;`	`var` *Objektname* `:` *Klassenname*`;`	
Erzeugung	*Objektname* `= new` *Klassenname*`();`	*Objektname* `:=` *Klassenname*`.Create;`	
Aufruf	`...` `=` *Objektname*`.`*Methodenname* (*Parameter*)`;`	`...` `:=` *Objektname*`.`*Methodenname* (*Parameter*)`;`	

Beziehungen zwischen Klassen

Beziehung	Beschreibung	Darstellung in UML
Assoziation	Ein Objekt der Klasse A **kennt** ein Objekt der Klasse B und/oder ein Objekt der Klasse B kennt ein Objekt der Klasse A. Die **Kardinalität** (*n* bzw. *m*) gibt an, wie viele Objekte der gegenüberliegenden Klasse ein Objekt kennt.[1]	A —m——n— B
Aggregation	Ein Objekt der Klasse B **ist Teil** von einem Objekt der Klasse A, ein Objekt der Klasse A **hat** Objekte der Klasse B.	A ◇—m——n— B
Komposition	In einer Komposition sind Objekte der Klasse B existentiell abhängig von genau einem Objekt der Klasse A, d. h., die Existenz der Objekte von B wäre ohne das Objekt aus A sinnlos.	A ◆—1——n— B
Vererbung Spezialisierung Generalisierung	Ein Objekt der Unterklasse B ist auch Objekt der Oberklasse A. Es hat alle Attribute und Methoden der Objekte von A (Vererbung) und noch **weitere Attribute und Methoden** (Erweiterung bzw. Spezialisierung). Eine Oberklasse stellt eine Generalisierung mehrerer Unterklassen dar.	A ◁———— B
	Programmierung: in Java: `class B extends A` in Delphi: `type B = class(A)`	

[1] Für die Kardinalität können Zahlen oder Zahlenbereiche (z.B. 1..6) angegeben werden. Ein Sternchen * steht für „beliebig viele".

UML Klassendiagramm – Beispiel Bank

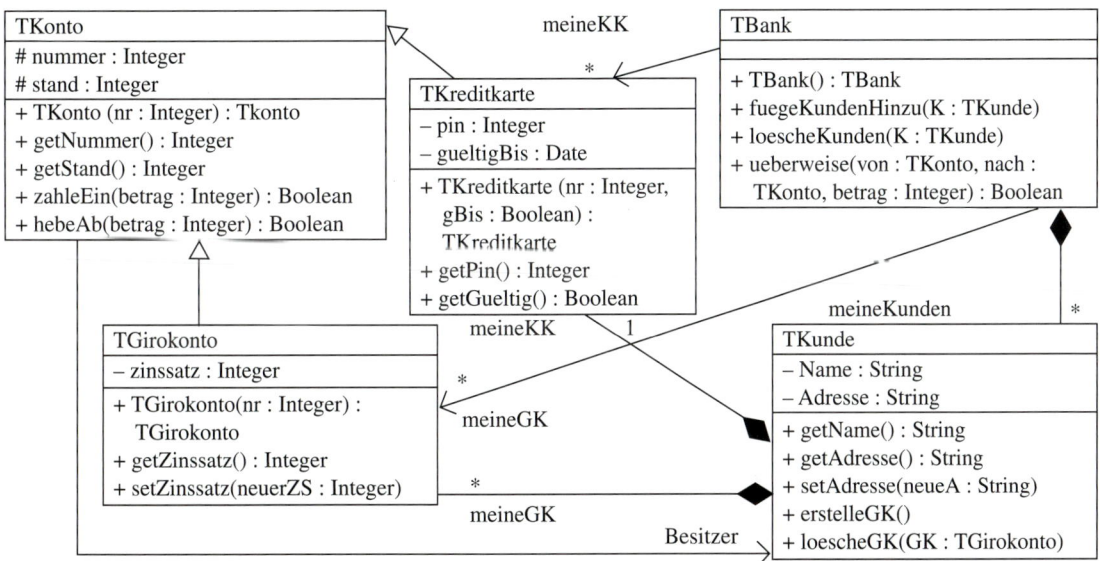

UML Interaktionsdiagramm – Beispiel Überweisung

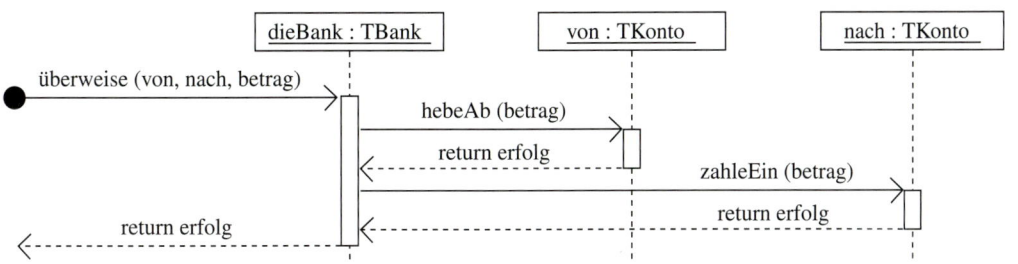

Kommunikation in Netzwerken

Begriffe

Internet, Dienste, WWW	Der Begriff **Internet** („Netz zwischen den Netzen") bezeichnet eine Struktur, die mehrere lokale Computernetzwerke miteinander verbindet. **Router** leiten Datenpakete zwischen den Netzwerken in Richtung Empfänger weiter. **Provider** bieten Kunden den Zugang zum Internet an, in der Regel über ein **Modem**, angeschlossen an einen festen oder mobilen Telefonanschluss. Beliebte **Dienste** des Internets sind vor allem **E-Mail**, **Instant Messaging (Chat)** und das **W**orld **W**ide **W**eb (WWW). Im WWW sind in der **H**yper**t**ext **M**arkup **L**anguage (HTML) verfasste und von einem **Browser**-Programm angezeigte Hypertexte über (Hyper-)**Links** mit weiteren im Internet verfügbaren Dateien verknüpft.
Client-Server-Prinzip, IP-Adresse, Domain, DNS	In der Regel nutzt ein **Client** (Dienstnehmer) von einem **Server** (Diensterbringer) angebotene Dienste. Jedem Computer im Internet ist mit der **IP-Adresse** eine einmalige, mindestens 12-stellige Identifikationsnummer zugeordnet. Das **D**omain **N**ame **S**ystem (DNS) ordnet jeder **Domain** die IP-Adresse des entsprechenden Servers zu. Beispiel: www.cornelsen.de ← 192.166.197.204
URL	Eine Datei im Internet ist über eine eindeutige Ortsangabe, genannt **U**niform **R**esource **L**ocator (URL), aufrufbar. Die URL besteht aus dem Übertragungsprotokoll, dem Rechnernamen und der Domain des Servers sowie dem Verzeichnispfad und Namen der Datei auf dem Server. Beispiel: *Protokoll* *Rechnername und Domain* *Dateipfad und -name* `http://` `www.cornelsen.de` `/home/index.php`

Übertragungsprotokolle (Auswahl): Regeln der Kommunikation

Schicht	Protokoll	Funktion
Anwendungsschicht	Hypertext Transfer Protocol (HTTP)	Dateien aus dem WWW herunterladen
	Simple Mail Transfer Protocol (SMTP) Post Office Protocol (POP) Internet Message Access Protocol (IMAP)	E-Mails versenden E-Mails empfangen E-Mails empfangen und verwalten
	File Transfer Protocol (FTP)	Dateien hochladen oder herunterladen
	Telnet Protocol	Kommandozeile auf entferntem Computer
	Domain Name System (DNS)	IP-Adresse einer Domain ermitteln
	Dynamic Host Configuration Protocol (DHCP)	Computern in einem lokalen Netzwerk IP-Adressen zuweisen
Transportschicht	Transmission Control Protocol (TCP)	Verbindung zum Empfänger aufbauen und Kommunikation überwachen
Internetschicht (Vermittlung)	Internet Protocol (IP)	IP-Pakete zum Empfänger weiterleiten
	Internet Control Message Protocol (ICMP)	Fehlermeldungen zur Kommunikation im Internet versenden und interpretieren
Netzzugangsschicht (Bitübertragung und Sicherung)	Ethernet	Daten im lokalen Netzwerk übertragen
	Digital Subscriber Line (DSL) Integrated Services Digital Network (ISDN)	Daten über eine Telefonleitung übertragen Daten über eine Telefonleitung übertragen
	General Packet Radio Service (GPRS) Universal Mobile Telecommunications System (UMTS)	Daten über Mobilfunk übertragen Daten über Mobilfunk übertragen

Varianten der Protokolle, sogenannte **sichere Übertragungsprotokolle**, ermöglichen eine **sichere Kommunikation über verschlüsselte Verbindungen**. Beispiele sind HTTP Secure (HTTPS) für HTTP, Secure Shell (SSH) für Telnet, SFTP oder Secure Copy Protocol (SCP) für FTP.

Webseitengestaltung mit HTML (Hypertext Markup Language)

Aufbau einer Webseite	`<html>`
	  `<head>`
	    `<title>` *Titel der Webseite* `</title>`
	  `</head>`
	  `<body>`
	    Inhalt der Webseite
	  `</body>`
	`</html>`
		Die Grundstruktur einer Webseite gliedert sich in die Bereiche **head** (Kopf) und **body** (Körper). Der Kopf beschreibt die Seite unter anderem für Suchmaschinen, der Körper wird im Browserfenster angezeigt.

Darstellung im Quelltext und im Browser zum Vergleich	`<html>` `<head>` `<title>` Die Entwicklung des WWW `</title>` `</head>` `<body>` `<h1 align="center">` Die 1. Webseite `</h1>` `<p>` Die `<b>`erste`</b>` Webseite der Welt wurde an der `<a href="http://www.cern.ch">` Europäischen Kernforschungs-Organisation`</a>` entwickelt. ` ` Sie wurde 1989 von `<i>`Tim Berners-Lee`</i>` vorgestellt. `</p>` `</body>` `</html>`	**Die Entwicklung des WWW** **Die 1. Webseite** Die **erste** Webseite der Welt wurde an der Europäischen Kernforschungs-Organisation entwickelt. Sie wurde 1989 von *Tim Berners-Lee* vorgestellt.

Aufbau einer Tabelle	`<table border="`*r*`">`
	  `<tr>`
	    `<td>` *Zelleninhalt* `</td>`
	    `<td>` *Zelleninhalt* `</td>`
	    ...
	  `</tr>`
	  `<tr>`
	    `<td>` *Zelleninhalt* `</td>`
	    `<td>` *Zelleninhalt* `</td>`
	    ...
	  `</tr>`
	  ...
	`</table>`
		Tabelle mit Rahmenstärke *r*
		  Beginn der 1. **Z**eile (**t**able **r**ow)
		    1. **Z**elle der 1. Zeile (**t**able **d**ata)
		    2. Zelle der 1. Zeile
		    ...
		  Ende der 1. Zeile
		  Beginn der 2. Zeile
		    1. Zelle der 2. Zeile
		    2. Zelle der 2. Zeile
		    ...
		  Ende der 2. Zeile
		  ...
		Ende der Tabelle

Einbinden einer Grafik	`<img src="`*Dateipfad und -name*`">`	Beispiel für Angabe von Pfad und Namen der einzufügenden Grafik: `bilder/haus.jpg`
Einbinden weiterer Dokumente/ Links	`<a href="`*Ziel*`">` *Text* `</a>`	Für einen Link sind anzugeben: • die URL der aufzurufenden Webseite bzw. Pfad und Name der verlinkten Datei • Text, der als Link angezeigt wird

Textgestaltung

`<b>` ... `</b>`	**fett** (**b**old)		`<p>` ... `</p>`	**Absatz** (**p**aragraph)
`<i>` ... `</i>`	*kursiv* (**i**talic)		`<h`*e*`>` ... `</h`*e*`>`	**Überschrift** (**h**eading) der Ebene *e* (1 bis 6)
` `	**Zeilenumbruch** (**br**eak)			

Ausrichtung von Objekten	`<div align="`*Ausrichtung*`">` ... `</div>` `left` (linksbündig), `right` (rechtsbündig), `center` (zentriert), `justify` (Blocksatz)
Farbgestaltung	`<div style="`background-image:url (*Dateipfad und -name einer Hintergrundgrafik*); background-color: #*Farbwert für Hintergrund*; color:#*Farbwert für Schrift*; font-family:'*Schriftart*'; font-size: *Schriftgröße* pt;`">`...`</div>`

Sonderzeichen

ä	ö	ü	Ä	Ö	Ü	ß	é	zusätzliches Leerzeichen
&auml;	&ouml;	&uuml;	&Auml;	&Ouml;	&Uuml;	&szlig;	&eacute;	

Datenbanken

Entity-Relationship-Modell (ERM)

Konzept	Beschreibung	Symbol
Entität (*entity*)	Eine Entität beschreibt ein **Objekt**. Entitäten mit den gleichen Eigenschaften werden zu einem **Entitätstyp** (Entitätenmenge, Klasse) zusammengefasst.	Entitätstyp
Relation (*relationship*)	Eine Relation beschreibt die Beziehung zwischen Entitäten. Auch Relationen können Eigenschaften haben. Die **Kardinalität** n (bzw. m) gibt an, mit wie vielen Entitäten des Entitätstyps A (bzw. B) eine Entität des Entitätstyps B (bzw. A) in Beziehung steht. (Das ist gerade umgekehrt wie in UML-Klassendiagrammen!)	A $\xrightarrow{n}$ Relation $\xrightarrow{m}$ B
Attribut (*attribute*)	Ein Attribut beschreibt eine *Eigenschaft* eines Entitätstyps oder einer Beziehung.	Attribut
Schlüssel (*key*)	Eigenschaften, die eine Entität als **Schlüssel** eindeutig identifizieren, werden **unterstrichen**. Gibt es keine solche Eigenschaft, ist es sinnvoll, eine weitere Eigenschaft als Identifikationsnummer hinzuzufügen, für die jeder Wert nur einmal vergeben wird.	<u>Attribut</u>
Beispiel	Person —N— wohnhaft in —1— Ort; Person: Geschlecht, Alter, persID, Name, Vorname; wohnhaft in: seit; Ort: Name, ortID, Land, Einwohner	

Anlage und Manipulation eines Datensatzes mit SQL (Structured Query Language)

Tabelle anlegen	`CREATE TABLE` *Tabelle* (*Attribut Datentyp*, *Attribut Datentyp*, …)
Einfügen	`INSERT INTO` *Tabelle* (*Attribut(e)*) `VALUES` (*Wert(e)*) (Mehrere Attribute oder Werte werden durch Kommas voneinander getrennt.)
Ändern	`UPDATE` *Tabelle* `SET` *Attribut* = *Wert* `WHERE` *Bedingung(en)*
Löschen	`DELETE FROM` *Tabelle* `WHERE` *Bedingung(en)*

Auswahl von Daten mit SQL ↻ GTWK4513792-098-1

Projektion	Auswahl der *Tabellen* und auszugebenden *Attribute* (→ Spalten)	`SELECT` *Attribut(e)* `FROM` *Tabelle(n)*
Selektion	Einschränken auf gesuchte *Datensätze* (→ Zeilen)	`SELECT` *Attribut(e)* `FROM` *Tabelle(n)* `WHERE` *Bedingung(en)*
	Verknüpfen mehrerer Tabellen in einem **Join**	`SELECT` *Attribut(e)* `FROM` *Tabelle(n)* `WHERE` *Tabelle1*.*Attribut* = *Tabelle2*.*Attribut*
Funktionen über mehrere Datensätze	Anzahl (COUNT), Summe (SUM), Maximum (MAX), Minimum (MIN), Durchschnitt (AVG)	`SELECT` *Funktion* (*Attribut*) `FROM` *Tabelle(n)* Beispiel: `SELECT SUM`(einwohner)`FROM` orte
Aufbereiten von Ergebnissen	Ergebnisse nach einem Attribut – sortieren – gruppieren – einschränken	`SELECT` *Attribut(e)* `FROM` *Tabelle(n)* … … `ORDER BY` *Attribut* `ASC` (↑) oder `DESC` (↓) … `GROUP BY` *Attribut(e)* … `HAVING` *Bedingung(en) mit Funktionsaufruf*
Verknüpfen	Mehrere Bedingungen werden durch `AND` oder `OR` miteinander verknüpft.	

Wirtschaft

Betriebswirtschaftslehre mit Rechnungswesen

Kosten

x: Ausbringungsmenge in Mengeneinheiten (ME)
y: Kosten in Geldeinheiten (GE) bzw. Geldeinheiten pro Mengeneinheit (GE/ME)

Funktion der Gesamtkosten K	$K(x) = K_v(x) + K_f(x)$ in GE	*ertragsgesetzlicher Verlauf (s-förmiger Verlauf)*
Funktion der variablen Gesamtkosten K_v	$K_v(x)$ in GE	
Funktion der fixen Gesamtkosten K_f	$K_f(x) = K(0)$ in GE	

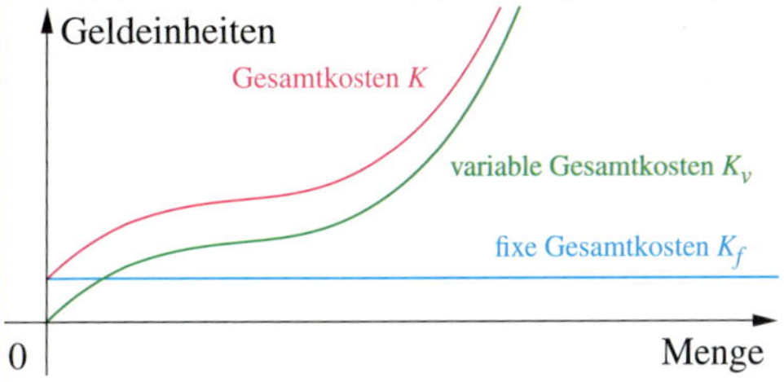

linearer Verlauf	*progressiver Verlauf*
degressiver Verlauf	*abschnittsweise definierter Verlauf*

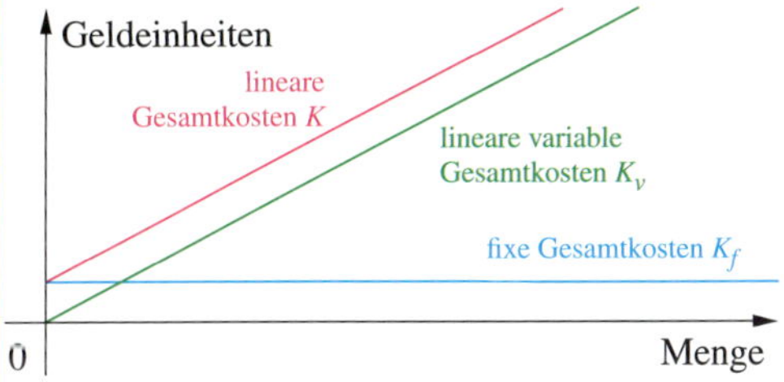

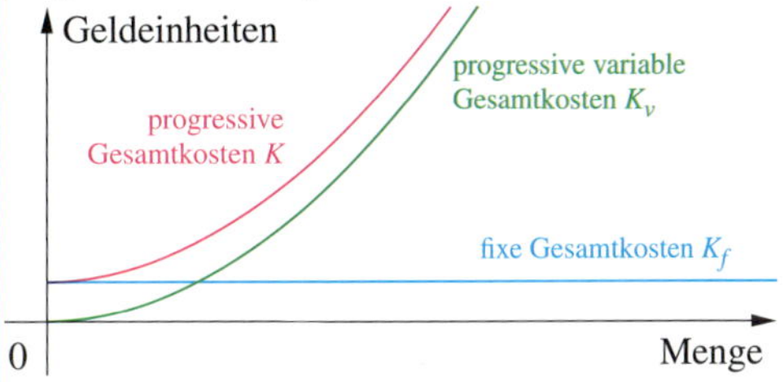

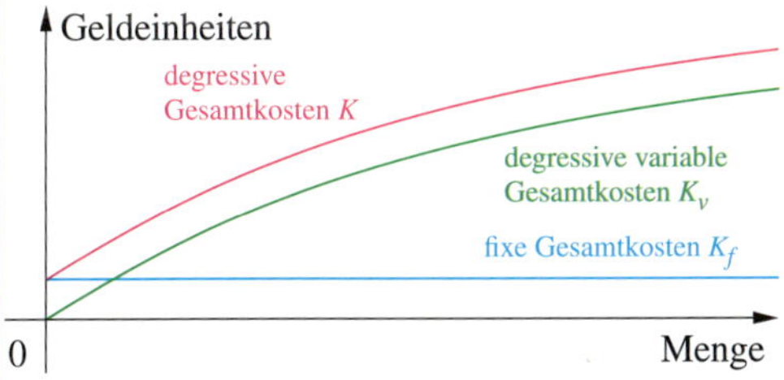

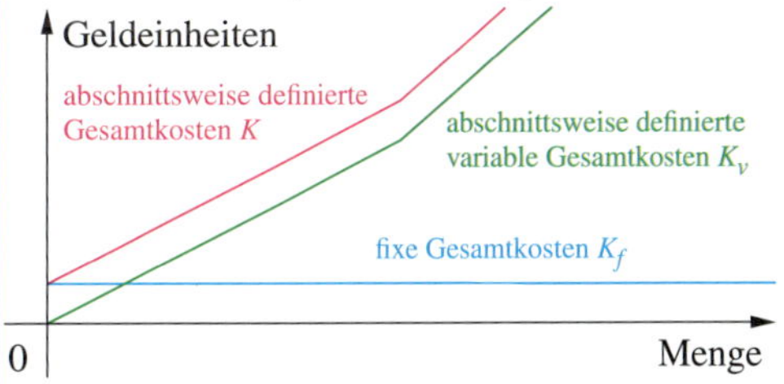

Funktion der gesamten Stückkosten k (Durchschnittskosten)	$k(x) = \dfrac{K(x)}{x} = k_v(x) + k_f(x)$ in GE/ME	
Funktion der variablen Stückkosten k_v	$k_v(x) = \dfrac{K_v(x)}{x}$ in GE/ME	
Funktion der fixen Stückkosten k_f	$k_f(x) = \dfrac{K_f(x)}{x}$ in GE/ME	

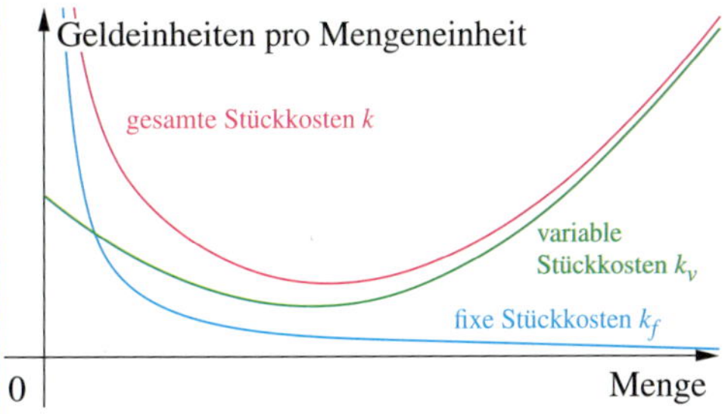

Grenzkostenfunktion K' 1. Ableitung der Gesamtkostenfunktion K (Änderung der Gesamtkosten pro zusätzlicher Einheit)	$K'(x)$ in GE/ME	
Grenzstückkostenfunktion k' 1. Ableitung der Stückkostenfunktion k (Änderung der Stückkosten pro zusätzlicher Einheit)	$k'(x)$ in GE/ME²	
Betriebsoptimum (BO) (Menge, bei der die gesamten Stückkosten minimal sind)	x_{BO} in ME	*Tiefstelle* des Graphen der Stückkostenfunktion k: $k'(x_{BO}) = 0$ und $k''(x_{BO}) > 0$ alternativ: *Schnittstelle* des Graphen der Stückkostenfunktion k mit dem Graphen der Grenzkostenfunktion K': $k(x_{BO}) = K'(x_{BO})$
Betriebsminimum (BM) (Menge, bei der die variablen Stückkosten minimal sind)	x_{BM} in ME	*Tiefstelle* des Graphen der variablen Stückkostenfunktion k_v: $k_v'(x_{BM}) = 0$ und $k_v''(x_{BM}) > 0$ alternativ: *Schnittstelle* des Graphen der variablen Stückkostenfunktion k_v mit dem Graphen der Grenzkostenfunktion K': $k_v(x_{BM}) = K'(x_{BM})$
Langfristige Preisuntergrenze (LPU) (entspricht den minimalen Stückkosten)	$LPU = k(x_{BO})$ in GE/ME	Funktionswert der Stückkostenfunktion k im Betriebsoptimum
Kurzfristige Preisuntergrenze (KPU) (entspricht den minimalen variablen Stückkosten)	$KPU = k_v(x_{BM})$ in GE/ME	Funktionswert der variablen Stückkostenfunktion k_v im Betriebsminimum

Erlöse und Gewinne

Preis-Absatz-Funktion p	$p(x)$ in GE/ME	Kostenfunktion K	$K(x)$ in GE
		Grenzkostenfunktion K'	$K'(x)$ in GE/ME
Erlösfunktion E	$E(x) = x \cdot p(x)$ in GE	Gewinnfunktion G	$G(x) = E(x) - K(x)$ in GE
Grenzerlösfunktion E'	$E'(x)$ in GE/ME	Grenzgewinnfunktion G'	$G'(x)$ in GE/ME

Kosten | Erlöse und Gewinne

		Lineare Gesamtkosten	s-förmige Gesamtkosten
Polypol $p(x) = p_{konstant}$ $E(x) = x \cdot p_{konstant}$		*Diagramm: Geldeinheiten über Menge; Erlös E, Kosten K, Gewinn G, Break-even-Punkt Gewinnschwelle bei x_S*	*Diagramm: Geldeinheiten über Menge; Erlös E, Kosten K, Gewinn G, $G(x_{max})$ bei x_{max}, x_S und x_G*
Gewinn-schwelle/ Break-even-Punkt	x_S in ME	1. positive Nullstelle des Graphen der Gewinnfunktion G: $G(x_S) = 0$ *alternativ:* 1. positive Schnittstelle des Graphen der Erlösfunktion E mit dem Graphen der Kostenfunktion K: $E(x_S) = K(x_S)$	
Gewinn-grenze	x_G in ME	–	2. positive Nullstelle des Graphen der Gewinnfunktion G: $G(x_G) = 0$ *alternativ:* 2. positive Schnittstelle des Graphen der Erlösfunktion E mit dem Graphen der Kostenfunktion K: $E(x_G) = K(x_G)$
Gewinn-maximale Menge	x_{max} in ME	entspricht der Kapazitätsgrenze: $x_{max} = x_{Kap}$	x-Wert des Hochpunkts des Graphen der Gewinnfunktion G: $G'(x_{max}) = 0$ und $G''(x_{max}) < 0$
Gewinn-maximum	$G(x_{max})$ in GE	Funktionswert der Gewinnfunktion an der Kapazitätsgrenze	Funktionswert der Gewinnfunktion im Hochpunkt des Graphen
Monopol s-förmige Gesamtkosten $p(x)$ streng monton fallend $E(x) = x \cdot p(x)$		*Diagramm: Geldeinheiten über Menge; Kosten K, Erlös E, Gewinn G, Grenzkosten K', Preis-Absatz-Funktion p, Grenzerlös E', Cournot'scher Punkt, $G(x_{max})$, $p(x_{max})$, x_S, x_{max}, x_G*	
Gewinn-schwelle/ Break-even-Punkt	x_S in ME	1. positive Nullstelle des Graphen der Gewinnfunktion G: $G(x_S) = 0$ *alternativ:* 1. positive Schnittstelle des Graphen der Erlösfunktion E mit dem Graphen der Kostenfunktion K: $E(x_S) = K(x_S)$	
Gewinn-grenze	x_G in ME	2. positive Nullstelle des Graphen der Gewinnfunktion G: $G(x_G) = 0$ *alternativ:* 2. positive Schnittstelle des Graphen der Erlösfunktion E mit dem Graphen der Kostenfunktion K: $E(x_G) = K(x_G)$	
Gewinn-maximale Menge	x_{max} in ME	x-Wert des Hochpunkts des Graphen der Gewinnfunktion G: $G'(x_{max}) = 0$ und $G''(x_{max}) < 0$ *alternativ:* Schnittstelle des Graphen der Grenzerlösfunktion E' mit dem Graphen der Grenzkostenfunktion K': $E'(x_{max}) = K'(x_{max})$	
Gewinn-maximum	$G(x_{max})$ in GE	Funktionswert der Gewinnfunktion im Hochpunkt des Graphen	
Gewinn-maximaler Preis	$p(x_{max})$ in GE/ME	Funktionswert der Preis-Absatz-Funktion bei der gewinnmaximalen Menge	
Cournot'scher Punkt	$C(x_{max}|p(x_{max}))$	Punkt auf dem Graphen der Preis-Absatz-Funktion, mit der gewinnmaximalen Menge und dem gewinnmaximalen Preis	

Beschaffungsprozesse

ABC – Analyse (Ein-Faktor-Methode)				
Erfassung:				
Warenart, Warenbezeichnung (Warennummer)		N1	N2	N3
Bedarf je Ware in Stück	m			
Anteil am Gesamtbedarf in %	$\dfrac{m \cdot 100}{\text{Gesamtverbrauch}}$			
Einstandspreis je Stück	p			
Gesamter Warenwert je Ware in €	$m \cdot p = WW$			
Anteil am gesamten Bedarfswert in %	$\dfrac{WW \cdot 100}{\text{Gesamtwert}}$			
Rang nach Bedarfswert				
Beispielhaft wird hier der **Preis als Faktor** verwendet. Andere Faktoren, wie z. B. die Lieferfristen, sind denkbar.				
Auswertung:				
Rang nach Bedarfswert		1	2	3
Warenart, Warenbezeichnung (Warennummer) **geordnet nach Rang**				
Bedarf je Ware in Stück	m			
Anteil am Gesamtbedarf in %	$\dfrac{m \cdot 100}{\text{Gesamtverbrauch}}$			
Anteil am Gesamtbedarf in % (kumuliert)				
Einstandspreis je Stück	p			
Gesamter Warenwert je Ware in €	$m \cdot p = WW$			
Anteil am gesamten Bedarfswert in %	$\dfrac{WW \cdot 100}{\text{Gesamtwert}}$			
Anteil am gesamten Bedarfswert in % (kumuliert)				
ABC-Klasse				

ABC-Einteilung:

Kategorie	Anteil am gesamten Bedarfswert	Anteil am Gesamtbedarf
A-Güter	70 % bis 80 %	gering
B-Güter	15 % bis 20 %	30 % bis 50 %
C-Güter	5 % bis 10 %	40 % bis 50 %

Hinweis: Die angegebenen Bereiche sind nur Anhaltspunkte. Die genauen Prozentangaben werden betriebsintern festgelegt.

Optimale Bestellmenge

Andler'sche Formel	$\sqrt{\dfrac{200 \cdot \text{Materialbedarf} \cdot \text{Kosten je Bestellung}}{\text{Einstandspreis} \cdot \text{Lagerkostensatz in \%}}}$ Der Lagerkostensatz errechnet sich mithilfe folgender Formel: $\text{Lagerkostensatz in \%} = \dfrac{\text{gesamte Lagerkosten} \cdot 100}{\text{durchschnittlich im Lager gebundenes Kapital}}$

Tabellarische Lösung

Bestellmenge	m				
Anzahl der Bestellungen	a				
Bestellkosten je Bestellung in €	k				
gesamte Bestellkosten in €	$a \cdot k$				
durchschnittlicher Lagerbestand in Stück	$\dfrac{m}{2}$				
Lagerhaltungskosten in €	$\dfrac{m \cdot \text{Lagerkostensatz}}{2}$				
Gesamtkosten					

Grafische Lösung

Die optimale Bestellmenge entspricht der Tiefstelle der Gesamtkostenfunktion. Diese ist gleich der Schnittstelle der Bestellkostenfunktion und der Lagerhaltungskostenfunktion.

Modellannahmen:
- linearer Verlauf der gesamten Lagerhaltungskosten
- degressiv fallender Verlauf der gesamten Bestellkosten
- Bestellung und Lieferung sind jederzeit möglich
- gleichmäßiger (kontinuierlicher) Lagerabbau
- Materialbedarf steht im Planungszeitraum fest und ist bekannt
- kein Mindestbestand
- Preise bleiben im Planungszeitraum konstant

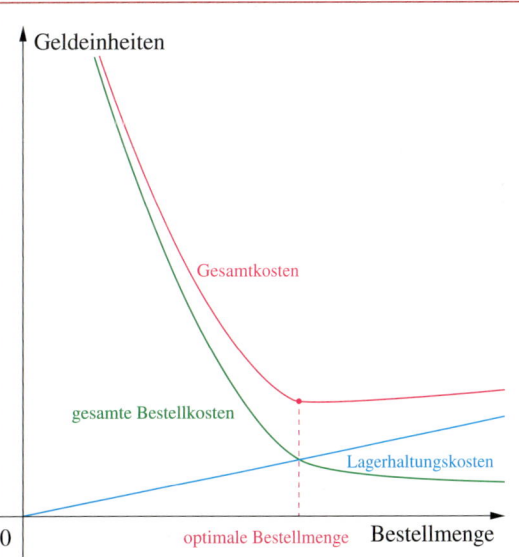

Meldebestand (Bestand, bei dem bestellt werden muss)

ohne Mindestbestand („Eiserner Bestand", Sicherungsbestand)	Tagesverbrauch · Lieferzeit in Tagen
mit Mindestbestand	Tagesverbrauch · Lieferzeit in Tagen + Eiserner Bestand

Lagerkennziffern	
durchschnittlicher Lagerbestand	1. Alternative: $\dfrac{\text{Jahresanfangsbestand + Jahresendbestand}}{2}$ 2. Alternative: $\dfrac{\text{Lageranfangsbestand + 12 Monatsbestände}}{13}$
Lagerumschlagshäufigkeit	$\dfrac{\text{Lagerabgänge (bzw. Verbrauch) je Periode}}{\text{durchschnittlicher Lagerbestand}}$
Lagerzinssatz	$\dfrac{\text{durchschnittliche Lagerdauer} \cdot \text{Jahreszinssatz}}{360}$
durchschnittliche Lagerdauer	$\dfrac{360}{\text{Lagerumschlagshäufigkeit}}$
Lagerzinsfuß	$\dfrac{\text{Jahreszinsfuß} \cdot \text{durchschnittliche Lagerdauer}}{360}$
Lagercontrolling	
Beanstandungsquote in %	$\dfrac{\text{erhaltene Gutschriften des Lieferers in € } \cdot 100}{\text{Gesamtumsatz des Lieferers in €}}$
Beschaffungskosten je Lieferung	$\dfrac{\text{gesamte Beschaffungskosten in €}}{\text{Anzahl Beschaffungsvorgänge}}$
Fehllieferquote in %	$\dfrac{\text{Anzahl fehlerhafter Lieferungen} \cdot 100}{\text{Gesamtanzahl der Lieferungen}}$
Ermittlung des Einstandspreises/Bezugspreises	
	Listeneinkaufspreis (netto) – Liefererrabatt = Zieleinkaufspreis – Liefererskonto = Bareinkaufspreis + Bezugskosten (Transportkosten, Verpackungskosten, Zustellgebühren o. Ä.) **= Einstandspreis/Bezugspreis(netto)**

Absatzprozesse

Marktanalyse/Marktforschung	
absoluter Marktanteil in %	$\dfrac{\text{eigenes Absatzvolumen} \cdot 100}{\text{Volumen Gesamtmarkt}}$ Absatz- und Marktvolumen können dabei sowohl wert- als auch mengenmäßig bestimmt werden.
relativer Marktanteil in %	$\dfrac{\text{eigener Marktanteil} \cdot 100}{\text{Marktanteil des größten Konkurrenten}}$
Marktsättigung in %	$\dfrac{\text{Marktvolumen} \cdot 100}{\text{Marktpotenzial}}$

Werbung	
Werbeintensität in %	$\dfrac{\text{Werbeaufwand} \cdot 100}{\text{Umsatzerlöse}}$
Tausenderkontaktpreis in %	$\dfrac{\text{Kosten für Werbeträger} \cdot 100}{\text{Anzahl erreichter Personen}}$

Produkt- und Sortimentspolitik

Produktlebenszyklus

Der Produktlebenszyklus stellt **idealtypisch** dar, wie sich der Umsatz und Gewinn eines Produktes im Laufe der Zeit entwickelt.

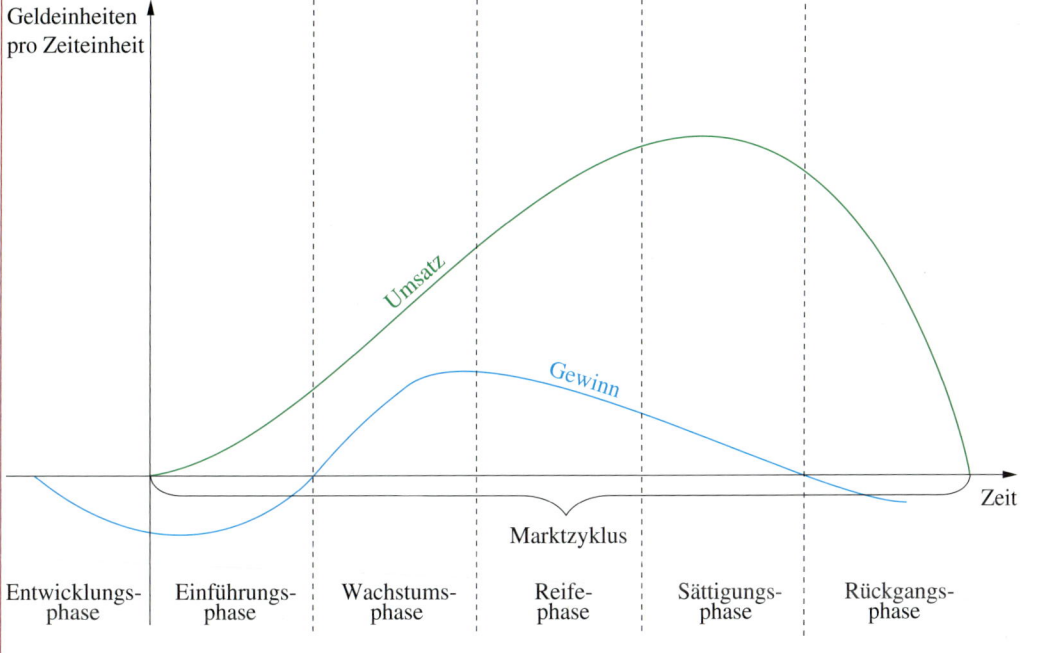

Entwicklungsphase:	Mit zunehmendem Entwicklungsstand steigen die Kosten. Umsatz wird noch nicht erzielt.
Einführungsphase:	Das Produkt ist noch relativ unbekannt und die Kunden verhalten sich abwartend. Die Umsätze steigen nur langsam. Aufgrund der geringen Absatzmengen und hohen Werbekosten wird noch kein Gewinn erzielt. Die Phase ist beendet, sobald Gewinn erzielt wird.
Wachstumsphase:	Der Bekanntheitsgrad nimmt zu, die abgesetzten Mengen steigen. Der Gewinn steigt. Gegen Ende der Phase wird der höchste Gewinn erzielt. Erste Konkurrenten treten auf.
Reifephase:	Die Konkurrenz nimmt zu und das Kundeninteresse ab. Der Umsatz steigt nur noch langsam. Der Gewinn geht zurück.
Sättigungsphase:	Der Markt ist gesättigt. Die Marktanteile werden hart umkämpft. Das Umsatzmaximum wird erreicht. Die Gewinne sind rückläufig.
Rückgangsphase:	Der Umsatz geht unaufhaltsam zurück. Der Gewinn ist weiterhin rückläufig und geht in die Verlustzone über. Das Produkt wird schließlich vom Markt genommen.

Absatz-, Preis- und Umsatzzusammenhang im Produktlebenszyklus

Absatzfunktion a	$a(t)$ in ME/ZE
Preisfunktion p	$p(t)$ in GE/ME (der Preis verändert sich in Abhängigkeit von der Zeit seit Markteinführung)
Umsatzfunktion u	$u(t) = a(t) \cdot p(t)$ in GE/ZE

t: Zeit in Zeiteinheiten (ZE)
(ME: Mengeneinheiten; GE: Geldeinheiten)

Gesamtabsatz, Gesamtumsatz, Gesamtgewinn im Produktlebenszyklus
↗ Integralrechnung (S. 67)

Gesamtabsatz A in einem Zeitraum $[t_s; t_e]$	$A = \int_{t_s}^{t_e} a(t)\,dt$ in ME ($t_s < t_e$) $a(t)$ stellt die jeweilige Absatzgeschwindigkeit dar.
Gesamtumsatz U in einem Zeitraum $[t_s; t_e]$	$U = \int_{t_s}^{t_e} u(t)\,dt$ in GE ($t_s < t_e$) $u(t)$ stellt die jeweilige Umsatzgeschwindigkeit dar.
Gesamtgewinn G in einem Zeitraum $[t_s; t_e]$	$G = \int_{t_s}^{t_e} g(t)\,dt$ in GE ($t_s < t_e$) $g(t)$ stellt die jeweilige Gewinngeschwindigkeit dar. Flächen unterhalb der t-Achse stellen einen Verlust (neg. Gewinn) dar.

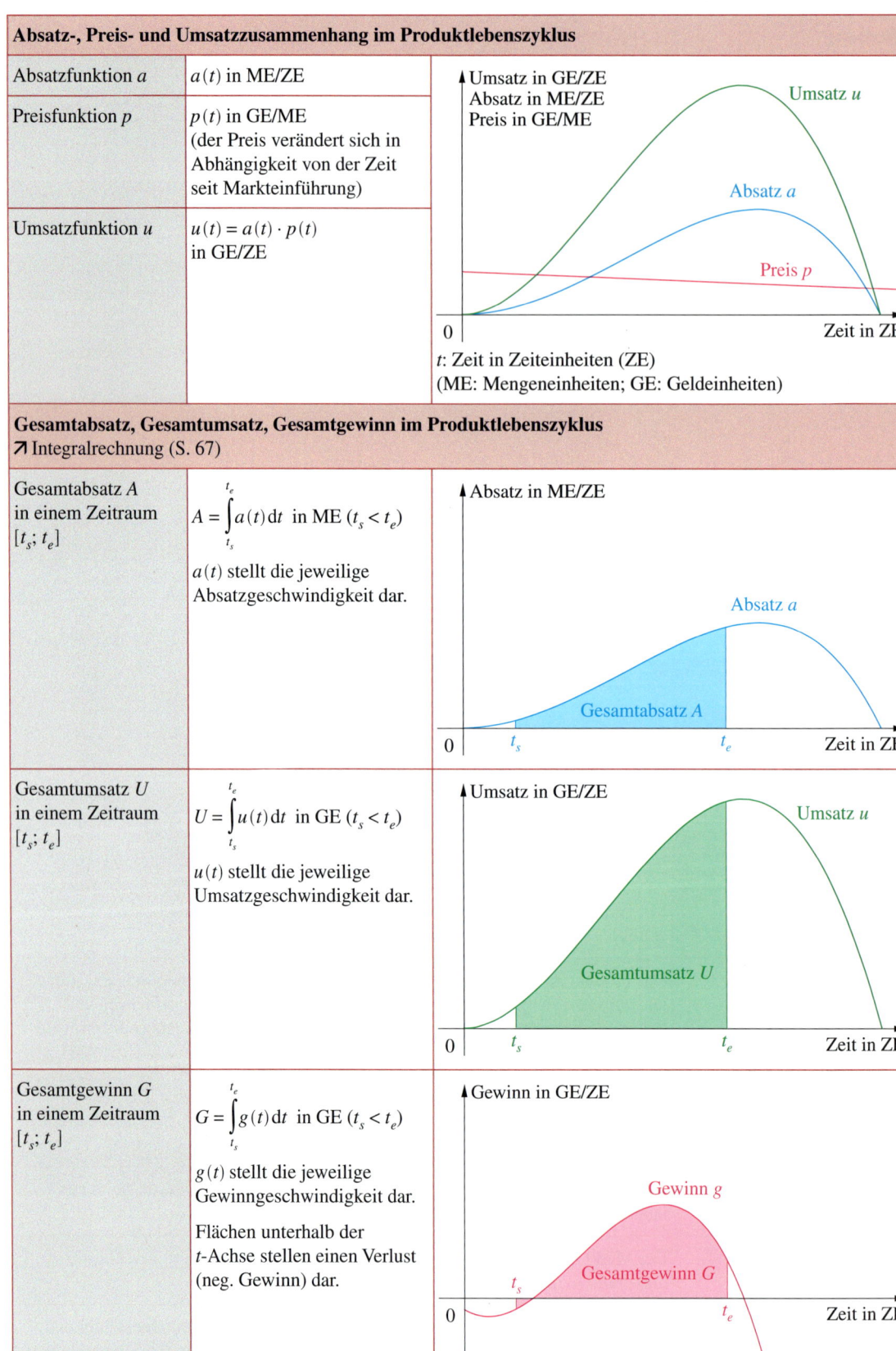

Absatzprozesse

Portfolio-Analyse (Vier-Felder-Matrix)

Die Grafik zeigt die Beziehung zwischen dem relativen Marktanteil (gemessen am Marktanteil des größten Konkurrenten) eines Produktes bzw. eines strategischen Geschäftsfeldes und dem in diesem Zusammenhang zukünftig zu erwartenden Marktwachstum. Sie bietet somit die Möglichkeit, Chancen und Risiken eines Produktes abzuschätzen.	Marktwachstum hoch/niedrig vs. (relativer) Marktanteil niedrig/hoch: **I Questionmarks (Fragezeichen)** – Nachwuchsprodukte mit hohem Wachstumspotenzial, aber bisher geringem Marktanteil **II Stars (Sterne)** – Spitzenprodukte mit hohem Wachstumspotenzial und aktuell hohem Marktanteil **IV Poor Dogs (Arme Hunde)** – Auslauf- und Ergänzungsprodukte mit niedrigem Wachstumspotenzial und geringem Marktanteil **III Cash Cows (Melkkühe)** – Basisprodukte mit niedrigem Wachstumspotenzial, aber aktuell hohem Marktanteil
Zusammenhang zwischen Produktlebenszyklus und Portfolio-Analyse	**I Questionmarks (Fragezeichen)** – Einführung **II Stars (Sterne)** – Wachstum **IV Poor Dogs (Arme Hunde)** – Rückgang **III Cash Cows (Melkkühe)** – Reife/Sättigung Produktlebenszyklusphasen

Absatzcontrolling

Berührungserfolg in % (Anteil der Personen der Zielgruppe, die auf die Werbung aufmerksam geworden sind)	$\dfrac{\text{Anzahl der Werbeberührten} \cdot 100}{\text{Anzahl der Umworbenen}}$
Beeindruckungs-/Erinnerungserfolg in % (Anteil der Umworbenen, bei denen sich durch die Werbung die Einstellung zum umworbenen Produkt verändert hat)	$\dfrac{\text{Anzahl der durch die Werbung Angesprochenen} \cdot 100}{\text{Anzahl der Umworbenen}}$
Erfüllungs-/Verkaufserfolg in % (Anteil der Umworbenen, die aufgrund der Werbung das Produkt tatsächlich kaufen)	$\dfrac{\text{Anzahl der tatsächlichen Käufer} \cdot 100}{\text{Anzahl der Umworbenen}}$
Preisnachlassquote in %	$\dfrac{\text{gesamte Preisnachlässe} \cdot 100}{\text{Umsatzerlöse}}$
Preisnachlassstruktur in %	$\dfrac{\text{Preisnachlass für ein Produkt} \cdot 100}{\text{gesamte Preisnachlässe}}$
Werberendite in %	$\dfrac{\text{Umsatzzuwachs} \cdot 100}{\text{Werbekosten}}$

Produktion und Produktionsmöglichkeiten

Produktionsfunktion P Ertragsfunktion (mehrdimensional)	$P(x_1; x_2; \ldots; x_n) = (y_1; y_2; \ldots; y_m)$ $x_1, x_2, \ldots, x_n$ Einsatzmengen der Produktionsfaktoren (= Inputs) $y_1, y_2, \ldots, y_m$ Produktionsmengen (= Outputs)

Für die folgende Veranschaulichung wird eine Produktionsfunktion mit zwei Produktionsfaktoren x und y (Inputs) und einem Erzeugnis (Output) zu Grunde gelegt.

Schneidet man den Graphen der Produktionsfunktion parallel zur xy-Ebene, erhält man eine Linie gleichen Outputs z.

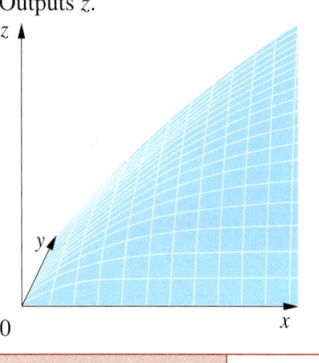
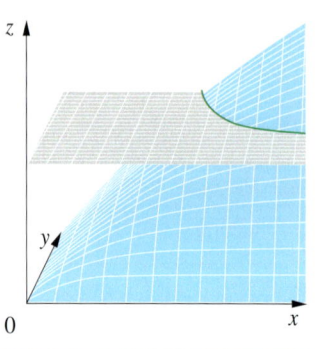
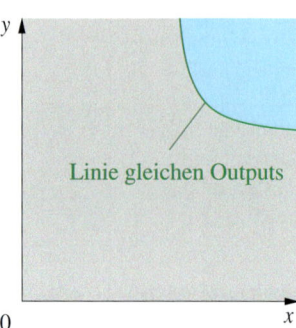

Isoquantenfunktion I_P (Isoquante = Graph der Isoquantenfunktion)	Der Graph der Isoquantenfunktion ist die *Linie gleichen Outputs/Ertrags* und stellt alle zu der gleichen Produktionsmenge P zugehörigen Mengenkombinationen der Produktionsfaktoren x und y dar. Produktion $P(x; y)$ konstant $I_P(x) = y \qquad y = \dfrac{a}{x+b} + c$ mit $a > 0$, $b < 0$ und $c > 0$	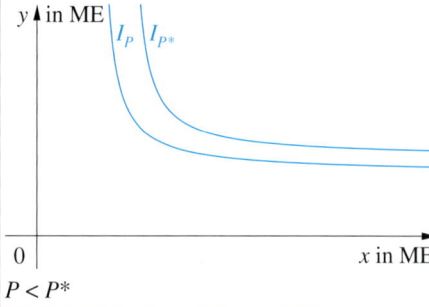 $P < P^*$
Isokostenfunktion I_K (Isokostengerade)	Der Graph der Isokostenfunktion ist die *Linie gleicher Kosten* und stellt alle zu den gleichen Kosten K zugehörigen Mengenkombinationen der Produktionsfaktoren x und y dar. p_x: Preis pro ME Produktionsfaktor x p_y: Preis pro ME Produktionsfaktor y Kosten $K(x; y) = p_x \cdot x + p_y \cdot y$ konstant $I_K(x) = y \qquad y = -\dfrac{p_x}{p_y} x + \dfrac{K}{p_y}$	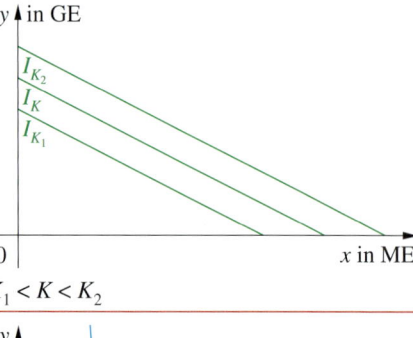 $K_1 < K < K_2$
Minimalkosten- kombination MKK	Die MKK gibt die optimale Mengenkombination der Produktionsfaktoren x und y an. Diese Kombination liefert bei einer bestimmten Produktion die minimalen Kosten. Die MKK ist der *Tangentialpunkt* (Berührpunkt) des Graphen der Isoquantenfunktion und des Graphen der minimalen Isokostenfunktion. Bedingung: $I_P{}'(x) = I_K{}'(x)$	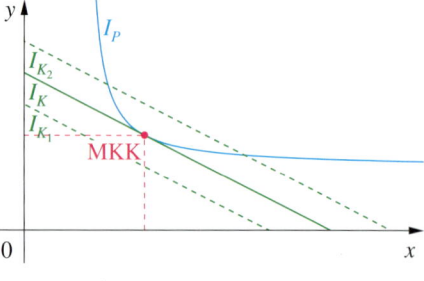 *Hinweis:* Die y-Achse gibt bzgl. der Isoquantenfunktion eine Menge und bzgl. der Isokostenfunktion Geldeinheiten an.

Produktion und Produktionsmöglichkeiten | Kosten- und Leistungsrechnung

optimale Losgröße in ME

Tiefstelle der Summe K aus Rüst- und Lagerkosten: $K(x) = K_{\text{Lager}}(x) + K_{\text{Rüst}}(x)$

Formel: $\sqrt{\dfrac{200 \cdot \text{auflagenfixe Kosten (Rüstkosten)} \cdot \text{Jahresproduktionsmenge}}{\text{Herstellkosten je Stück} \cdot \text{Lagerkostensatz in \%}}}$

Der Lagerkostensatz errechnet sich mithilfe folgender Formel:

Lagerkostensatz in % = $\dfrac{\text{gesamte Lagerkosten} \cdot 100}{\text{durchschnittlich im Lager gebundenes Kapital}}$

Kosten- und Leistungsrechnung

Betriebsabrechnungsbogen (einstufiger BAB)

Kostenarten \ Kostenstellen	KS1	KS2	...	KSn
KA1				
KA2				
...				
KAm				

Kalkulation im Handel und in der Industrie

Kalkulation im Handel:

   Listeneinkaufspreis
– Liefererrabatt
= **Zieleinkaufspreis**
– Lieferskonto
= **Bareinkaufspreis**
+ Bezugskosten
= **Einstandspreis/Bezugspreis**
+ Handlungskosten
= **Selbstkostenpreis**
+ Gewinnzuschlag
= **Barverkaufspreis**
+ Kundenskonto (im 100)
= **Zielverkaufspreis**
+ Kundenrabatt (im 100)
= **Listenverkaufspreis**

Kalkulation in der Industrie:

Materialeinzelkosten   Fertigungslöhne
+ Materialgemeinkosten   + Fertigungsgemeinkosten
= **Materialkosten**   = **Fertigungskosten**

Materialkosten
+ Fertigungskosten
= **Herstellkosten**
+ Verwaltungsgemeinkosten
+ Vertriebsgemeinkosten
= **Selbstkosten**
+ Gewinnzuschlag
= **Barverkaufspreis**
+ Skonto (im 100)
= **Zielverkaufspreis**
+ Rabatt (im 100)
= **Listenverkaufspreis**

Kalkulationszuschlagssatz in %

$\dfrac{\text{Listenverkaufspreis} - \text{Einstandspreis}}{\text{Einstandspreis}} \cdot 100$

$\Rightarrow$ Listenverkaufspreis = Einstandspreis $\cdot \dfrac{100 + \text{Kalkulationszuschlagssatz (in \%)}}{100}$

Kalkulationsfaktor

$\dfrac{100 + \text{Kalkulationszuschlagssatz (in \%)}}{100}$

$\Rightarrow$ Listenverkaufspreis = Einstandspreis $\cdot$ Kalkulationsfaktor

Handelsspanne in %

$\dfrac{\text{Listenverkaufspreis} - \text{Einstandspreis}}{\text{Listenverkaufspreis}} \cdot 100$

$\Rightarrow$ Einstandspreis = Listenverkaufspreis $\cdot \dfrac{100 - \text{Handelsspanne (in \%)}}{100}$

Es gilt der Zusammenhang:

Handelsspanne (in %) = $\dfrac{\text{Kalkulationszuschlagssatz (in \%)}}{\text{Kalkulationsfaktor}}$

Abschreibung		
lineare Abschreibung	jährliche Abschreibung = $\dfrac{\text{Anschaffungskosten}}{\text{Nutzungsdauer in Jahren}}$	
geometrisch-degressive Abschreibung	Abschreibung im Jahr n = Anschaffungskosten $\cdot \left(\dfrac{p}{100}\right)^n$ Zeitwert nach n Jahren = Anschaffungskosten $\cdot \left(1 - \dfrac{p}{100}\right)^n$ p Abschreibungssatz in %	
Abschreibung nach Leistungseinheiten	jährliche Abschreibung = Anschaffungskosten $\cdot \dfrac{\text{verbrauchte Einheiten}}{\text{gesamtverfügbare Einheiten}}$	

optimales Produktionsprogramm (↗ Lineare Optimierung; S. 18)

Ausgangssituation:
Maximierung eines Zielfunktionswertes $Z(x)$ (z. B. Gewinn) unter Beachtung von Restriktionen (z. B. Maschinenbelegungszeiten, Rohstoffbegrenzungen, Kapazitätsbeschränkungen)

Die Restriktionen (hier RI, RII und RIII) werden in der Regel durch lineare Ungleichungen beschrieben und als Randgeraden veranschaulicht.
Die Restriktionen bestimmen zusammen mit den Nichtnegativitätsbedingungen das Planungsvieleck (den Zulässigkeitsbereich).
Die Zielfunktion Z ist eine lineare Funktion, deren Graph eine Gerade ist.

Grafische Lösung:
Die Graphen der Zielfunktionen Z_0 und Z_{max} sind parallel. Durch eine Parallelverschiebung zu Z_0 erhält man grafisch die optimale Lösung.

Rechnerische Lösung (Eckpunktberechnungsmethode):
Um die optimale Lösung rechnerisch zu bestimmen, berechnet man alle Schnittpunkte der Randgeraden. Die Koordinaten dieser Schnittpunkte setzt man anschließend in die Zielfunktion ein. Die Koordinaten, bei denen der Wert der Zielfunktion am größten ist (Maximierungsproblem), sind die die optimale Lösung.

Jahresabschluss – Kennzahlen der Bilanzanalyse

Kennzahlen der Vermögensstruktur	
Anlagenintensität in %	$\dfrac{\text{Anlagevermögen} \cdot 100}{\text{Gesamtvermögen}}$
Intensität des Umlaufvermögens in %	$\dfrac{\text{Umlaufvermögen} \cdot 100}{\text{Gesamtvermögen}}$
Vorratsquote in %	$\dfrac{\text{Vorräte} \cdot 100}{\text{Gesamtvermögen}}$
Forderungsquote in %	$\dfrac{\text{Forderungen} \cdot 100}{\text{Gesamtvermögen}}$

Kosten- und Leistungsrechnung | Kennzahlen der Bilanzanalyse

Kennzahlen der Kapitalstruktur

Kapitalstruktur in %	$\dfrac{\text{Eigenkapital} \cdot 100}{\text{Fremdkapital}}$
Eigenkapitalquote in %	$\dfrac{\text{Eigenkapital} \cdot 100}{\text{Gesamtkapital}}$
Verschuldungsgrad in %	$\dfrac{\text{Fremdkapital} \cdot 100}{\text{Eigenkapital}}$
Fremdkapitalquote in %	$\dfrac{\text{Fremdkapital} \cdot 100}{\text{Gesamtkapital}}$
Anteil des langfristigen Fremdkapitals in %	$\dfrac{\text{langfristiges Fremdkapital} \cdot 100}{\text{Gesamtkapital}}$
Anteil des kurzfristigen Fremdkapitals in %	$\dfrac{\text{kurzfristiges Fremdkapital} \cdot 100}{\text{Gesamtkapital}}$
Grad der Selbstfinanzierung in %	$\dfrac{\text{Gewinnrücklagen} \cdot 100}{\text{Gesamtkapital}}$

Vertikale Finanzierungsregeln (Kapitalstrukturregeln)

Sie setzen Maßstäbe für die Höhe des Verschuldungsgrades, d.h. für das Verhältnis von Fremd- zu Eigenkapital einer Unternehmung. Die Aussagekraft dieser Regeln ist isoliert betrachtet sehr beschränkt. Es sind immer Branchen-, Unternehmens- oder sonstige Vergleichszahlen erforderlich, um zu einer gesicherten Aussage zu kommen.

1 : 1-Regel	2 : 1-Regel	3 : 1-Regel
$\dfrac{\text{Fremdkapital}}{\text{Eigenkapital}} \leq 1$	$\dfrac{\text{Fremdkapital}}{\text{Eigenkapital}} \leq 2$	$\dfrac{\text{Fremdkapital}}{\text{Eigenkapital}} \leq 3$

Kennzahlen der Finanzstruktur/Anlagendeckung

Deckungsgrad I in %	$\dfrac{\text{Eigenkapital} \cdot 100}{\text{Anlagevermögen}}$
Deckungsgrad II in %	$\dfrac{(\text{Eigenkapital} + \text{langfristiges Fremdkapital}) \cdot 100}{\text{Anlagevermögen}}$
Deckungsgrad III in %	$\dfrac{(\text{Eigenkapital} + \text{langfristiges Fremdkapital}) \cdot 100}{\text{Anlagevermögen} + \text{langfristiges Umlaufvermögen}}$

Horizontale Finanzierungsregeln

Sie formulieren Grundsätze, wie das Vermögen zu finanzieren ist.

Goldene Finanzierungsregel/Goldene Bankregel

Kapitalüberlassungs- und Kapitalbindungsdauer müssen übereinstimmen (Fristenkongruenz). Langfristig gebundenes Vermögen ist mit langfristig zur Verfügung stehendem Kapital, kurzfristig gebundenes Vermögen mit kurzfristig zur Verfügung stehendem Kapital zu finanzieren.

$$\dfrac{\text{kurzfristiges Vermögen}}{\text{kurzfristiges Kapital}} \geq 1 \quad \text{und} \quad \dfrac{\text{langfristiges Vermögen}}{\text{langfristiges Kapital}} \leq 1$$

Goldene Bilanzregel	
1. Variante:	Anlagevermögen ist durch Eigenkapital zu finanzieren. $$\frac{\text{Anlagevermögen}}{\text{Eigenkapital}} \leq 1$$
2. Variante:	Anlagevermögen ist durch Eigenkapital und langfristiges Fremdkapital zu finanzieren. $$\frac{\text{Anlagevermögen}}{\text{Eigenkapital + langfristiges Fremdkapital}} \leq 1$$
3. Variante:	Anlagevermögen und langfristig gebundenes Umlaufvermögen ist durch Eigenkapital und langfristiges Fremdkapital zu finanzieren. $$\frac{\text{Anlagevermögen + langfristig gebundenes Umlaufvermögen}}{\text{Eigenkapital + langfristiges Fremdkapital}} \leq 1$$

Kennzahlen der Liquidität

Liquide Mittel (auch Barliquidität) sind die Barmittel eines Unternehmens (z. B. der Kassenbestand) und die jederzeit bar zur Verfügung stehenden Mittel (z. B. das Bankguthaben).

Liquidität I. Grades (Barliquidität) in %	$\frac{\text{liquide Mittel} \cdot 100}{\text{kurzfristiges Fremdkapital}}$
Liquidität II. Grades in %	$\frac{(\text{kurzfristige Forderungen + liquide Mittel}) \cdot 100}{\text{kurzfristiges Fremdkapital}}$
Liquidität III. Grades in %	$\frac{\text{Umlaufvermögen} \cdot 100}{\text{kurzfristiges Fremdkapital}}$

Jahresabschluss – Analyse der Gewinn- und Verlustrechnung

Rentabilitätsanalyse	
Rentabilität in %	
$\frac{\text{Gewinn} \cdot 100}{\text{durchschnittlich eingesetztes Kapital}}$	
Das durchschnittlich eingesetzte Kapital berechnet sich mithilfe folgender Formel:	
$\text{durchschnittlich eingesetztes Kapital} = \frac{\text{Kapital am Anfang der Periode + Kapital am Ende der Periode}}{2}$	
Eigenkapitalrentabilität in % (Return on Equity (ROE) in %)	$\frac{\text{Gewinn} \cdot 100}{\text{durchschnittlich eingesetztes Eigenkapital}}$
Gesamtkapitalrentabilität in %	$\frac{(\text{Gewinn + Fremdkapitalzinsen}) \cdot 100}{\text{durchschnittlich eingesetztes Gesamtkapital}}$
Umsatzrentabilität in %	$\frac{\text{Gewinn} \cdot 100}{\text{Umsatzerlöse}}$
Betriebsrentabilität in %	$\frac{\text{Betriebsergebnis} \cdot 100}{\text{betriebsnotwendiges Vermögen}}$

Umschlagshäufigkeit des Eigenkapitals	Umschlagshäufigkeit des Gesamtkapitals
$\dfrac{\text{Umsatzerlöse}}{\text{Eigenkapital}}$	$\dfrac{\text{Umsatzerlöse}}{\text{Gesamtkapital}}$

Return on Investment (ROI) in %

Umsatzrentabilität in % · Umschlagshäufigkeit des investierten Kapitals

$$= \frac{\text{Gewinn} \cdot 100}{\text{Umsatzerlöse}} \cdot \frac{\text{Umsatzerlöse}}{\text{investiertes Kapital}}$$

Ertrags- und Aufwandsstruktur

Ertragsstruktur	$\dfrac{\text{Betriebsergebnis}}{\text{Gewinn}}$

Kennzahlen der Kostenintensität

Personalkostenintensität in %	$\dfrac{\text{Personalkosten} \cdot 100}{\text{Gesamtkosten}}$
Materialkostenintensität in %	$\dfrac{\text{Materialkosten} \cdot 100}{\text{Gesamtkosten}}$
Abschreibungsintensität in %	$\dfrac{\text{kalkulatorische Abschreibungen} \cdot 100}{\text{Gesamtkosten}}$

Aufwandsquoten

Personalaufwandsquote in %	$\dfrac{\text{Personalaufwand} \cdot 100}{\text{Umsatzerlöse}}$
Materialaufwandsquote in %	$\dfrac{\text{Materialaufwand} \cdot 100}{\text{Umsatzerlöse}}$
Abschreibungsaufwandsquote in %	$\dfrac{\text{bilanzielle Abschreibungen} \cdot 100}{\text{Umsatzerlöse}}$

EBIT und EBITDA

EBIT: „**e**arnings **b**efore **i**nterest and **t**axes" (Gewinn vor Zinsen und Steuern)

EBITDA: „**e**arnings **b**efore **i**nterest, **t**axes, **d**epreciation and **a**mortization"
(Gewinn vor Zinsen, Steuern und Abschreibung)

1. Variante	2. Variante
Jahresüberschuss +/− außerordentliches Ergebnis + Steueraufwand − Steuererträge +/− Finanzergebnis = **EBIT** + Abschreibungen auf Anlagevermögen* = **EBITDA**	Umsatzerlöse + sonstiger betrieblicher Ertrag − Materialaufwand − Personalaufwand − Abschreibungen auf Anlagevermögen − sonstiger betrieblicher Aufwand + Erträge aus Finanzanlagen = **EBIT** + Abschreibungen auf Anlagevermögen* = **EBITDA**

* Abschreibungen bereinigt um periodenfremde/außergewöhnliche Bestandteile

Return on Capital Employed (ROCE) in %

$$\frac{EBIT \cdot 100}{\text{Bilanzsumme Aktivseite} - \text{kurzfristige Verbindlichkeiten}}$$

oder:

$$\frac{EBIT \cdot 100}{\text{Nettoanlagevermögen} + \text{working capital}}$$

(working capital = Umlaufvermögen – kurzfristiges Fremdkapital)

Cashflow

Der Cashflow gibt Auskunft über die Selbstfinanzierungskraft eines Unternehmens. Er beziffert jenen Betrag, der einem Unternehmen zur Verfügung steht, um Investitionen selbst (innen) zu finanzieren, Verbindlichkeiten zurückzuzahlen oder in Form von Gewinn auszuschütten.

```
        Bilanzgewinn/-verlust (Jahresüberschuss)
   +/−  Verlustvortrag/Gewinnvortrag aus dem Vorjahr
   +    Erhöhung langfristiger Rücklagen
   −    Auflösung langfristiger Rücklagen
   +    Abschreibungen auf das Anlagevermögen
   =    Cashflow I
   +/−  Zuführung zu/Auflösung von langfristigen Rückstellungen
   =    Cashflow II
   +    außerordentlicher betriebsfremder Aufwand
   −    außerordentlicher betriebs-/periodenfremder Ertrag
   =    Cashflow III
   −    Dividende
   =    Cashflow IV
```

Cashflow-Umsatzverdienstrate in %	$\dfrac{\text{Cashflow} \cdot 100}{\text{Umsatzerlöse}}$	

Wirtschaftlichkeit

Wirtschaftlichkeit als Kosten-Leistungs-Relation	$\dfrac{\text{Ertrag}}{\text{Aufwand}}$ bzw. $\dfrac{\text{Leistung}}{\text{Kosten}}$	
Wirtschaftlichkeit als Soll-Ist-Relation	$\dfrac{\text{Istkosten}}{\text{Sollkosten}}$	

Produktivität

Produktivität	$\dfrac{\text{Ausbringungsmenge}}{\text{Einsatzmenge}}$	*Hinweis:* Anstelle der Ausbringungsmenge (Stückzahl) kann auch eine wertmäßige Betrachtung erfolgen.
Arbeitsproduktivität	$\dfrac{\text{Ausbringungsmenge}}{\text{geleistete Arbeitsstunden}}$	
Materialproduktivität	$\dfrac{\text{Ausbringungsmenge}}{\text{Materialeinsatzmenge}}$	
Betriebsmittelproduktivität	$\dfrac{\text{Ausbringungsmenge}}{\text{Maschinenstunden}}$	

Finanzierung

Eigenfinanzierung	
Bilanzkurs	$\dfrac{\text{bilanziertes Eigenkapital} \cdot 100}{\text{gezeichnetes Kapital}}$
bilanziertes Eigenkapital	gezeichnetes Kapital + Kapitalrücklage + Gewinnrücklagen + Gewinnvortrag − Verlustvortrag = **bilanziertes Eigenkapital**
korrigierter Bilanzkurs	$\dfrac{(\text{bilanziertes Eigenkapital} + \text{stille Reserven}) \cdot 100}{\text{gezeichnetes Kapital}}$
Ertragswertkurs	$\dfrac{\text{Ertragswert} \cdot 100}{\text{gezeichnetes Kapital}}$
Ertragswert EW: ▶ bei gleich bleibenden jährlichen Gewinnen und unbegrenzter Lebensdauer („ewige Rente"): $\text{EW} = \dfrac{G}{q-1} = \dfrac{G}{i}$ ▶ bei gleich bleibenden jährlichen Gewinnen und begrenzter Lebensdauer: $\text{EW} = G \cdot \dfrac{q^n - 1}{q^n \cdot (q-1)} = G \cdot \dfrac{(1+i)^n - 1}{i \cdot (1+i)^n} \qquad \dfrac{q^n - 1}{q^n \cdot (q-1)}$ Barwertfaktor (↗ S. 119) ▶ bei unterschiedlichen jährlichen Gewinnen und begrenzter Lebensdauer: $\text{EW} = \sum_{t=1}^{n} G_t \cdot \dfrac{1}{q^t} = \sum_{t=1}^{n} G_t \cdot \dfrac{1}{(1+i)^t} \qquad \dfrac{1}{q^t}$ Abzinsungsfaktor (↗ S. 119) G Gewinn pro Jahr i Kalkulationszinssatz $i = \dfrac{p}{100}$ (Prozentsatz $p\,\%$) q Kalkulationszinsfaktor $q = 1 + i$ (↗ S. 119) n Anzahl der Jahre G_t Gewinn im Jahr t ($t = 1, 2, …, n$)	
Aktienkurs nach Kapitalerhöhung	$\dfrac{\text{Kurswert alte Aktien} + \text{Kurswert neue Aktien}}{\text{Anzahl alte Aktien} + \text{Anzahl neue Aktien}}$
Bezugsrecht	$\dfrac{K_a - K_n}{\dfrac{a}{n} + 1} \cdot 100$ $\quad$ K_a (Börsen-)Kurs der alten Aktien K_n (Bezugs-)Kurs der neuen Aktien (Ausgabekurs) a Anzahl der alten Aktien n Anzahl der neuen Aktien $\dfrac{a}{n}$ Bezugsverhältnis
Kurs-Gewinn-Verhältnis (KGV) (Price-Earning-Ratio)	$\dfrac{\text{aktueller Kurs einer Aktie}}{\text{Gewinn einer Aktie}}$

Fremdfinanzierung

Eine Kreditsumme K_0, die zu einem Zinssatz von $p\%$ je Zinsperiode aufgenommen wurde, wird in der Regel durch eine oder mehrere Rückzahlungen (**Annuitäten**) jeweils am Ende einer Zinsperiode getilgt.

Eine *Annuität A* besteht aus dem Zinsanteil Z und dem Tilgungsanteil T: $A = Z + T$:

▶ *Zinsanteil:* am Ende der Zinsperiode entstandene und fällige Zinsen bezogen auf die zu Beginn der Zinsperiode vorhandene Restschuld

▶ *Tilgungsanteil:* Zahlungsanteil, der zur Minderung der jeweiligen Restschuld beiträgt

Nach vollständiger Tilgung der Schuld ist die Summe der Tilgungsanteile aller Annuitäten gleich der aufgenommenen Kreditsumme K_0.

Tilgungsarten

▶ **gesamtfällige Schuld mit vollständiger Zinsansammlung:** K_0 wird am Ende der Laufzeit von n Zinsperioden zusammen mit den angefallenen Zinsen mit einer Annuität A zurückgezahlt.	$A = K_0 \cdot \left(1 + \dfrac{p}{100}\right)^n$
▶ **gesamtfällige Schuld ohne Zinsansammlung (Fälligkeitsdarlehen):** K_0 wird am Ende der Laufzeit von n Zinsperioden mit einer Zahlung A getilgt, die Zinsen Z_i werden je Zinsperiode gezahlt.	$A_i = Z_i = K_0 \cdot \dfrac{p}{100}$, für $i = 1, \ldots, n-1$ $A = K_0 \cdot \left(1 + \dfrac{p}{100}\right)$
▶ **Ratentilgung (Abzahlungsdarlehen):** Alle Annuitäten haben denselben Tilgungsanteil T, bei insgesamt n Raten gilt: $T = K_0/n$. Die am Ende der i-ten Zinsperiode fälligen Zinsen werden bezogen auf die zu Beginn dieser Zinsperiode bestehende Restschuld K_{i-1} berechnet. Für die i-te Annuität gilt:	$A_i = \dfrac{K_0}{n} + K_{i-1} \cdot \dfrac{p}{100}$ $= \dfrac{K_0}{n} \cdot \left(1 + (n - i + 1) \cdot \dfrac{p}{100}\right)$
▶ **Annuitätentilgung (Annuitätendarlehen):** Alle Annuitäten sind gleich hoch; soll die Schuld K_0 in n Zinsperioden durch regelmäßige Zahlungen gleichbleibender Annuitäten A abgetragen werden, so gilt:	$A = K_0 \cdot q^n \cdot \dfrac{q - 1}{q^n - 1}$ mit $q = 1 + \dfrac{p}{100}$

Effektivverzinsung bei Darlehen

Effektivzinsberechnung bei Annuitätentilgung:

Sind n Annuitäten A zur Tilgung einer tatsächlich ausgezahlten Kreditsumme K_a erforderlich, ergibt sich der Effektivzinssatz p_eff wie folgt:

1. Gleichung $0 = K_a \cdot q^n - A \dfrac{q^n - 1}{q - 1}$ näherungsweise nach q auflösen

2. Effektivzinssatz p_eff (in %) aus $q = 1 + \dfrac{p_\text{eff}}{100}$ berechnen

Faustformeln:

Tilgung am Ende der Laufzeit	Tilgung in jährlich gleichen Raten	Tilgung nach tilgungsfreien Jahren in jährlich gleichen Raten
$p_\text{eff} = \dfrac{Z + \dfrac{D}{n}}{K} \cdot 100$	$p_\text{eff} = \dfrac{Z + \dfrac{D}{\dfrac{n+1}{2}}}{K} \cdot 100$	$p_\text{eff} = \dfrac{Z + \dfrac{D}{n_f + \dfrac{n - n_f + 1}{2}}}{K} \cdot 100$
p_eff Effektivzinssatz in % Z Nominalzinssatz in %	D Disagio (Abgeld) in % K Auszahlungskurs	n gesamte Kreditlaufzeit in Jahren n_f Anzahl tilgungsfreier Jahre

Innenfinanzierung	
Finanzierung aus Abschreibungsgegenwerten (Lohmann-Ruchti-Effekt)	Kapazitätsmultiplikator: $\dfrac{2}{1+\dfrac{1}{n}}$ bzw. Kapazitätserweiterungsfaktor (KEF): $\dfrac{2n}{n+1}$ n Nutzungsdauer des Investitionsgutes

Finanzierung aus zurückbehaltenen Gewinnen (offene Selbstfinanzierung)	Nettobetrag der Selbstfinanzierung:
	    Gewinn vor Steuern
	    – Gewerbeertragsteuer
	    = körperschaftsteuerpflichtiger Gewinn
	    – Körperschaftsteuer
	    = Selbstfinanzierungsnettobetrag
	 Gewerbeertragsteuer (GE): $\dfrac{m \cdot h}{1 + m \cdot h} \cdot E$
	 E Gewerbeertrag vor Abzug der Gewerbesteuer
	 m Steuermesszahl
	 h Hebesatz

Gewinnverteilung (gesetzliche Regelung)

Gewinnverteilung bei der offenen Handelsgesellschaft (OHG)

Die Kapitaleinlage wird mit 4 % verzinst. Der Restgewinn wird gleichmäßig nach Köpfen verteilt.

Beispiel: Jahresgewinn 36 000,00 €; Angaben in €

Gesellschafter	Kapitaleinlage	4 % der Kapitaleinlage	Restgewinn	Gewinnanteil gesamt
A	100 000	4 000	4 000	8 000
B	200 000	8 000	4 000	12 000
C	300 000	12 000	4 000	16 000
Summen:	600 000	24 000	12 000	36 000

Gewinnverteilung bei der Kommanditgesellschaft (KG)

Die Kapitaleinlage wird mit 4 % verzinst. Der Restgewinn wird im angemessenen Verhältnis zur Kapitaleinlage verteilt.

Beispiel: Jahresgewinn 36 000,00 €; Verteilung des Restgewinns im Verhältnis zur Höhe der Kapitaleinlage; Angaben in €

Restgewinn eines Gesellschafters = $\dfrac{\text{Kapitaleinlage des Gesellschafters}}{\text{Gesamtkapitaleinlage}} \cdot$ gesamter Restgewinn

Gesellschafter	Kapitaleinlage	4 % der Kapitaleinlage	Restgewinn	Gewinnanteil gesamt
A	100 000	4 000	2 000	6 000
B	200 000	8 000	4 000	12 000
C	300 000	12 000	6 000	18 000
Summen:	600 000	24 000	12 000	36 000

Investitionsrechnung – statische Verfahren

Kostenvergleichsrechnung

Abschreibungen	$\dfrac{\text{Anschaffungskosten} - \text{Restwert}}{\text{Nutzungsdauer in Jahren}}$
Zinsen	$\dfrac{\text{Anschaffungskosten} + \text{Restwert}}{2} \cdot i$ i Kalkulationszinssatz $\quad i = \dfrac{p}{100}$

Gewinnvergleichsrechnung

Gewinn G = Erlös – Kosten (↗ S. 100)

Absolute Vorteilhaftigkeit	$G \geq 0$ Vorteilhaft ist die Investition, wenn der Gewinn größer oder gleich Null ist.
Relative Vorteilhaftigkeit	$G_1 > G_2$ Vorzuziehen ist im Vergleich das Objekt mit dem größeren Gewinn.
Ersatzproblem	$G_{neu} \geq G_{alt}$ Es ist vorteilhaft eine Anlage zu ersetzen, wenn der durch eine neue Anlage bewirkte Gewinn größer oder gleich dem durch die alle Anlage bewirkten Gewinn ist.

Rentabilitätsvergleichsrechnung

Rentabilität $R = \dfrac{\text{Gewinn} \cdot 100}{\text{durchschnittlich eingesetztes Kapital}}$ (↗ S. 112)

Absolute Vorteilhaftigkeit Vorteilhaftigkeitskriterium	$R \geq R_{min}$ Vorteilhaft ist die Investition, wenn sie die Mindestrentabilitätserwartung R_{min} des Investors erreicht oder übersteigt.
Relative Vorteilhaftigkeit	$R_1 > R_2$ Vorzuziehen ist im Vergleich das Objekt mit der höheren Rentabilität.
Ersatzproblem	$R_{neu} \geq R_{alt}$ Es ist vorteilhaft eine Anlage zu ersetzen, wenn die Rentabilität einer neuen Anlage gleich oder größer der Rentabilität der alten Anlage ist.

Amortisationsvergleichsrechnung

Amortisationszeit t_w in Jahren = $\dfrac{\text{Anschaffungskosten} - \text{Restwert}}{\text{durchschnittlicher Jahresgewinn} + \text{jährliche Abschreibungen}}$

Absolute Vorteilhaftigkeit	$t_w \leq t_{w\,max}$ Vorteilhaft ist die Investition, wenn sie die Höchstamortisationsdauer $t_{w\,max}$ des Investors nicht übersteigt.
Relative Vorteilhaftigkeit	$t_1 < t_2$ Vorzuziehen ist im Vergleich das Objekt mit der geringeren Amortisationszeit.
Ersatzproblem	$t_{w\,neu} = \dfrac{\text{Kapitalbedarf für neue Investition}}{eK + AfA_+ + Zinsen_+}$ eK durch die Neuinvestition ersparte Kosten AfA_+ durch die Neuinvestition hinzugekommene Abschreibungen $Zinsen_+$ über die tatsächlich gezahlten Zinsen hinaus entstandene kalkulatorische Zinsen

Investitionsrechnung – dynamische Verfahren

Rentenrechnung

	Zahlungsweise vorschüssig: Am Jahresanfang wird jeweils eine Rate R eingezahlt und am Jahresende wird das Gesamtkapital mit $p\%$ verzinst.	Zahlungsweise nachschüssig: Am Jahresende wird jeweils eine Rate R eingezahlt und anschließend wird das Gesamtkapital mit $p\%$ verzinst.
Kapital nach n Jahren ohne Ausgangskapital	$K_n = R \cdot q \cdot \dfrac{q^n - 1}{q - 1}$ mit $q = 1 + \dfrac{p}{100}$	$K_n = R \cdot \dfrac{q^n - 1}{q - 1}$ mit $q = 1 + \dfrac{p}{100}$
Kapital nach n Jahren mit Ausgangskapital K_0	$K_n = K_0 \cdot q^n + R \cdot q \cdot \dfrac{q^n - 1}{q - 1}$ mit $q = 1 + \dfrac{p}{100}$	$K_n = K_0 \cdot q^n + R \cdot \dfrac{q^n - 1}{q - 1}$ mit $q = 1 + \dfrac{p}{100}$
Äquivalenz von Zahlungen	Die beiden Zahlungen K_0 (fällig zum Zeitpunkt $t = 0$) und K_n (fällig zum Zeitpunkt $t = n$; d.h. n Zinsperioden nach dem Zeitpunkt $t = 0$) heißen bei Verwendung von Zinseszinsen äquivalent, wenn folgende Beziehung gilt:	$K_n = K_0 \cdot \left(1 + \dfrac{p}{100}\right)^n$

Kapitalwertmethode

Kalkulationszinssatz	$i = \dfrac{p}{100}$	Kalkulationszinsfaktor	$q = 1 + i$
Aufzinsungsfaktor	q^n	Abzinsungsfaktor	$\dfrac{1}{q^n}$
Kapitalwiedergewinnungsfaktor	$\dfrac{q^n \cdot (q - 1)}{q^n - 1}$	Barwertfaktor	$\dfrac{q^n - 1}{q^n \cdot (q - 1)}$
Restwertverteilungsfaktor	$\dfrac{q - 1}{q^n - 1}$	Endwertfaktor	$\dfrac{q^n - 1}{q - 1}$

Ermittlung des Barwerts K_0 (Kapital zu Beginn der Zahlungsreihe)	Ermittlung des Endwerts K_n (Kapital am Ende des n-ten Jahres)
bei einmaliger Zahlung: $K_0 = K_n \cdot$ Abzinsungsfaktor	*bei einmaliger Zahlung*: $K_n = K_0 \cdot$ Aufzinsungsfaktor
bei mehrmaliger Zahlung: $K_0 = e \cdot$ Barwertfaktor	*bei mehrmaliger Zahlung*: $K_n = e \cdot$ Endwertfaktor
e Einzahlungen pro Jahr	

Kapitalwert C_0	$C_0 = C_e - C_a$ C_e abgezinste Einzahlungen (einschließlich evtl. Restwert) C_a abgezinste Auszahlungen (einschließlich Anschaffungswert)
Kapitalwertkriterium	$C_0 \geq 1$

Interne Zinsfuß-Methode

Interner Zinsfuß r (Zinsfuß, der für eine Investition zu einem Kapitalwert von Null führt)	$r = p_1 - C_{01} \dfrac{p_2 - p_1}{C_{02} - C_{01}}$ (Näherungsmethode) p_1 bzw. p_2 Versuchszinssatz 1 bzw. 2 C_{01} bzw. C_{02} Kapitalwert bei p_1 bzw. p_2

Volkswirtschaftslehre

Matrizen in den Wirtschaftswissenschaften (↗ Matrizen; S. 84)

Materialverflechtung

Gozinto-Graph/Verflechtungsdiagramm

Input-Output-Tabellen

Materialfluss Rohstoff-Zwischenprodukt

	Z_1	Z_2	...	Z_n
R_1	rz_{11}	rz_{12}		rz_{1n}
R_2	rz_{21}	rz_{22}		rz_{2n}
...				
...				
R_m	rz_{m1}	rz_{m2}		rz_{mn}

Materialfluss Zwischenprodukt-Endprodukt

	E_1	E_2	...	E_q
Z_1	ze_{11}	ze_{12}		ze_{1q}
Z_2	ze_{21}	ze_{22}		ze_{2q}
...				
...				
Z_n	ze_{n1}	ze_{n2}		ze_{nq}

rz_{mn} Bedarf an Rohstoffmengeneinheiten des Rohstoffs R_m zur Herstellung einer Mengeneinheit des Zwischenprodukts Z_n

ze_{nq} Bedarf an Zwischenproduktmengeneinheiten des Zwischenprodukts Z_n zur Herstellung einer Mengeneinheit des Endprodukts E_q

Produktionsmatrizen/Verflechtungsmatrizen

Rohstoff-Zwischenprodukt-Matrix	$M_{RZ} = \begin{pmatrix} rz_{11} & \cdots & rz_{1n} \\ \vdots & \ddots & \vdots \\ rz_{m1} & \cdots & rz_{mn} \end{pmatrix}$ mit $rz_{ij} \in \mathbb{R}_{\geq 0}$
Zwischenprodukt-Endprodukt-Matrix	$M_{ZE} = \begin{pmatrix} ze_{11} & \cdots & ze_{1q} \\ \vdots & \ddots & \vdots \\ ze_{n1} & \cdots & ze_{nq} \end{pmatrix}$ mit $ze_{ij} \in \mathbb{R}_{\geq 0}$
Rohstoff-Endprodukt-Matrix Gesamtproduktionsmatrix	$M_{RE} = \begin{pmatrix} re_{11} & \cdots & re_{1q} \\ \vdots & \ddots & \vdots \\ re_{m1} & \cdots & re_{mq} \end{pmatrix}$ mit $re_{ij} \in \mathbb{R}_{\geq 0}$ $M_{RZ} \cdot M_{ZE} = M_{RE}$ (↗ Multiplikation von Matrizen; S. 85)

re_{mq} Bedarf an Rohstoffmengeneinheiten des Rohstoffs R_m zur Herstellung einer Mengeneinheit des Endprodukts E_q

Matrizen in den Wirtschaftswissenschaften

Mengenvektoren	
Rohstoff-Verbrauchsvektor	$\vec{r} = \begin{pmatrix} r_1 \\ \vdots \\ r_m \end{pmatrix}$; r_i benötigte Menge des Rohstoffs R_i; $r_i \in \mathbb{R}_{\geq 0}$
Zwischenprodukt-Produktionsvektor bzw. Zwischenprodukt-Verbrauchsvektor	$\vec{z} = \begin{pmatrix} z_1 \\ \vdots \\ z_n \end{pmatrix}$; z_i produzierte Menge des Zwischenprodukts Z_i; $z_i \in \mathbb{R}_{\geq 0}$
Endprodukt-Produktionsvektor	$\vec{p} = \begin{pmatrix} p_1 \\ \vdots \\ p_q \end{pmatrix}$; p_i produzierte Menge des Endprodukts E_i; $p_i \in \mathbb{R}_{\geq 0}$
Es gilt: $\begin{aligned} M_{RZ} \cdot \vec{z} &= \vec{r} \\ M_{ZE} \cdot \vec{p} &= \vec{z} \\ M_{RE} \cdot \vec{p} &= \vec{r} \end{aligned}$	Matrix $\cdot$ Produktion = Verbrauch
Kostenvektoren	
Rohstoffkostenvektor (Materialkosten)	$\vec{k}_R = (k_{R_1}; \ldots; k_{R_m})$; $k_{R_i} \in \mathbb{R}_{\geq 0}$ k_{R_i} Kosten für eine Mengeneinheit des Rohstoffs R_i
Zwischenprodukt-Fertigungskostenvektor	$\vec{k}_Z = (k_{Z_1}; \ldots; k_{Z_n})$; $k_{Z_i} \in \mathbb{R}_{\geq 0}$ k_{Z_i} Kosten für die Fertigung einer Mengeneinheit des Zwischenprodukts Z_i
Endprodukt-Fertigungskostenvektor	$\vec{k}_E = (k_{E_1}; \ldots; k_{E_q})$; $k_{E_i} \in \mathbb{R}_{\geq 0}$ k_{E_i} Kosten für die Fertigung einer Mengeneinheit des Endprodukts E_i
Kosten	
Rohstoffkosten	$K_R = \vec{k}_R \cdot \vec{r}$ bzw. $K_R = \vec{k}_R \cdot M_{RE} \cdot \vec{p}$
Fertigungskosten der Zwischenprodukte	$K_Z = \vec{k}_Z \cdot \vec{z}$ bzw. $K_Z = \vec{k}_Z \cdot M_{ZE} \cdot \vec{p}$
Fertigungskosten der Endprodukte	$K_E = \vec{k}_E \cdot \vec{p}$
gesamte variable Kosten	$K_v = K_R + K_Z + K_E$ bzw. $K_v = (\vec{k}_R \cdot M_{RE} + \vec{k}_Z \cdot M_{ZE} + \vec{k}_E) \cdot \vec{p}$ ($\vec{k}_v = \vec{k}_R \cdot M_{RE} + \vec{k}_Z \cdot M_{ZE} + \vec{k}_E$ Vektor der variablen Kosten)
Gesamtkosten	$K = K_v + K_f$ (K_f Fixkosten)
Verkaufspreisvektor und Erlös	
Verkaufspreisvektor	$\vec{v} = (v_{E_1}; \ldots; v_{E_q})$; $v_{E_i} \in \mathbb{R}_{\geq 0}$ v_{E_i} Preis für eine Mengeneinheit des Endprodukts E_i
Erlös	$E = \vec{v} \cdot \vec{p}$
Deckungsbeitrag	
Deckungsbeitragsvektor	$\vec{d} = \vec{v} - \vec{k}_v$
Deckungsbeitrag	$D = \vec{d} \cdot \vec{p}$

Leontief-Modell

Modellannahmen:
Die Bedingungen zwischen den verschiedenen Sektoren und dem Konsum bleiben während des Betrachtungszeitraums gleich.
Lieferungen an einen Sektor verändern sich im gleichen Verhältnis wie die Produktion des Sektors.
Die Angaben zur Verflechtung sind entweder in Mengeneinheiten oder in Geldeinheiten angegeben.

Verflechtungsdiagramm

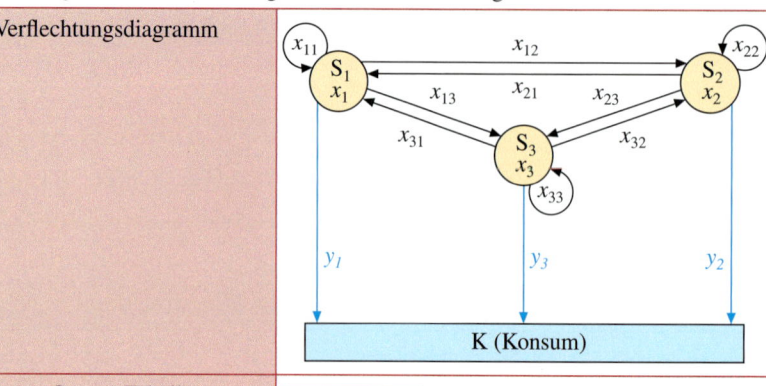

Input-Output-Tabelle

von \ an	S_1	S_2	S_3	K	Produktion
S_1	x_{11}	x_{12}	x_{13}	y_1	x_1
S_2	x_{21}	x_{22}	x_{23}	y_2	x_2
S_3	x_{31}	x_{32}	x_{33}	y_3	x_3

Die Summe aller Lieferungen eines Sektors ergibt die Gesamtproduktion dieses Sektors, z. B.:
$x_{11} + x_{12} + x_{13} + y_1 = x_1$

S_1, S_2 und S_3: z. B. Sektoren aus der Volkswirtschaft
(Landwirtschaft, Industrie, Dienstleistung)
K: Konsum (Abgabe an den Markt)

x_{ij}: Lieferung des Sektors i an den Sektor j
x_{ii}: Eigenverbrauch des Sektors i
x_i: Gesamtproduktion des Sektors i
y_i: Abgabe an den Markt von Sektor i

Produktionsvektor

$$\vec{x} = \begin{pmatrix} x_1 \\ x_2 \\ x_3 \end{pmatrix} = \begin{pmatrix} x_{11} + x_{12} + x_{13} + y_1 \\ x_{21} + x_{22} + x_{23} + y_2 \\ x_{31} + x_{32} + x_{33} + y_3 \end{pmatrix}; x_i \geq 0$$

Konsumvektor

$$\vec{y} = \begin{pmatrix} y_1 \\ y_2 \\ y_3 \end{pmatrix}, y_i \geq 0$$

Inputmatrix / Produktionsmatrix / Technologiematrix

$$A = \begin{pmatrix} \dfrac{x_{11}}{x_1} & \dfrac{x_{12}}{x_2} & \dfrac{x_{13}}{x_3} \\ \dfrac{x_{21}}{x_1} & \dfrac{x_{22}}{x_2} & \dfrac{x_{23}}{x_3} \\ \dfrac{x_{31}}{x_1} & \dfrac{x_{32}}{x_2} & \dfrac{x_{33}}{x_3} \end{pmatrix}, \dfrac{x_{ij}}{x_j} = a_{ij} \geq 0$$

Die Zählerwerte der Elemente der Hauptdiagonalen stellen den Eigenverbrauch des jeweiligen Sektors dar.

Die Elemente a_{ij} stellen dar, wie viele Einheiten Sektor j von Sektor i benötigt, um eine Einheit zu erzeugen.

Leontief-Inverse	$(E - A)^{-1}$
	Existiert die Leontief-Inverse und sind ihre Elemente alle ≥ 0, dann kann jede Nachfrage befriedigt werden.
Verflechtungszusammenhänge	Produktion: $\vec{x} = A \cdot \vec{x} + \vec{y}$ $\vec{x} = (E - A)^{-1} \cdot \vec{y}$ falls $(E - A)^{-1}$ existiert Konsum: $\vec{y} = (E - A) \cdot \vec{x}$

Nutzen

Nutzenfunktion N (mehrdimensional)	$N(x_1; x_2; \ldots; x_n)$ $x_1, x_2, \ldots, x_n$ Gütereinsatz
Grenznutzenfunktion N'	1. Ableitung der Nutzenfunktion N
Isonutzenfunktion I_N (Isonutzenkurve/ Indifferenzkurve = Graph der Isonutzenfunktion)	Der Graph der Isonutzenfunktion ist die *Linie gleichen Nutzens* und stellt alle zu dem gleichen Nutzen N zugehörigen Mengenkombinationen der Güter x und y dar. Nutzen $N(x; y)$ konstant $I_N(x) = y$
Bilanzgerade/ Budgetgerade I_B	Die Bilanzgerade stellt alle zu der gleichen Konsumsumme (Budget) B zugehörigen Mengenkombinationen der Güter x und y dar. p_x: Preis pro ME des Gutes x p_y: Preis pro ME des Gutes y Budget $B(x; y) = p_x \cdot x + p_y \cdot y$ konstant $I_B(x) = y \qquad y = -\dfrac{p_x}{p_y} x + \dfrac{B}{p_y}$
Haushaltsoptimum HHO/ Haushaltsgleichgewicht	Das Haushaltsoptimum gibt die Gütermengenkombination mit dem höchsten Nutzen bei einem bestimmten Konsum an. Das HHO ist der *Tangentialpunkt* (Berührpunkt) von Isonutzenkurve und Bilanzgerade. Bedingung: $I_N'(x) = I_B'(x)$

Hinweis:
Die y-Achse gibt bzgl. der Isonutzenfunktion eine Menge und bzgl. der Bilanzgeraden Geldeinheiten an.

Angebot und Nachfrage

Nachfragefunktion p_N	$p_N(x)$ in GE/ME (Preis) Preis in Abhängigkeit von der nachgefragten Menge	
Höchstpreis/ Prohibitivpreis	Stelle, an der der Graph der Nachfragefunktion die y-Achse schneidet Bedingung: $y = p_N(0)$	
Sättigungsmenge	Nullstelle des Graphen der Nachfragefunktion Bedingung: $p_N(x) = 0$	
Angebotsfunktion p_A	$p_A(x)$ in GE/ME (Preis) Preis in Abhängigkeit von der angebotenen Menge	
Mindestpreis	Stelle, an der der Graph der Angebotsfunktion die y-Achse schneidet Bedingung: $y = p_A(0)$	
Marktgleichgewicht MGG	$MGG(x_G | p_G)$ **Gleichgewichtsmenge x_G in ME** **Gleichgewichtspreis p_G in GE/ME** Schnittpunkt des Graphen der Angebotsfunktion mit dem Graphen der Nachfragefunktion Bedingung: $p_A(x_G) = p_N(x_G)$ $p_G = p_A(x_G) = p_N(x_G)$	
Marktungleichgewicht	Bedingung: $p = p_A(x_A) \Rightarrow x_A$ und $p = p_N(x_N) \Rightarrow x_N$	

Nachfrageüberschuss ($x_N > x_A$):
Zu einem gegebenen Preis p ist die nachgefragte Menge x_N größer als die angebotene Menge x_A (Marktpreis ist kleiner als Gleichgewichtspreis).

Angebotsüberschuss ($x_A > x_N$):
Zu einem gegebenen Preis p ist die angebotene Menge x_A größer als die nachgefragte Menge x_N (Marktpreis ist größer als Gleichgewichtspreis).

Angebot und Nachfrage | Besteuerung und Subventionierung **125**

Konsumentenrente	in GE $$K_R = \int_0^{x_G} (p_N(x) - p_G)\,dx = \int_0^{x_G} p_N(x)\,dx - p_G \cdot x_G$$ Differenz zwischen den theoretisch möglichen und den tatsächlichen Ausgaben für ein Gut
Produzentenrente	in GE $$P_R = \int_0^{x_G} (p_G - p_A(x))\,dx = p_G \cdot x_G - \int_0^{x_G} p_A(x)\,dx$$ Differenz aus erzieltem Umsatz und mindestens erwartetem Umsatz

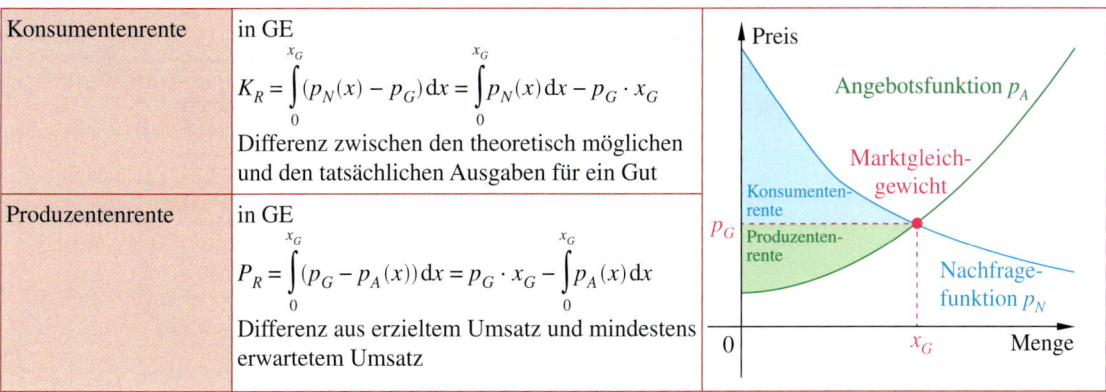

Besteuerung und Subventionierung

Angebotsfunktion mit Besteuerung t (Tax) beim Verkäufer	
bei Mengensteuer t	$p_{A,t}(x) = p_A(x) + t$ 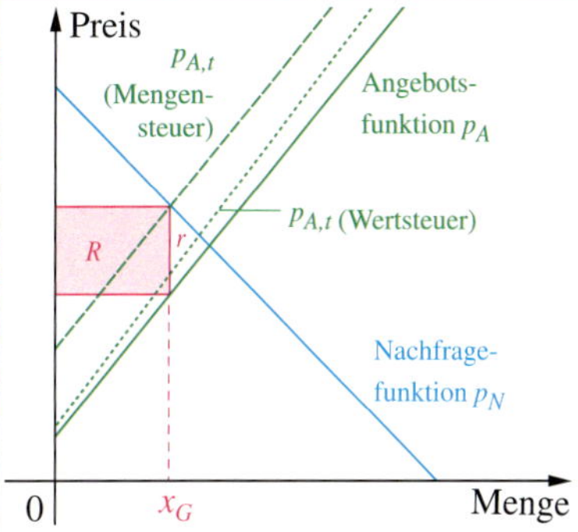
bei Wertsteuer $p\,\%$	$p_{A,t}(x) = p_A(x) \cdot \left(1 + \dfrac{p}{100}\right)$
Steuerrate r	$r = p_{A,t}(x_G) - p_A(x_G)$ (in Abb. bezüglich Mengensteuer)
Gesamtsteuer R	$R = r \cdot x_G$ (in Abb. bezüglich Mengensteuer)

Nachfragefunktion mit Besteuerung t (Tax) beim Käufer	
bei Mengensteuer t	$p_{N,t}(x) = p_N(x) + t$ 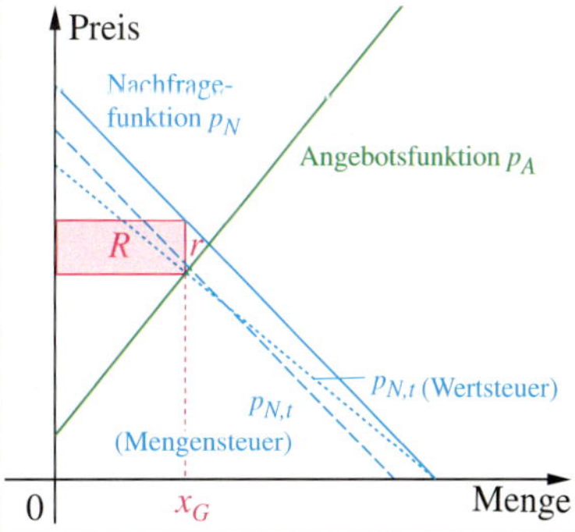
bei Wertsteuer $p\,\%$	$p_{N,t}(x) = \dfrac{p_N(x)}{\left(1 + \dfrac{p}{100}\right)}$
Steuerrate r	$r = p_N(x_G) - p_{N,t}(x_G)$ (in Abb. bezüglich Wertsteuer)
Gesamtsteuer R	$R = r \cdot x_G$ (in Abb. bezüglich Wertsteuer)

Angebotsfunktion mit Subvention s beim Verkäufer	
bei Subvention s pro ME	$p_{A,s}(x) = p_A(x) - s$ 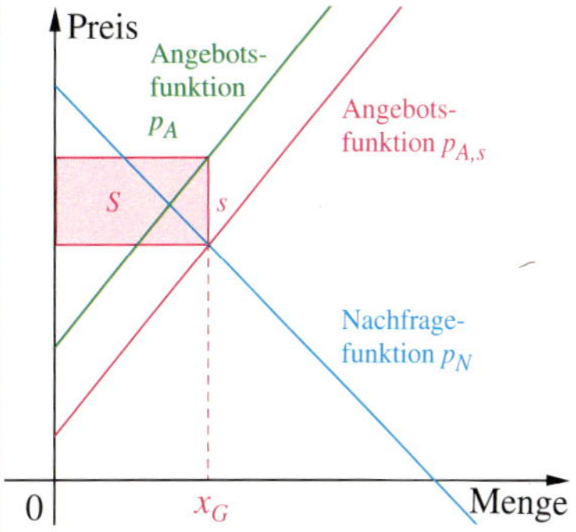
Gesamtsubvention S	$S = s \cdot x_G$ x_G Gleichgewichtsmenge

Elastizitäten

allgemeine Definition	Die **Elastizität** beschreibt das Verhältnis der relativen Änderung der abhängigen Variable y zu der relativen Änderung der unabhängigen Variable x. $e_{y,x} = \dfrac{\text{relative (prozentuale) Änderung bezüglich } y}{\text{relative (prozentuale) Änderung bezüglich } x} = \dfrac{\frac{\Delta y}{y}}{\frac{\Delta x}{x}}$ Es gilt der Zusammenhang: $e_{y,x} = \dfrac{1}{e_{x,y}}$ Vereinfacht ausgedrückt gibt die Elastizität von y an, um wie viel Prozent sich die Variable y als Reaktion auf die einprozentige Änderung der Variable x verändert.
Elastizitätsfunktion $e_{f,x}$ von f bezüglich x	$e_{f,x}(x) = \dfrac{\frac{\Delta f}{f}}{\frac{\Delta x}{x}}$ bzw. $e_{f,x}(x) = \dfrac{f'(x)}{f(x)} \cdot x$ (f differenzierbare Funktion)
Elastizität der Nachfrage	Maß dafür, wie stark die nachgefragten Mengen auf Preisänderungen reagieren. $\dfrac{\text{relative Änderung der nachgefragten Menge}}{\text{relative Preisänderung}} = \dfrac{\frac{\text{neue Menge} - \text{alte Menge}}{\text{alte Menge}}}{\frac{\text{neuer Preis} - \text{alter Preis}}{\text{alter Preis}}}$
Elastizitätsfunktion der Nachfrage e_{x,p_N} (direkte Preiselastizität der Nachfrage)	$e_{x,p_N}(x) = \dfrac{\frac{\Delta x}{x}}{\frac{\Delta p_N}{p_N}}$ bzw. $e_{x,p_N}(x) = \dfrac{p_N(x)}{p_N{'}(x) \cdot x}$ mit p_N als differenzierbare Nachfragefunktion Interpretation: {{TABLE}}
Kreuzpreiselastizität (indirekte Preiselastizität der Nachfrage)	$e_{x_1,p_2} = \dfrac{\text{relative Mengenänderung von Gut } x_1}{\text{relative Preisänderung von Gut } x_2} = \dfrac{\frac{\Delta x_1}{x_1}}{\frac{\Delta p_2}{p_2}}$
Gleichung von Amoroso-Robinson	E' Grenzerlösfunktion mit $E'(x) = p_N(x) \cdot \left(1 + \dfrac{1}{e_{x,p_N}(x)}\right)$
Elastizität der Kosten	Maß dafür, wie stark die Kosten auf Änderungen der Produktionsmengen reagieren. $\dfrac{\text{relative Änderung der Kosten}}{\text{relative Mengenänderung}} = \dfrac{\frac{\text{neue Kosten} - \text{alte Kosten}}{\text{alte Kosten}}}{\frac{\text{neue Menge} - \text{alte Menge}}{\text{alte Menge}}}$
Elastizitätsfunktion der Kosten $e_{K,x}$	$e_{K,x}(x) = \dfrac{\frac{\Delta K}{K}}{\frac{\Delta x}{x}}$ bzw. $e_{K,x}(x) = \dfrac{K'(x)}{K(x)} \cdot x$ mit K als differenzierbare Kostenfunktion

Interpretationstabelle:

$e_{x,p_N}(x) < -1$	$\lvert e_{x,p_N}(x) \rvert > 1$	elastisch
$-1 < e_{x,p_N}(x) < 0$	$0 < \lvert e_{x,p_N}(x) \rvert < 1$	unelastisch
$e_{x,p_N}(x) = -1$	$\lvert e_{x,p_N}(x) \rvert = 1$	fließend
$e_{x,p_N}(x) \to -\infty$	$\lvert e_{x,p_N}(x) \rvert \to \infty$	vollkommen elastisch
$e_{x,p_N}(x) = 0$	$e_{x,p_N}(x) = 0$	vollkommen unelastisch

Hinweis: In den Wirtschaftswissenschaften werden nur die Beträge betrachtet (siehe 2. Spalte).

Wirtschaftskreislauf (nur monetäre Ströme)

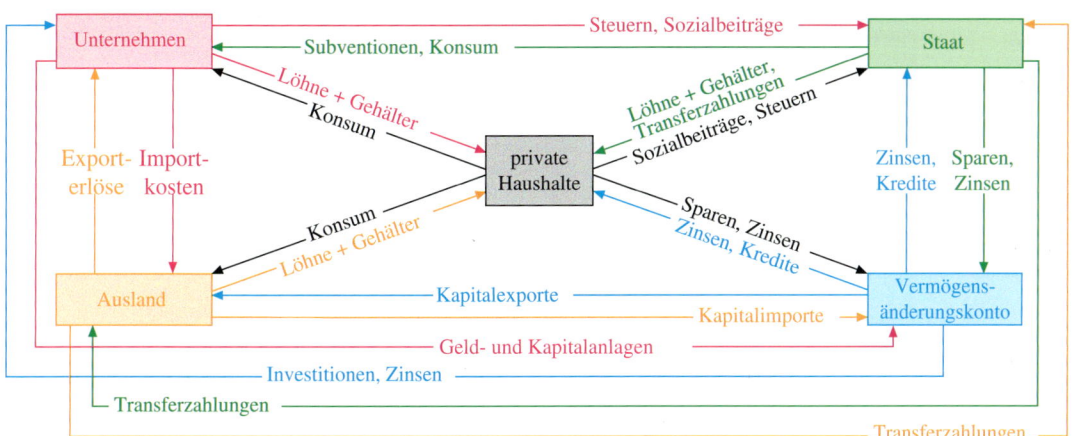

Volkswirtschaftliche Gesamtrechnung

Entstehungsrechnung	Verwendungsrechnung	
Produktionswert – Vorleistungen		
= Bruttowertschöpfung (unbereinigt) – unterstellte Bankgebühren	private Konsumausgaben + Konsumausgaben des Staates + Bruttoinvestitionen + Exporte von Waren und Dienstleistungen – Importe von Waren und Dienstleistungen	
= Bruttowertschöpfung (bereinigt) + Gütersteuern – Gütersubventionen		
	= **Bruttoinlandsprodukt BIP** +/– Saldo der Primäreinkommen aus der übrigen Welt	
	= **Bruttonationaleinkommen BNE** – Abschreibungen	
	= **Nettonationaleinkommen NNE (Primäreinkommen)**	
Verteilungsrechnung	Nettonationaleinkommen NNE – Produktions- und Importabgaben an den Staat + Subventionen vom Staat	
	= **Volkseinkommen Y** – Arbeitnehmerentgelt	
	= **Unternehmens- und Vermögenseinkommen**	
verfügbares Einkommen	Volkseinkommen – direkte Steuern und Sozialbeiträge + Transfereinkommen	
	= **verfügbares Einkommen der privaten Haushalte**	
Saldo der Primäreinkommen aus der übrigen Welt	Erwerbs- und Vermögenseinkommen aus der übrigen Welt + Subventionen aus der übrigen Welt – Erwerbs- und Vermögenseinkommen an die übrige Welt – Produktions- und Importabgaben an die übrige Welt	
	= **Saldo der Primäreinkommen aus der übrigen Welt**	
Wachstumsrate des Bruttoinlandprodukts	$\dfrac{(BIP_t - BIP_0) \cdot 100}{BIP_0}$	t Berichtsjahr 0 Basisjahr

Geld und Geldpolitik

Geldmengendefinitionen	
Geldmenge M1	täglich verfügbares Geld (Bargeldumlauf) + Sichteinlagenbestände
Geldmenge M2	M1 + Termineinlagen mit Laufzeiten von bis zu 2 Jahren + Spareinlagen mit Kündigungsfristen von bis zu 3 Monaten
Geldmenge M3	M2 + Geldmarktfondsanteile + Geldmarktpapiere + Wertpapierpensionsgeschäfte (Repogeschäfte) + Schuldverschreibungen mit einer Laufzeit von bis zu 2 Jahren
Barreserve (BR)	Bestand an Bargeld und jederzeit in bar verfügbares Guthaben bei der Europäischen Zentralbank
Mindestreserve (MR)	Pflichteinlage, die die deutschen Geschäftsbanken bei der Zentralbank hinterlegen müssen Das Mindestreserve-Soll eines Kreditinstituts ergibt sich dadurch, dass die Mindestreservebasis (ergibt sich vereinfacht aus Kundeneinlagen und ausgegebenen Schuldverschreibungen) mit einem Mindestreservesatz multipliziert wird.
Überschussreserve (ÜR)	Teil der Barreserve (BR), der die Mindestreserve (MR) übersteigt: ÜR = BR − MR
Geldschöpfungsmultiplikator	Kehrwert des Mindestreservesatzes r: $\frac{1}{r}$ bzw. unter Berücksichtigung des Barreservesatzes b: $\frac{1}{r+b}$
Geldschöpfungspotenzial	äußerste Grenze der Geldschöpfung des Bankensystems bei gegebenem Mindestreservesatz (r) und gegebenem Zuwachs an Überschussreserven (ΔÜR): $\Delta M \cdot \frac{1}{r} \cdot \Delta\text{ÜR}$ ΔÜR Zuwachs an Überschussreserven ΔM Zuwachs an Geldmengen
Quantitätsgleichung des Geldes (Fisher'sche Verkehrsgleichung)	$M \cdot U = H \cdot P$ M Geldmenge U Umlaufgeschwindigkeit des Geldes H Handelsvolumen P Preisniveau mit Kassenhaltungskoeffizient $k = \frac{1}{U}$: $M = k \cdot H \cdot P$
Kaufkraft des Geldes	misst diejenige Gütermenge, die mit einem bestimmten Geldbetrag gekauft werden kann

Verbraucherpreisindex VPI

Laspeyres-Index	Paasche-Index
$\text{VPI}_{\text{Laspeyres}} = \dfrac{\sum_{i=1}^{n} p_{ti} \cdot q_{0i}}{\sum_{i=1}^{n} p_{0i} \cdot q_{0i}}$	$\text{VPI}_{\text{Paasche}} = \dfrac{\sum_{i=1}^{n} p_{ti} \cdot q_{ti}}{\sum_{i=1}^{n} p_{0i} \cdot q_{ti}}$

Die Angaben beziehen sich auf die Güter im Warenkorb ($i = 1$ bis n).

- t Berichtsjahr
- 0 Basisjahr
- p_{ti} Preis des Gutes i des Warenkorbes im Berichtsjahr
- p_{0i} Preis des Gutes i im Basisjahr
- q_{ti} Gewichtungsfaktor (Menge/Verbrauch) des Gutes i im Warenkorb im Berichtsjahr
- q_{0i} Gewichtungsfaktor (Menge/Verbrauch) des Gutes i im Warenkorb im Basisjahr

Veränderung der Kaufkraft in %	$\dfrac{\text{VPI}_{\text{Basisjahr}}}{\text{VPI}_{\text{Berichtsjahr}}} \cdot 100 - 100$
Inflationsrate in %	$\dfrac{\text{VPI}_{\text{aktuelles Jahr}}}{\text{VPI}_{\text{Vorjahr}}} \cdot 100 - 100$

Beschäftigung

Erwerbspersonen

Erwerbspersonen sind all jene Personen, die mindestens 15 Jahre alt sind, ihren Wohnsitz im Bundesgebiet haben sowie eine mittel- oder unmittelbar auf Erwerb ausgerichtete Tätigkeit **ausüben** (Erwerbstätige) **oder suchen** (Erwerbslose).

Erwerbsquote in %	$\dfrac{\text{Anzahl der Erwerbspersonen} \cdot 100}{\text{Wohnbevölkerung}}$
Erwerbstätigenquote in %	$\dfrac{\text{Anzahl der tatsächlich Erwerbstätigen} \cdot 100}{\text{Anzahl aller Personen im Alter von 15 bis 64}}$
Erwerbslosenquote in %	$\dfrac{\text{Anzahl der Erwerbslosen} \cdot 100}{\text{Anzahl der Erwerbspersonen}}$
Arbeitslosenquote in %	$\dfrac{\text{Anzahl der Arbeitslosen} \cdot 100}{\text{Anzahl der Erwerbspersonen}}$
Lohnquote in %	allgemein: $\dfrac{L \cdot 100}{Y}$ bereinigt: $\dfrac{L_t}{Y_t} \cdot \dfrac{\frac{A_0}{E_0}}{\frac{A_t}{E_t}}$ L Einkommen aus unselbstständiger Tätigkeit (Arbeitnehmerentgelt) Y Volkseinkommen A Anzahl der Arbeitnehmer E Anzahl der Erwerbstätigen t Berichtsjahr 0 Basisjahr
Gewinnquote in %	$\dfrac{\text{Einkommen aus Unternehmertätigkeit und Vermögen} \cdot 100}{\text{Volkseinkommen}}$

Gesamtwirtschaftliche Kennzahlen

Steuerquote in % (auch Steuerlastquote)	$\dfrac{\text{Steueraufkommen} \cdot 100}{\text{Bruttoinlandsprodukt}}$
Abgabenquote in %	$\dfrac{(\text{Steueraufkommen} + \text{Sozialabgaben}) \cdot 100}{\text{Bruttoinlandsprodukt}}$
Staatsquote in %	allgemein: $\dfrac{\text{Staatsausgaben} \cdot 100}{\text{Bruttoinlandsprodukt}}$ im engeren Sinne: $\dfrac{C_{\text{Staat}} + I_{\text{Staat}}}{\text{Bruttoinlandsprodukt}}$ im weiteren Sinne: $\dfrac{C_{\text{Staat}} + I_{\text{Staat}} + Z + S}{\text{Bruttoinlandsprodukt}}$ C_{Staat} staatlicher Konsum I_{Staat} staatliche Investitionen Z Zinsausgaben des Staates S Ausgaben für Sozialtransfers und Subventionen
Sozialleistungsquote in %	$\dfrac{\text{Summe aller staatlichen Sozialleistungen} \cdot 100}{\text{Bruttoinlandsprodukt}}$
Terms of trade auf Güterbasis (Commodity Terms of Trade)	Die Terms of Trade geben Auskunft darüber, wie viel von einem konstruierten ausländischen Warenkorb gegen einen bestimmten Anteil des eigenen Warenkorbs getauscht werden kann. $\dfrac{\text{Preisindex der Exporte}}{\text{Preisindex der Importe}}$
Konsumquote in %	$\dfrac{\text{Konsumausgaben} \cdot 100}{\text{verfügbares Einkommen}}$
Investitionsquote in %	$\dfrac{\text{getätigte Gesamtinvestitionen} \cdot 100}{\text{Bruttoinlandsprodukt}}$
Sparquote in %	$\dfrac{\text{gespartes Einkommen} \cdot 100}{\text{verfügbares Einkommen}}$
Defizitquote in %	$\dfrac{\text{Nettoneuverschuldung} \cdot 100}{\text{Bruttoinlandsprodukt}}$
Schuldenquote in %	$\dfrac{\text{Summe der Staatsschulden} \cdot 100}{\text{Bruttoinlandsprodukt}}$

Hinweis: Die im Wirtschaftsteil aufgeführten Begriffe und Formeln zur Ermittlung bestimmter Maßzahlen werden in der Fachliteratur uneinheitlich dargestellt. Die hier angegebenen Definitionen stellen mögliche Ansätze dar.

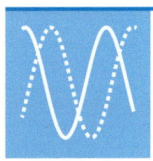

Physik

SI-Einheiten und Vorsätze

Basiseinheiten des Internationalen Einheitensystems (SI)

Name	Zeichen	Definition
Meter	m	**Das Meter** ist die Länge der Strecke, die Licht im Vakuum während der Dauer von $^1/_{299\,792\,458}$ Sekunde durchläuft.
Kilogramm	kg	**Das Kilogramm** ist die Masse des internationalen Kilogrammprototyps.
Sekunde	s	**Die Sekunde** ist die Dauer von 9 192 631 770 Perioden der Strahlung, die dem Übergang zwischen den beiden Hyperfeinstrukturniveaus des Grundzustandes von Atomen des Caesiumnuklids ^{133}Cs entspricht.
Ampere	A	**Das Ampere** ist die Stärke des zeitlich unveränderten elektrischen Stromes durch zwei geradlinige, parallele, unendlich lange Leiter von vernachlässigbarem Querschnitt, die den Abstand 1 m haben und zwischen denen die durch den Strom elektrodynamisch hervorgerufene Kraft im leeren Raum je 1 m Länge der Doppelleitung $2 \cdot 10^{-7}$ N beträgt.
Kelvin	K	**Das Kelvin** ist der 273,16te Teil der thermodynamischen Temperatur des Tripelpunktes von Wasser.
Mol	mol	**Das Mol** ist die Stoffmenge eines Systems, das aus ebenso vielen Einzelteilchen besteht, wie Atome in 0,012 kg des Kohlenstoffnuklids ^{12}C enthalten sind.
Candela	cd	**Die Candela** ist die Lichtstärke in einer bestimmten Richtung einer Strahlungsquelle, die monochromatische Strahlung der Frequenz $540 \cdot 10^{12}$ Hertz aussendet und deren Strahlstärke in dieser Richtung $^1/_{683}$ Watt durch Steradiant beträgt.

Vorsätze bei Einheiten

Vorsatz	Zeichen	Faktor, mit dem die Einheit multipliziert wird		
Exa	E	1 000 000 000 000 000 000	(10^{18})	(Trillion)
Peta	P	1 000 000 000 000 000	(10^{15})	(Billiarde)
Tera	T	1 000 000 000 000	(10^{12})	(Billion)
Giga	G	1 000 000 000	(10^{9})	(Milliarde)
Mega	M	1 000 000	(10^{6})	(Million)
Kilo	k	1 000	(10^{3})	(Tausend)
Hekto	h	100	(10^{2})	(Hundert)
Deka	da	10	(10^{1})	(Zehn)
Dezi	d	0,1	(10^{-1})	(Zehntel)
Zenti	c	0,01	(10^{-2})	(Hundertstel)
Milli	m	0,001	(10^{-3})	(Tausendstel)
Mikro	µ	0,000 001	(10^{-6})	(Millionstel)
Nano	n	0,000 000 001	(10^{-9})	(Milliardstel)
Pico	p	0,000 000 000 001	(10^{-12})	(Billionstel)
Femto	f	0,000 000 000 000 001	(10^{-15})	(Billiardstel)
Atto	a	0,000 000 000 000 000 001	(10^{-18})	(Trillionstel)

↗ Naturkonstanten
Eine Übersicht über wichtige Naturkonstanten befindet sich auf dem vorderen Vorsatz des Buches.

Mechanik – Größen, Einheiten, Werte

Größen und Einheiten der Mechanik und Akustik ↻ GTWK4513792-132-1

Größe	Formel-zeichen	Einheiten Name	Zeichen	Beziehungen zwischen unterschiedlichen Einheiten
Arbeit	W	Joule	J	$1\,\text{J} = 1\,\text{N} \cdot \text{m} = 1\,\dfrac{\text{kg} \cdot \text{m}^2}{\text{s}^2}$
		Newtonmeter	N · m	$1\,\text{N} \cdot \text{m} = 1\,\text{J}$
		Wattsekunde	W · s	$1\,\text{W} \cdot \text{s} = 1\,\text{J}$
		Kilowattstunde	kW · h	$1\,\text{kW} \cdot \text{h} = 3{,}6 \cdot 10^6\,\text{W} \cdot \text{s}$
		Elektronvolt	eV	$1\,\text{eV} = 1{,}6022 \cdot 10^{-19}\,\text{J}$
		Kalorie	cal	$1\,\text{cal} = 4{,}1868\,\text{J}$
Beschleunigung	a	Meter pro Quadratsekunde	$\dfrac{\text{m}}{\text{s}^2}$	
Dichte	ϱ	Kilogramm pro Kubikmeter	$\dfrac{\text{kg}}{\text{m}^3}$	$1\,\dfrac{\text{kg}}{\text{m}^3} = 0{,}001\,\dfrac{\text{g}}{\text{cm}^3}$
		Gramm pro Kubikzentimeter	$\dfrac{\text{g}}{\text{cm}^3}$	$1\,\dfrac{\text{g}}{\text{cm}^3} = 1\,\dfrac{\text{kg}}{\text{dm}^3} = 1\,\dfrac{\text{t}}{\text{m}^3}$
Drehimpuls	L	Newtonmetersekunde	N · m · s	$1\,\text{N} \cdot \text{m} \cdot \text{s} = 1\,\dfrac{\text{kg} \cdot \text{m}^2}{\text{s}}$
Drehmoment	M	Newtonmeter	N · m	$1\,\text{N} \cdot \text{m} = 1\,\dfrac{\text{kg} \cdot \text{m}^2}{\text{s}^2}$
Drehzahl	n	Eins pro Sekunde	$\dfrac{1}{\text{s}}$	$\dfrac{1}{\text{s}} = 60\,\dfrac{1}{\text{min}}$
Druck	p	Pascal	Pa	$1\,\text{Pa} = 1\,\dfrac{\text{N}}{\text{m}^2} = 1\,\dfrac{\text{kg}}{\text{m} \cdot \text{s}^2}$
		Bar	bar	$1\,\text{bar} = 100\,000\,\text{Pa} = 10^5\,\text{Pa}$
		Atmosphäre	at	$1\,\text{at} = 98{,}1 \cdot 10^3\,\text{Pa}$
		Torr	Torr	$1\,\text{Torr} = 133{,}3\,\text{Pa}$
		mm Quecksilbersäule	mm Hg	$1\,\text{mm Hg} = 1\,\text{Torr} = 133{,}3\,\text{Pa}$
Energie	E	Joule	J	$1\,\text{J} = 1\,\text{N} \cdot \text{m} = 1\,\dfrac{\text{kg} \cdot \text{m}^2}{\text{s}^2}$
		Newtonmeter	N · m	$1\,\text{N} \cdot \text{m} = 1\,\text{J}$
		Wattsekunde	W · s	$1\,\text{W} \cdot \text{s} = 1\,\text{J}$
		Kilowattstunde	kW · h	$1\,\text{kW} \cdot \text{h} = 3{,}6 \cdot 10^6\,\text{W} \cdot \text{s}$
		Elektronvolt	eV	$1\,\text{eV} = 1{,}6022 \cdot 10^{-19}\,\text{J}$
		Kalorie	cal	$1\,\text{cal} = 4{,}1868\,\text{J}$
Federkonstante	D, k	Newton pro Meter	$\dfrac{\text{N}}{\text{m}}$	$1\,\dfrac{\text{N}}{\text{m}} = 1\,\dfrac{\text{kg}}{\text{s}^2}$
Fläche, Flächeninhalt	A	Quadratmeter	m²	$1\,\text{m}^2 = 1\,\text{m} \cdot 1\,\text{m}$
		Ar	a	$1\,\text{a} = 100\,\text{m}^2 = 10^2\,\text{m}^2$
		Hektar	ha	$1\,\text{ha} = 10\,000\,\text{m}^2 = 10^4\,\text{m}^2$
Frequenz	f	Hertz	Hz	$1\,\text{Hz} = \dfrac{1}{\text{s}}$
Geschwindigkeit	v	Meter pro Sekunde	$\dfrac{\text{m}}{\text{s}}$	$1\,\dfrac{\text{m}}{\text{s}} = 3{,}6\,\dfrac{\text{km}}{\text{h}}$
		Kilometer pro Stunde	$\dfrac{\text{km}}{\text{h}}$	$1\,\dfrac{\text{km}}{\text{h}} = \dfrac{1}{3{,}6}\,\dfrac{\text{m}}{\text{s}}\ \left(\approx 28\,\dfrac{\text{cm}}{\text{s}}\right)$

Größen und Einheiten der Mechanik und Akustik

Größe	Symbol	Einheit	Einheitenzeichen	Beziehung
Impuls	p	Kilogrammmeter pro Sekunde (= Newtonsekunde)	$\dfrac{kg \cdot m}{s}$	$1 \dfrac{kg \cdot m}{s} = 1\,N \cdot s$
Kraft	F	Newton	N	$1\,N = 1\dfrac{kg \cdot m}{s^2}$
Kraftstoß	I	Newtonsekunde	$N \cdot s$	$1\,N \cdot s = 1\dfrac{kg \cdot m}{s}$
Länge	l	**Meter**	**m**	**Basiseinheit**
		Dezimeter	dm	$1\,dm = 0{,}1\,m$
		Zentimeter	cm	$1\,cm = 10^{-2}\,m$
		astronomische Einheit	AE	$1\,AE = 1{,}496 \cdot 10^{11}\,m$
		Lichtjahr	Lj, ly	$1\,Lj = 9{,}461 \cdot 10^{15}\,m$
		Parsec	pc	$1\,pc = 3{,}086 \cdot 10^{16}\,m$
		Seemeile	sm	$1\,sm = 1852\,m$
		Ångström	Å	$1\,Å = 10^{-10}\,m$
Lautstärkepegel	L_N	Phon	phon	
Leistung, Energiestrom	P	Watt	W	$1\,W = 1\dfrac{J}{s} = 1\dfrac{N \cdot m}{s} = 1\dfrac{kg \cdot m^2}{s^3}$
		Pferdestärke	PS	$1\,PS = 735{,}5\,W$
Masse	m	**Kilogramm**	**kg**	**Basiseinheit**
		Tonne	t	$1\,t = 10^3\,kg$
		Karat	Kt	$1\,Kt = 0{,}2\,g$
		atomare Masseneinheit	u	$1\,u = 1{,}660\,539 \cdot 10^{-27}\,kg$
Schalldruckpegel	L_P	Dezibel	dB	
Schallintensität	I	Watt pro Quadratmeter	$\dfrac{W}{m^2}$	$1\dfrac{W}{m^2} = 1\dfrac{kg}{s^3}$
Schwingungsdauer, Periodendauer	T	Sekunde	s	
Trägheitsmoment	J	Kilogramm mal Quadratmeter	$kg \cdot m^2$	
Volumen	V	Kubikmeter	m^3	$1\,m^3 = 1\,m \cdot 1\,m \cdot 1\,m$
		Liter	l	$1\,l = 1\,dm^3 = 10^{-3}\,m^3$
Weg	s	Meter	m	(siehe Länge)
Winkel – ebener Winkel – Drehwinkel	α, β, γ φ	Radiant	rad	$1\,rad = 57{,}3°;\ \pi\,rad = 180°$
		Grad	°	$1° = 60'$
		Minute	'	$1' = 60''$
		Sekunde	''	$1'' = \dfrac{1}{60}' = \dfrac{1}{3600}°$
Winkelbeschleunigung	α	Radiant pro Quadratsekunde	$\dfrac{rad}{s^2}$	$1\dfrac{rad}{s^2} = \dfrac{1}{s^2}$
Winkelgeschwindigkeit	ω	Radiant pro Sekunde	$\dfrac{rad}{s}$	$1\dfrac{rad}{s} = \dfrac{1}{s}$
Wirkungsgrad	η	–	1 oder %	$1 \triangleq 100\,\%$
Zeit	t	**Sekunde**	**s**	**Basiseinheit**
		Minute	min	$1\,min = 60\,s$
		Stunde	h	$1\,h = 60\,min = 3600\,s$
		Tag	d	$1\,d = 24\,h = 1440\,min = 86\,400\,s$
		Jahr	a	$1\,a = 31\,556\,926\,s \approx 365{,}242\,d$

Dichte ausgewählter Stoffe

Stoff	Dichte ϱ in $\frac{g}{cm^3}$	Stoff	Dichte ϱ in $\frac{g}{cm^3}$	Stoff	Dichte ϱ in $\frac{g}{cm^3}$
Feste Stoffe (bei 25 °C, falls nicht anders angegeben)					
Aluminium	2,70	Gold	19,3	Lehm	1,5 … 1,8
Beton	2,3	Graphit	2,26	Magnesium	1,74
Blei	11,34	Hartgummi	1,2 … 1,8	Papier	0,7 … 1,2
Diamant	3,51	Holz (Eiche)	0,5 … 1,3	Porzellan	2,2 … 2,4
Eis (bei 0 °C)	0,917	Holz (Kiefer)	0,3 … 0,7	Silber	10,50
Eisen	7,86	Konstantan	8,8	Stahl	7,8
Glas (Fensterglas)	2,4 … 2,6	Kork	0,2 … 0,35	Zink	7,14
Glas (Quarzglas)	2,20	Kupfer	8,96	Zinn	7,28
Flüssigkeiten (bei 25 °C)					
Aceton	0,79	Ethanol	0,79	Schwefelsäure (50%)	1,397
Benzin	0,68 … 0,72	Glycerin	1,26	Spiritus	0,83
Dieselkraftstoff	0,84	Petroleum	0,76	Wasser (destilliert)	1,0
Erdöl	0,7 … 0,9	Quecksilber	13,53	Meerwasser	1,02
Gase (bei 0 °C)					
Helium	0,000 84	Luft	0,001 29	Stickstoff	0,001 25
Kohlenstoffdioxid	0,001 98	Sauerstoff	0,001 43	Wasserstoff	0,000 09

Abhängigkeit der Dichte ϱ des Wassers von der Temperatur ϑ (Dichteanomalie des Wassers)

ϑ in °C	ϱ in $\frac{g}{cm^3}$	ϑ in °C	ϱ in $\frac{g}{cm^3}$	ϑ in °C	ϱ in $\frac{g}{cm^3}$	ϑ in °C	ϱ in $\frac{g}{cm^3}$	ϑ in °C	ϱ in $\frac{g}{cm^3}$
0	0,999 841	3	0,999 965	6	0,999 941	9	0,999 782	12	0,999 498
1	0,999 900	4	0,999 973	7	0,999 902	10	0,999 701	13	0,999 377
2	0,999 941	5	0,999 965	8	0,999 849	11	0,999 606	14	0,999 244

Reibungszahlen (Richtwerte)

Werkstoff	Haftreibungszahl μ_H	Gleitreibungszahl μ_{Gl}	Rollreibungszahl μ_{Ro}
Stahl auf Stahl	0,15	0,03 bis 0,09	0,006 (Stahlreifen auf Schienen)
Stahl auf Eis	0,03	0,01	
Gummireifen auf Asphalt	< 0,9 bei Trockenheit < 0,5 bei Nässe	< 0,3 bei Trockenheit < 0,15 bei Nässe	< 0,02
Gummireifen auf Beton	< 1 bei Trockenheit < 0,6 bei Nässe	< 0,5 bei Trockenheit < 0,3 bei Nässe	0,04
Holz auf Holz	0,5 bis 0,65	0,2 bis 0,4	
Leder auf Metall (Dichtungen)	0,6	0,25	

Geräusche und Lautstärkepegel

Geräusch	Lautstärkepegel in phon	Empfinden	Wirkung auf den Menschen
Normales Atmen	10	ruhig	
Blätterrauschen, Flüstern	20		
Ticken eines Weckers	30	leise	
Leise Unterhaltung, leises Radio	40		Schlafstörungen
Normale Umgangssprache	50		Konzentrationsstörungen
Laute Unterhaltung	60	laut	Kommunikationsstörungen
Normaler Verkehrslärm, Rasenmäher	70		
Lebhafter Straßenverkehr	80		
Kreissäge, Moped	90	sehr laut	Gehörschäden ab 40 h pro Woche
Presslufthammer	100		
Rockband, Disco	110		Gehörschädigungen in kurzer Zeit
Düsentriebwerk	120	schmerzhaft	
Kanonenschlag (1 m Entfernung)	130		Schmerzschwelle
Startender Düsenjäger (30 m Entfernung)	140		

Schallgeschwindigkeiten

(Richtwerte für 20 °C und Normdruck 101,3 kPa, falls nicht anders angegeben)

Feste Stoffe	v in m/s
Aluminium	5 100
Beton	3 800
Blei	1 300
Eis bei −4 °C	3 230
Glas	4 000 bis 5 000
Gummi	40
Kupfer	3 900
Stahl	5 100
Ziegelmauerwerk	3 600

Flüssigkeiten und Gase	v in m/s
Benzin	1 160
Wasser bei 4 °C	1 400
Wasser bei 20 °C	1 484
Kohlenstoffdioxid	260
Luft bei 0 °C	331
Luft bei 10 °C	337
Luft bei 20 °C	343
Luft bei 30 °C	349
Wasserstoff	1 280

Widerstandsbeiwerte c_w einiger Körper (Kreisscheibe: $c_w = 1$)

Körper	c_w
Hohlhalbkugel – Strömung zur Höhlung – Strömung zur Wölbung	1,4 0,3 … 0,4
Stromlinienkörper – Strömung zur Spitze – Strömung zur Wölbung	0,2 < 0,1

Körper	c_w
Kugel	0,45
Pkw (geschlossen)	≈ 0,3
Rennwagen	0,15 … 0,2
Fallschirm	1,4

Mechanik – Formeln und Gesetze

Geradlinige Bewegungen

Gleichförmige geradlinige Bewegung	$s = v \cdot t + s_0; \quad v = \dfrac{\Delta s}{\Delta t}; \quad a = 0$	s — Weg v — Geschwindigkeit t — Zeit s_0 — Anfangsweg bei $t = 0$ a — Beschleunigung v_0 — Anfangsgeschwindigkeit bei $t = 0$ g — Fallbeschleunigung $g = 9{,}81\,\text{m} \cdot \text{s}^{-2}$
Gleichmäßig beschleunigte geradlinige Bewegung	$s = \dfrac{a}{2} \cdot t^2 + v_0 \cdot t + s_0$ $v = a \cdot t + v_0; \quad a = \dfrac{\Delta v}{\Delta t} = \text{konst.}$ Bei der Bedingung $s_0 = 0$ und $v_0 = 0$ gilt: $s = \dfrac{a}{2} \cdot t^2; \quad v = a \cdot t; \quad v = \sqrt{2\,a \cdot s}; \quad a = \dfrac{v}{t}$ Für den freien Fall gilt: $s = \dfrac{g}{2} \cdot t^2; \quad v = g \cdot t; \quad v = \sqrt{2\,g \cdot s}$	
Ungleichmäßig beschleunigte geradlinige Bewegung	**Momentangeschwindigkeit** $\quad v = \dfrac{ds}{dt} = \dot{s}$ **Momentanbeschleunigung** $\quad a = \dfrac{dv}{dt} = \dot{v} = \dfrac{d^2 s}{dt^2} = \ddot{s}$ **Weg-Zeit-Gesetz** $\quad s = s_0 + \int_{t_0}^{t} v(t)\,dt$ **Geschwindigkeit-Zeit-Gesetz** $\quad v = v_0 + \int_{t_0}^{t} a(t)\,dt$	$s = s(t)$ — Weg-Zeit-Funktion $v = v(t)$ — Geschwindigkeit-Zeit-Funktion

Gleichförmige Kreisbewegung

Geschwindigkeit	$v = \dfrac{2\pi \cdot r}{T} = 2\pi \cdot r \cdot n = \omega \cdot r$	r — Kreisradius T — Umlaufzeit n — Drehzahl ω — Winkelgeschwindigkeit
Radialbeschleunigung (Zentripetalbeschleunigung)	$a_r = \dfrac{v^2}{r} = \omega^2 \cdot r$ $a_r = \dfrac{4\pi^2 \cdot r}{T^2}$	

Bewegungsgesetze der Rotation

Gleichförmige Rotation	Drehwinkel: $\quad \varphi = \omega \cdot t + \varphi_0$ Winkelgeschwindigkeit: $\quad \omega = \dfrac{v}{r} = \text{konst.}$ $\quad \omega = \dfrac{\Delta \varphi}{\Delta t} = \dfrac{2\pi}{T} = 2\pi \cdot n$ Winkelbeschleunigung: $\quad \alpha = 0$	φ — Drehwinkel ω — Winkelgeschwindigkeit α — Winkelbeschleunigung n — Drehzahl v — Geschwindigkeit a — Beschleunigung r — Radius
Gleichmäßig beschleunigte Rotation	Drehwinkel: $\varphi = \dfrac{\alpha}{2} \cdot t^2 + \omega_0 \cdot t + \varphi_0$ $\varphi = \dfrac{\alpha}{2} \cdot t^2 = \dfrac{\omega \cdot t}{2} \quad (\omega_0 = 0;\ \varphi_0 = 0)$ Winkelgeschwindigkeit: $\omega = \alpha \cdot t + \omega_0$ $\omega = \alpha \cdot t \quad (\text{für } \omega_0 = 0)$ Winkelbeschleunigung: $\alpha = \dfrac{a}{r} = \text{konst.} \neq 0$ $\alpha = \dfrac{\Delta \omega}{\Delta t}$	

Zusammensetzung von Geschwindigkeiten (gilt analog für Kräfte)

$\vec{v_1}$ und $\vec{v_2}$ sind gleich gerichtet	$\vec{v_1}$ und $\vec{v_2}$ sind entgegengesetzt gerichtet	$\vec{v_1}$ und $\vec{v_2}$ stehen senkrecht aufeinander	$\vec{v_1}$ und $\vec{v_2}$ bilden einen beliebigen Winkel α miteinander
$v_R = v_1 + v_2$	$v_R = |v_1 - v_2|$	$v_R = \sqrt{v_1^2 + v_2^2}$	$v_R = \sqrt{v_1^2 + v_2^2 + 2\, v_1 \cdot v_2 \cdot \cos \alpha}$

Die **resultierende Geschwindigkeit** ist in allen Fällen $\vec{v} = \vec{v_1} + \vec{v_2}$.

Wurfbewegungen ↻ GTWK4513792-137-1

Senkrechter Wurf	Der Körper wird mit der Anfangsgeschwindigkeit v_0 senkrecht nach oben ($v_0 > 0$) bzw. senkrecht nach unten ($v_0 < 0$) geworfen. Geschwindigkeit-Zeit-Gesetz: $\quad$ Weg-Zeit-Gesetz: $v = v_0 - g \cdot t \qquad\qquad\qquad y = y_0 + v_0 \cdot t - \dfrac{g}{2} \cdot t^2$ **Für $v_0 > 0$ gilt:** Steigzeit: $t_h = \dfrac{v_0}{g}$; Steighöhe: $s_h = \dfrac{v_0^2}{2g}$ (g ist die Fallbeschleunigung)
Waagerechter Wurf	Weg-Zeit-Gesetz: $x = v_0 \cdot t$; $y = -\dfrac{g}{2} \cdot t^2$ Geschwindigkeit-Zeit-Gesetz: $v = \sqrt{v_0^2 + g^2 \cdot t^2}$ Wurfparabel: $y = -\dfrac{g}{2\, v_0^2} \cdot x^2$
Schräger Wurf	Bei einer Anfangsgeschwindigkeit $v_0 > 0$, einem Abwurfwinkel α (gemessen gegen die Horizontale) und dem Koordinatenursprung (0; 0) als Ort des Abwurfs gilt: Weg-Zeit-Gesetz: $x = v_0 \cdot t \cdot \cos\alpha$; $y = -\dfrac{g}{2} \cdot t^2 + v_0 \cdot t \cdot \sin\alpha$ Geschwindigkeit-Zeit-Gesetz: $v = \sqrt{v_0^2 + g^2 \cdot t^2 - 2 v_0 \cdot g \cdot t \cdot \sin\alpha}$ Wurfparabel: $y = -\dfrac{g}{2\, v_0^2 \cdot \cos^2\alpha} \cdot x^2 + \tan\alpha \cdot x$ Wurfweite: $s_w = \dfrac{v_0^2 \cdot \sin 2\alpha}{g} \qquad\qquad$ Wurfhöhe: $s_h = \dfrac{v_0^2 \cdot \sin^2\alpha}{2g}$

Newton'sche Gesetze

1. Newton'sches Gesetz: **Trägheitssatz**	Ist die Summe der auf einen Körper wirkenden Kräfte null, so bleibt er in Ruhe oder er bewegt sich geradlinig mit konstanter Geschwindigkeit. $\vec{v}$ = konst. bei $\vec{F} = 0$
2. Newton'sches Gesetz: **Grundgleichung der Mechanik**	Für die Kraft $\vec{F}$, die auf einen Körper der konstanten Masse m wirkt, und die Beschleunigung $\vec{a}$, die der Körper dabei erfährt, gilt: $\vec{F} = m \cdot \vec{a}$ $\quad$ (Kraft = Masse mal Beschleunigung)
3. Newton'sches Gesetz: **Wechselwirkungsgesetz**	Zu jeder Kraft, die ein Körper auf einen zweiten Körper ausübt, gehört eine ihr entgegengesetzt wirkende gleich große Gegenkraft, mit der der zweite Körper auf den ersten wirkt: $\vec{F_1} = -\vec{F_2}$ („Actio gleich Reactio")

Kräfte in der Mechanik

Gewichtskraft F_G	$F_G = m \cdot g$		m	Masse; $\quad g$ Fallbeschleunigung
Reibungskraft	Reibungskraft: $F_R = \mu \cdot F_N$ Rollreibungskraft: $F_{Ro} = \mu_{Ro} \cdot F_N$		F_N μ μ_{Ro} r	Normalkraft Reibungszahl Rollreibungszahl Radius des rollenden Körpers
Radialkraft F_r (Zentripetalkraft)	$F_r = \dfrac{m \cdot v^2}{r} = m \cdot a_r$ $F_r = m \cdot \dfrac{4\pi^2 \cdot r}{T^2}$ $= m \cdot \omega^2 \cdot r$		m v r a_r T ω	Masse Geschwindigkeit Radius Radialbeschleunigung (Zentripetalbeschleunigung) Umlaufzeit Winkelgeschwindigkeit
Federspannkraft F_S (Hooke'sches Gesetz)	$F_S = D \cdot s$		D s	Federkonstante Verlängerung der Feder
Auftriebskraft F_A	$F_A = \varrho \cdot V \cdot g$	ϱ V	Dichte der Flüssigkeit/des Gases Volumen des Körpers; $\quad g$ Fallbeschleunigung	

Kraftumformende Einrichtungen

Goldene Regel der Mechanik	Für kraftumformende Einrichtungen gilt: $F_1 \cdot s_1 = F_2 \cdot s_2$ „Was man an Kraft spart, muss man an Weg zusetzen."
Kraftumformende Einrichtungen	Anwendung der „Goldenen Regel" auf spezielle kraftumformende Einrichtungen: **feste Rolle:** $F_{Zug} = F_{Hub}$; $s_{Zug} = s_{Hub}$ $\qquad$ **lose Rolle:** $F_{Zug} = \dfrac{F_{Hub}}{2}$; $s_{Zug} = 2 \cdot s_{Hub}$ **Flaschenzug:** $F_{Zug} = \dfrac{F_{Hub}}{n}$; $\quad s_{Zug} = n \cdot s_{Hub}$ $\qquad$ (n = Anzahl der tragenden Seilstücke) **Hebel (im Gleichgewicht):** $F_1 \cdot l_1 = F_2 \cdot l_2$ („Kraft · Kraftarm = konst.") (F_1, F_2 = am Hebel angreifende Kräfte; l_1, l_2 = Längen der Kraftarme) **schiefe (geneigte) Ebene:** $\dfrac{F_H}{F_G} = \sin \alpha$ $\qquad$ (F_H Hangabtriebskraft: F_G Gewichtskraft; α Anstiegswinkel der schiefen Ebene)

Rotation starrer Körper

Drehmoment M	$\vec{M} = \vec{r} \times \vec{F}$ Unter der Bedingung $\vec{r} \perp \vec{F}$ gilt: $M = F \cdot r$	F r m α ω	Kraft Radius Masse Winkelbeschleunigung Winkelgeschwindigkeit
Trägheitsmoment J	$J = \int r^2 \, dm$		
Grundgesetz der Dynamik für die Rotation	$\vec{M} = J \cdot \vec{\alpha}$		

Trägheitsmomente einiger Körper

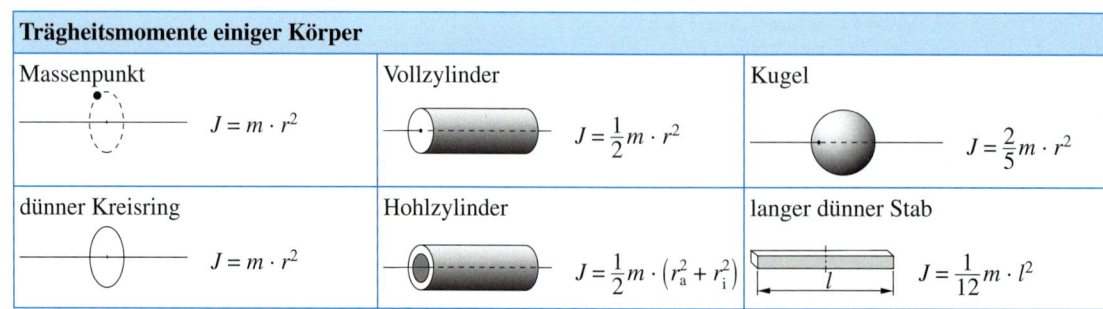

Massenpunkt	Vollzylinder	Kugel
$J = m \cdot r^2$	$J = \dfrac{1}{2} m \cdot r^2$	$J = \dfrac{2}{5} m \cdot r^2$
dünner Kreisring	Hohlzylinder	langer dünner Stab
$J = m \cdot r^2$	$J = \dfrac{1}{2} m \cdot (r_a^2 + r_i^2)$	$J = \dfrac{1}{12} m \cdot l^2$

Zusammenhang zwischen Größen der Translation und der Rotation

Translation	Zusammenhang	Rotation
Weg s	$s = \varphi \cdot r$	Winkel φ
Geschwindigkeit v	$v = \omega \cdot r$	Winkelgeschwindigkeit ω
Beschleunigung a	$a = \alpha \cdot r$	Winkelbeschleunigung α
Kraft F	$\vec{M} = \vec{r} \times \vec{F}$ $M = r \cdot F$ (für $\vec{r} \perp \vec{F}$)	Drehmoment M
Masse m	$J = \int r^2 \, dm$	Trägheitsmoment J
	$\vec{F} = m \cdot \vec{a}$ Grundgesetz der Dynamik $\vec{M} = J \cdot \vec{\alpha}$	

Mechanik der Flüssigkeiten und Gase

Druck	$p = \dfrac{F}{A}$ („Druck = Kraft pro Fläche") (Bedingung: Die Kraft wirkt senkrecht zur Fläche.) Speziell für den **hydrostatischen Druck** (Schweredruck in Flüssigkeiten) gilt: $p = \dfrac{F_G}{A} = \varrho \cdot g \cdot h$ (ϱ Dichte der Flüssigkeit; g Fallbeschleunigung; h Höhe der Flüssigkeitssäule über dem Messpunkt)	
Barometrische Höhenformel	$p = p_0 \cdot e^{-\varrho_0 \cdot g \cdot \frac{h}{p_0}}$	ϱ_0 Dichte der Luft bei 0 °C und 101,325 kPa p_0 Luftdruck in 0 m Höhe
Hydraulische Anlagen	$\dfrac{F_P}{F_A} = \dfrac{A_P}{A_A}$ Bedingung: Vernachlässigung der Reibung	F_P Kraft am Pumpenkolben A_P Fläche des Pumpenkolbens F_A Kraft am Arbeitskolben A_A Fläche des Arbeitskolbens
Stationäre Strömung	$\dfrac{A_1}{A_2} = \dfrac{v_2}{v_1}$	A_1, A_2 Querschnittsflächen v_1, v_2 Geschwindigkeiten der Strömung
Strömungswiderstandskraft	$F_w = \dfrac{1}{2} c_w \cdot \varrho \cdot v^2 \cdot A$	c_w Widerstandsbeiwert ϱ Dichte des strömenden Stoffes A Querschnittsfläche des umströmten Körpers v Strömungsgeschwindigkeit ($\vec{v}$ senkrecht zu A)
Auftrieb	Auftriebskraft: $F_A = \varrho \cdot V \cdot g$ (archimedisches Prinzip)	V Volumen des verdrängten Mediums ϱ Dichte des Mediums; g Fallbeschleunigung
	Sinken: $F_G > F_A$ Schweben: $F_G = F_A$ Steigen: $F_G < F_A$ Schwimmen: $F_G = F_A$	

Mechanische Energie

Potenzielle Energie (Lageenergie)	im erdnahen Gravitationsfeld: $E_{pot} = F_G \cdot h = m \cdot g \cdot h$ einer gespannten Feder: $E_{pot} = \dfrac{1}{2} F_E \cdot s = \dfrac{1}{2} D \cdot s^2$	m Masse eines Körpers h Höhe des Körpers über dem Bezugspunkt g Fallbeschleunigung D Federkonstante (Federhärte) s Dehnung der Feder
Kinetische Energie (Bewegungsenergie)	für Translation: $E_{kin} = \dfrac{1}{2} m \cdot v^2$ für Rotation: $E_{kin} = \dfrac{1}{2} J \cdot \omega^2$	v Geschwindigkeit des Körpers J Trägheitsmoment ω Winkelgeschwindigkeit
Energieerhaltungssatz der Mechanik	In einem abgeschlossenen reibungsfreien mechanischen System gilt: $E_{ges} = E_{kin} + E_{pot} =$ konst.	

Mechanische Arbeit

Mechanische Arbeit W	$W = \int_{s_1}^{s_2} F(s)\,ds$ wenn $F \neq$ konst.; $\sphericalangle(\vec{F};\vec{s}) = 0$ $W = F \cdot s$ wenn $F =$ konst.; $\sphericalangle(\vec{F};\vec{s}) = 0$ $W = F \cdot s \cdot \cos\alpha$ wenn $F =$ konst.; $\sphericalangle(\vec{F};\vec{s}) = \alpha$	F Kraft s Weg (bzw. Dehnung der Feder bzw. Hubhöhe bzw. …) F_G Gewichtskraft m Masse
Hubarbeit W_{Hub}	$W_{Hub} = F_G \cdot s = m \cdot g \cdot s = \Delta E_{pot}$	g Fallbeschleunigung F_R Reibungskraft
Reibungsarbeit W_R	$W_R = F_R \cdot s$	F_B beschleunigende Kraft
Beschleunigungs-arbeit W_B	$W_B = F_B \cdot s = m \cdot a \cdot s = \Delta E_{kin}$	a Beschleunigung F_E Kraft am Ende des Spannvorgangs
Federspannarbeit W_F	$W_F = \frac{1}{2}F_E \cdot s$ $W_F = \frac{1}{2}D \cdot s^2 = \Delta E_{pot}$ (Bedingung: Es gilt das Hooke'sche Gesetz.)	D Federkonstante

Impuls und Drehimpuls

Impuls $\vec{p}$	$\vec{p} = m \cdot \vec{v}$	v Geschwindigkeit
Kraftstoß $\vec{I}$ und Impulsänderung	$\vec{I} = \vec{F} \cdot \Delta t = \Delta\vec{p}$	m Masse Δt Zeitdauer F Kraft
Drehimpuls L	$\vec{L} = J \cdot \vec{\omega}$	J Trägheitsmoment
Drehmoment und Drehimpulsänderung	$\Delta\vec{L} = \vec{M} \cdot \Delta t = \Delta\vec{p}$	ω Winkelgeschwindigkeit M Drehmoment
Impulserhaltungssatz	In einem abgeschlossenen mechanischen System gilt: $\vec{p} = \sum_{i=1}^{n} \vec{p}_i =$ konst.	
Drehimpulserhaltungssatz	Wirken auf ein mechanisches System keine äußeren Drehmomente, dann gilt: $\vec{L} = \sum_{i=1}^{n} \vec{L}_i =$ konst.	

Elastischer Stoß (vollkommen, gerade, zentral) ↻ GTWK4513792-140-1

Impuls	$m_1 \cdot \vec{v}_1 + m_2 \cdot \vec{v}_2 = m_1 \cdot \vec{u}_1 + m_2 \cdot \vec{u}_2$	m_1, m_2 Massen der Körper
Energie	$E_{kin,a} = E_{kin,e};$ $\Delta E_{kin} = 0$	v_1, v_2 Geschwindigkeiten der Körper vor dem Stoß
Geschwindigkeiten nach dem Stoß	$u_1 = \dfrac{(m_1 - m_2)v_1 + 2m_2 \cdot v_2}{m_1 + m_2}$ $u_2 = \dfrac{(m_2 - m_1)v_2 + 2m_1 \cdot v_1}{m_1 + m_2}$ $v_1 + u_1 = v_2 + u_2$	u_1, u_2 Geschwindigkeiten der Körper nach dem Stoß $E_{kin,a}$ Energie vor dem Stoß $E_{kin,e}$ Energie nach dem Stoß

Unelastischer Stoß (vollkommen, gerade, zentral)

Impuls	$m_1 \cdot \vec{v}_1 + m_2 \cdot \vec{v}_2 = (m_1 + m_2)\vec{u}$	m_1, m_2 Massen der Körper
Energie	$E_{kin,a} > E_{kin,e}$ $\Delta E_{kin} = \frac{1}{2}(m_1 \cdot v_1^2 + m_2 \cdot v_2^2) - \frac{1}{2}(m_1 + m_2) \cdot u^2$ $\Delta E_{kin} = \dfrac{m_1 \cdot m_2}{2(m_1 + m_2)} \cdot (v_1 - v_2)^2$	v_1, v_2 Geschwindigkeiten der Körper vor dem Stoß u Geschwindigkeit der Körper nach dem Stoß
Geschwindigkeit nach dem Stoß	$u = \dfrac{m_1 \cdot v_1 + m_2 \cdot v_2}{m_1 + m_2}$	$E_{kin,a}, E_{kin,e}$ Energie vor bzw. nach dem Stoß

Mechanische Leistung und Wirkungsgrad

Leistung P, Energiestrom	$P = \dfrac{dW}{dt}; \quad P = \dfrac{W}{t}; \quad P = \dfrac{dE}{dt}$ $P = \dfrac{F \cdot s}{t} = F \cdot v$ (v und F konst.)	W verrichtete Arbeit E übertragene/umgewandelte Energie t Zeit $\quad F$ Kraft s Weg $\quad v$ Geschwindigkeit
Wirkungsgrad η	$\eta = \dfrac{E_{ab}}{E_{zu}}; \quad \eta = \dfrac{W_{ab}}{W_{zu}}; \quad \eta = \dfrac{P_{ab}}{P_{zu}}$ Gesamtwirkungsgrad einer Anordnung: $\eta = \eta_1 \cdot \eta_2 \cdot \ldots \cdot \eta_n$	E_{ab}, W_{ab}, P_{ab} Beträge der abgegebenen, nutzbaren Energie, Arbeit, Leistung E_{zu}, W_{zu}, P_{zu} zugeführte, aufgewandte Energie, Arbeit, Leistung

Gravitation

Gravitationsgesetz, Gravitationskraft F	$F = G \cdot \dfrac{m_1 \cdot m_2}{r^2}$	G Gravitationskonstante m_1, m_2 Massen der Körper r Abstand der beiden Massenmittelpunkte r_1, r_2 Abstände g Gravitationsfeldstärke $G = 6{,}673 \cdot 10^{-11}\, \mathrm{m^3/(kg \cdot s^2)}$
Arbeit W_G im Gravitationsfeld	$W_G = G \cdot m \cdot M \cdot \left(\dfrac{1}{r_1} - \dfrac{1}{r_2} \right)$ In der Nähe der Erdoberfläche gilt: $W_G = m \cdot g \cdot h$	
Energie E_{pot} eines Körpers im Gravitationsfeld der Erde	$E_{pot} = - G \cdot \dfrac{m_E \cdot m}{r}$ (für $r > r_E$)	m_E Masse der Erde m Masse des Körpers r Abstand des Körpers vom Erdmittelpunkt r_E Radius der Erde
Potential V im Gravitationsfeld der Erde	$V = \dfrac{E_{pot}}{m} = - G \cdot \dfrac{m_E}{r}$	
Gravitationsfeldstärke g der Erde	$g = G \cdot \dfrac{m_E}{r^2}$ (für $r > r_E$)	m_E Masse der Erde r Abstand vom Erdmittelpunkt r_E Radius der Erde

Mechanische Schwingungen

Schwingungsdauer T (Periodendauer)	$T = \dfrac{t}{n}; \quad T = \dfrac{1}{f}$	n Anzahl der Schwingungen t Zeit f Frequenz ω Kreisfrequenz T Periodendauer
Frequenz f	$f = \dfrac{n}{t}; \quad f = \dfrac{1}{T}$	
Kreisfrequenz ω	$\omega = 2\pi \cdot f; \quad \omega = \dfrac{2\pi}{T}$	
Harmonische Schwingung	**Weg-Zeit-Gesetz:** $y = y_{max} \cdot \sin(\omega \cdot t + \varphi_0)$ **Geschwindigkeit-Zeit-Gesetz:** $v = \dfrac{dy}{dt} = \dot{y} \quad v = y_{max} \cdot \omega \cdot \cos(\omega \cdot t + \varphi_0)$ **Beschleunigung-Zeit-Gesetz:** $a = \dfrac{dv}{dt} = \dfrac{d^2 y}{dt^2} = \ddot{y} \quad a = -y_{max} \cdot \omega^2 \cdot \sin(\omega \cdot t + \varphi_0)$	ω Kreisfrequenz T Periodendauer y Auslenkung y_{max} Amplitude φ_0 Phasenwinkel v Geschwindigkeit a Beschleunigung δ Abklingkoeffizient
Gedämpfte Schwingung	**Weg-Zeit-Gesetz:** $y = -y_{max} \cdot e^{-\delta \cdot t} \cdot \sin(\omega \cdot t + \varphi_0)$	
Schwingungsdauer T eines Fadenpendels	Für kleine ($< 5°$) Auslenkungen gilt: $T = 2\pi \cdot \sqrt{\dfrac{l}{g}}$	l Länge des Pendels g Fallbeschleunigung ($g = 9{,}81\, \mathrm{m \cdot s^{-2}}$)
Schwingungsdauer T eines Federpendels	$T = 2\pi \cdot \sqrt{\dfrac{m}{D}}$	m Masse des Körpers D Federkonstante

Akustische Schwingungen

Frequenz f einer schwingenden Saite (für den Grundton)	$f = \dfrac{1}{2l}\sqrt{\dfrac{F}{\varrho \cdot A}}$		F	Spannkraft der Saite
			ϱ	Dichte des Saitenmaterials
Frequenz f einer Pfeife (für den Grundton)	offene Pfeife $f = \dfrac{c}{2l}$	geschlossene Pfeife $f = \dfrac{c}{4l}$	A	Querschnitt der Saite
			l	Länge der Saite bzw. Länge der schwingenden Luftsäule
			λ	Wellenlänge der entstehenden Schallwelle
			c	Schallgeschwindigkeit in Luft

Mechanische Wellen

Ausbreitungsgeschwindigkeit c	$c = \lambda \cdot f$	λ	Wellenlänge
		f	Frequenz
Wellengleichung	$y = y_{max} \cdot \sin\left(2\pi\left(\dfrac{t}{T} - \dfrac{x}{\lambda}\right)\right)$	y	Auslenkung
		y_{max}	Amplitude
		t	Zeit
		T	Periodendauer, Schwingungsdauer
		x	Ort
Schallgeschwindigkeit in festen Stoffen	$c = \sqrt{\dfrac{E}{\varrho}}$	E	Elastizitätsmodul
		ϱ	Dichte
Schallgeschwindigkeit in Flüssigkeiten	$c = \sqrt{\dfrac{K}{\varrho}}$	K	Kompressionsmodul
		p	Gasdruck
Schallgeschwindigkeit in Gasen	$c = \sqrt{\dfrac{\varkappa \cdot p}{\varrho}} = \sqrt{\varkappa \cdot R_S \cdot T}$ mit $\varkappa = \dfrac{c_p}{c_V}$	T	absolute Temperatur des Gases
		R_S	spezifische Gaskonstante
		c_p	spezifische Wärmekapazität bei konstantem Druck
		c_V	spezifische Wärmekapazität bei konstantem Volumen
		$\varkappa$	Adiabatenexponent
Schallintensität I	$I = \dfrac{E}{t \cdot A}$ $\quad I = \dfrac{P}{A}$	E	Schallenergie
		t	Zeit
Lautstärkepegel L_N	$L_N = 10 \cdot \lg\left(\dfrac{I}{I_0}\right)$	A	Fläche
		P	Leistung
Schalldruckpegel L_A	$L_A = 20 \cdot \lg\left(\dfrac{p}{p_0}\right)$	I_0	Schallintensität bei der Hörschwelle (10^{-12} W · m^{-2} bei 1000 Hz)
		p	Schalldruck
		p_0	Schalldruck bei der Hörschwelle ($2 \cdot 10^{-10}$ bar bei 1000 Hz)

Dopplereffekt ↻ GTWK4513792-142-1

Ruhender Sender, bewegter Empfänger	$f' = f\left(1 \pm \dfrac{v_E}{c}\right)$	f_0	vom Empfänger aufgenommene Frequenz
		f	Frequenz des Senders
Ruhender Empfänger, bewegter Sender	$f' = f \cdot \dfrac{1}{1 \mp \dfrac{v_S}{c}}$	c	Schallgeschwindigkeit
		v_S	Geschwindigkeit des Senders
		v_E	Geschwindigkeit des Empfängers
Bewegter Sender, bewegter Empfänger	$f' = f \cdot \dfrac{c \pm v_E}{c \mp v_S}$	oberes Vorzeichen gilt für Annäherung, unteres Vorzeichen gilt für Entfernungszunahme	

Thermodynamik – Größen, Einheiten, Werte

Größen und Einheiten der Thermodynamik ↻ GTWK4513792-143-1

Größe	Formelzeichen	Einheiten Name	Zeichen	Beziehungen zwischen unterschiedlichen Einheiten
Entropie	S	Joule durch Kelvin	$\frac{J}{K}$	$1\,\frac{J}{K} = 1\,\frac{W \cdot s}{K}$
innere Energie	U	Joule	J	$1\,J = 1\,W \cdot s = 1\,N \cdot m$
molare Masse	M	Kilogramm pro Mol	$\frac{kg}{mol}$	$1\,\frac{kg}{mol} = 1\,kg \cdot mol^{-1}$
molares Volumen	V_M	Kubikmeter pro Mol	$\frac{m^3}{mol}$	$1\,\frac{m^3}{mol} = 1\,m^3 \cdot mol^{-1}$
spezifische Schmelzwärme	q_S, s	Kilojoule pro Kilogramm	$\frac{kJ}{kg}$	
spezifische Verdampfungswärme	q_V, r	Kilojoule pro Kilogramm	$\frac{kJ}{kg}$	
spezifische Wärmekapazität	c	Joule durch Kilogramm und durch Kelvin	$\frac{J}{kg \cdot K}$	$1\,\frac{J}{kg \cdot K} = 1\,\frac{W \cdot s}{kg \cdot K}$
Stoffmenge	n	**Mol**	**mol**	**Basiseinheit**
Temperatur	T ϑ	**Kelvin** Grad Celsius	**K** °C	**Basiseinheit** 0 °C = 273,15 K
Wärme	Q	Joule Kalorie	J cal	$1\,J = 1\,W \cdot s = 1\,N \cdot m$ 1 cal ≈ 4,1868 J
Wärmekapazität	C	Joule durch Kelvin	$\frac{J}{K}$	$1\,\frac{J}{K} = 1\,\frac{W \cdot s}{K}$

Thermische Eigenschaften von Gasen

Stoff	Schmelztemperatur ϑ_S in °C (bei 101,3 kPa)	Siedetemperatur ϑ_V in °C (bei 101,3 kPa)	Spezifische Wärmekapazität c_V bei konstantem Volumen in kJ/(kg · K)	Spezifische Wärmekapazität c_p bei konstantem Druck in kJ/(kg · K)	Spezifische Verdampfungswärme q_V in kJ/kg (bei 101,3 kPa)
Ammoniak	−78	−33	1,56	2,05	1370
Helium	−270	−269	3,22	5,23	25
Kohlenstoffdioxid	−57	−79	0,65	0,85	574
Luft	−213	−193	0,72	1,01	190
Propan	−187,7	−42	1,36	1,55	427
Sauerstoff	−219	−183	0,65	0,92	213
Stickstoff	−210	−196	0,75	1,04	198
Wasserstoff	−259,3	−252,8	10,13	14,28	455

Thermische Eigenschaften von Flüssigkeiten

(γ kubischer Ausdehnungskoeffizient, ϑ_S Schmelztemperatur, ϑ_V Siedetemperatur, c spezifische Wärmekapazität, q_S spezifische Schmelzwärme, q_V spezifische Verdampfungswärme)

Stoff	γ in $\frac{1}{K}$	ϑ_S in °C (bei 101,3 kPa)	ϑ_V in °C (bei 101,3 kPa)	c in $\frac{kJ}{kg \cdot K}$	q_S in $\frac{kJ}{kg}$	q_V in $\frac{kJ}{kg}$ (bei 101,3 kPa)
Benzol	0,0011	5	80	1,70	127	394
Diethylether	0,0016	–116	35	2,35	98	384
Ethanol	0,0011	–114	78	2,42	108	842
Glycerin	0,0005	18	290	2,39		
Methanol	0,0011	–98	65	2,49	69	1102
Petroleum	0,0009			2,00		
Quecksilber	0,0011	–39	357	0,14	11	285
Trichlormethan	0,00128	–64	61	0,95	75	245
Wasser	0,00018	0	100	4,186	334	2260

Thermische Eigenschaften von festen Stoffen

(α linearer Ausdehnungskoeffizient, ϑ_S Schmelztemperatur bei 101,3 kPa, ϑ_V Siedetemperatur bei 101,3 kPa, c spezifische Wärmekapazität, q_S spezifische Schmelzwärme)

Stoff	α in $\frac{1}{K}$	ϑ_S in °C	ϑ_V in °C	c in $\frac{kJ}{kg \cdot K}$	q_S in $\frac{kJ}{kg}$
Aluminium	0,000023	660	2450	0,90	397
Stahlbeton	0,000012			0,92	
Bismut	0,000014	271	1560	0,12	52,2
Blei	0,000029	327	1740	0,13	26
Bronze	0,000018	900		0,39	
Diamant	0,000001	>3550		0,50	
Eichenholz	0,000008			2,39	
Fensterglas	0,000010			0,17	
Gold	0,000014	1063	2970	0,13	65
Graphit	0,000002	3730	4830	0,71	
Konstantan	0,000015			0,41	

Stoff	α in $\frac{1}{K}$	ϑ_S in °C	ϑ_V in °C	c in $\frac{kJ}{kg \cdot K}$	q_S in $\frac{kJ}{kg}$
Kupfer	0,000016	1083	2600	0,39	205
Magnesium	0,000026	650	1110	1,02	382
Mauerwerk	0,000005			0,86	
Platin	0,000009	1770	3827	0,13	113
Porzellan	0,000004			≈0,84	
Quarzglas	< 10⁻⁶	1700		0,73	
Silber	0,000020	961	2212	0,23	104
Stahl	0,000013	≈1500		≈0,47	
Wolfram	0,000004	3350	5700	0,13	192
Zink	0,000036	419	906	0,39	111
Zinn	0,000027	232	2350	0,23	59

Heizwerte

Feste Brennstoffe	Heizwert H in MJ/kg
Anthrazit	32
Rohbraunkohle	8…12
Braunkohlebrikett	20
Holz, trocken	15
Steinkohle	30

Flüssige Brennstoffe	Heizwert H in MJ/l	Heizwert H in MJ/kg
Benzin	30…32	40…42
Flugbenzin	45	59
Erdöl	36…41	42…48
Heizöl	42	43
Diesel	35…38	41…44
Spiritus	32	39

Gasförmige Brennstoffe	Heizwert H in MJ/m³
Butan	134
Erdgas	19…54
Methan	36
Propan	102
Steinkohlengas	23
Wasserstoff	11

Thermodynamik – Formeln und Gesetze

Wärme, Wärmeübertragung

Berechnung der Wärme Q (Grundgleichung der Wärmelehre)	$Q = m \cdot c \cdot \Delta T = C \cdot \Delta T$ (Bedingung: Der Aggregatzustand ändert sich nicht.)	c spezifische Wärmekapazität m Masse Q_{ab} abgegebene Wärme ΔT Temperaturänderung C Wärmekapazität t Zeit H Heizwert V Volumen
Thermische Leistung einer Wärmequelle	$P = \dfrac{Q_{ab}}{t}$	
Verbrennungswärme Q	$Q = H \cdot m$ $Q = H \cdot V$	

Thermisches Verhalten von festen Stoffen und Flüssigkeiten

Schmelzwärme Q_S	$Q_S = q_S \cdot m$	q_S spezifische Schmelzwärme q_V spezifische Verdampfungswärme α linearer Ausdehnungskoeffizient ΔT Temperaturänderung l_0 Anfangslänge γ kubischer Ausdehnungskoeffizient V_0 Anfangsvolumen
Verdampfungswärme Q_V	$Q_V = q_V \cdot m$	
Längenänderung Δl	$\Delta l = \alpha \cdot l_0 \cdot \Delta T$ $l = l_0 (1 + \alpha \cdot \Delta T)$	
Volumenänderung ΔV	$\Delta V = \gamma \cdot V_0 \cdot \Delta T$ $V = V_0 (1 + \gamma \cdot \Delta T)$	

Hauptsätze der Wärmelehre; Entropie

Erster Hauptsatz der Wärmelehre	$\Delta U = Q + W$	ΔU Änderung der inneren Energie Q Wärme W Arbeit
Volumenarbeit W_V – bei konstantem Druck	$W_V = -p \cdot \Delta V$	p Druck V Volumen
– bei veränderlichem Druck	$W_V = -\displaystyle\int_{V_1}^{V_2} p(V)\,dV$	
Wirkungsgrad η – von Wärmekraftmaschinen	$\eta = \dfrac{|W_{ab}|}{Q_{zu}}$	W_{ab} abgegebene Arbeit Q_{zu} zugeführte Wärme Q_{ab} abgegebene Wärme T_{ab} Temperatur, bei der die Wärme abgegeben wird T_{zu} Temperatur, bei der die Wärme zugeführt wird
– für Carnot-Prozesse	$\eta = \dfrac{Q_{zu} + Q_{ab}}{Q_{zu}}$ $= \dfrac{T_{zu} - T_{ab}}{T_{zu}}$ $= 1 - \dfrac{T_{ab}}{T_{zu}}$	
Entropieänderung ΔS	$\Delta S = \dfrac{Q_{rev}}{T}$ $\Delta S = k \cdot \ln \dfrac{W_e}{W_a}$	Q_{rev} reversibel aufgenommene Wärme T Temperatur, bei der die Wärme zugeführt wird W_a Wahrscheinlichkeit für den Ausgangszustand W_e Wahrscheinlichkeit für den Endzustand k Boltzmann-Konstante
Zweiter Hauptsatz der Wärmelehre	$\Delta S \geq 0$	ΔS Entropieänderung für reversible Prozesse $\Delta S = 0$ für irreversible Prozesse $\Delta S > 0$

Temperaturstrahlung

Kirchhoff'sches Strahlungsgesetz	$\varepsilon = \alpha$	(Der Emissionsgrad ε und der Absorptionsgrad α eines Körpers sind gleich groß.)	
Stefan-Boltzmann'sches Strahlungsgesetz	$P = \sigma \cdot A \cdot T^4$	P Strahlungsleistung σ Stefan-Boltzmann-Konstante T Temperatur des Strahlers A Senderfläche	
Wien'sches Verschiebungsgesetz	$\lambda_{max} = \dfrac{b}{T}$	λ_{max} Wellenlänge der intensivsten Strahlung b Wien'sche Konstante T Temperatur	

Ideales Gas

Normzustand des idealen Gases	**Normtemperatur** $T_n = 273{,}15$ K **Normdruck** $p_n = 1{,}013\,25 \cdot 10^5$ Pa **molares Normvolumen** $V_n = 22{,}414$ l/mol	V Volumen p Druck T Temperatur
Allgemeine Zustandsgleichung des idealen Gases	$\dfrac{p_1 \cdot V_1}{T_1} = \dfrac{p_2 \cdot V_2}{T_2} = \dfrac{p \cdot V}{T} = $ konst.	
Isotherme Zustandsänderung (Gesetz von Boyle und Mariotte)	$p_1 \cdot V_1 = p_2 \cdot V_2$ $p \cdot V = $ konst. (Bedingung: $T = $ konst.)	
Isochore Zustandsänderung (Gesetz von Amontons)	$\dfrac{p_1}{T_1} = \dfrac{p_2}{T_2}$ $\dfrac{p}{T} = $ konst. (Bedingung: $V = $ konst.)	
Isobare Zustandsänderung (Gesetz von Gay-Lussac)	$\dfrac{V_1}{T_1} = \dfrac{V_2}{T_2}$ $\dfrac{V}{T} = $ konst. (Bedingung: $p = $ konst.)	

Kinetische Gastheorie (für das ideale Gas)

Anzahl N der Gasteilchen	$N = N_A \cdot n$	N_A Avogadro-Konstante $N_A \approx 6{,}022 \cdot 10^{23}$ mol^{-1} n Stoffmenge V Volumen
Molares Volumen V_m	$V_m = \dfrac{V}{n}$	
Molare Masse M	$M = \dfrac{m}{n}$	m Masse
Mittlere kinetische Energie $\overline{E}_{kin}$ der Teilchen des idealen Gases	$\overline{E}_{kin} = \dfrac{3}{2} k \cdot T$	k Boltzmann-Konstante T Temperatur
Innere Energie U des idealen Gases	$U = N \cdot \overline{E}_{kin}$	N Anzahl der Teilchen $\overline{E}_{kin}$ mittlere kinetische Energie der Teilchen
Grundgleichung der kinetischen Gastheorie ↻ GTWK4513792-146-1	$p \cdot V = \dfrac{2}{3} N \cdot \overline{E}_{kin} = \dfrac{1}{3} N \cdot m_T \cdot \overline{v}^2$ $p = \dfrac{1}{3} \varrho \cdot \overline{v}^2$ $p \cdot V = n \cdot k \cdot T$ ($n = $ konst.) $p \cdot V = n \cdot R \cdot T$ ($n = $ konst.)	$\overline{v}^2$ mittlere quadratische Geschwindigkeit m_T Masse eines Teilchens ϱ Dichte des Gases p Druck V Volumen des Gases p_n Normdruck V_n molares Normvolumen T_n Normtemperatur
Quadratisch gemittelte Geschwindigkeit v_q der Teilchen	$v_q = \sqrt{\dfrac{3\,k \cdot T}{m_T}}$	
Universelle Gaskonstante R	$R = \dfrac{p_n \cdot V_n}{T_n} = 8{,}314\,510 \,\dfrac{\text{J}}{\text{K} \cdot \text{mol}}$	

Elektrizitätslehre und Magnetismus – Größen, Einheiten, Werte

Größen und Einheiten der Elektrizitätslehre und des Magnetismus GTWK4513792-147-1

Größe	Formel-zeichen	Einheiten Name	Einheiten Zeichen	Beziehungen zwischen unterschiedlichen Einheiten
Elektrische Arbeit Elektrische Energie	W E	Joule Wattsekunde Kilowattstunde Elektronvolt	J W·s kW·h eV	1 J = 1 W·s = 1 V·A·s 1 W·s = 1 J 1 kW·h = 3,6 MJ = 3,6·10^6 W·s 1 eV = 1,6022·10^{-19} J
Elektrische Feldstärke	E	Volt durch Meter	$\frac{V}{m}$	$1\frac{V}{m} = 1\frac{N}{C} = 1\frac{kg \cdot m}{s^3 \cdot A}$
Elektrische Kapazität	C	Farad	F	$1\,F = 1\frac{C}{V} = 1\frac{A \cdot s}{V}$
Elektrische Ladung	Q	Coulomb	C	1 C = 1 A·s
Elektrische Leistung	P	Watt	W	$1\,W = 1\,V \cdot A = 1\frac{J}{s}$
Elektrische Spannung Elektrisches Potenzial	U φ	Volt	V	$1\,V = 1\frac{W}{A} = 1\frac{kg \cdot m^2}{s^3 \cdot A}$
Elektrische Stromstärke	I	**Ampere**	**A**	Basiseinheit
Elektrischer Widerstand	R	Ohm	Ω	$1\,\Omega = 1\frac{V}{A}$
Induktivität	L	Henry	H	$1\,H = 1\frac{V \cdot s}{A} = 1\frac{Wb}{A}$
Magnetische Flussdichte	B	Tesla	T	$1\,T = 1\frac{V \cdot s}{m^2} = 1\frac{Wb}{m^2}$
Magnetischer Fluss	Φ	Weber	Wb	1 Wb = 1 V·s
Permeabilität	μ_0	Henry durch Meter	$\frac{H}{m}$	$1\frac{H}{m} = 1\frac{V \cdot s}{A \cdot m}$
Permittivität	ε_0	Farad durch Meter	$\frac{F}{m}$	$1\frac{F}{m} = 1\frac{A \cdot s}{V \cdot m}$

Spezifische elektrische Widerstände GTWK4513792-147-2

Metalle	ϱ in $\frac{\Omega \cdot mm^2}{m}$	Kohle und Widerstandslegierungen	ϱ in $\frac{\Omega \cdot mm^2}{m}$	Halbleiter und Isolierstoffe	ϱ in $\frac{\Omega \cdot mm^2}{m}$
Aluminium	0,028	Bogenlampenkohle	60…80	Bernstein	bis 10^{18}
Blei	0,21	Bürstenkohle	40…100	Holz, trocken	$10^{11}…10^{15}$
Eisen	0,10	Chromnickel	1,1	Kupferoxid	$10^3…10^8$
Gold	0,022	Eisen, legiert (4 Si)	0,5	Quarzglas	$10^{13}…10^{15}$
Kupfer	0,0172	Konstantan	0,50	Polyethen PE	10^{12}
Quecksilber	0,96	Leitungskupfer	0,0178	Polyvinylchlorid PVC	$10^{14}…10^{15}$
Silber	0,016	Manganin	0,43	Porzellan	bis 10^{15}
Wolfram	0,055	Nickelin	0,43	Silicium	$10^{-1}…10^5$
Zinn	0,11	Stahlguss	0,18	Transformatorenöl	$10^{12}…10^{15}$

Relative Permittivitäten ε_r (Permittivitätszahlen)

Stoff	ε_r
Bernstein	2,8
Glas	5…16
Keramische Werkstoffe für Kondensatoren	100…10000

Stoff	ε_r
Luft	1,0006
Hartpapier	3,5…5
Paraffin	2,3
Polystyrol	2,6

Stoff	ε_r
Porzellan	4,5…6,5
Transformatorenöl	2,5
Vakuum	1
Wasser	81

Relative Permeabilitäten μ_r (Permeabilitätszahlen) magnetischer Werkstoffe

Stoff	Anfangspermeabilität $\mu_{r,a}$	Maximalpermeabilität $\mu_{r,max}$
Elektrolyteisen	600	15000
Ferrite	300…3000	
Nickel-Eisen-Legierung	2700	20000

Stoff	Anfangspermeabilität $\mu_{r,a}$	Maximalpermeabilität $\mu_{r,max}$
Sonderlegierungen	bis 100000	bis 300000
Technisches Eisen	250	7000
Transformatorenblech	600	7600

Hall-Konstanten R_H

Metall	R_H in $10^{-11}\,m^3/C$
Aluminium	−3,5
Bismut	−(5,3…6,8)·10^4
Blei	+0,9
Cadmium	+5,9

Metall	R_H in $10^{-11}\,m^3/C$
Gold	−7,2
Kupfer	−5,3
Palladium	−8,6
Platin	−2,0

Metall	R_H in $10^{-11}\,m^3/C$
Silber	−8,9
Wolfram	+1,15
Zink	+6,4
Zinn	−0,3

Spektrum elektromagnetischer Wellen

Art der Wellen	Frequenz f in Hz	Wellenlänge λ
Hertz'sche Wellen		
Langwellen	$1,5 \cdot 10^5$ bis $3 \cdot 10^5$	2 000 m bis 1 000 m
Mittelwellen	$0,5 \cdot 10^6$ bis $2 \cdot 10^6$	600 m bis 150 m
Kurzwellen	$0,6 \cdot 10^7$ bis $2 \cdot 10^7$	50 m bis 15 m
Ultrakurzwellen	10^8 bis $3 \cdot 10^8$	30 m bis 1 m
Mikrowellen	$3 \cdot 10^8$ bis 10^{13}	1 m bis 0,03 mm
Lichtartige Strahlung		
infrarotes Licht	10^{12} bis $3,9 \cdot 10^{14}$	0,3 mm bis 770 nm
sichtbares Licht	$3,9 \cdot 10^{14}$ bis $7,7 \cdot 10^{14}$	770 nm bis 390 nm
Rot	$3,9 \cdot 10^{14}$ bis $4,7 \cdot 10^{14}$	770 nm bis 640 nm
Orange	$4,7 \cdot 10^{14}$ bis $5,0 \cdot 10^{14}$	640 nm bis 600 nm
Gelb	$5,0 \cdot 10^{14}$ bis $5,3 \cdot 10^{14}$	600 nm bis 570 nm
Grün	$5,3 \cdot 10^{14}$ bis $6,1 \cdot 10^{14}$	570 nm bis 490 nm
Blau	$6,1 \cdot 10^{14}$ bis $7,0 \cdot 10^{14}$	490 nm bis 430 nm
Violett	$7,0 \cdot 10^{14}$ bis $7,7 \cdot 10^{14}$	430 nm bis 390 nm
ultraviolettes Licht	$7,7 \cdot 10^{14}$ bis $5 \cdot 10^{16}$	390 nm bis 5 nm
Röntgenstrahlung	$3 \cdot 10^{16}$ bis $3 \cdot 10^{21}$	10 nm bis 0,1 nm
Gammastrahlung	10^{18} bis 10^{23}	300 pm bis 0,003 pm
Kosmische Strahlung	10^{21} bis 10^{24}	0,3 pm bis 0,0003 pm

Schaltzeichen

Symbol	Bedeutung	Symbol	Bedeutung	Symbol	Bedeutung
—	Leiter, Leitung, Stromweg		Relais mit Schließkontakt		Fotoelement, Fotozelle
	Abzweig von 2 Leitern		Widerstand, allgemein		Fotodiode
	Doppelabzweig von Leitern		Widerstand mit Schleifkontakt, Potenziometer		Leuchtdiode
	Erde, allgemein Verbindung mit der Erde		Widerstand mit Schleifkontakt, einstellbar		Oszilloskop
	Masse, Gehäuse		Widerstand, veränderbar		Glühlampe
°	Anschluss (z. B. Buchse)				Glimmlampe
•	Verbindung von Leitern		Fotowiderstand		Lautsprecher, allgemein
	Buchse, Pol einer Steckdose		Heizelement		Mikrofon, allgemein
	Stecker, Pol eines Steckers		Kondensator, allgemein		Hörer, allgemein
	Buchse und Stecker Steckverbindung		Kondensator, gepolt		Summer
	elektrische Energiequelle, allgemein		Spule, Wicklung		Generator, nicht umlaufend
	Primärzelle, Akkumulator		Spule mit Eisenkern		Generator
	Batterie von Primärzellen, Akkumulatorenbatterie		Transformator mit zwei Wicklungen		Elektromotor
	Sicherung, allgemein		Transformator, veränderbare Kopplung		Gleichstrommotor
	Schließer, Schalter		Transformator mit Mittelanzapfung an einer Wicklung		Thermoelement
	Öffner		Antenne, allgemein		Messgerät, anzeigend, allgemein, ohne Kennzeichnung der Messgröße
	Wechsler mit Unterbrechung		Halbleiterdiode		Strommessgerät
	Zweiwegschließer mit Mittelstellung „Aus"		npn-Transistor		Spannungsmessgerät
					Leistungsmessgerät
					Galvanometer

Elektrizitätslehre und Magnetismus – Formeln und Gesetze

Gleichstrom

Elektrische Stromstärke I	$I = \dfrac{Q}{t}$	Q elektrische Ladung t Zeit
Elektrische Spannung U	$U = \dfrac{W_{el}}{Q}$ $U = \dfrac{P_{el}}{I}$	W_{el} elektrische Arbeit P_{el} elektrische Leistung
Elektrischer Widerstand R	$R = \dfrac{U}{I}$	
Ohm'sches Gesetz (bei konstanter Temperatur)	$U \sim I$ $U = R \cdot I$ (für R = konst.)	
Widerstandsgesetz	$R = \varrho \cdot \dfrac{l}{A}$	ϱ spezifischer elektrischer Widerstand l Länge des Leiters A Querschnittsfläche des Leiters
Elektrische Energie E_{el} Elektrische Arbeit W_{el}	$E_{el} = U \cdot I \cdot t$ $W_{el} = \Delta E = U \cdot I \cdot t$	U elektrische Spannung I elektrische Stromstärke t Zeit
Elektrische Leistung P_{el}	$P_{el} = U \cdot I = \dfrac{E_{el}}{t}$	

Gesetze im unverzweigten und im verzweigten Stromkreis

Unverzweigter Stromkreis (Reihenschaltung)	Verzweigter Stromkreis (Parallelschaltung)
Reihenschaltung von Widerständen $R_1, R_2, \ldots, R_n$ I Gesamtstromstärke, U Gesamtspannung, R_{ges} Gesamtwiderstand. I_j bzw. U_j ist die am Widerstand R_j abfallende Stromstärke bzw. Spannung. $I = I_1 = I_2 = \ldots = I_n$ $U = U_1 + U_2 + \ldots + U_n$ $R_{ges} = R_1 + R_2 + \ldots + R_n$ **Spannungsteilerregel** $\dfrac{U_1}{U_2} = \dfrac{R_1}{R_2}$	**Parallelschaltung von Widerständen $R_1, R_2, \ldots, R_n$** I Gesamtstromstärke, U Gesamtspannung, R_{ges} Gesamtwiderstand. I_j bzw. U_j ist die am Widerstand R_j abfallende Stromstärke bzw. Spannung. $I = I_1 + I_2 + \ldots + I_n$ $U = U_1 = U_2 = \ldots = U_n$ $\dfrac{1}{R_{ges}} = \dfrac{1}{R_1} + \dfrac{1}{R_2} + \ldots + \dfrac{1}{R_n}$ **Stromteilerregel** $\dfrac{I_1}{I_2} = \dfrac{R_2}{R_1}$
Reihenschaltung von Spannungsquellen $U = U_1 + U_2 + \ldots + U_n$	**Parallelschaltung von Spannungsquellen** Für gleiche Spannungsquellen gilt: $U = U_1 = U_2 = \ldots = U_n$
Reihenschaltung von Kondensatoren $\dfrac{1}{C} = \dfrac{1}{C_1} + \dfrac{1}{C_2} + \ldots + \dfrac{1}{C_n}$ $U = U_1 + U_2 + \ldots + U_n$ $Q = Q_1 = Q_2 = \ldots = Q_n$	**Parallelschaltung von Kondensatoren** $C = C_1 + C_2 + \ldots + C_n$ $U = U_1 = U_2 = \ldots = U_n$ $Q = Q_1 + Q_2 + \ldots + Q_n$

Kirchhoff'sche Gesetze

1. Kirchhoff'sches Gesetz (Knotensatz)	In einem Verzweigungspunkt (Knoten) eines Stromkreises ist die Summe der zufließenden Ströme gleich der Summe der abfließenden Ströme. $\sum I_{zu} = \sum I_{ab}$
2. Kirchhoff'sches Gesetz (Maschensatz)	In jedem geschlossenen Stromkreis (Masche) ist die Summe der Quellenspannungen U_Q gleich der Summe aller abfallenden Teilspannungen U_i. (In jedem geschlossenen Stromkreis ist die Summe aller Spannungen null.) $\sum U_Q = \sum U_i$

Elektrisches Feld

Elektrische Ladung Q – allgemein – für I = konst.	$Q = \int_{t_1}^{t_2} I(t)\,dt$ $Q = I \cdot t$	I t	elektrische Stromstärke Zeit
Coulomb'sches Gesetz (Kraft F zwischen zwei Punkt- ladungen) ⟳ GTWK4513792-151-1	$F = \dfrac{1}{4\pi \cdot \varepsilon_0 \cdot \varepsilon_r} \cdot \dfrac{Q_1 \cdot Q_2}{r^2}$ $Q_1\ \overset{+}{\bigcirc}\!\xrightarrow{\vec F}\ \ \xleftarrow{-\vec F}\!\overset{-}{\bigcirc}\ Q_2$ $\quad\quad\quad\quad r$	Q_1, Q_2 ε_0 ε_r r	Punktladungen elektrische Feldkonstante relative Permittivität Abstand der Punktladungen voneinander

Elektrische Feldstärke $\vec E$
– allgemein
 	
– im homogenen Feld eines
  Plattenkondensators
 	
– im Abstand r von einer
  Punktladung Q im Vakuum
	$\vec E = \dfrac{\vec F}{Q_P}$
	
	$E = \dfrac{U}{d}$
	
	$E = \dfrac{Q}{4\pi \cdot \varepsilon_0 \cdot r^2}$
		F
		Q_P
		
		U
		d
		
		Q
		
		ε_0
			Kraft
			elektrische Ladung des in das
			Feld gebrachten Probekörpers
			elektrische Spannung
			Abstand der Platten
			voneinander
			felderzeugende elektrische
			Ladung
			elektrische Feldkonstante

Elektrisches Potenzial φ	$\varphi = \int_{s_0}^{s_1} \vec E(s)\,d\vec s$ im Radialfeld: $\varphi = \dfrac{1}{4\pi \cdot \varepsilon_0} \cdot \dfrac{Q}{r}$	E s Q r	elektrische Feldstärke Weg elektrische Ladung Abstand
Kinetische Energie E_{kin} eines Ladungsträgers nach der Beschleunigung in einem elektrischen Feld	$E_{kin} = Q \cdot U$ für ein Elektron: $E_{kin} = e \cdot U$	U Q e	elektrische Spannung elektrische Ladung Elementarladung
Elektrische Kapazität C – allgemein – für einen Plattenkondensator	$C = \dfrac{Q}{U}$ $C = \varepsilon_0 \cdot \varepsilon_r \cdot \dfrac{A}{d}$	Q U ε_0 ε_r A d	elektrische Ladung elektrische Spannung elektrische Feldkonstante relative Permittivität des Stoffes im Plattenkondensator Fläche einer Platte Abstand der Platten
Energie E_{el} des elektrischen Feldes im Plattenkondensator	$E_{el} = \tfrac{1}{2} C \cdot U^2$	C U	Kapazität des Kondensators elektrische Spannung
Aufladen eines Kondensators ⟳ GTWK4513792-151-2	$U_C = U \cdot \left(1 - e^{-\left(\frac{t}{R \cdot C}\right)}\right)$ $I = I_0 \cdot e^{-\left(\frac{t}{R \cdot C}\right)}$	U_C R t	elektrische Spannung am Kondensator Widerstand Zeit
Entladen eines Kondensators ⟳ GTWK4513792-151-3	$U_C = U \cdot e^{-\left(\frac{t}{R \cdot C}\right)}$ $I = -I_0 \cdot e^{-\left(\frac{t}{R \cdot C}\right)}$	I I_0	elektrische Stromstärke Anfangsstromstärke

Magnetisches Feld

Magnetische Flussdichte B – allgemein	$B = \dfrac{F}{I \cdot l}$ (für $\vec{B}$ senkrecht zur Stromrichtung)	F Kraft auf den stromdurchflossenen Leiter im magnetischen Feld I elektrische Stromstärke r Abstand vom Leiter l Länge des Leiters bzw. der Spule N Windungszahl der Spule μ_r relative Permeabilität μ_0 magnetische Feldkonstante ($\mu_0 = 4\pi \cdot 10^{-7}$ H/m)
– außerhalb eines geraden stromdurchflossenen Leiters	$B = \mu_0 \cdot \mu_r \cdot \dfrac{I}{2\pi \cdot r}$	
– bei homogenem Feld im Inneren einer langen Spule	$B = \mu_0 \cdot \mu_r \cdot \dfrac{N \cdot I}{l}$	
Magnetischer Fluss Φ	$\Phi = B \cdot A$ (für $\vec{B}$ = konst.) Für die Fläche A gilt: $A = A_0 \cdot \cos \alpha$	Leiterschleife, A_0, $\vec{B}$, α, A
Kraft $\vec{F_L}$ auf einen bewegten Ladungsträger (Lorentzkraft)	$\vec{F_L} = Q \cdot \vec{v} \times \vec{B}$ $F_L = Q \cdot v \cdot B$ (für $\vec{v} \perp \vec{B}$) Für negativ geladene Teilchen gilt die Linke-Hand-Regel („Drei-Finger-Regel der linken Hand").	Q elektrische Ladung v Geschwindigkeit B magnetische Flussdichte
Kraft F auf einen stromdurchflossenen Leiter	$F = l \cdot I \cdot B$ (für $\vec{B}$ senkrecht zur Stromrichtung)	l Länge des Leiters I elektrische Stromstärke B magnetische Flussdichte
Hall-Spannung U_H	$U_H = R_H \cdot \dfrac{I \cdot B}{d}$ $R_H = \dfrac{1}{n \cdot e}$	I elektrische Stromstärke des Gleichstroms durch die Folie B magnetische Flussdichte senkrecht zur Folienfläche R_H Hall-Konstante d Dicke des Leiterbandes n Elektronendichte in der Folie e Elementarladung

Magnetisches Feld | Induktion | Transformator | Wechselstrom

Elektromagnetische Induktion, Transformator ↻ GTWK4513792-153-1

Induktionsgesetz – für eine Leiterschleife	$U_i = -\dfrac{d\Phi}{dt}$ $U_i = -\dfrac{\Delta\Phi}{\Delta t}$	Φ magnetischer Fluss durch eine Leiterschleife U_i Induktionsspannung
– für eine Spule	$U_i = -N\dfrac{d\Phi}{dt}$ $U_i = -N\cdot\dfrac{\Delta\Phi}{\Delta t}$	N Windungszahl der Spule B magnetische Flussdichte
– für einen bewegten Leiter	$U_i = -B\cdot l\cdot v$ $(\vec{v}\perp\vec{B})$	l Länge des Leiters v Geschwindigkeit des Leiters
Selbstinduktionsspannung U_i in einer Spule – allgemein – bei gleichmäßiger Änderung der Stromstärke	$U_i = -L\dfrac{dI}{dt}$ $U_i = -L\dfrac{\Delta I}{\Delta t}$	L Induktivität I elektrische Stromstärke t Zeit
Induktivität L für eine lange Spule	$L = \mu_0\cdot\mu_r\cdot\dfrac{N^2\cdot A}{l}$	μ_0 magnetische Feldkonstante μ_r relative Permeabilität N Windungszahl A Querschnittsfläche der Spule l Länge der Spule
Energie E_{mag} des magnetischen Feldes einer stromdurchflossenen Spule	$E_{mag} = \dfrac{1}{2}L\cdot I^2$	L Induktivität der Spule I elektrische Stromstärke
Spannungsverhältnis am unbelasteten (idealen) Transformator	$\dfrac{U_1}{U_2} = \dfrac{N_1}{N_2}$	U_1 Primärspannung U_2 Sekundärspannung N_1 Windungszahl der Primärspule
Spannungsverhältnis am stark belasteten Transformator	$\dfrac{I_1}{I_2} = \dfrac{N_2}{N_1}$	N_2 Windungszahl der Sekundärspule I_1 Primärstromstärke I_2 Sekundärstromstärke

Wechselstrom

Momentanwert – Wechselspannung u	$u = u_{max}\cdot\sin(\omega\cdot t + \varphi_1)$	u_{max}, i_{max} Scheitelwert (Amplitude) der elektrischen Spannung bzw. Stromstärke
– Wechselstromstärke i	$i = i_{max}\cdot\sin(\omega\cdot t + \varphi_2)$	ω Kreisfrequenz φ_1, φ_2 Phasenwinkel t Zeit
Effektivwert – Wechselspannung U	$U = \dfrac{u_{max}}{\sqrt{2}}$	
– Wechselstromstärke I	$I = \dfrac{i_{max}}{\sqrt{2}}$	
Leistung – Wirkleistung P_W	$P_W = U\cdot I\cdot\cos\varphi = P_S\cdot\cos\varphi$	φ Phasenverschiebung zwischen Stromstärke und Spannung U, I Effektivwerte der elektrischen Spannung bzw. Stromstärke t Zeit
– Scheinleistung P_S	$P_S = U\cdot I$	
– Blindleistung P_B	$P_B = U\cdot I\cdot\sin\varphi = P_S\cdot\sin\varphi$	
– Leistungsfaktor $\cos\varphi$	$\cos\varphi = \dfrac{P_W}{P_S}$	

Widerstände im Wechselstromkreis

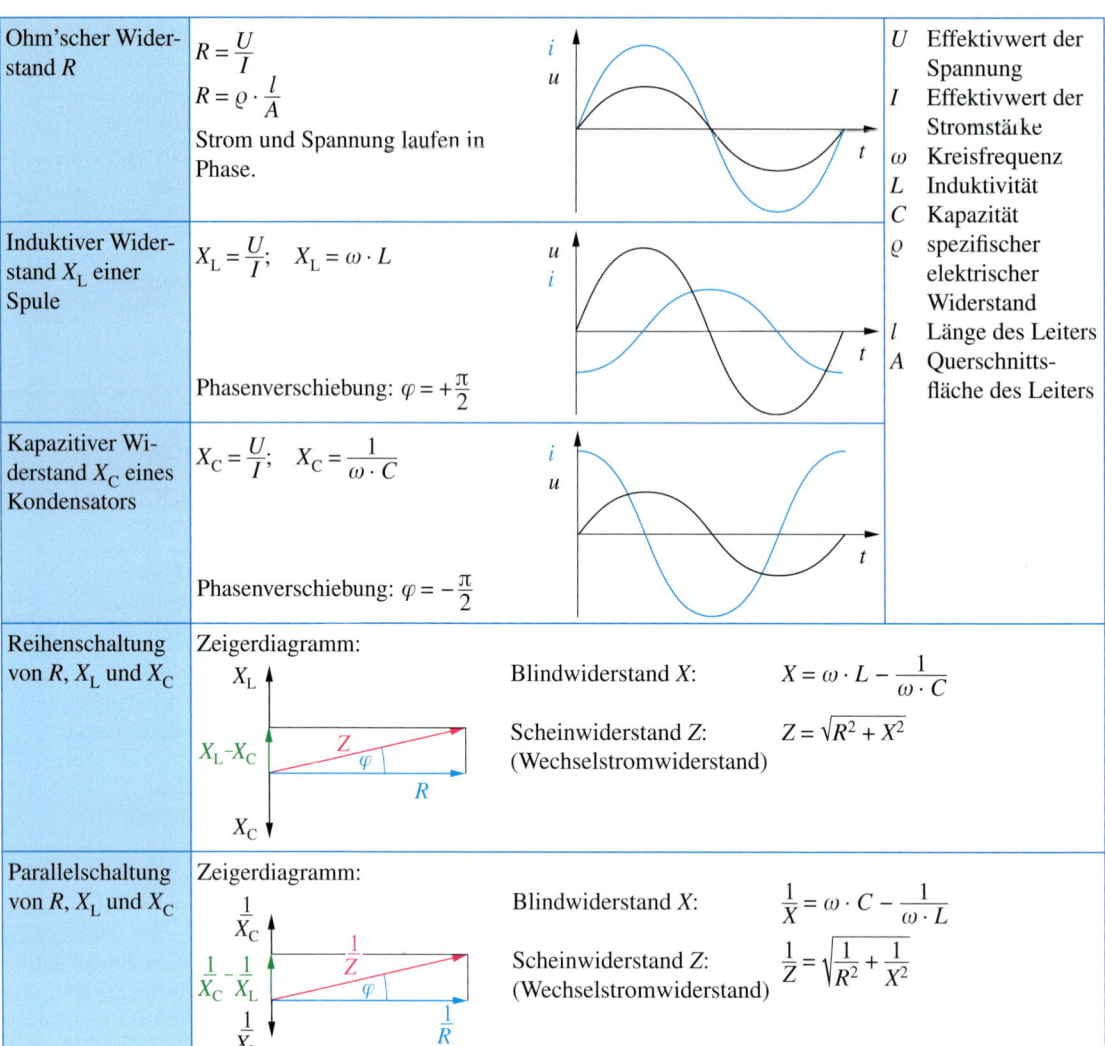

Ohm'scher Widerstand R	$R = \dfrac{U}{I}$ $R = \varrho \cdot \dfrac{l}{A}$ Strom und Spannung laufen in Phase.	
Induktiver Widerstand X_L einer Spule	$X_L = \dfrac{U}{I}$; $X_L = \omega \cdot L$ Phasenverschiebung: $\varphi = +\dfrac{\pi}{2}$	
Kapazitiver Widerstand X_C eines Kondensators	$X_C = \dfrac{U}{I}$; $X_C = \dfrac{1}{\omega \cdot C}$ Phasenverschiebung: $\varphi = -\dfrac{\pi}{2}$	
Reihenschaltung von R, X_L und X_C	Zeigerdiagramm:	Blindwiderstand X: $\quad X = \omega \cdot L - \dfrac{1}{\omega \cdot C}$ Scheinwiderstand Z: $\quad Z = \sqrt{R^2 + X^2}$ (Wechselstromwiderstand)
Parallelschaltung von R, X_L und X_C	Zeigerdiagramm:	Blindwiderstand X: $\quad \dfrac{1}{X} = \omega \cdot C - \dfrac{1}{\omega \cdot L}$ Scheinwiderstand Z: $\quad \dfrac{1}{Z} = \sqrt{\dfrac{1}{R^2} + \dfrac{1}{X^2}}$ (Wechselstromwiderstand)

U Effektivwert der Spannung
I Effektivwert der Stromstärke
ω Kreisfrequenz
L Induktivität
C Kapazität
ϱ spezifischer elektrischer Widerstand
l Länge des Leiters
A Querschnittsfläche des Leiters

Elektromagnetische Schwingungen und Wellen

Thomson'sche Schwingungsgleichung	$T = 2\pi \cdot \sqrt{L \cdot C}$
Eigenfrequenz f eines elektromagnetischen Schwingkreises	ungedämpft ($R = 0$): $\quad f = \dfrac{1}{2\pi \cdot \sqrt{L \cdot C}}$ gedämpft: $\quad f = \dfrac{1}{2\pi} \cdot \sqrt{\dfrac{1}{L \cdot C} - \dfrac{R^2}{4L^2}}$
Eigenfrequenz f eines Dipols	$f = \dfrac{c}{2l}$
Ausbreitungsgeschwindigkeit c	$c = \lambda \cdot f$ $c = \sqrt{\dfrac{1}{\varepsilon_0 \cdot \mu_0}}$ (im Vakuum)

T Periodendauer
L Induktivität
C Kapazität
R Ohm'scher Widerstand
c Ausbreitungsgeschwindigkeit
l Länge des Dipols

λ Wellenlänge
f Frequenz
ε_0 elektrische Feldkonstante
μ_0 magnetische Feldkonstante

Optik – Größen, Einheiten, Werte

Größen und Einheiten der Optik

Größe	Formel-zeichen	Einheiten Name	Einheiten Zeichen	Beziehungen zwischen unterschiedlichen Einheiten
Brechwert	D	Dioptrie	dpt	$1 \text{ dpt} = \frac{1}{\text{m}}$
Brechzahl	n	Eins	–	
Brennweite Gegenstandsweite Bildweite	f g b	Meter, Zentimeter, Millimeter	m, cm, mm	1 m = 100 cm = 1000 mm
Lichtstärke	I	**Candela**	cd	**Basiseinheit**

Lichtgeschwindigkeiten und Brechzahlen ↻ GTWK4513792-155-1

(Die angegebenen **Brechzahlen n** beziehen sich auf den Übergang des Lichtes aus dem Vakuum in den betreffenden Stoff für die gelbe Natriumlinie (λ = 589,3 nm). Die Werte für die Lichtgeschwindigkeit sind gerundet.)
Lichtgeschwindigkeit im Vakuum: $2{,}997\,924\,58 \cdot 10^8$ m/s ≈ 300 000 km/s

Stoff	c in km/s	Brechzahl n	Stoff	c in km/s	Brechzahl n
Diamant	124 000	2,417	Kronglas, leicht	198 000	1,515
Eis	229 000	1,31	Kronglas, schwer	186 000	1,615
Flintglas, leicht	186 000	1,608	Quarzglas	205 000	1,459
Flintglas, schwer	171 000	1,754	Luft	299 700	1,0003
Glycerin	204 000	1,469	Wasser	225 000	1,333

Wellenlängen einiger Spektrallinien

Element	Wellenlänge λ in nm	Farbeindruck
Helium	447,15	blau
	492,19	blaugrün
	587,56	gelb
	667,82	rot
	706,52	dunkelrot
Natrium	589,00	gelb
	589,59	gelb
Quecksilber	404,66	violett
	435,84	blau
	546,07	grün
	576,96	gelb
	579,07	gelb
Wasserstoff (Balmer-Serie)	410,17 (H_δ)	violett
	434,05 (H_γ)	blau
	486,13 (H_β)	blaugrün
	656,27 (H_α)	rot

Optik – Formeln und Gesetze

Strahlenoptik

Reflexionsgesetz	$\alpha = \alpha'$ α Einfallswinkel α' Reflexionswinkel Der einfallende Lichtstrahl, das Einfallslot und der reflektierte Lichtstrahl liegen in einer Ebene.	
Brechzahl n eines optischen Mediums	$n = \dfrac{c_{\text{Vakuum}}}{c_{\text{Medium}}}$ Ein Medium 1 nennt man *optisch dichter* als ein Medium 2, wenn $n_1 > n_2$ gilt. Die Lichtgeschwindigkeit ist in einem optisch dichteren Medium also kleiner als in einem *optisch dünneren* Medium.	
Brechungsgesetz	$\dfrac{\sin \alpha}{\sin \beta} = \dfrac{n_2}{n_1} = \dfrac{c_1}{c_2}$ n_1 Brechzahl des Mediums 1 n_2 Brechzahl des Mediums 2 c_1 Lichtgeschwindigkeit im Medium 1 c_2 Lichtgeschwindigkeit im Medium 2	
Grenzwinkel α_G der Totalreflexion	Totalreflexion tritt ein, wenn der Einfallswinkel größer als der Grenzwinkel der Totalreflexion ist. Für den Grenzwinkel α_G gilt: $\sin \alpha_G = \dfrac{n_2}{n_1}$ für $n_1 > n_2$	
Brennpunkt einer Linse; Brechwert D einer Linse	$D = \dfrac{1}{f}$ (Brennweite f in Meter) Strahlen, die parallel zur optischen Achse verlaufen, werden so gebrochen, dass sie nach Durchgang durch eine Sammellinse alle durch einen Punkt, den Brennpunkt F, verlaufen.	
Abbildungsgleichung (für dünne Linsen); Abbildungsmaßstab A	$\dfrac{1}{f} = \dfrac{1}{g} + \dfrac{1}{b}$ $A = \dfrac{B}{G} = \dfrac{b}{g}$	f Brennweite g Gegenstandsweite b Bildweite G Gegenstandsgröße B Bildgröße r Radius des kugelförmigen Hohlspiegels
Kugelförmige Hohlspiegel	$\overline{MS} = r$ $\overline{MF} = \overline{FS} = \dfrac{r}{2} = f$ $\dfrac{1}{f} = \dfrac{1}{g} + \dfrac{1}{b}$	

Wellenoptik

Ausbreitungsgeschwindigkeit einer Lichtwelle	$c = \lambda \cdot f$	λ f	Wellenlänge Frequenz
Interferenz am Einzelspalt – für Maxima – für Minima	$\dfrac{2n+1}{2d} \cdot \lambda \approx \sin \alpha_n = \dfrac{s_n}{e_n}$ $\dfrac{n \cdot \lambda}{d} = \sin \alpha_n = \dfrac{s_n}{e_n}$		
Interferenz am Doppelspalt – für Maxima (konstruktive Interferenz) – für Minima (destruktive Interferenz)	$\dfrac{n \cdot \lambda}{b} = \sin \alpha_n = \dfrac{s_n}{e_n}$ $\dfrac{2n+1}{2b} \cdot \lambda \approx \sin \alpha_n = \dfrac{s_n}{e_n}$		
C GTWK4513792-157-1		d λ s_n e_n b	Spaltbreite Wellenlänge Abstand zwischen dem n-ten jeweiligen Maximum/Minimum und dem Maximum 0-ter Ordnung Abstand zwischen dem n-ten Interferenzstreifen und dem Doppelspalt bzw. dem Gitter Abstand der Spalte (Gitterkonstante)
Interferenz am Gitter für Hauptmaxima	$\dfrac{n \cdot \lambda}{b} = \sin \alpha_n = \dfrac{s_n}{e_n}$	(n = 1, 2, 3, …) Einzelspalt (n = 0, 1, 2, 3, …) Doppelspalt	
Interferenz an dünnen Schichten (reflektiertes Licht)	$d_A = \dfrac{2m}{n} \cdot \dfrac{\lambda}{4}$ $d_V = \dfrac{2m+1}{n} \cdot \dfrac{\lambda}{4}$	d_A d_V n λ (m = 0, 1, 2, …)	Schichtdicke bei Auslöschung Schichtdicke bei Verstärkung Brechzahl der Schicht Wellenlänge im Vakuum
Auflösungsvermögen optischer Geräte	Damit zwei Punkte noch getrennt wahrgenommen werden können, muss für den „Sehwinkel" α, unter dem sie vom Objektiv aus erscheinen, gelten: $\alpha \geq 1{,}22 \cdot \dfrac{\lambda}{d}$	λ d	Wellenlänge des Lichts Durchmesser der Blendenöffnung des Objektivs
Brewster'sches Gesetz (Lichtwellen)	$\tan \alpha_p = \dfrac{n_2}{n_1}$	α_p n_1, n_2	Polarisationswinkel Brechzahlen der Medien 1 und 2
Dopplereffekt für Licht (bewegter Sender, ruhender Empfänger)	$f' = f \cdot \dfrac{\sqrt{1 \pm \frac{v}{c}}}{\sqrt{1 \mp \frac{v}{c}}}$	f' f v c	vom Empfänger gemessene Frequenz Frequenz des Senders Relativgeschwindigkeit zwischen Sender und Empfänger Lichtgeschwindigkeit

Spezielle Relativitätstheorie

Spezielle Relativitätstheorie

Galileitransformation	$x = x' + v \cdot t$ $t = t'$		x	Koordinate in einem Inertialsystem S
			x'	Koordinate in einem zweiten Inertialsystem S'
			v	Relativgeschwindigkeit
			t, t'	Zeiten in den jeweiligen Systemen
			c	Lichtgeschwindigkeit
	$S \to S'$ $x' = x - v \cdot t$ $y' = y$ $z' = z$ $t' = t$	$S \to S'$ $x = x' + v \cdot t$ $y = y'$ $z = z'$ $t = t'$		
Lorentzfaktor k	Lorentzfaktor: $k = \dfrac{1}{\sqrt{1 - \dfrac{v^2}{c^2}}}$		x	Koordinate in einem Inertialsystem S
			x'	Koordinate in einem zweiten Inertialsystem S'
Lorentztransformation	$S \to S'$ $x' = k(x - v \cdot t)$ $y' = y$ $z' = z$ $t = k\left(t - \dfrac{v}{c^2} \cdot x'\right)$	$S' \to S$ $x = k(x' + v \cdot t')$ $y = y'$ $z = z'$ $t = k\left(t' + \dfrac{v}{c^2} \cdot x'\right)$	v	Relativgeschwindigkeit
			t, t'	Zeiten in den jeweiligen Systemen
			c	Lichtgeschwindigkeit
			k	Lorentzfaktor: $k = \dfrac{1}{\sqrt{1 - \dfrac{v^2}{c^2}}}$
Relativistisches Additionsgesetz für Geschwindigkeiten	$u = \dfrac{u' + v}{1 + \dfrac{u' \cdot v}{c^2}}$		u, u'	Geschwindigkeit des Körpers von S bzw. von S' aus gemessen
			v	Relativgeschwindigkeit zwischen S und S'
Zeitdilatation	$t = \dfrac{t'}{\sqrt{1 - \dfrac{v^2}{c^2}}} = k \cdot t'$		c	Lichtgeschwindigkeit
			t, t'	Zeiten in den jeweiligen Systemen
Längenkontraktion	$l = l' \cdot \sqrt{1 - \dfrac{v^2}{c^2}} = \dfrac{l'}{k}$		l, l'	Längen in den jeweiligen Systemen
			k	Lorentzfaktor
Relativistische Masse	$m = \dfrac{m_0}{\sqrt{1 - \dfrac{v^2}{c^2}}} = k \cdot m_0$		E	Gesamtenergie
			c	Lichtgeschwindigkeit
			v	Geschwindigkeit
Relativistische kinetische Energie	$E_{kin} = \dfrac{m_0 \cdot c^2}{\sqrt{1 - \dfrac{v^2}{c^2}}} - m_0 \cdot c^2 = (k - 1) \cdot m_0 \cdot c^2$		m_0	Ruhemasse
			E_0	Ruheenergie
			k	Lorentzfaktor
Masse-Energie-Beziehung	$E = m \cdot c^2; \quad E_0 = m_0 \cdot c^2; \quad E_{kin} = E - E_0$			

Quantenphysik

Formeln und Gesetze zur Quantenphysik

Energie E eines Lichtquants	$E = h \cdot f = h \cdot \dfrac{c}{\lambda}$	h	Planck'sches Wirkungsquantum ($h = 6{,}6261 \cdot 10^{-34}$ J·s)
Energiebilanz beim Fotoeffekt	$h \cdot f = E_{\text{kin}} + W_{\text{A}}$ $h \cdot f = \dfrac{1}{2} m \cdot v^2 + W_{\text{A}}$	f c λ E_{kin} W_{A} f_{G}	Frequenz Lichtgeschwindigkeit Wellenlänge kinetische Energie Austrittsarbeit Grenzfrequenz
Austrittsarbeit W_{A} (Auslöseenergie)	$W_{\text{A}} = h \cdot f_{\text{G}}$		
Masse m eines Lichtquants	$m = \dfrac{E}{c^2}$ $m = \dfrac{h \cdot f}{c^2} = \dfrac{h}{c \cdot \lambda}$		
Impuls p eines Lichtquants	$p = \dfrac{E}{c}$ $p = \dfrac{h \cdot f}{c} = \dfrac{h}{\lambda}$		
Compton-Effekt – Energiebilanz – Wellenlängenänderung	$h \cdot f_0 = E_{\text{kin}} + h \cdot f$ $\Delta\lambda = \lambda_{\text{C}}(1 - \cos\vartheta)$ mit $\lambda_{\text{C}} = \dfrac{h}{m_{\text{e}} \cdot c}$	f_0 f E_{kin} λ_{C} m_{e} ϑ	Frequenz des auftreffenden Quants Frequenz des gestreuten Quants kinetische Energie des Elektrons Compton-Wellenlänge Ruhmasse des Elektrons Streuwinkel
De-Broglie-Wellenlänge λ	$\lambda = \dfrac{h}{p} = \dfrac{h}{m \cdot v}$	p v h	Impuls Geschwindigkeit des Teilchens Planck'sches Wirkungsquantum
Heisenberg'sche Unbestimmtheitsrelation	$\Delta x \cdot \Delta p_x \geq \dfrac{h}{4\pi}$	Δx Δp_x ΔE Δt h	Unschärfe der Ortskoordinate Unschärfe der Impulskoordinate Unschärfe der Energie Unschärfe der Zeit Planck'sches Wirkungsquantum
Energie-Zeit-Unschärferelation	$\Delta E \cdot \Delta t \geq \dfrac{h}{4\pi}$		
Bohr'sche Frequenzbedingung	$h \cdot f = E_m - E_n = \Delta E$	ΔE n, m	abgegebener Energiebetrag Bezeichnung der Energiezustände des Atoms
Moseley-Gesetz	$f_{K_\alpha} = \dfrac{3}{4} R_{\text{H}} (Z - 1)^2$	f_{K_α} Z	Frequenz der K_α-Linie Ordnungszahl
Spektrallinien für das H-Atom – Lyman-Serie – Balmer-Serie	$f = R_{\text{H}} \left(\dfrac{1}{n^2} - \dfrac{1}{m^2} \right)$ $n = 1;\quad m = 2, 3, 4, \ldots$ $n = 2;\quad m = 3, 4, 5, \ldots$	R_{H}	Rydberg-Frequenz für das Wasserstoffatom ($R_{\text{H}} = 3{,}289\,841\,96 \cdot 10^{15}$ Hz)

Austrittsarbeiten W_{A} der Elektronen aus reinen Metalloberflächen

Metall	W_{A} in eV	Metall	W_{A} in eV	Metall	W_{A} in eV
Aluminium	4,20	Calcium	3,20	Platin	5,36
Barium	2,52	Gold	4,71	Wolfram	4,53
Cadmium	4,04	Eisen	4,63	Zink	3,95
Caesium	1,94	Magnesium	3,70	Zinn	4,39

Atom- und Kernphysik – Größen, Einheiten, Werte

Größen und Einheiten der Kernphysik und im Strahlenschutz

Größe	Formelzeichen	Einheiten Name	Zeichen	Beziehungen zwischen unterschiedlichen Einheiten
Aktivität	A	Becquerel	Bq	1 Bq = 1 Zerfall pro Sekunde
Äquivalentdosis	H	Sievert	Sv	$1\,\text{Sv} = 1\,\text{J} \cdot \text{kg}^{-1}$
Energiedosis	D	Gray	Gy	$1\,\text{Gy} = 1\,\text{J} \cdot \text{kg}^{-1}$
Atommasse	m_A	atomare Masseneinheit	u	$1\,\text{u} = 1{,}660\,539 \cdot 10^{-27}\,\text{kg}$
relative Atommasse	A_r	1 (reiner Zahlenwert)		$A_r = m_A \cdot \text{u}^{-1}$
Halbwertszeit	$T_{1/2}$	Sekunden bis Jahren	s, …, a	

Eigenschaften ausgewählter Teilchen

Name	Ruhemasse	Ruheenergie	Ladung	Quarkzusammensetzung
Elektron	$9{,}109\,39 \cdot 10^{-31}\,\text{kg} = 5{,}485\,8 \cdot 10^{-4}\,\text{u}$	511 keV	$-1\,e$	–
Proton	$1{,}672\,62 \cdot 10^{-27}\,\text{kg} = 1{,}007\,276\,\text{u}$	938,28 MeV	$+1\,e$	uud
Neutron	$1{,}674\,93 \cdot 10^{-27}\,\text{kg} = 1{,}008\,665\,\text{u}$	939,57 MeV	0	udd
α-Teilchen	$6{,}6442 \cdot 10^{-27}\,\text{kg} = 4{,}001\,228\,\text{u}$	3,727 12 GeV	$+2\,e$	–

Leptonen und Quarks

	Teilchen/Antiteilchen	Symbol	Ladung in e	Ruhemasse in MeV $\cdot c^{-2}$
Leptonen	Elektron / Positron	e^-/e^+	$-1/+1$	0,511
	Elektron-Neutrino / Anti-Elektron-Neutrino	$\nu_e / \overline{\nu_e}$	0 / 0	$< 2 \cdot 10^{-6}$
	Myon / Anti-Myon	$\mu / \overline{\mu}$	$-1/+1$	105,66
	Myon-Neutrino / Anti-Myon-Neutrino	$\nu_\mu / \overline{\nu_\mu}$	0 / 0	$< 0{,}17$
	Tauon / Anti-Tauon	$\tau / \overline{\tau}$	$-1/+1$	1777
	Tauon-Neutrino / Anti-Tauon-Neutrino	$\nu_\tau / \overline{\nu_\tau}$	0 / 0	$< 15{,}5$

	Teilchen / Antiteilchen	Symbol	Ladung in e	Masse in MeV $\cdot c^{-2}$
Quarks	Up / Anti-Up	$u / \overline{u}$	$+\frac{2}{3} / -\frac{2}{3}$	1,5 bis 3,3
	Down / Anti-Down	$d / \overline{d}$	$-\frac{1}{3} / +\frac{1}{3}$	3,5 bis 6
	Charm / Anti-Charm	$c / \overline{c}$	$+\frac{2}{3} / -\frac{2}{3}$	1270 + 70 / − 11
	Strange / Anti-Strange	$s / \overline{s}$	$-\frac{1}{3} / +\frac{1}{3}$	104 + 26 / − 34
	Top / Anti-Top	$t / \overline{t}$	$+\frac{2}{3} / -\frac{2}{3}$	170 900 ± 1800
	Bottom / Anti-Bottom	$b / \overline{b}$	$-\frac{1}{3} / +\frac{1}{3}$	4200 + 170 / − 70

Qualitätsfaktor q

Strahlungsart	β- und γ-Strahlung Röntgenstrahlung	Thermische Neutronen	Schnelle Neutronen	α-Strahlung	Schwere Ionen
Qualitätsfaktor q	1	2,3	10	20	20

Größen und Einheiten | Elementarteilchen | Strahlungsarten | Radionuklide

Alpha-, Beta- und Gammastrahlung

Name	Art der Strahlung	Symbol	Elektrische Ladung	Massenzahl
α	Teilchenstrahlung (Heliumkern)	$^{4}_{2}\text{He}$	$+2\,e$	4
β^{-}	Teilchenstrahlung (Elektron)	$^{0}_{-1}\text{e}$	$-1\,e$	0
β^{+}	Teilchenstrahlung (Positron)	$^{0}_{+1}\text{e}$	$+1\,e$	0
γ	elektromagnetische Strahlung	$^{0}_{0}\gamma$	ungeladen	0

Fundamentale Wechselwirkungen (Standardmodell)

Kraft (Wechselwirkung)	wirkt auf die Eigenschaft	wirkt auf	Austauschteilchen	Reichweite	relative Stärke
Elektromagnetische Kraft	elektrische Ladung	elektrisch geladene Teilchen	Photon	nimmt mit $\frac{1}{r^2}$ ab	10^{-2}
Starke Kraft	Farbladung	Quarks, also auch auf Kernteilchen	Gluon	10^{-15} m	1
Schwache Kraft	schwache Ladung	alle Teilchen	W- und Z-Boson	10^{-17} m	10^{-13}
Gravitationskraft	Masse	alle Teilchen	Graviton (hypothetisch)	nimmt mit $\frac{1}{r^2}$ ab	10^{-40}

Halbwertszeiten (HWZ) und Zerfallsarten ausgewählter Radionuklide ⟳ GTWK4513792-161-1

Element	Nuklid (m_a in u)	HWZ	Zerfallsart	Zerfallsenergie (in MeV)
Wasserstoff	$^{3}_{1}\text{H}$ (3,0160494)	12,3 a	β^{-}	0,018
Kohlenstoff	$^{14}_{6}\text{C}$ (14,0032420)	5730 a	β^{-}	0,158
Stickstoff	$^{13}_{7}\text{N}$ (13,0057386)	10,0 min	β^{+}	1,2
Sauerstoff	$^{15}_{8}\text{O}$ (15,0030654)	122,24 s	β^{+}	1,68
Natrium	$^{22}_{11}\text{Na}$ (21,994437)	2,6 a	β^{+}	0,54
			γ	1,28
Phosphor	$^{32}_{15}\text{P}$ (31,9739072)	14,3 d	β^{-}	1,69
Chlor	$^{38}_{17}\text{Cl}$ (37,9680106)	37,3 min	β^{-}	4,8
			γ	1,63
Kalium	$^{42}_{19}\text{K}$ (41,9624031)	12,4 h	β^{-}	3,5
			γ	1,51
Calcium	$^{45}_{20}\text{Ca}$ (44,9561859)	163 d	β^{-}	0,26
Kobalt	$^{60}_{27}\text{Co}$ (59,933814)	5,26 a	β^{-}	0,31
			γ	1,17; 1,33
			γ	1,45
Krypton	$^{85}_{36}\text{Kr}$ (84,91253)	10,8 a	β^{-}	0,7
Strontium	$^{90}_{38}\text{Sr}$ (89,9077376)	29 a	β^{-}	0,54
Iod	$^{131}_{53}\text{I}$ (130,90612)	8,05 d	β^{-}	0,61
			γ	0,64
Cäsium	$^{137}_{55}\text{Cs}$ (136,90677)	30 a	β^{-}	0,51
			γ	0,66
Blei	$^{210}_{82}\text{Pb}$ (209,98416)	22,3 a	β^{-}	0,02
			α	3,72
Polonium	$^{210}_{84}\text{Po}$ (209,98288)	138,4 d	α	5,3
			γ	0,8
Radon	$^{220}_{86}\text{Rn}$ (220,01137)	55,6 s	α	6,29
			γ	0,55
	$^{222}_{86}\text{Rn}$ (222,01753)	3,83 d	α	5,49
Radium	$^{226}_{88}\text{Ra}$ (226,0254026)	1601 a	α	4,78
			γ	0,187
Thorium	$^{232}_{90}\text{Th}$ (232,0380504)	$1{,}41 \cdot 10^{10}$ a	α	4,08
			γ	0,06
Uran	$^{234}_{92}\text{U}$ (234,04090)	$2{,}48 \cdot 10^{5}$ a	α	4,72
			γ	0,12
	$^{235}_{92}\text{U}$ (235,04392)	$7{,}1 \cdot 10^{8}$ a	α	4,39
			γ	0,19
	$^{238}_{92}\text{U}$ (238,05077)	$4{,}5 \cdot 10^{9}$ a	α	4,19
			γ	0,048
Plutonium	$^{239}_{94}\text{Pu}$ (239,05215)	24 000 a	α	5,15
			γ	0,4

u = $1{,}660539 \cdot 10^{-27}$ kg

Auszug aus der Nuklidkarte (vereinfacht) GTWK4513792-162-1

Legende:
- a Jahr
- d Tag
- h Stunde
- m Minute
- s Sekunde
- ms Millisekunde
- µs Mikrosekunde

Ausschnitt aus der Nuklidkarte im Bereich der leichten Elemente

Z												
14	Si 28,0855	Si 22 6 ms	Si 23 103 ms	Si 24 218 ms	Si 25 2,21 s	Si 26						
	Al 26,981539		Al 22 70 ms	Al 23 470 ms	Al 24 2,07 s	Al 25 7,18 s						
12	Mg 24,3050		Mg 20 95 ms	Mg 21 122,5 ms	Mg 22 3,86 s	Mg 23 11,3 s	Mg 24 78,99					
	Na 22,989768		Na 19	Na 20 446 ms	Na 21 22,48 s	Na 22 2,603 a	Na 23 100					
10	Ne 20,1797	Ne 16	Ne 17 109,2 ms	Ne 18 1,67 s	Ne 19 17,22 s	Ne 20 90,48	Ne 21 0,27	Ne 22 9,25				
	F 18,998403	F 15	F 16	F 17 64,8 s	F 18 109,7 m	F 19 100	F 20 11,0 s	F 21 4,16 s				
8	O 15,9994	O 12	O 13 8,58 ms	O 14 70,59 s	O 15 2,03 m	O 16 99,762	O 17 0,038	O 18 0,200	O 19 27,1 s	O 20 13,5 s		
	N 14,00674	N 11	N 12 11,0 ms	N 13 9,96 m	N 14 99,634	N 15 0,366	N 16 7,13 s	N 17 4,17 s	N 18 0,63 s	12		
6	C 12,011	C 9 126,5 ms	C 10 19,3 s	C 11 20,38 m	C 12 98,90	C 13 1,10	C 14 5730 a	C 15 2,45 s	C 16 0,747 s	C 17 193 ms		
	B 10,811	B 8 770 ms	B 9	B 10 19,9	B 11 80,1	B 12 20,20 ms	B 13 17,33 ms	B 14 13,8 ms	B 15 10,4 ms			
4	Be 9,012182		Be 6	Be 7 53,29 d	Be 8	Be 9 100	Be 10 $1,6 \cdot 10^6$ a	Be 11 13,8 s	Be 12 23,6 ms	10		
	Li 6,941		Li 5	Li 6 7,5	Li 7 92,5	Li 8 840,3 ms	Li 9 178,3 ms	Li 10	Li 11 8,5 ms			
2	He 4,002602	He 3 0,000137	He 4 99,999863	He 5	He 6 806,7 ms	He 7	He 8 119 ms	8				
1	H 1,00794	H 1 99,985	H 2 0,015	H 3 12,323 a	4	6						
		n 1 10,25 m	2									
		1										

Ausschnitt aus der Nuklidkarte im Bereich der natürlichen Zerfallsreihen

Z													
92	U 238,0289									U 218 1,5 ms	U219 ~42 µs		
	Pa 231,03588					Pa 213 5,3 ms	Pa 214 17 ms	Pa 215 14 ms	Pa 216 0,2 s	Pa 217 4,9 ms	Pa 218 0,12 ms	Pa 219 53 s	
90	Th 232,0381			Th 210 9 ms	Th 211 37 ms	Th 212 30 ms	Th 213 0,14 s	Th 214 0,10 s	Th 215 1,2 s	Th 216 28 ms	Th 217 252 ms	Th 218 0,1 ms	
	Ac 227,0278		Ac 207 22 ms	Ac 208 95 ms	Ac 209 90 ms	Ac 210 0,35 s	Ac 211 0,25 s	Ac 212 0,93 s	Ac 213 0,80 s	Ac 214 8,2 s	Ac 215 0,17 s	Ac 216 ~0,33 ms	Ac 217 69 s
88	Ra 226,0254	Ra 204 45 ms	Ra 205 0,22 s	Ra 206 0,24 s	Ra 207 1,3 s	Ra 208 1,3 s	Ra 209 4,6 s	Ra 210 3,7 s	Ra 211 13 s	Ra 212 13 s	Ra 213 2,74 m	Ra 214 2,46 s	Ra 215 1,6 ms	Ra 216 0,18 ms
	Fr	Fr 200 0,57 s	Fr 201 48 ms	Fr 202 0,34 s	Fr 203 0,55 s	Fr 204 1,7 s	Fr 205 3,9 s	Fr 206 15,9 s	Fr 207 14,8 s	Fr 208 58,6 s	Fr 209 50,0 s	Fr 210 3,18 m	Fr 211 3,10 m	Fr 212 20,0 m	Fr 213 34,6 s	Fr 214 5,0 ms	Fr 215 0,09 ms
86	Rn	Rn 197 51 ms	Rn 198 64 ms	Rn 199 0,62 s	Rn 200 1,06 s	Rn 201 7,0 s	Rn 202 9,85 s	Rn 203 45 s	Rn 204 1,24 m	Rn 205 2,83 m	Rn 206 5,67 m	Rn 207 9,3 m	Rn 208 24,4 m	Rn 209 28,5 m	Rn 210 2,4 h	Rn 211 14,6 h	Rn 212 24 m	Rn 213 25 ms	Rn 214 0,27 m
	At	At 197 0,35 s	At 198 4,2 s	At 199 7,2 m	At 200 43 s	At 201 1,5 m	At 202 184 s	At 203 7,4 m	At 204 9,2 m	At 205 26,2 m	At 206 29,4 m	At 207 1,8 h	At 208 1,63 h	At 209 5,4 h	At 210 8,3 h	At 211 7,22 h	At 212 314 ms	At 213 0,11 ms
84	Po	Po 196 5,8 s	Po 197 56 s	Po 198 1,76 m	Po 199 5,2 m	Po 200 11,5 m	Po 201 15,3 m	Po 202 44,7 m	Po 203 36 m	Po 204 3,53 h	Po 205 1,66 h	Po 206 8,8 d	Po 207 5,84 h	Po 208 2,898 a	Po 209 102 a	Po 210 138,38 d	Po 211 0,516 s	Po 212 0,3 µs
	Bi 208,98037	Bi 195 3,0 m	Bi 196 5,1 m	Bi 197 9,3 m	Bi 198 10,3 m	Bi 199 27 m	Bi 200 36,4 m	Bi 201 1,8 h	Bi 202 1,72 h	Bi 203 11,76 h	Bi 204 11,22 h	Bi 205 15,31 d	Bi 206 6,24 d	Bi 207 31,55 a	Bi 208 $3,68 \cdot 10^5$ a	Bi 209 100	Bi 210 5,013 d	Bi 211 2,17 m
82	Pb 207,2	Pb 194 12,0 m	Pb 195 ~15 m	Pb 196 36,4 m	Pb 197 8 m	Pb 198 2,40 h	Pb 199 1,5 h	Pb 200 21,5 h	Pb 201 9,4 h	Pb 202 $5,25 \cdot 10^4$ a	Pb 203 51,9 h	Pb 204 1,4	Pb 205 $1,5 \cdot 10^7$ a	Pb 206 24,1	Pb 207 22,1	Pb 208 52,4	Pb 209 3,253 h	Pb 210 22,3 a
	Tl 204,3833	Tl 193 22,6 m	Tl 194 33 m	Tl 195 1,13 h	Tl 196 1,8 h	Tl 197 2,84 h	Tl 198 5,3 h	Tl 199 7,42 h	Tl 200 26,1 h	Tl 201 73,1 h	Tl 202 12,23 d	Tl 203 29,524	Tl 204 3,78 a	Tl 205 70,476	Tl 206 4,20 m	Tl 207 4,77 m	Tl 208 3,053 m	Tl 209 2,16 m
80	Hg 200,59	Hg 192 4,9 h	Hg 193 3,5 h	Hg 194 520 a	Hg 195 9,5 h	Hg 196 0,15	Hg 197 64,1 h	Hg 198 9,97	Hg 199 16,87	Hg 200 23,10	Hg 201 13,18	Hg 202 29,86	Hg 203 46,59 d	Hg 204 6,87	Hg 205 5,2 m	Hg 206 8,15 m	Hg 207 2,9 m	Hg 208 ~42 m
N	110	112	114	116	118	120	122	124	126	128

Nuklidkarte

Atom- und Kernphysik – Formeln und Gesetze

Atomhülle

Bohr'sche Frequenzbedingung	$h \cdot f = E_m - E_n = \Delta E$	ΔE	abgegebener Energiebetrag
Moseley-Gesetz	$f_{K_\alpha} = \frac{3}{4} R_H (Z-1)^2$	n, m	Bezeichnung der Energiezustände des Atoms
Spektralserien für das H-Atom	$f = R_H \left(\frac{1}{n^2} - \frac{1}{m^2} \right)$	f_{K_α}	Frequenz der K_α-Linie
		Z	Ordnungszahl
– Lyman-Serie	$n = 1; m = 2, 3, 4, \ldots$	R_H	Rydberg-Frequenz für das Wasserstoffatom ($R_H = 3{,}290 \cdot 10^{15}$ Hz)
– Balmer-Serie	$n = 2; m = 3, 4, 5, \ldots$		
Energie E_n im linearen Potenzialtopf	$E_n = -\frac{h^2}{8\,m\,l^2} \cdot n^2 \qquad n = 1, 2, 3, \ldots$	h	Planck'sches Wirkungsquantum ($h = 6{,}626 \cdot 10^{-34}$ J·s)
Energieniveaus für das Wasserstoffatom	$E_n = -\frac{m_e \cdot e^4}{8\,\varepsilon_0^2 \cdot h^2} \cdot \frac{1}{n^2}$ $E_n = -13{,}6\text{ eV} \cdot \frac{1}{n^2}$ $E_n = -R_\infty \cdot h \cdot c \cdot \frac{1}{n^2}$	m	Masse
		l	Breite des Potenzialtopfs
		m_e	Masse des Elektrons
		e	Elementarladung
		ε_0	elektrische Feldkonstante
		R_∞	Rydberg-Konstante ($R_\infty = 1{,}097 \cdot 10^7$ m^{-1})

Atomkerne, Kernstrahlung, Kernenergie

Atomare Masseneinheit u	$1\text{ u} = \frac{1}{12} m_a(^{12}_{6}\text{C})$	m_a	Atommasse
Relative Atommasse A_r	$A_r = \frac{m_a}{u}$	u	atomare Masseneinheit
		Z	Protonenanzahl (Kernladungszahl, Ordnungszahl im Periodensystem)
Massenzahl A	$A = Z + N$	N	Neutronenanzahl
α-Zerfall	$^A_Z X \rightarrow ^{A-4}_{Z-2} Y^{2-} + ^4_2 \text{He}^{2+}$	X,Y	Symbol des Nuklids
β-Zerfall	$^A_Z X \rightarrow ^A_{Z+1} Y^+ + ^{\ 0}_{-1} e^- + ^0_0 \overline{\nu}$	X*	angeregtes Radionuklid
γ-Zerfall	$^A_Z X^* \rightarrow ^A_Z X + ^0_0 \gamma$	m_p	Masse eines Protons
		m_n	Masse eines Neutrons
Massendefekt Δm	$\Delta m = (Z \cdot m_p + N \cdot m_n) - m_k$	m_k	Gesamtmasse des Kerns
Kernbindungsenergie E_B	$E_B = \Delta m \cdot c^2$	Δm	Massendefekt
Halbwertszeit $T_{1/2}$	$T_{1/2} = \ln 2 \cdot \lambda^{-1}$	c	Lichtgeschwindigkeit
		λ	Zerfallskonstante
Zerfallsgesetz	$N = N_0 \cdot e^{-\lambda \cdot t}; \; N = N_0 \cdot \left(\frac{1}{2} \right)^{\frac{t}{T_{1/2}}}$	N_0	Anzahl der Kerne zum Zeitpunkt $t = 0$
		N	Anzahl der Kerne zum Zeitpunkt t
Aktivität A eines Radionuklids	$A = \frac{\Delta N}{\Delta t}$ $A = \lambda \cdot N \qquad A = A_0 \cdot e^{-\lambda \cdot t}$	t	Zeit
		ΔN	Anzahl der in der Zeitdauer Δt zerfallenen Kerne
		E	aufgenommene Strahlungsenergie
Energiedosis D Äquivalentdosis H	$D = \frac{E}{m} \qquad H = D \cdot q$	A_0	Anfangsaktivität
		m	Masse des bestrahlten Körpers
		q	Qualitätsfaktor
Ionendosis J	$J = \frac{Q}{m}$	Q	Betrag der von ionisierender Strahlung in Luft gebildeten elektrischen Ladung
		m	Masse der Luft

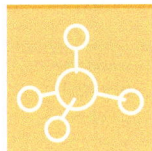

Chemie

Übersichten zur Chemie

Chemische Elemente ↻ GTWK4513792-165-1

Die Werte in eckigen Klammern geben die Atommassen der längstlebigen zurzeit bekannten Atomart des betreffenden Elements an.
Die Massenzahlen der Elemente sind nach der Häufigkeit der natürlich vorkommenden Isotope (Atomarten) geordnet.

Element	Symbol	Ordnungszahl	Atommasse in u (gerundet)	Massenzahlen natürlicher Isotope	Oxidationszahlen (häufig auftretende)	Elektronegativitätswert
Actinium	Ac	89	227	227; 228	+3	1,1
Aluminium	Al	13	27	27	+3	1,5
Americium	Am	95	[243]		+3	1,3
Antimon	Sb	51	122	121; 123	+3; +5; −3	1,9
Argon	Ar	18	40	40; 36; 38	±0	
Arsen	As	33	75	75	+3; +5; −3	2,0
Astat	At	85	[210]	215; 216; 218	−1	2,2
Barium	Ba	56	137	138; 137; 136; 135; 134; 130; 132	+2	0,9
Berkelium	Bk	97	[247]		+3	1,3
Beryllium	Be	4	9	9	+2	1,5
Bismut	Bi	83	209	209	+3; −3	1,9
Blei	Pb	82	207	208; 206; 207; 204	+2; +4	1,8
Bor	B	5	11	11; 10	+3	2,0
Brom	Br	35	80	79; 81	+1; +5; −1	2,8
Cadmium	Cd	48	112,5	114; 112; 111; 110; 113; 116; 106; 108	+2	1,7
Caesium	Cs	55	113	133	+1	0,7
Calcium	Ca	20	40	40; 44; 42; 48; 43; 46	+2	1,0
Californium	Cf	98	[251]		+3	1,3
Cer	Ce	58	140	140; 142; 138; 136	+3	1,1
Chlor	Cl	17	35,5	35; 37	+1; +3; +5; +7; −1	3,0
Chrom	Cr	24	52	52; 53; 50; 54	+2; +3; +6	1,6
Cobalt	Co	27	59	59	+2; +3	1,8
Curium	Cm	96	[247]		+3	1,3
Dysprosium	Dy	66	162,5	164; 162; 163; 161; 160; 158; 156	+3	1,2
Einsteinium	Es	99	[252]			1,3
Eisen	Fe	26	56	56; 54; 57; 58	+2; +3; +6	1,8
Erbium	Er	68	167	166; 168; 167; 170; 164; 162	+3	1,2
Europium	Eu	63	152	153; 151	+3	1,2
Fermium	Fm	100	[257]			1,3
Fluor	F	9	19	19	−1	4,0
Francium	Fr	87	[223]	223	+1	0,7
Gadolinium	Gd	64	157	158; 160; 156; 157; 155; 154; 152	+3	1,1

Element	Symbol	Ordnungszahl	Atommasse in u (gerundet)	Massenzahlen natürlicher Isotope	Oxidationszahlen (häufig auftretende)	Elektronegativitätswert
Gallium	Ga	31	70	69; 71	+3	1,6
Germanium	Ge	32	72,5	74; 72; 70; 73; 76	+4	1,8
Gold	Au	79	197	197	+1; +3	2,4
Hafnium	Hf	72	178,5	180; 178; 177; 179; 176; 174	+4	1,3
Helium	He	2	4	4; 3	±0	
Holmium	Ho	67	165	165	+3	1,2
Indium	In	49	115	115; 113	+3	1,7
Iod	I	53	127	127	+1; +5; +7; −1	2,5
Iridium	Ir	77	192	193; 191	+3; +4	2,2
Kalium	K	19	39	39; 41; 40	+1	0,8
Kohlenstoff	C	6	12	12; 13	+2; +4; −2	2,5
Krypton	Kr	36	84	84; 86; 83; 82; 80; 78	±0	
Kupfer	Cu	29	63,5	63; 65	+1; +2	1,9
Lanthan	La	57	139	139; 138	+3	1,1
Lithium	Li	3	7	7; 6	+1	1,0
Lutetium	Lu	71	175	175; 176	+3	1,2
Magnesium	Mg	12	24	24; 26; 25	+2	1,2
Mangan	Mn	25	55	55	+2; +4; +6; +7	1,5
Molybdän	Mo	42	96	98; 96; 95; 92; 100; 97; 94	+6	1,8
Natrium	Na	11	23	23	+1	0,9
Neodym	Nd	60	144	142; 144; 146; 143; 145; 148; 150	+3	1,2
Neon	Ne	10	20	20; 22; 21	±0	
Neptunium	Np	93	[237]	237	+5	1,8
Nickel	Ni	28	59	58; 60; 62; 61; 64	+2	1,6
Niob	Nb	41	93	93	+5	
Osmium	Os	76	190	192; 190; 189; 188; 187; 186; 184	+4; +8	2,2
Palladium	Pd	46	106	106; 108; 105; 110; 104; 102	+2; +4	2,2
Phosphor	P	15	31	31	+3; +5; −3	2,1
Platin	Pt	78	195	195; 194; 196; 198; 192; 190	+2; +4	2,2
Plutonium	Pu	94	[244]	239	+4	1,3
Polonium	Po	84	[209]	209; 210; 211; 212; 214; 215; 216; 218	+4; −2	2,0
Praseodym	Pr	59	141	141	+3	1,1
Promethium	Pm	61	[145]	147	+3	1,2
Protactinium	Pa	91	231	231; 234	+5	1,5
Quecksilber	Hg	80	200,5	202; 200; 199; 201; 198; 204; 196	+1; +2	1,9
Radium	Ra	88	226	223; 224; 226; 228	+2	0,9
Radon	Rn	86	[222]	218; 219; 220; 222	±0	
Rhenium	Re	75	186	187; 185	+7	1,9
Rhodium	Rh	45	103	103	+3; +4	2,2
Rubidium	Rb	37	85,5	85; 87	+1	0,8
Ruthenium	Ru	44	101	102; 104; 101; 99; 100; 96; 98	+4; +8	2,2
Samarium	Sm	62	150	152; 154; 147; 149; 148; 150; 144	+3	1,2

Chemische Elemente | Atom- und Ionenradien

Element	Symbol	Ordnungszahl	Atommasse in u (gerundet)	Massenzahlen natürlicher Isotope	Oxidationszahlen (häufig auftretende)	Elektronegativitätswert
Sauerstoff	O	8	16	16; 18; 17	−2	3,5
Scandium	Sc	21	45	45	+3	1,3
Schwefel	S	16	32	32; 34; 33; 36	+4; +6; −2	2,5
Selen	Se	34	79	80; 78; 82; 76; 77; 74	+4; +6; −2	2,4
Silber	Ag	47	108	107; 109	+1	1,9
Silicium	Si	14	28	28; 29; 30	+4; −4	1,8
Stickstoff	N	7	14	14; 15	+3; +5; −3	3,0
Strontium	Sr	38	87,5	88; 86; 87; 84	+2	1,0
Tantal	Ta	73	181	181; 180	+5	1,5
Technetium	Tc	43	[98]		+7	1,9
Tellur	Te	52	127,5	130; 128; 126; 125; 124; 122; 123; 120	+4; +6; −2	2,1
Terbium	Tb	65	159	159	+3	1,2
Thallium	Tl	81	204	205; 203	+3	1,8
Thorium	Th	90	232	227; 228; 230; 231; 234	+4	1,3
Thulium	Tm	69	169	169	+3	1,2
Titan	Ti	22	48	48; 46; 47; 49; 50	+4	1,5
Uran	U	92	238	238; 234; 235	+4; +5; +6	1,7
Vanadium	V	23	51	51; 50	+5	1,6
Wasserstoff	H	1	1	1; 2	+1; −1	2,1
Wolfram	W	74	184	184; 186; 182; 183; 180	+6	1,7
Xenon	Xe	54	131	132; 129; 131; 134; 136; 130; 128; 124; 126	±0	
Ytterbium	Yb	70	173	174; 172; 173; 171; 176; 170; 168	+3	1,1
Yttrium	Y	39	89	89	+3	1,3
Zink	Zn	30	65	64; 66; 68; 67; 70	+2	1,6
Zinn	Sn	50	119	120; 118; 116; 119; 117; 124; 122; 112; 114; 115	+2; +4	1,8
Zirconium	Zr	40	91	90; 94; 92; 91; 96	+4	1,4

Atom- und Ionenradien (mit Ionenladung) einiger Elemente GTWK4513792-167-1

Symbol	Atomradius in 10^{-12} m	Ionenradius in 10^{-12} m	Symbol	Atomradius in 10^{-12} m	Ionenradius in 10^{-12} m	Symbol	Atomradius in 10^{-12} m	Ionenradius in 10^{-12} m
Al	143	50 (+3)	I	133	216 (−1)	S	104	184 (−2)
Ba	217	135 (+2)	K	231	133 (+1)	Se	117	198 (−2)
Be	112	31 (+2)	Cu	128	72 (+2)	Ag	144	126 (+1)
Br	114	195 (−1)	Li	152	60 (+1)	Si	117	41 (+4)
Cs	262	169 (+1)	Mg	160	65 (+2)	N	70	171 (−3)
Ca	197	97 (+2)	Na	186	95 (+1)	Sr	215	113 (+2)
Cl	99	181 (−1)	P	110	212 (−3)	Te	137	221 (−2)
Fe	124	64 (+3)	Rb	244	148 (+1)	Zn	133	74 (+2)
F	64	136 (−1)	O	66	140 (−2)			

Chemische Zeichen und Namen von Ionen

Chemisches Zeichen	Name
NH_4^+	Ammonium-Ion
F^-	Fluorid-Ion
Cl^-	Chlorid-Ion
Br^-	Bromid-Ion
I^-	Iodid-Ion
O^{2-}	Oxid-Ion
OH^-	Hydroxid-Ion
H^-	Hydrid-Ion
H^+	Wasserstoff-Ion (Proton)
H_3O^+	Hydronium-Ion

Chemisches Zeichen	Name
SO_4^{2-}	Sulfat-Ion
HSO_4^-	Hydrogensulfat-Ion
SO_3^{2-}	Sulfit-Ion
HSO_3^{2-}	Hydrogensulfit-Ion
NO_3^-	Nitrat-Ion
NO_2^-	Nitrit-Ion
CO_3^{2-}	Carbonat-Ion
HCO_3^-	Hydrogencarbonat-Ion
CN^-	Cyanid-Ion
CrO_4^{2-}	Chromat-Ion

Chemisches Zeichen	Name
PO_4^{3-}	Phosphat-Ion
HPO_4^{2-}	Hydrogenphosphat-Ion
$H_2PO_4^-$	Dihydrogenphosphat-Ion
ClO_2^-	Chlorit-Ion
ClO_3^-	Chlorat-Ion
ClO_4^-	Perchlorat-Ion
S^{2-}	Sulfid-Ion
HS^-	Hydrogensulfid-Ion
$HCOO^-$	Formiat-Ion
CH_3COO^-	Acetat-Ion

Griechische Zahlwörter in der chemischen Nomenklatur

Ziffer	Zahlwort
1/2	hemi
1	mono
2	di, bis
3	tri
4	tetra
5	penta
6	hexa

Ziffer	Zahlwort
7	hepta
8	octa
9	nona
10	deca
11	undeca
12	dodeca
13	trideca

Ziffer	Zahlwort
14	tetradeca
15	pentadeca
16	hexadeca
17	heptadeca
18	octadeca
19	enneadeca
20	eicosa

Namen und allgemeine Formeln von organischen Verbindungen

Kohlenwasserstoffe			Verbindungen mit funktionellen Gruppen im Molekül R, R': Kohlenwasserstoffreste	
Name	Allgemeine Formel	Strukturmerkmal	Name	Allgemeine Formel
Alkane	C_nH_{2n+2}	$-C-C-$	Alkohole	$R-OH$
Alkene	C_nH_{2n}	$C=C$	Aldehyde	$R-C(=O)H$
Alkine	C_nH_{2n-2}	$-C\equiv C-$	Ether	$R-O-R'$
Diene	C_nH_{2n-2}	$C=C-C=C$	Ketone	$R-C(=O)-R'$
Cycloalkane	C_nH_{2n}	(Ring)	Carbonsäuren	$R-C(=O)OH$
			Ester	$R-C(=O)O-R'$
			Amine	$R-NH_2$
			Nitrile	$R-C\equiv N$
			Sulfonsäuren	$R-SO_3H$

Anorganische Stoffe ([1] bei 101,3 kPa) ↻ GTWK4513792-169-1

Name	Symbol/ Formel	Molare Masse M in g·mol^{-1} (gerundet)	Aggregat-zustand bei 25 °C	Dichte ϱ in g·cm^{-3} bei 25 °C (* bei 0 °C)	Schmelz-temperatur[1] ϑ_S in °C	Siede-temperatur[1] ϑ_V in °C
Aluminium	Al	27	s	2,70	660	2450
Aluminiumchlorid	AlCl$_3$	133	s	2,44	192,5 (p)	subl. bei 180
Aluminiumhydroxid	Al(OH)$_3$	78	s	2,42	zers. ab 170	–
Aluminiumoxid	Al$_2$O$_3$	102	s	3,90	2045	2980
Aluminiumsulfat-18-Wasser	Al$_2$(SO$_4$)$_3$ · 18 H$_2$O	666	s	1,69	zers. ab 86	–
Ammoniak	NH$_3$	17	g	0,77 g·l^{-1}*	–78	–33
Ammoniumcarbonat-1-Wasser	(NH$_4$)$_2$CO$_3$ · H$_2$O	114	s		zers. ab 58	
Ammoniumchlorid	NH$_4$Cl	53,5	s	1,54	zers. ab 350	subl. bei 340
Ammoniumnitrat	NH$_4$NO$_3$	80	s	1,73	169	zers. ab 200
Ammoniumsulfat	(NH$_4$)$_2$SO$_4$	132	s	1,77	zers. ab 280	–
Argon	Ar	40	g	1,78 g·l^{-1}*	–189	–186
Barium	Ba	137	s	3,50	725	1640
Bariumcarbonat	BaCO$_3$	197	s	4,40	zers. ab 1350	–
Bariumchlorid	BaCl$_2$	208	s	3,9	963	1562
Bariumhydroxid	Ba(OH)$_2$	171	s	4,5	408	–
Bariumsulfat	BaSO$_4$	233	s	4,48	1350	–
Blei	Pb	207	s	11,34	327	1740
Blei(II)-chlorid	PbCl$_2$	278	s	5,85	498	954
Blei(II)-oxid	PbO	223	s	9,53	890	1470
Blei(II, IV)-oxid	Pb$_3$O$_4$	685	s	9,10	zers. ab 500	–
Blei(IV)-oxid	PbO$_2$	239	s	9,37	zers. ab 290	–
Blei(II)-sulfat	PbSO$_4$	303	s	6,2	1170	–
Brom	Br$_2$	160	l	3,12	–7	58,7
Bromwasserstoff	HBr	81	g	3,64 g·l^{-1}*	–87	–67
Caesium	Cs	133	s	1,9	29	690
Calcium	Ca	40	s	1,55	838	1490
Calciumbromid	CaBr$_2$	200	s	3,35	730	810
Calciumcarbonat	CaCO$_3$	100	s	2,93	zers. ab 825	–
Calciumchlorid	CaCl$_2$	111	s	2,15	772	> 1600
Calciumhydroxid	Ca(OH)$_2$	74	s	2,23	zers. ab 580	–
Calciumoxid	CaO	56	s	3,40	≈ 2570	2850
Calciumsulfat	CaSO$_4$	136	s	2,96	1450	–
Calciumsulfat-2-Wasser	CaSO$_4$ · 2 H$_2$O	172	s	2,32	zers. ab 100	–
Chlor	Cl$_2$	71	g	3,214 g·l^{-1}*	–101	–35
Chlorwasserstoff	HCl	36,5	g	1,639 g·l^{-1}*	–112	–85
Chrom	Cr	52	s	7,19	≈ 1900	2642
Chrom(III)-chlorid	CrCl$_3$	158	s	2,76	≈ 1150	subl. bei ≈ 1300
Chrom(III)-oxid	Cr$_2$O$_3$	152	s	5,21	2437	≈ 3000
Chrom(III)-sulfat-18-Wasser	Cr$_2$(SO$_4$)$_3$ · 18 H$_2$O	716	s	1,86	zers. ab 100	–
Cobalt	Co	59	s	8,90	1490	≈ 2900
Cobalt(II)-chlorid	CoCl$_2$	130	s	3,36	727	1050
Deuterium	D$_2$	4	g	0,170 g·l^{-1}*	–254,6	–249,7
Deuteriumoxid	D$_2$O	20	l	1,11	3,8	101,4

s = fest; l = flüssig; g = gasförmig; zers. = zersetzlich; subl. = sublimiert; p = unter Druck

Name	Symbol/ Formel	Molare Masse M in g·mol^{-1} (gerundet)	Aggregat- zustand bei 25 °C	Dichte ϱ in g·cm^{-3} bei 25 °C (* bei 0 °C)	Schmelz- temperatur[1] ϑ_S in °C	Siede- temperatur[1] ϑ_V in °C
Eisen	Fe	56	s	7,86	1540	≈3000
Eisen(III)-chlorid	FeCl$_3$	162	s	2,80	306	zers. ab 315
Eisen(III)-hydroxid	Fe(OH)$_3$	107	s	3,4...3,9	zers. ab 500	–
Eisen(II)-oxid	FeO	72	s	5,70	1360	–
Eisen(III)-oxid	Fe$_2$O$_3$	160	s	5,24	zers. ab 1560	–
Eisen(II, III)-oxid	Fe$_3$O$_4$	231,5	s	5,18	zers. ab 1538	–
Eisen(II)-sulfat	FeSO$_4$	152	s	2,84	zers.	–
Eisen(II)-sulfid	FeS	88	s	4,84	1195	zers.
Fluor	F$_2$	38	g	1,69 g·l^{-1}*	–220	–188
Fluorwasserstoff	HF	20	g	0,99 (l)	–83	19
Gold	Au	197	s	19,3	1063	2970
Helium	He	4	g	0,179 g·l^{-1}*	–270	–269
Iod	I$_2$	254	s	4,94	114	182,8
Iodwasserstoff	HI	128	g	5,79 g·l^{-1}*	–51	–35
Kalium	K	39	s	0,86	64	760
Kaliumbromid	KBr	119	s	2,75	734	1382
Kaliumcarbonat	K$_2$CO$_3$	138	s	2,43	897	zers.
Kaliumchlorid	KCl	74,5	s	1,98	770	1405
Kaliumfluorid	KF	58	s	2,48	857	1502
Kaliumhydroxid	KOH	56	s	2,04	360	1320
Kaliumiodid	KI	166	s	3,13	682	1324
Kaliumnitrat	KNO$_3$	101	s	2,11	339	zers. ab 400
Kaliumnitrit	KNO$_2$	85	s	1,91	zers. ab 350	–
Kaliumpermanganat	KMnO$_4$	158	s	2,70	zers. ab 240	–
Kaliumsulfat	K$_2$SO$_4$	174	s	2,66	1074	1688
Kohlenstoff (Diamant)	C	12	s	3,51	ab 3550	–
Kohlenstoff (Graphit)	C	12	s	2,26	3730	–
Kohlenstoffdioxid	CO$_2$	44	g	1,977 g·l^{-1}*	–57 (p)	subl. bei –79
Kohlenstoffdisulfid	CS$_2$	76	l	1,26	–112	46
Kohlenstoffmonooxid	CO	28	g	1,250 g·l^{-1}*	–205	–192
Krypton	Kr	84	g	3,71 g·l^{-1}*	–157	–152
Kupfer	Cu	63,5	s	8,96	1083	2600
Kupfer(I)-chlorid	CuCl	99	s	4,14	422	1367
Kupfer(II)-chlorid	CuCl$_2$	134,5	s	3,4	630	zers. ab 990
Kupfer(I)-oxid	Cu$_2$O	143	s	6,0	1232	zers. ab 1800
Kupfer(II)-oxid	CuO	79,5	s	6,45	1326	–
Kupfer(II)-sulfat	CuSO$_4$	159,5	s	3,61	200	zers. ab 650
Kupfer(II)-sulfat-5-Wasser	CuSO$_4$·5H$_2$O	249,5	s	2,3	zers. ab 110	–
Kupfer(II)-sulfid	CuS	95,5	s	4,6	zers. ab 200	–
Lithium	Li	7	s	0,534	180	1372
Lithiumhydrid	LiH	8	s	0,82	680	–
Magnesium	Mg	24	s	1,74	650	1110
Magnesiumchlorid	MgCl$_2$	95	s	2,32	712	1420
Magnesiumhydroxid	Mg(OH)$_2$	58	s	2,4	zers. ab 350	–
Magnesiumoxid	MgO	40	s	3,65	2800	3600
Magnesiumsulfat	MgSO$_4$	120	s	2,66	1127	–
Mangan	Mn	55	s	7,43	1244	≈2100
Mangan(II)-chlorid	MnCl$_2$	126	s	2,98	650	1190
Mangan(IV)-oxid	MnO$_2$	87	s	5,03	535	zers.
Mangan(II)-sulfat	MnSO$_4$	151	s	3,18	700	zers. bei 850

Anorganische Stoffe

Name	Symbol/ Formel	Molare Masse M in g·mol^{-1} (gerundet)	Aggregat- zustand bei 25 °C	Dichte ϱ in g·cm^{-3} bei 25 °C (* bei 0 °C)	Schmelz- temperatur[1] ϑ_S in °C	Siede- temperatur[1] ϑ_V in °C
Natrium	Na	23	s	0,97	98	892
Natriumbromid	NaBr	103	s	3,21	747	1390
Natriumcarbonat- 10-Wasser	Na$_2$CO$_3$ · 10 H$_2$O	286	s	1,46	33	–
Natriumchlorid	NaCl	58,5	s	2,16	800	1465
Natriumhydrogen- carbonat	NaHCO$_3$	84	s	2,20	zers. ab 270	–
Natriumhydroxid	NaOH	40	s	2,13	322	1390
Natriumiodid	NaI	150	s	3,67	662	1305
Natriumnitrat	NaNO$_3$	85	s	2,25	310	zers. ab 380
Natriumsulfat	Na$_2$SO$_4$	142	s	2,69	884	–
Neon	Ne	20	g	0,899 g·l^{-1}*	–249	–246
Ozon	O$_3$	48	g	2,14 g·l^{-1}*	–193	–111
Perchlorsäure	HClO$_4$	100,5	l	1,76	–112	zers.
Phosphor (weiß)	P	31	s	1,82	44	280
Phosphor(V)-oxid	P$_2$O$_5$	142	s	2,30	566	subl. bei 358
Phosphorsäure	H$_3$PO$_4$	98	s	1,88	42	zers. ab 213
Platin	Pt	195	s	21,45	1770	3827
Quecksilber	Hg	200,5	l	13,53	–39	357
Quecksilber(I)-chlorid	Hg$_2$Cl$_2$	472	s	7,15	302	subl. bei 383
Quecksilber(II)-oxid	HgO	216,5	s	11,14	zers. ab 500	–
Salpetersäure	HNO$_3$	63	l	1,51	–42	86
Sauerstoff	O$_2$	32	g	1,429 g·l^{-1}*	–219	–183
Schwefel (amorph)	S	32	s	1,92	120	444,6
Schwefel (monoklin)	S	32	s	1,96	119	444,6
Schwefel (rhombisch)	S	32	s	2,07	113	444,6
Schwefeldioxid	SO$_2$	64	g	2,926 g·l^{-1}*	–76	–10
Schwefelsäure	H$_2$SO$_4$	98	l	1,83	11	zers. ab 338
Schwefeltrioxid (α)	SO$_3$	80	l	1,99	17	45
Silber	Ag	108	s	10,50	961	2212
Silberbromid	AgBr	188	s	6,47	430	zers. ab 700
Silberchlorid	AgCl	143	s	5,56	455	1554
Silberiodid	AgI	235	s	5,71	557	1506
Silbernitrat	AgNO$_3$	170	s	4,35	209	zers. ab 444
Silicium	Si	28	s	2,33	1410	3280
Siliciumdioxid (Quarz)	SiO$_2$	60	s	2,65	1713	> 2200
Stickstoff	N$_2$	28	g	1,251 g·l^{-1}*	–210	–195,8
Stickstoffdioxid	NO$_2$	46	g	1,49	–11	21
Stickstoffmonooxid	NO	30	g	1,340 g·l^{-1}*	–164	–152
Strontium	Sr	88	s	2,58	757	1364
Wasser	H$_2$O	18	l	1,0	0	100
Wasserstoff	H$_2$	2	g	0,0899 g·l^{-1}*	–259,3	–252,8
Wasserstoffperoxid	H$_2$O$_2$	34	l	1,46	–0,43	150
Xenon	Xe	131	g	5,89 g·l^{-1}*	–112	–108,0
Zink	Zn	65	s	7,14	419	906
Zinkchlorid	ZnCl$_2$	136	s	2,90	318	732
Zinkoxid	ZnO	81,5	s	5,47	1975 (p)	subl. bei 1800

Organische Stoffe ([1]bei 101,3 kPa) ↻ GTWK4513792-172-1

Name	Formel	Molare Masse M in g·mol⁻¹ (gerundet)	Aggregatzustand bei 25 °C	Dichte ϱ in g·cm⁻³ bei 25 °C (* bei 0 °C)	Schmelztemperatur[1] ϑ_S in °C	Siedetemperatur[1] ϑ_V in °C
Acrylnitril	CH₂=CH–CN	53	l	0,81	−82	78
Aminobenzol (Anilin)	⌬–NH₂	93	l	1,02	−6,2	184,4
2-Amino-ethansäure (Glycin)	CH₂(NH₂)–COOH	75	s	1,16	zers. ab 232	–
2-Amino-propansäure (Alanin)	CH₃–CH(NH₂)–COOH	89	s	1,40	zers. ab 295	–
Anthracen	⌬⌬⌬	178	s	1,242	216	340
Benzaldehyd	⌬–CHO	106	l	1,05	−26	178
Benzoesäure	⌬–COOH	122	s	1,27 (15 °C)	121,7	249
Benzol (Benzen)	⌬	78	l	0,88	5,49	80,1
Benzolsulfonsäure	⌬–SO₃H	158	s	–	≈ 60	–
Brenztraubensäure (2-Ketopropansäure)	CH₃–C(=O)–COOH	88	l	1,26	11	165
Biphenyl	⌬–⌬	154	s	0,9896 (77 °C)	69	255
Brombenzol	⌬–Br	157	l	1,495	−30,6	155,6
Bromethan	CH₃–CH₂–Br	109	l	1,46	−119	38,4
Brommethan	CH₃–Br	95	g	1,73 (0 °C)	−93,7	3,6
Buta-1,3-dien	CH₂=CH–CH=CH₂	54	g	0,65 (−6 °C)	−109	−4,5
Butan	CH₃–(CH₂)₂–CH₃	58	g	2,703 g·l⁻¹*	−135	−0,5
Butan-1-ol	CH₃–(CH₂)₃–OH	74	l	0,81	−89	117
Butan-2-ol	CH₃–CH(OH)–CH₂–CH₃	74	l	0,81	−114	99
Butansäure (Buttersäure)	C₃H₇–COOH	88	l	0,96	−5,2	164
Butansäureethylester	C₃H₇–COO–C₂H₅	116	l	0,879 (20 °C)	−93,3	120
Chlorbenzol	⌬–Cl	113	l	1,10	−45	132
Chlorethan	CH₃–CH₂–Cl	64,5	g	0,92 (6 °C)	−136,4	12,3
Chlorethen (Vinylchlorid)	CH₂=CH–Cl	62,5	g	0,97 (−13 °C)	−159,7	−13,5
Chlormethan	CH₃Cl	50,5	g	2,31 g·l⁻¹*	−97	−23,7
Citronensäure	HO–C(CH₂–COOH)₂–COOH	192	s	1,54	153	zers.
Cyclohexan	C₆H₁₂	84	l	0,779	6,6	80,8
Cyclohexen	C₆H₁₀	82	l	0,81	−104	83
1,2-Dibromethan	Br–CH₂–CH₂–Br	188	l	2,18	10	131,6
1,2-Dichlorbenzol	⌬(Cl)(Cl)	147	l	1,31	−17,5	179,2
1,3-Dichlorbenzol	⌬(Cl)(Cl)	147	l	1,29	−24,4	172
1,4-Dichlorbenzol	⌬(Cl)(Cl)	147	s	1,26 (55 °C)	54	173,7
Dichlordifluormethan (Freon 12)	CCl₂F₂	121	g	1,468 (−30 °C)	−158	−30

s = fest; l = flüssig; g = gasförmig; zers. = zersetzlich; subl. = sublimiert

Organische Stoffe

Name	Formel	Molare Masse M in g·mol^{-1} (gerundet)	Aggregatzustand bei 25 °C	Dichte ϱ in g·cm^{-3} bei 25 °C (* bei 0 °C)	Schmelztemperatur[1] ϑ_S in °C	Siedetemperatur[1] ϑ_V in °C
1,2-Dichlorethan	Cl–CH$_2$–CH$_2$–Cl	99	l	1,26	–35,5	83,7
Dichlormethan	Cl–CH$_2$–Cl	85	l	1,34	–96,7	40,7
Diethylether	C$_2$H$_5$–O–C$_2$H$_5$	74	l	0,714	–116,3	34,5
1,2-Dihydroxybenzol (Brenzcatechin)	(C$_6$H$_4$)(OH)$_2$	110	s	1,344	103	246
1,3-Dihydroxybenzol (Resorcin)	(C$_6$H$_4$)(OH)$_2$	110	s	1,271 (15 °C)	110	280
1,4-Dihydroxybenzol (p-Hydrochinon)	(C$_6$H$_4$)(OH)$_2$	110	s	1,358	170	286
1,2-Dimethylbenzol (o-Xylol)	(C$_6$H$_4$)(CH$_3$)$_2$	106	l	0,875	–25	144
1,3-Dimethylbenzol (m-Xylol)	(C$_6$H$_4$)(CH$_3$)$_2$	106	l	0,864	–48	139
1,4-Dimethylbenzol (p-Xylol)	CH$_3$–C$_6$H$_4$–CH$_3$	106	l	0,861	13	138
Ethan	CH$_3$–CH$_3$	30	g	1,356 g·l^{-1}*	–183,2	–88,5
Ethanal (Acetaldehyd)	CH$_3$CHO	44	g	0,788 (13 °C)	–123	20,2
Ethanol	C$_2$H$_5$OH	46	l	0,79	–114,2	78,4
Ethansäure (Essigsäure)	CH$_3$COOH	60	l	1,05	16,6	118,1
Ethansäureethylester	CH$_3$–COO–C$_2$H$_5$	88	l	0,899	–83,6	77,1
Ethansäuremethylester	CH$_3$–COO–CH$_3$	74	l	0,92	–98	56,9
Ethen (Ethylen)	CH$_2$=CH$_2$	28	g	1,260 g·l^{-1}*	–169,5	–103,9
Ethin (Acetylen)	CH≡CH	26	g	1,17 g·l^{-1}*	–81,8	–83,8
Ethylbenzol	C$_6$H$_5$–CH$_2$–CH$_3$	106	l	0,87	–93,9	136,2
Ethylenglykol (Glykol)	HO–CH$_2$–CH$_2$–OH	62	l	1,113	–12,9	197,8
Furan	C$_4$H$_4$O	68	l	0,94	–86	32
Glucose (Traubenzucker)	C$_6$H$_{12}$O$_6$	180	s	1,54	146	zers. ab 200
Glycerin (Gycerol)	CH$_2$(OH)–CH(OH)–CH$_2$(OH)	92	l	1,26	18	zers. bei 290
Harnstoff	CO(NH$_2$)$_2$	60	s	1,34	132,7	zers.
Heptan	CH$_3$–(CH$_2$)$_5$–CH$_3$	100	l	0,68	–90	98
Hept-1-en	CH$_2$=CH–(CH$_2$)$_4$–CH$_3$	98	l	0,70	–119	94
Hexachlorcyclohexan (Lindan)	C$_6$H$_6$Cl$_6$	291	s	1,85	113	323
Hexadecansäure (Palmitinsäure)	CH$_3$–(CH$_2$)$_{14}$–COOH	256	s	0,85 (62 °C)	62,6	219 (2,7 kPa)
Hexan	CH$_3$–(CH$_2$)$_4$–CH$_3$	86	l	0,659	–94,3	68,7
Hexan-1-ol	CH$_3$–(CH$_2$)$_5$–OH	102,2	l	0,82	–45	157
Hexansäure (Capronsäure)	CH$_3$–(CH$_2$)$_4$–COOH	116,2	l	0,92	–4	205
Hex-1-en	C$_6$H$_{12}$	84	l	0,6732	–139,8	63,5
Hex-1-in	C$_6$H$_{10}$	82	l	0,719 (15 °C)	–124	71,5
2-Hydroxybenzoesäure (Salicylsäure)	C$_6$H$_4$(OH)(COOH)	138	s	1,44	158	subl. zers. 200 °C
Isopropylbenzol	C$_6$H$_5$–CH(CH$_3$)$_2$	120	l	0,86	–97	153

Name	Formel	Molare Masse M in g·mol^{-1} (gerundet)	Aggregatzustand bei 25 °C	Dichte ϱ in g·cm^{-3} bei 25 °C (* bei 0 °C)	Schmelztemperatur[1] ϑ_S in °C	Siedetemperatur[1] ϑ_V in °C
Methan	CH_4	16	g	0,717 g·l^{-1}*	−182,5	−161,4
Methanal (Formaldehyd)	HCHO	30	g	0,82 (−20 °C)	−92	−21
Methanol	CH_3OH	32	l	0,79	−97,7	64,7
Methansäure (Ameisensäure)	HCOOH	46	l	1,22	8,4	100,5
Methylbenzol (Toluol)	⌬−CH_3	92	l	0,87 (15 °C)	−95,3	110,8
2-Methylpropan	$(CH_3)_2-CH-CH_3$	58	g	2,67 g·l^{-1}*	−145	−11,7
2-Methylpropan-2-ol	$(CH_3)_3C-OH$	74	l	0,78	24	82

Milchsäure (2-Hydroxypropansäure)	$CH_3-CH-COOH$
	                |
	                OH
		90	l	1,21	18	119 zers.

Naphthalin	⌬⌬	128	s	1,168 (22 °C)	80,4	217,9
Nitrobenzol	⌬−NO_2	123	l	1,20	5,7	210,9
Octadecansäure (Stearinsäure)	$CH_3-(CH_2)_{16}-COOH$	284,5	s	0,94 (20 °C)	69,4	383
Octadecen-(9)-säure (Ölsäure)	$C_{17}H_{33}COOH$	282,5	l	0,89 (25 °C)	14	205
Octan	$CH_3-(CH_2)_6-CH_3$	114	l	0,7024	−56,5	125,8
Oxalsäure (Ethandisäure)	HOOC−COOH	90	s	1,901 (25 °C)	189,5	subl.
Pentan	$CH_3-(CH_2)_3-CH_3$	72	l	0,6337 (15 °C)	−129,7	36,2
Pentan-1-ol	$CH_3-(CH_2)_2-OH$	88,2	l	0,81	−78	138
Pentansäure (Valeriansäure)	$CH_3-(CH_2)_3-COOH$	102,1	l	0,94	−32	187
Phenol	⌬−OH	94	s	1,05 (45 °C)	41	181,4
Phthalsäure	⌬(COOH)(COOH)	166	s	1,59	210	zers. ab 231
Propan	$CH_3-CH_2-CH_3$	44	g	2,01 g·l^{-1}*	−187,1	−42,1
Propan-1-ol	$CH_3-(CH_2)_2-OH$	60	l	0,8035	−126	97,2

Propan-2-ol	$CH_3-CH-CH_3$
	           |
	           OH
		60	l	0,7854	−89,5	82

Propanon (Aceton)	$CH_3-CO-CH_3$	58	l	0,79	−95	56,1
Propansäure (Propionsäure)	CH_3-CH_2-COOH	74,1	l	0,99	−21	141
Propen (Propylen)	$CH_3-CH=CH_2$	42	g	1,937 g·l^{-1}*	−185,2	−47,7
Propin	$CH_3-C\equiv CH$	40	g	1,787 g·l^{-1}*	−102	−23,3
Terephthalsäure	HOOC−⌬−COOH	166	s	1,51	subl.	subl. bei ≈ 300
Tetrachlormethan	CCl_4	154	l	1,60	−22,9	76,7
Thiophen	⌬S	84	l	1,06	−38	84
Trichlormethan (Chloroform)	$CHCl_3$	119,5	l	1,50 (15 °C)	−63,5	61,2
Triiodmethan	CHI_3	394	s	4,008 (17 °C)	119	218
1,3,5-Trimethylbenzol	H_3C−⌬(CH_3)−CH_3	120	l	0,86	−44	164
2,2,4-Trimethylpentan	$(CH_3)_3C-CH_2-CH(CH_3)_2$	114	l	0,69	−107	99
Vinylbenzol (Styrol)	⌬−$CH=CH_2$	104	l	0,91	−31	145

Molare Standardgrößen – anorganische Verbindungen ↻ GTWK4513792-175-1

Tabellierungsbedingungen für molare Standardgrößen: 25 °C (298 K) und 101,3 kPa;
$\Delta_f H_m^0$: molare Standardbildungsenthalpie; $\Delta_f G_m^0$: molare freie Standardbildungsenthalpie;
S_m^0: molare Standardentropie

Name	Symbol/Formel	Aggregat-zustand	$\Delta_f H_m^0$ in kJ·mol^{-1}	$\Delta_f G_m^0$ in kJ·mol^{-1}	S_m^0 in J·K^{-1}·mol^{-1}
Aluminium	Al	s	0	0	28
Aluminium-Ionen	Al^{3+}	aq	−525	−481	−322
Aluminiumchlorid	AlCl$_3$	s	−706	−630	109
Aluminiumoxid	Al$_2$O$_3$	s	−1676	−1582	51
Ammoniak	NH$_3$	g	−46	−16	193
Ammoniaklösung	NH$_3$	aq	−80	−26	111
Ammonium-Ionen	NH$_4^+$	aq	−132	−79	113
Ammoniumchlorid	NH$_4$Cl	s	−315	−203	95
Ammoniumnitrat	NH$_4$NO$_3$	s	−366	−184	151
Barium-Ionen	Ba^{2+}	aq	−538	−561	10
Bariumchlorid	BaCl$_2$	s	−859	−810	124
Blei	Pb	s	0	0	65
Blei(II)-Ionen	Pb^{2+}	aq	−2	−24	10
Blei(II)-chlorid	PbCl$_2$	s	−359	−314	136
Blei(II)-oxid (rot)	PbO	s	−219	−189	66
Blei(II)-sulfat	PbSO$_4$	s	−923	−816	148
Blei(II)-sulfid	PbS	s	−99	−97	91
Brom	Br$_2$	g	31	3	245
Brom	Br$_2$	l	0	0	152
Brom-Atome	Br	g	112	82	175
Bromid-Ionen	Br$^-$	aq	−122	−104	82
Bromwasserstoff	HBr	g	−36	−53	199
Bromwasserstoffsäure	HBr	aq	−122	−104	82
Calcium-Ionen	Ca^{2+}	aq	−543	−554	−53
Calciumcarbonat	CaCO$_3$	s	−1207	−1129	93
Calciumchlorid	CaCl$_2$	s	−796	−748	105
Calciumchlorid-6-Wasser	CaCl$_2$ · 6 H$_2$O	s	−2609		
Calciumoxid	CaO	s	−635	−604	38
Calciumsulfat	CaSO$_4$	s	−1434	−1322	107
Calciumsulfat-1/2-Wasser	CaSO$_4$ · 1/2 H$_2$O	s	−1577	−1437	130
Calciumsulfat-2-Wasser	CaSO$_4$ · 2 H$_2$O	s	−2023	−1797	194
Carbonat-Ionen	CO$_3^{2-}$	aq	−677	−528	−57
Chlor	Cl$_2$	g	0	0	223
Chlor-Atome	Cl	g	121	105	165
Chlorid-Ionen	Cl$^-$	aq	−167	−131	56
Chlorwasserstoff	HCl	g	−92	−95	187
Chlorwasserstoffsäure (Salzsäure)	HCl	aq	−167	−131	56
Distickstoffpentaoxid	N$_2$O$_5$	g	11	118	347
Distickstofftetraoxid	N$_2$O$_4$	g	9	98	304
Eisen	Fe	s	0	0	27
Eisen(II)-Ionen	Fe^{2+}	aq	−89	−79	−138
Eisen(III)-Ionen	Fe^{3+}	aq	−49	−5	−316
Eisen(III)-chlorid	FeCl$_3$	s	−399	−334	142
Eisen(II)-oxid	FeO	s	−272	−251	61
Eisen(III)-oxid (Hämatit)	Fe$_2$O$_3$	s	−824	−742	87
Eisen(II, III)-oxid	Fe$_3$O$_4$	s	−1118	−1015	146
Eisen(II)-sulfid	FeS	s	−102	−102	60
Eisen(II)-sulfid (Pyrit)	FeS$_2$	s	−172	−160	53
Fluor	F$_2$	g	0	0	203
Fluor-Atome	F	g	79	62	159
Fluorid-Ionen	F$^-$	aq	−333	−279	−14
Fluorwasserstoff	HF	g	−273	−275	174

Aggregatzustand: s = fest; l = flüssig; g = gasförmig; aq = in wässriger Lösung bei $c = 1$ mol · l^{-1}

Übersichten zur Chemie

Name	Symbol/Formel	Aggregatzustand	$\Delta_f H_m^0$ in kJ·mol⁻¹	$\Delta_f G_m^0$ in kJ·mol⁻¹	S_m^0 in J·K⁻¹·mol⁻¹
Hydronium-Ionen (Oxonium)	H_3O^+	aq	−286	−237	70
Hydroxid-Ionen	OH^-	aq	−230	−157	−11
Iod	I_2	g	62	19	261
Iod	I_2	s	0	0	116
Iod-Atome	I	g	107	70	181
Iodid-Ionen	I^-	aq	−55	−52	111
Iodwasserstoff	HI	g	26	2	207
Kalium	K	s	0	0	65
Kalium-Atome	K	g	89	60	160
Kalium-Ionen	K^+	aq	−252	−283	102
Kaliumbromid	KBr	s	−394	−380	96
Kaliumcarbonat	K_2CO_3	s	−1150	−1065	156
Kaliumchlorid	KCl	s	−437	−409	83
Kaliumhydroxid	KOH	s	−425	−379	79
Kaliumiodid	KI	s	−328	−323	106
Kaliumnitrat	KNO_3	s	−495	−395	133
Kaliumoxid	K_2O	s	−361	−323	102
Kaliumpermanganat	$KMnO_4$	s	−813	−714	172
Kohlenstoff (Diamant)	C	s	2	3	2
Kohlenstoff (Graphit)	C	s	0	0	6
Kohlenstoff-Atome	C	g	717	671	158
Kohlenstoffdioxid	CO_2	g	−394	−394	214
Kohlenstoffdisulfid	CS_2	g	117	67	238
Kohlenstoffdisulfid	CS_2	l	90	65	151
Kohlenstoffmonooxid	CO	g	−111	−137	198
Kupfer	Cu	s	0	0	33
Kupfer-Atome	Cu	g	338	298	166
Kupfer(I)-Ionen	Cu^+	aq	72	50	41
Kupfer(II)-Ionen	Cu^{2+}	aq	65	66	−100
Kupfer(II)-chlorid	$CuCl_2$	s	−218	−174	108
Kupfer(I)-oxid	Cu_2O	s	−171	−148	92
Kupfer(II)-oxid	CuO	s	−156	−128	43
Kupfer(II)-sulfat	$CuSO_4$	s	−771	−662	109
Kupfer(II)-sulfat-5-Wasser	$CuSO_4 \cdot 5H_2O$	s	−2280	−1880	300
Kupfer(II)-sulfid	CuS	s	−53	−53	66
Lithium	Li	s	0	0	29
Lithium-Ionen	Li^+	aq	−279	−293	−13
Lithiumoxid	Li_2O	s	−599	−562	38
Magnesium	Mg	s	0	0	33
Magnesium-Atome	Mg	g	146	112	149
Magnesium-Ionen	Mg^{2+}	aq	−467	−455	−138
Magnesiumchlorid	$MgCl_2$	s	−642	−592	90
Magnesiumoxid	MgO	s	−601	−569	27
Mangan(II)-Ionen	Mn^{2+}	aq	−221	−228	−74
Mangan(II)-oxid	MnO	s	−385	−363	60
Mangan(IV)-oxid	MnO_2	s	−520	−465	53
Natrium	Na	s	0	0	51
Natrium-Atome	Na	g	107	77	154
Natrium-Ionen	Na^+	g	611	573	148
Natrium-Ionen	Na^+	aq	−240	−262	59
Natriumbromid	$NaBr$	s	−361	−349	87
Natriumcarbonat	Na_2CO_3	s	−1131	−1048	139
Natriumcarbonat-10-Wasser	$Na_2CO_3 \cdot 10H_2O$	s	−4085		
Natriumchlorid	$NaCl$	g	−181	−201	230
Natriumchlorid	$NaCl$	s	−411	−384	72
Natriumhydroxid	$NaOH$	s	−426	−380	64
Natriumiodid	NaI	s	−288	−285	98
Natriumnitrat	$NaNO_3$	s	−468	−367	116
Natriumoxid	Na_2O	s	−418	−379	75

Molare Standardgrößen anorg. Verbindungen

Name	Symbol/Formel	Aggregatzustand	$\Delta_f H_m^0$ in kJ·mol^{-1}	$\Delta_f G_m^0$ in kJ·mol^{-1}	S_m^0 in J·K^{-1}·mol^{-1}
Natriumperoxid	Na_2O_2	s	−513	−450	95
Natriumsulfat	Na_2SO_4	s	−1388	−1270	150
Natriumsulfat-10-Wasser	$Na_2SO_4 \cdot 10\,H_2O$	s	−4324	−3644	593
Nitrat-Ionen	NO_3^-	aq	−205	−109	146
Ozon	O_3	g	143	164	239
Permanganat-Ionen	MnO_4^-	aq	−541	−447	191
Phosphat-Ionen	PO_4^{3-}	aq	−1277	−1019	−222
Phosphor (weiß)	P	s	0	0	41
Phosphor (rot)	P	s	−17	−12	23
Phosphor	P_4	g	59	24,5	280
Phosphor(V)-oxid (dimer)	P_4O_{10}	s	−3010	−2723	229
Phosphorsäure	H_3PO_4	s	−1279	−1119	110
Quecksilber(II)-chlorid	$HgCl_2$	s	−230	−184	144
Quecksilber(II)-oxid (rot)	HgO	s	−91	−59	70
Salpetersäure	HNO_3	g	−134	−74	266
Salpetersäure	HNO_3	l	−174	−81	156
Sauerstoff	O_2	g	0	0	205
Sauerstoff-Atome	O	g	249	232	161
Schwefel (rhombisch)	S	s	0	0	32
Schwefel (monoklin)	S	s	0,4	0,1	33
Schwefel	S_8	g	100	49	430
Schwefeldioxid	SO_2	g	−297	−300	248
Schwefelsäure	H_2SO_4	l	−814	−690	157
Schwefeltrioxid	SO_3	g	−396	−371	257
Schwefelwasserstoff	H_2S	g	−21	−33	206
Sulfat-Ionen	SO_4^{2-}	aq	−909	−744	20
Sulfid-Ionen	S^{2-}	aq	33	86	−15
Sulfit-Ionen	SO_3^{2-}	aq	−625		44
Silber	Ag	s	0	0	43
Silber-Atome	Ag	g	284	245	173
Silber-Ionen	Ag^+	aq	106	77	73
Silberbromid	AgBr	s	−101	−97	107
Silberchlorid	AgCl	s	−127	−110	96
Silberiodid	AgI	s	−62	−66	115
Silbersulfid	Ag_2S	s	−33	−41	144
Siliciumdioxid (Quarz)	SiO_2	s	−911	−856	41
Stickstoff	N_2	g	0	0	192
Stickstoff-Atome	N	g	473	456	153
Stickstoffdioxid	NO_2	g	33	51	240
Stickstoffmonooxid	NO	g	90	87	211
Thiosulfat-Ionen	$S_2O_3^{2-}$	aq	−645		121
Tetraamminkupfer(II)-Ionen	$[Cu(NH_3)_4]^{2+}$	aq	334	−256	807
Wasser	H_2O	g	−242	−229	189
Wasser	H_2O	l	−286	−237	70
Wasserstoff	H_2	g	0	0	131
Wasserstoff-Atome	H	g	218	203	115
Wasserstoff-Ionen	H^+	aq	0	0	0
Wasserstoffperoxid	H_2O_2	l	−188	−120	110
Zink	Zn	s	0	0	42
Zink-Atome	Zn	g	130	95	161
Zink-Ionen	Zn^{2+}	aq	−154	−147	−112
Zinkchlorid	$ZnCl_2$	s	−415	−369	111
Zinkiodid	ZnI_2	s	−208	−209	161
Zinkoxid	ZnO	s	−350	−320	44

Molare Standardgrößen – organische Verbindungen c GTWK4513792-178-1

Tabellierungsbedingungen für molare Standardgrößen: 25 °C (298 K) und 101,3 kPa;
$\Delta_f H_m^0$: molare Standardbildungsenthalpie;
$\Delta_f G_m^0$: molare freie Standardbildungsenthalpie;
S_m^0: molare Standardentropie;
$\Delta_V H_m^0$: molare Standardverbrennungsenthalpie

Name	Formel	Aggregat-zustand	$\Delta_f H_m^0$ in kJ·mol⁻¹	$\Delta_f G_m^0$ in kJ·mol⁻¹	S_m^0 in J·K⁻¹·mol⁻¹	$\Delta_V H_m^0$ in kJ·mol⁻¹
Aminobenzol (Anilin)	$C_6H_5NH_2$	l	31	148	192	
Acetat-Ionen	CH_3COO^-	aq	−486	−368	86	
Benzoesäure	C_6H_5COOH	s	−385	−245	167	−3221
Benzol	⬡	g	83	130	269	−3265 (l)
Benzol		l	49	125	173	
Brommethan	CH_3Br	g	−36	−27	246	
Buta-1,3-dien	$CH_2=CHCH=CH_2$	g	110	151	279	
Butan	$CH_3(CH_2)_2CH_3$	g	−126	−17	310	−2874
But-1-en	C_4H_8	g	0	71	306	−271,5
Campher	$C_{10}H_{16}O$	s				−5910
Chlormethan	CH_3Cl	g	−86	−63	235	
Cyclohexan	C_6H_{12}	g	−123	32	298	−3916 (l)
Cyclohexan	C_6H_{12}	l	−156	27	204	
Essigsäureethylester	$CH_3COOC_2H_5$	l	−479	−333	259	
Ethan	C_2H_6	g	−85	−33	230	−1557
Ethanal (Acetaldehyd)	CH_3CHO	g	−166	−133	264	−1191
Ethanol	C_2H_5OH	l	−277	−174	161	−1364
Ethansäure (Essigsäure)	CH_3COOH	l	−484	−389	160	−872
Ethen	C_2H_4	g	52	68	219	−1409
Ethin	C_2H_2	g	227	209	201	−1299
Ethylenglykol (Glykol)	$HO-CH_2-CH_2-OH$	l	−454	−327	179	
Fluormethan	CH_3F	g	−234	−210	223	
Formiat-Ionen	$HCOO^-$	aq	−426	−351	92	
α-D-Glucose	$C_6H_{12}O_6$	s	−1274	−910	212	−2820
Glycerin	$C_3H_5(OH)_3$	l	−666	−480	205	−1650
Glycin	NH_2CH_2COOH	s	−529	−369	104	
Harnstoff	$CO(NH_2)_2$	s	−333	−197	105	
Heptan	C_7H_{16}	l	−224	1	329	
Heptan	C_7H_{16}	g	−188	8	428	
Hexan	C_6H_{14}	l	−199	−4	296	−4158
Hexan	C_6H_{14}	g	−167	0	389	
Methan	CH_4	g	−75	−51	186	−889
Methanal (Formaldehyd)	$HCHO$	g	−116	−110	219	−563
Methanol	CH_3OH	g	−201	−162	240	−725 (l)
Methanol	CH_3OH	l	−239	−166	127	
Methansäure (Ameisensäure)	$HCOOH$	l	−425	−361	129	−270
Methansäure (Ameisensäure)	$HCOOH$	aq	−426	−351	92	
Methylbenzol (Toluol)	⬡–CH_3	l	12	114	221	−3907
Nitrobenzol	⬡–NO_2	l	16	146	224	
Nonan	C_9H_{20}	g	−229	25	506	−6118
Nonan	C_9H_{20}	l	−275	12	394	
Octan	C_8H_{18}	g	−208	17	467	
Octan	C_8H_{18}	l	−250	7	361	−5464
Palmitinsäure	$C_{15}H_{31}COOH$	s	−903	−315	476	

Aggregatzustand: s = fest; l = flüssig; g = gasförmig; aq = in wässriger Lösung bei c = 1 mol · l⁻¹

Molare Standardgrößen org. Verbindungen | saure und alkal. Lösungen | pH-Werte

Name	Formel	Aggregat-zustand	$\Delta_f H_m^0$ in kJ·mol^{-1}	$\Delta_f G_m^0$ in kJ·mol^{-1}	S_m^0 in J·K^{-1}·mol^{-1}	$\Delta_V H_m^0$ in kJ·mol^{-1}
Pentan	C$_5$H$_{12}$	g	−146	−8	349	−3509
Pentan	C$_5$H$_{12}$	l	−173	−9	263	−3050
Phenol	⌬–OH	s	−165	−50	144	−2217
Propan	C$_3$H$_8$	g	−104	−23	270	−1815 (l)
Propanal	CH$_3$CH$_2$CHO	g	−192	−131	305	−2016
Propan-1-ol	C$_3$H$_7$OH	g	−258	−163	325	−2003
Propan-2-ol	C$_3$H$_7$OH	g	−272	−173	310	
Propan-2-ol	C$_3$H$_7$OH	l	−318	−180	180	−1785
Propanon (Aceton)	CH$_3$COCH$_3$	l	−248	−155	200	−2056
Propen	CH$_3$CH=CH$_2$	g	20	63	267	−1936
Propin	CH$_3$C≡CH	g	185	194	248	
Saccharose	C$_{12}$H$_{22}$O$_{11}$	s	−2222	−1544	360	−5650
Stearinsäure	C$_{17}$H$_{35}$COOH	s	−949			−11 298
Tetrabrommethan	CBr$_4$	g	50	36	358	
Tetrachlormethan	CCl$_4$	l	−133	−63	216	
Tetrachlormethan	CCl$_4$	g	−100	−58	310	
Trichlormethan (Chloroform)	CHCl$_3$	g	−101	−68	296	
Trichlormethan (Chloroform)	CHCl$_3$	l	−132	−71	203	
Triiodmethan (Iodoform)	CHI$_3$	g	220	187	356	

Massenanteil und Dichte von sauren und alkalischen Lösungen

Lösung	Verdünnte Lösung *gesättigte Lösung bei 20 °C			Konzentrierte Lösung		
	Massen-anteil in %	Dichte bei 20 °C in g·cm^{-3}	Stoffmengen-konzentration in mol·l^{-1}	Massen-anteil in %	Dichte bei 20 °C in g·cm^{-3}	Stoffmengen-konzentration in mol·l^{-1}
Salzsäure	7	1,033	2	25	1,12	8
				37	1,18	12
Schwefelsäure	9	1,059	1	96	1,84	17,97
Salpetersäure	12	1,066	2	65	1,39	14,35
Phosphorsäure	10	1,05	1,1	85	1,69	14,65
Essigsäure	12	1,015	2	98	1,05	17,22
Natronlauge	8	1,087	2,2	32	1,35	10,79
Kalilauge	11	1,1	2,2	27	1,26	6,12
Kalkwasser	0,12*	1,001*	0,017*			
Barytwasser	1,8	1,04*	0,11*			
Ammoniaklösung	3	0,987	1,7	25	0,91	13,35
Ameisensäure				99	1,22	26

*gesättigte Lösung bei 20 °C

pH-Werte von Lösungen

pH-Wert	0 1 2 3 4 5 6	7	8 9 10 11 12 13 14
Eigenschaft der Lösung	stark sauer · schwach sauer	neutral	schwach alkalisch · stark alkalisch
Stoffmengenkonzentration von Hydronium-Ionen und Hydroxid-Ionen	$c(H_3O^+) > c(OH^-)$	$c(H_3O^+) = c(OH^-)$	$c(H_3O^+) < c(OH^-)$

Umschlagsbereiche für Säure-Base-Indikatoren

Indikator	pH-Wert-Bereich des Farbumschlages	Farbe des Indikators	
		unterer pH-Wert	oberer pH-Wert
Thymolblau 1. Stufe	1,2 … 2,8	rot	gelb
Methylgelb	2,4 … 4,0	rot	gelb
Methylorange	3,0 … 4,4	rot	gelborange
Methylrot	4,4 … 6,2	rosa	gelb
Lackmus	5,0 … 8,0	rot	blau
Bromthymolblau	6,0 … 7,6	gelb	blau
Thymolblau 2. Stufe	8,0 … 9,6	gelb	blau
Phenolphthalein	8,3 … 10,0	farblos	rot
Alizaringelb	10,1 … 12	gelb	orangebraun

Molare Gitterenthalpie $\Delta_G H_m$ von Ionensubstanzen bei 25 °C

Verbindung	$\Delta_G H_m$ in kJ·mol^{-1}	Verbindung	$\Delta_G H_m$ in kJ·mol^{-1}	Verbindung	$\Delta_G H_m$ in kJ·mol^{-1}	Verbindung	$\Delta_G H_m$ in kJ·mol^{-1}
LiF	−1039	NaCl	−780	CaF$_2$	−2617	MgO	−3929
LiCl	−850	KCl	−710	CaCl$_2$	−2231	CaO	−3477
LiBr	−802	RbCl	−686	CaBr$_2$	−2134	SrO	−3205
LiI	−742	CsCl	−651	CaI$_2$	−2043	BaO	−3042

Molare Hydratationsenthalpie $\Delta_H H_m$ einiger Ionen bei 25 °C

Ion	$\Delta_H H_m$ in kJ·mol^{-1}	Ion	$\Delta_H H_m$ in kJ·mol^{-1}	Ion	$\Delta_H H_m$ in kJ·mol^{-1}
H$_3$O$^+$	−1085	Be^{2+}	−2500	OH$^-$	−365
Li$^+$	−510	Mg^{2+}	−1910	F$^-$	−510
Na$^+$	−400	Ca^{2+}	−1580	Cl$^-$	−380
K$^+$	−325	Sr^{2+}	−1430	Br$^-$	−340
Rb$^+$	−300	Ba^{2+}	−1290	I$^-$	−300
Cs$^+$	−270	Al^{3+}	−4610	NO$_3^-$	−256

Komplexzerfallskonstanten (Dissoziationskonstanten) bei 25 °C

Gleichgewicht	Komplexzerfallskonstante K_D	$pK_D = -\lg\{K_D\}$
$[Ag(CN)_2]^- \rightleftharpoons Ag^+ + 2\,CN^-$	$1{,}0 \cdot 10^{-20}$ mol$^2 \cdot$ l^{-2}	20
$[Ag(NH_3)_2]^+ \rightleftharpoons Ag^+ + 2\,NH_3$	$6{,}0 \cdot 10^{-8}$ mol$^2 \cdot$ l^{-2}	7,2
$[Ag(S_2O_3)_2]^{3-} \rightleftharpoons Ag^+ + 2\,S_2O_3^{2-}$	$5{,}0 \cdot 10^{-14}$ mol$^2 \cdot$ l^{-2}	13,3
$[AlF_6]^{3-} \rightleftharpoons Al^{3+} + 6\,F^-$	$1{,}4 \cdot 10^{-20}$ mol$^6 \cdot$ l^{-6}	19,9
$[Co(NH_3)_6]^{2+} \rightleftharpoons Co^{2+} + 6\,NH_3$	$1{,}3 \cdot 10^{-5}$ mol$^6 \cdot$ l^{-6}	4,9
$[Co(NH_3)_6]^{3+} \rightleftharpoons Co^{3+} + 6\,NH_3$	$2{,}2 \cdot 10^{-34}$ mol$^6 \cdot$ l^{-6}	33,7
$[Cu(NH_3)_4]^{2+} \rightleftharpoons Cu^{2+} + 4\,NH_3$	$4{,}7 \cdot 10^{-15}$ mol$^4 \cdot$ l^{-4}	14,3
$[Fe(CN)_6]^{4-} \rightleftharpoons Fe^{2+} + 6\,CN^-$	$1{,}0 \cdot 10^{-35}$ mol$^6 \cdot$ l^{-6}	35

Säurekonstanten K_S und Basekonstanten K_B bei 22 °C

Säure-stärke	K_S in mol · l^{-1}	pK_S	Formel der Säure	Formel der korrespondierenden Base	pK_B	K_B in mol · l^{-1}	Base-stärke
	$1,0 \cdot 10^{11}$	−11	HI	I$^-$	25	$1,0 \cdot 10^{-25}$	
	$1,0 \cdot 10^{10}$	−10	HClO$_4$	ClO$_4^-$	24	$1,0 \cdot 10^{-24}$	
	$1,0 \cdot 10^{9}$	−9	HBr	Br$^-$	23	$1,0 \cdot 10^{-23}$	
	$1,0 \cdot 10^{7}$	−7	HCl	Cl$^-$	21	$1,0 \cdot 10^{-21}$	
	$1,0 \cdot 10^{3}$	−3	H$_2$SO$_4$	HSO$_4^-$	17	$1,0 \cdot 10^{-17}$	
	55,5	−1,74	H$_3$O$^+$	H$_2$O	15,74	$1,8 \cdot 10^{-16}$	
	$2,1 \cdot 10^{1}$	−1,32	HNO$_3$	NO$_3^-$	15,32	$4,8 \cdot 10^{-16}$	
	$6,6 \cdot 10^{-1}$	0,18	[(NH$_2$)CO(NH$_3$)]$^+$	CO(NH$_2$)$_2$	13,82	$1,5 \cdot 10^{-14}$	
	$5,6 \cdot 10^{-2}$	1,25	HOOC–COOH	HOOC–COO$^-$	12,75	$1,77 \cdot 10^{-13}$	
	$1,5 \cdot 10^{-2}$	1,81	H$_2$SO$_3$	HSO$_3^-$	12,19	$6,5 \cdot 10^{-13}$	
	$1,2 \cdot 10^{-2}$	1,92	HSO$_4^-$	SO$_4^{2-}$	12,08	$8,3 \cdot 10^{-13}$	
	$7,5 \cdot 10^{-3}$	2,12	H$_3$PO$_4$	H$_2$PO$_4^-$	11,88	$1,3 \cdot 10^{-12}$	
	$6,0 \cdot 10^{-3}$	2,22	[Fe(H$_2$O)$_6$]$^{3+}$	[Fe(OH)(H$_2$O)$_5$]$^{2+}$	11,78	$1,7 \cdot 10^{-12}$	
	$7,2 \cdot 10^{-4}$	3,14	HF	F$^-$	10,86	$1,4 \cdot 10^{-11}$	
	$4,5 \cdot 10^{-4}$	3,35	HNO$_2$	NO$_2^-$	10,65	$2,2 \cdot 10^{-11}$	
	$1,8 \cdot 10^{-4}$	3,75	HCOOH	HCOO$^-$	10,25	$5,6 \cdot 10^{-11}$	
	$2,6 \cdot 10^{-5}$	4,58	C$_6$H$_5$NH$_3^+$	C$_6$H$_5$NH$_2$	9,42	$3,8 \cdot 10^{-10}$	
	$1,8 \cdot 10^{-5}$	4,75	CH$_3$COOH	CH$_3$COO$^-$	9,25	$5,6 \cdot 10^{-10}$	
	$1,4 \cdot 10^{-5}$	4,85	[Al(H$_2$O)$_6$]$^{3+}$	[Al(OH)(H$_2$O)$_5$]$^{2+}$	9,15	$7,1 \cdot 10^{-10}$	
	$3,0 \cdot 10^{-7}$	6,52	H$_2$CO$_3$	HCO$_3^-$	7,48	$3,3 \cdot 10^{-8}$	
	$1,2 \cdot 10^{-7}$	6,92	H$_2$S	HS$^-$	7,08	$8,3 \cdot 10^{-8}$	
	$9,1 \cdot 10^{-8}$	7,04	HSO$_3^-$	SO$_3^{2-}$	6,96	$1,1 \cdot 10^{-7}$	
	$6,2 \cdot 10^{-8}$	7,20	H$_2$PO$_4^-$	HPO$_4^{2-}$	6,80	$1,6 \cdot 10^{-7}$	
	$5,6 \cdot 10^{-10}$	9,25	NH$_4^+$	NH$_3$	4,75	$1,8 \cdot 10^{-5}$	
	$4,0 \cdot 10^{-10}$	9,40	HCN	CN$^-$	4,60	$2,5 \cdot 10^{-5}$	
	$2,5 \cdot 10^{-10}$	9,60	[Zn(H$_2$O)$_6$]$^{2+}$	[Zn(OH)(H$_2$O)$_5$]$^+$	4,40	$4,0 \cdot 10^{-5}$	
	$1,3 \cdot 10^{-10}$	9,89	C$_6$H$_5$OH	C$_6$H$_5$O$^-$	4,11	$7,8 \cdot 10^{-5}$	
	$4,0 \cdot 10^{-11}$	10,40	HCO$_3^-$	CO$_3^{2-}$	3,60	$2,5 \cdot 10^{-4}$	
	$4,4 \cdot 10^{-13}$	12,36	HPO$_4^{2-}$	PO$_4^{3-}$	1,64	$2,3 \cdot 10^{-2}$	
	$1,0 \cdot 10^{-13}$	13,00	HS$^-$	S^{2-}	1,00	$1,0 \cdot 10^{-1}$	
	$1,8 \cdot 10^{-16}$	15,74	H$_2$O	OH$^-$	−1,74	55,5	
	$1,0 \cdot 10^{-23}$	23	NH$_3$	NH$_2^-$	−9	$1,0 \cdot 10^{9}$	
	$1,0 \cdot 10^{-24}$	24	OH$^-$	O^{2-}	−10	$1,0 \cdot 10^{10}$	

Kryoskopische und ebullioskopische Konstanten k_G und k_S von Lösemitteln

Lösemittel	Schmelztemperatur ϑ_S in °C	k_G in K · kg · mol^{-1}	Siedetemperatur ϑ_V in °C	k_S in K · kg · mol^{-1}
Wasser	0	1,86	100	0,515
Benzol	5,5	5,12	80,1	2,53
Cyclohexan	6,5	20,2	80,8	2,79
Campher	179,5	40,4		
Essigsäure	16,6	3,9	118,1	3,07
Ethanol	−114,2	7,3	78,8	1,20

Löslichkeitsprodukte bei 25 °C

Name des Stoffes	Formel	Löslichkeitsprodukt K_L Zahlenwert	Einheit	Löslichkeitsexponent pK_L
Aluminiumhydroxid	$Al(OH)_3$	$1{,}0 \cdot 10^{-33}$	$mol^4 \cdot l^{-4}$	33,0
Bariumcarbonat	$BaCO_3$	$8{,}1 \cdot 10^{-9}$	$mol^2 \cdot l^{-2}$	8,1
Bariumhydroxid	$Ba(OH)_2$	$4{,}3 \cdot 10^{-3}$	$mol^3 \cdot l^{-3}$	2,4
Bariumphosphat	$Ba_3(PO_4)_2$	$6{,}0 \cdot 10^{-38}$	$mol^5 \cdot l^{-5}$	37,2
Bariumsulfat	$BaSO_4$	$1{,}0 \cdot 10^{-10}$	$mol^2 \cdot l^{-2}$	10,0
Bismut(III)-sulfid	Bi_2S_3	$1{,}6 \cdot 10^{-72}$	$mol^5 \cdot l^{-5}$	71,8
Blei(II)-carbonat	$PbCO_3$	$3{,}3 \cdot 10^{-14}$	$mol^2 \cdot l^{-2}$	13,5
Blei(II)-chlorid	$PbCl_2$	$2{,}0 \cdot 10^{-5}$	$mol^3 \cdot l^{-3}$	4,7
Bleihydroxid	$Pb(OH)_2$	$2{,}8 \cdot 10^{-16}$	$mol^3 \cdot l^{-3}$	15,55
Blei(II)-iodid	PbI_2	$8{,}7 \cdot 10^{-9}$	$mol^3 \cdot l^{-3}$	8,1
Blei(II)-sulfid	PbS	$3{,}4 \cdot 10^{-28}$	$mol^2 \cdot l^{-2}$	27,5
Blei(II)-sulfat	$PbSO_4$	$1{,}5 \cdot 10^{-8}$	$mol^2 \cdot l^{-2}$	7,8
Cadmiumcarbonat	$CdCO_3$	$2{,}5 \cdot 10^{-14}$	$mol^2 \cdot l^{-2}$	13,6
Cadmiumhydroxid	$Cd(OH)_2$	$1{,}2 \cdot 10^{-14}$	$mol^3 \cdot l^{-3}$	13,9
Cadmiumsulfid	CdS	$1{,}0 \cdot 10^{-29}$	$mol^2 \cdot l^{-2}$	29,0
Calciumcarbonat	$CaCO_3$	$4{,}8 \cdot 10^{-9}$	$mol^2 \cdot l^{-2}$	8,3
Calciumhydroxid	$Ca(OH)_2$	$5{,}5 \cdot 10^{-6}$	$mol^3 \cdot l^{-3}$	5,3
Calciumoxalat	$Ca(COO)_2$	$2{,}6 \cdot 10^{-9}$	$mol^2 \cdot l^{-2}$	8,6
Calciumphosphat	$Ca_3(PO_4)_2$	$1{,}0 \cdot 10^{-25}$	$mol^5 \cdot l^{-5}$	25,0
Calciumsulfat	$CaSO_4$	$6{,}1 \cdot 10^{-5}$	$mol^2 \cdot l^{-2}$	4,2
Eisen(II)-hydroxid	$Fe(OH)_2$	$4{,}8 \cdot 10^{-16}$	$mol^3 \cdot l^{-3}$	15,3
Eisen(III)-hydroxid	$Fe(OH)_3$	$3{,}8 \cdot 10^{-38}$	$mol^4 \cdot l^{-4}$	37,4
Eisen(II)-phosphat	$Fe_3(PO_4)_2$	$1{,}0 \cdot 10^{-36}$	$mol^5 \cdot l^{-5}$	36,0
Eisen(III)-phosphat	$FePO_4$	$4{,}0 \cdot 10^{-27}$	$mol^2 \cdot l^{-2}$	26,4
Eisen(II)-sulfid	FeS	$5{,}0 \cdot 10^{-18}$	$mol^2 \cdot l^{-2}$	17,3
Kupfer(I)-chlorid	$CuCl$	$1{,}0 \cdot 10^{-6}$	$mol^2 \cdot l^{-2}$	6,0
Kupfer(II)-sulfid	CuS	$8{,}0 \cdot 10^{-45}$	$mol^2 \cdot l^{-2}$	44,1
Magnesiumcarbonat	$MgCO_3$	$2{,}6 \cdot 10^{-5}$	$mol^2 \cdot l^{-2}$	4,6
Magnesiumhydroxid	$Mg(OH)_2$	$2{,}6 \cdot 10^{-12}$	$mol^3 \cdot l^{-3}$	11,6
Magnesiumphosphat	$Mg_3(PO_4)_2$	$6{,}0 \cdot 10^{-23}$	$mol^5 \cdot l^{-5}$	22,2
Manganhydroxid	$Mn(OH)_2$	$4{,}0 \cdot 10^{-14}$	$mol^3 \cdot l^{-3}$	13,4
Nickel(II)-hydroxid	$Ni(OH)_2$	$1{,}6 \cdot 10^{-14}$	$mol^3 \cdot l^{-3}$	13,8
Nickelsulfid	NiS	$1{,}0 \cdot 10^{-26}$	$mol^2 \cdot l^{-2}$	26,0
Quecksilber(I)-chlorid (Kalomel)	Hg_2Cl_2	$2{,}0 \cdot 10^{-18}$	$mol^3 \cdot l^{-3}$	17,7
Quecksilber(II)-sulfid (schwarz)	HgS	$1{,}0 \cdot 10^{-52}$	$mol^2 \cdot l^{-2}$	52,0
Silberbromid	$AgBr$	$6{,}3 \cdot 10^{-13}$	$mol^2 \cdot l^{-2}$	12,2
Silbercarbonat	Ag_2CO_3	$6{,}2 \cdot 10^{-12}$	$mol^3 \cdot l^{-3}$	11,2
Silberchlorid	$AgCl$	$1{,}6 \cdot 10^{-10}$	$mol^2 \cdot l^{-2}$	9,8
Silberchromat	Ag_2CrO_4	$4{,}0 \cdot 10^{-12}$	$mol^3 \cdot l^{-3}$	11,4
Silberhydroxid	$AgOH$	$1{,}5 \cdot 10^{-8}$	$mol^2 \cdot l^{-2}$	7,8
Silberiodid	AgI	$1{,}5 \cdot 10^{-16}$	$mol^2 \cdot l^{-2}$	15,8
Silberphosphat	Ag_3PO_4	$1{,}8 \cdot 10^{-18}$	$mol^4 \cdot l^{-4}$	17,7
Silbersulfid	Ag_2S	$1{,}6 \cdot 10^{-49}$	$mol^3 \cdot l^{-3}$	48,8
Zinkcarbonat	$ZnCO_3$	$6{,}0 \cdot 10^{-11}$	$mol^2 \cdot l^{-2}$	10,2

Löslichkeit einiger Salze in Wasser

Angabe in den weißen Feldern:
100 g Wasser lösen a g Salz bis zur Sättigung bei 101,3 kPa und 20 °C.

Ionen	Cl$^-$	Br$^-$	I$^-$	NO$_3^-$	S^{2-}	SO$_4^{2-}$	CO$_3^{2-}$	PO$_4^{3-}$
Na$^+$	36	91	179	88	19	19	22	12
K$^+$	34	66	144	32	–	11	112	23
NH$_4^+$	37	74	172	188	–	75	100	20
Mg^{2+}	54	102	148	71	–	36	$2 \cdot 10^{-1}$	–
Ca^{2+}	75	142	204	127	–	$2 \cdot 10^{-1}$	$2 \cdot 10^{-3}$	$2 \cdot 10^{-2}$
Ba^{2+}	36	104	170	9	–	$3 \cdot 10^{-4}$	$2 \cdot 10^{-3}$	–
Cu^{2+}	77	122	–	122	$3 \cdot 10^{-3}$	21	–	–
Ag$^+$	$2 \cdot 10^{-4}$	$1 \cdot 10^{-5}$	$3 \cdot 10^{-7}$	218	$1 \cdot 10^{-5}$	$8 \cdot 10^{-1}$	$3 \cdot 10^{-3}$	–
Zn^{2+}	367	447	432	118	–	54	$2 \cdot 10^{-2}$	–
Pb^{2+}	1	$9 \cdot 10^{-1}$	$7 \cdot 10^{-2}$	52	$9 \cdot 10^{-5}$	$4 \cdot 10^{-3}$	$1 \cdot 10^{-4}$	$1 \cdot 10^{-7}$
Fe^{2+}	62	–	–	–	$6 \cdot 10^{-4}$	27	–	–
Al^{3+}	46	–	–	75	–	36	–	–

Löslichkeit einiger Gase in Wasser

Löslichkeit wird in g Gas je kg Wasser bei 101,3 kPa angegeben.

Gas		Temperatur in °C					
Name	Chemisches Zeichen	0	20	25	40	60	80
Helium	He	0,0017	0,0015	0,0015	0,0014	0,0013	
Argon	Ar	0,099	0,059	0,053	0,042	0,030	
Wasserstoff	H$_2$	0,0019	0,0016	0,0015	0,0014	0,0012	0,0008
Stickstoff	N$_2$	0,0294	0,0190	0,0175	0,0139	0,0105	0,0066
Sauerstoff	O$_2$	0,0694	0,0434	0,0393	0,0308	0,0227	0,0138
Chlor	Cl$_2$	5,0	7,25	6,41	4,59	3,30	2,23
Ammoniak	NH$_3$	897	529	480	316	168	65
Schwefelwasserstoff	H$_2$S	7,07	3,85	3,38	2,36	1,48	0,77
Schwefeldioxid	SO$_2$	228	113	94,1	54,1		
Kohlenstoffmonooxid	CO	0,0440	0,0284	0,0260	0,0208	0,0152	0,0098
Kohlenstoffdioxid	CO$_2$	3,35	1,69	1,45	0,973	0,576	
Methan	CH$_4$	0,0396	0,0232	0,0209	0,0159	0,0114	0,0070
Ethan	C$_2$H$_6$	0,132	0,062	0,0535	0,0366	0,0239	0,0134
Ethen	C$_2$H$_4$	0,281	0,149	0,131			

Elektrochemische Spannungsreihe der Metalle
(Standardpotenziale bei 25 °C und 101,3 kPa)

Reduktionsmittel ⇌ Oxidationsmittel		+z · e⁻	Redoxpaar	Standardpotenzial E^0 in V
Li(s)	⇌ Li⁺(aq)	+e⁻	Li/Li⁺	−3,04
K(s)	⇌ K⁺(aq)	+e⁻	K/K⁺	−2,92
Ba(s)	⇌ Ba²⁺(aq)	+2e⁻	Ba/Ba²⁺	−2,90
Ca(s)	⇌ Ca²⁺(aq)	+2e⁻	Ca/Ca²⁺	−2,87
Na(s)	⇌ Na⁺(aq)	+e⁻	Na/Na⁺	−2,71
Mg(s)	⇌ Mg²⁺(aq)	+2e⁻	Mg/Mg²⁺	−2,36
Be(s)	⇌ Be²⁺(aq)	+2e⁻	Be/Be²⁺	−1,85
Al(s)	⇌ Al³⁺(aq)	+3e⁻	Al/Al³⁺	−1,66
Ti(s)	⇌ Ti³⁺(aq)	+3e⁻	Ti/Ti³⁺	−1,21
Mn(s)	⇌ Mn²⁺(aq)	+2e⁻	Mn/Mn²⁺	−1,18
V(s)	⇌ V²⁺(aq)	+2e⁻	V/V²⁺	−1,17
Zn(s)	⇌ Zn²⁺(aq)	+2e⁻	Zn/Zn²⁺	−0,76
Cr(s)	⇌ Cr³⁺(aq)	+3e⁻	Cr/Cr³⁺	−0,74
Fe(s)	⇌ Fe²⁺(aq)	+2e⁻	Fe/Fe²⁺	−0,41
Cd(s)	⇌ Cd²⁺(aq)	+2e⁻	Cd/Cd²⁺	−0,40
Co(s)	⇌ Co²⁺(aq)	+2e⁻	Co/Co²⁺	−0,28
Ni(s)	⇌ Ni²⁺(aq)	+2e⁻	Ni/Ni²⁺	−0,23
Sn(s)	⇌ Sn²⁺(aq)	+2e⁻	Sn/Sn²⁺	−0,14
Pb(s)	⇌ Pb²⁺(aq)	+2e⁻	Pb/Pb²⁺	−0,13
Fe(s)	⇌ Fe³⁺(aq)	+3e⁻	Fe/Fe³⁺	−0,02
H_2(g) + 2 H_2O(l) ⇌ 2 H_3O^+(aq)		+2e⁻	H_2/2 H_3O^+	0,00 (pH = 0)
Cu(s)	⇌ Cu²⁺(aq)	+2e⁻	Cu/Cu²⁺	+0,35
Cu(s)	⇌ Cu⁺(aq)	+e⁻	Cu/Cu⁺	+0,52
Ag(s)	⇌ Ag⁺(aq)	+e⁻	Ag/Ag⁺	+0,80
Hg(l)	⇌ Hg²⁺(aq)	+2e⁻	Hg/Hg²⁺	+0,85
Pt(s)	⇌ Pt²⁺(aq)	+2e⁻	Pt/Pt²⁺	+1,20
Au(s)	⇌ Au³⁺(aq)	+3e⁻	Au/Au³⁺	+1,50

Elektrochemische Spannungsreihe der Nichtmetalle
(Standardpotenziale bei 25 °C und 101,3 kPa)

Reduktionsmittel ⇌ Oxidationsmittel		+z · e⁻	Redoxpaar	Standardpotenzial E^0 in V
Se²⁻(aq)	⇌ Se(s)	+2e⁻	Se²⁻/Se	−0,92
S²⁻(aq)	⇌ S(s)	+2e⁻	S²⁻/S	−0,48
2 I⁻(aq)	⇌ I_2(s)	+2e⁻	2 I⁻/I_2	+0,54
2 Br⁻(aq)	⇌ Br_2(l)	+2e⁻	2 Br⁻/Br_2	+1,07
2 Cl⁻(aq)	⇌ Cl_2(g)	+2e⁻	2 Cl⁻/Cl_2	+1,36
2 F⁻(aq)	⇌ F_2(g)	+2e⁻	2 F⁻/F_2	+2,87

s = fest; l = flüssig; g = gasförmig; aq = in wässriger Lösung

Elektrochemische Spannungsreihe einiger Redoxreaktionen
(Standardpotenziale bei 25 °C und 101,3 kPa)

Reduktionsmittel	⇌ Oxidationsmittel	$+ z \cdot e^-$	Standardpotenzial E^0 in V
$H_2(g) + 2\,OH^-(aq)$	⇌ $2\,H_2O(l)$	$+ 2e^-$	$-0{,}83^*$ für pH = 14
$Cd(s) + 2\,OH^-(aq)$	⇌ $Cd(OH)_2(s)$	$+ 2e^-$	$-0{,}82^*$ für pH = 14
$C_2O_4^{2-}(aq)$	⇌ $2\,CO_2(g)$	$+ 2e^-$	$-0{,}49$
$H_2(g) + 2\,H_2O(l)$	⇌ $2\,H_3O^+(aq)$	$+ 2e^-$	$-0{,}41^*$ für pH = 7
$Cr^{2+}(aq)$	⇌ $Cr^{3+}(aq)$	$+ e^-$	$-0{,}41$
$Pb(s) + SO_4^{2-}(aq)$	⇌ $PbSO_4(s)$	$+ 2e^-$	$-0{,}36$
$HCOOH(l) + 2\,H_2O(l)$	⇌ $CO_2(g) + 2\,H_3O^+(aq)$	$+ 2e^-$	$-0{,}20^*$ für pH = 0
$HCHO(g) + 3\,H_2O(l)$	⇌ $HCOOH(l) + 2\,H_3O^+(aq)$	$+ 2e^-$	$+0{,}06$ für pH = 0
$H_2S(g) + 2\,H_2O(l)$	⇌ $2\,H_3O^+(aq) + S(s)$	$+ 2e^-$	$+0{,}14$
$Cu^+(aq)$	⇌ $Cu^{2+}(aq)$	$+ e^-$	$+0{,}17$
$Ag(s) + Cl^-(aq)$	⇌ $AgCl(s)$	$+ e^-$	$+0{,}22$
$4\,OH^-(aq)$	⇌ $O_2(g) + 2\,H_2O(l)$	$+ 4e^-$	$+0{,}40^*$ für pH = 14
$AsO_3^{3-}(aq) + 3\,H_2O(l)$	⇌ $AsO_4^{3-}(aq) + 2\,H_3O^+(aq)$	$+ 2e^-$	$+0{,}56^*$ für pH = 0
$MnO_2(s) + 4\,OH^-(aq)$	⇌ $MnO_4^-(aq) + 2\,H_2O(l)$	$+ 3e^-$	$+0{,}59^*$ für pH = 14
$H_2O_2(l) + 2\,H_2O(l)$	⇌ $O_2(g) + 2\,H_3O^+(aq)$	$+ 2e^-$	$+0{,}68^*$ für pH = 0
$Fe^{2+}(aq)$	⇌ $Fe^{3+}(aq)$	$+ e^-$	$+0{,}77$
$4\,OH^-(aq)$	⇌ $O_2(g) + 2\,H_2O(l)$	$+ 4e^-$	$+0{,}82^*$ für pH = 7
$NO(g) + 6\,H_2O(l)$	⇌ $NO_3^-(aq) + 4\,H_3O^+(aq)$	$+ 3e^-$	$+0{,}96^*$ für pH = 0
$6\,H_2O(l)$	⇌ $O_2(g) + 4\,H_3O^+(aq)$	$+ 4e^-$	$+1{,}23^*$ für pH = 0
$Mn^{2+}(aq) + 6\,H_2O(l)$	⇌ $MnO_2(s) + 4\,H_3O^+(aq)$	$+ 2e^-$	$+1{,}23^*$ für pH = 0
$2\,Cr^{3+}(aq) + 21\,H_2O(l)$	⇌ $Cr_2O_7^{2-}(aq) + 14\,H_3O^+(aq)$	$+ 6e^-$	$+1{,}33^*$ für pH = 0
$Pb^{2+}(aq) + 6\,H_2O(l)$	⇌ $PbO_2(s) + 4\,H_3O^+(aq)$	$+ 2e^-$	$+1{,}46^*$ für pH = 0
$Mn^{2+}(aq) + 12\,H_2O(l)$	⇌ $MnO_4^-(aq) + 8\,H_3O^+(aq)$	$+ 5e^-$	$+1{,}51^*$ für pH = 0
$PbSO_4(s) + 6\,H_2O(l)$	⇌ $PbO_2(s) + 4\,H_3O^+(aq) + SO_4^{2-}(aq)$	$+ 2e^-$	$+1{,}69^*$ für pH = 0
$4\,H_2O(l)$	⇌ $H_2O_2(l) + 2\,H_3O^+(aq)$	$+ 2e^-$	$+1{,}77^*$ für pH = 0
$2\,SO_4^{2-}(aq)$	⇌ $S_2O_8^{2-}(aq)$	$+ 2e^-$	$+2{,}01$
$O_2(g) + 3\,H_2O(l)$	⇌ $O_3(g) + 2\,H_3O^+(aq)$	$+ 2e^-$	$+2{,}07$

* pH-Wert-abhängige Zellspannungen; s = fest; l = flüssig; g = gasförmig; aq = in wässriger Lösung

Flammenfärbung ausgewählter Metalle

Metall	Farbe der Flamme
Lithium	karminrot
Natrium	gelb
Kalium	hellviolett
Rubidium	rotviolett
Kupfer	grün

Metall	Farbe der Flamme
Caesium	blauviolett
Calcium	ziegelrot
Strontium	karminrot
Barium	fahlgrün
Blei	bläulich

Einteilung des Wassers nach Härtebereichen

Wasserhärte in °d	0…7	7…14	14…21	>21
Härtebereich	1 = weich	2 = mittel	3 = hart	4 = sehr hart
Bedeutung	1 °d ≙ $\beta(CaO) = 10\,mg \cdot l^{-1}$		1 °d ≙ $c(Ca^{2+}) = 0{,}178\,mmol \cdot l^{-1}$	

Größengleichungen der Chemie

Berechnungen zu Stoffmenge, Masse und Volumen

Stoffmenge n (Basiseinheit: mol)	$n = \dfrac{N}{N_A}; \quad n = \dfrac{m}{M}; \quad n = \dfrac{V_n}{V_{m,n}};$ $n = c \cdot V(\text{Ls}); \quad n = \dfrac{p \cdot V}{R \cdot T}$	n — Stoffmenge einer Stoffportion N — Teilchenanzahl einer Stoffportion N_A — Avogadro-Konstante m — Masse M — molare Masse
Molare Masse M (Einheit: $g \cdot mol^{-1}$)	$M = \dfrac{m}{n} \qquad M = \dfrac{m \cdot V_{m,n}}{V_n}$ $M = V_m \cdot \varrho \qquad M = \dfrac{m \cdot R \cdot T}{p \cdot V}$ $M(B) = k_G \cdot \dfrac{m(B)}{\Delta T_G \cdot m(\text{Lm})}$ mit $\Delta T_G = T(\text{Lm}) - T(\text{Ls})$ $M(B) = k_S \cdot \dfrac{m(B)}{\Delta T_S \cdot m(\text{Lm})}$	V_n — Normvolumen $V_{m,n}$ — molares Normvolumen c — Stoffmengenkonzentration $V(\text{Ls})$ — Volumen der Lösung p — Druck V — Volumen T — Temperatur R — universelle Gaskonstante V_m — molares Volumen ϱ — Dichte $M(B)$ — molare Masse des Stoffes B $m(B)$ — Masse des Stoffes B k_G — kryoskopische Konstante ΔT_G — Gefriertemperaturerniedrigung $m(\text{Lm})$ — Masse des Lösemittels k_S — ebullioskopische Konstante ΔT_S — Siedetemperaturerhöhung
Molares Volumen V_m	$V_m = \dfrac{V}{n} \qquad V_{m,n} = \dfrac{V_n}{n}$	
Normvolumen V_n	$V_n = \dfrac{p \cdot T_n}{p_n \cdot T} \cdot V$	T_n — Normtemperatur 273,15 K p_n — Normdruck 101,3 kPa

Zusammensetzungsgrößen

Massenanteil w	$w(B) = \dfrac{m(B)}{m(\text{Gem})}$	$m(B)$ — Masse des Stoffes B $m(\text{Gem})$ — Masse des Stoffgemisches $V(B)$ — Volumen des Stoffes B $\Sigma V(\text{Kom})$ — Summe der Volumina der Komponenten des Gemisches $\Sigma n(\text{Kom})$ — Summe der Stoffmengen der Komponenten des Gemisches **Einheiten:** 1; %; ‰; ppm, ppb, ppt[1]
Volumenanteil φ	$\varphi(B) = \dfrac{V(B)}{\Sigma V(\text{Kom})}$	
Stoffmengenanteil x	$x(B) = \dfrac{n(B)}{\Sigma n(\text{Kom})}$	
Volumenkonzentration σ	$\sigma(B) = \dfrac{V(B)}{V(\text{Ls})}$	$V(\text{Ls})$ — Volumen der Lösung in l **Einheit:** $1 \cdot l^{-1}$
Massenkonzentration β	$\beta(B) = \dfrac{m(B)}{V(\text{Ls})}$	$m(B)$ — Masse des Stoffes B $V(\text{Ls})$ — Volumen der Lösung in l **Einheiten:** $g \cdot l^{-1}$, $g \cdot cm^{-3}$, ...
Stoffmengenkonzentration c	$c(B) = \dfrac{n(B)}{V(\text{Ls})}$	$n(B)$ — Stoffmenge des Stoffes B $V(\text{Ls})$ — Volumen der Lösung in l **Einheiten:** $mol \cdot l^{-1}$, $mol \cdot m^{-3}$, ...
Molalität b	$b(B) = \dfrac{n(B)}{m(\text{Lm})}$ $b(B) = \dfrac{m(B)}{m(\text{Lm}) \cdot M(B)}$	$n(B)$ — Stoffmenge des Stoffes B $m(\text{Lm})$ — Masse des Lösemittels $m(B)$ — Masse des Stoffes B $M(B)$ — molare Masse des Stoffes B **Einheiten:** $mol \cdot g^{-1}$, $mol \cdot kg^{-1}$, ...

[1] ppm (parts per million) $\triangleq 1 : 10^6$, ppb (parts per billion) $\triangleq 1 : 10^9$, ppt (parts per trillion) $\triangleq 1 : 10^{12}$

Berechnungen zu Stoffmenge, Masse und Volumen | Reaktionskinetik

Allgemeine Größengleichungen
(Massen- und Volumenberechnungen bei chemischen Reaktionen)

	Masse gegeben	Volumen gegeben
Masse gesucht	$\dfrac{m(A)}{m(B)} = \dfrac{n(A) \cdot M(A)}{n(B) \cdot M(B)}$	$\dfrac{m(A)}{V(B)} = \dfrac{n(A) \cdot M(A)}{n(B) \cdot V_m(B)}$
Volumen gesucht	$\dfrac{V(A)}{m(B)} = \dfrac{n(A) \cdot V_m(A)}{n(B) \cdot M(B)}$	$\dfrac{V(A)}{V(B)} = \dfrac{n(A)}{n(B)}$ (*)

- n Stoffmenge in mol
- m Masse der beteiligten Stoffe in g
- M molare Masse in g · mol^{-1}
- V_m molares Volumen in l · mol^{-1}
- A Stoff der gesuchten Größe
- B Stoff der gegebenen Größe
- (*) gilt nur für Gase

Berechnung des Blutalkoholgehalts

$$w(C_2H_5OH) = \dfrac{m(C_2H_5OH)}{x \cdot m(\text{Körper})} = \dfrac{V(C_2H_5OH) \cdot \varrho}{x \cdot m(\text{Körper})}$$

mit $\varrho = 0{,}79\,\text{g} \cdot \text{cm}^{-3}$ (Dichte des Alkohols) und
bei Frauen: $x = 0{,}6$ bei Männern: $x = 0{,}7$

- $w(C_2H_5OH)$ Massenanteil des Alkohols im Blut, wird in ‰ angegeben
- $m(C_2H_5OH)$ Masse des aufgenommenen Alkohols in g
- $m(\text{Körper})$ Masse des Körpers in g
- $V(C_2H_5OH)$ Volumen des Alkohols in cm^3

Mischungsregeln

Mischungsgleichung	$m_1 \cdot w_1 + m_2 \cdot w_2 = (m_1 + m_2) \cdot w_3$
Kreuz-Mischungsregel	Zum Herstellen einer Lösung des Massenanteils w_3 müssen die Massen m_1 und m_2 der zu mischenden Lösungen 1 und 2 im Verhältnis $\dfrac{m_1}{m_2} = \dfrac{w_3 - w_2}{w_1 - w_3}$ stehen.

- w_1, w_2 Massenanteile eines Stoffes in den gegebenen Lösungen 1 und 2
- w_3 Massenanteil des Stoffes in der herzustellenden Lösung (gewünschter Massenanteil)
- m_1, m_2 Massen der zu mischenden Lösungen 1 und 2

Reaktionskinetik

Mittlere (durchschnittliche) Reaktionsgeschwindigkeit v	$v = -\dfrac{\Delta c(A)}{\nu(A) \cdot \Delta t}$; $v = -\dfrac{\Delta p(A)}{\nu(A) \cdot \Delta t}$
Momentane Reaktionsgeschwindigkeit v	$v = -\dfrac{1}{\nu(A)} \cdot \dfrac{dc(A)}{dt}$ $v = -\dfrac{1}{\nu(A)} \cdot \dfrac{dp(A)}{dt}$
Geschwindigkeitsgleichung für eine Reaktion erster Ordnung	Für die Reaktion A → B + C gilt: $v = -\dfrac{dc(A)}{dt} = k \cdot c(A)$ $\ln\{c(A)\} = \ln\{c_0(A)\} - k \cdot t$
Reaktionsgeschwindigkeit und Temperatur (Arrhenius-Gleichung)	$k = A \cdot e^{-\frac{E_A}{R \cdot T}}$ $\ln\{k\} = \ln\{A\} - \dfrac{E_A}{R \cdot T}$

- $c(A)$ Stoffmengenkonzentration des Ausgangsstoffes A
- $\Delta c(A)$ Änderung von $c(A)$
- $\nu(A)$ Stöchiometriezahl von A
- $\Delta p(A)$ Änderung des Partialdruckes eines Ausgangsstoffes
- k Reaktionsgeschwindigkeitskonstante
- t Zeit
- c_0 Anfangskonzentration
- $\{c(A)\} = \dfrac{c(A)}{\text{mol} \cdot \text{l}^{-1}}$
- A Aktionskonstante (Frequenzfaktor)
- e Euler'sche Zahl
- E_A molare Aktivierungsenergie
- R (universelle) Gaskonstante
- T absolute Temperatur

Chemische Thermodynamik

Molare Reaktionsenergie $\Delta_r U_m$	Für die Änderung der molaren inneren Energie (molare Reaktionsenergie) gilt: $\Delta_r U_m = Q_m - p \cdot \Delta_r V_m$	Q_m p $\Delta_r V_m$ $\Delta_r U_m$	molare Reaktionswärme Druck molares Reaktionsvolumen molare Reaktionsenergie
Molare Reaktionsenthalpie $\Delta_r H_m$	$\Delta_r H_m = \Delta_r U_m + p \cdot \Delta_r V_m$ Für p = konst. gilt: $\Delta_r H_m = -\dfrac{m(H_2O) \cdot c_p(H_2O) \cdot \Delta T}{n_F}$ **(kalorimetrische Grundgleichung)**	$m(H_2O)$ $c_p(H_2O)$ ΔT n_F	Masse des Kalorimeterwassers spezifische Wärmekapazität des Wassers bei p = konst. Temperaturänderung Stoffmenge der Formelumsätze
Berechnung der molaren Standardreaktionsenthalpie $\Delta_r H_m^0$ nach dem Satz von Hess	Für die Reaktion $v(A)A + v(B)B \rightarrow v(C)C + v(D)D$ gilt: $\Delta_r H_m^0$ $= [v(C) \cdot \Delta_f H_m^0(C) + v(D) \cdot \Delta_f H_m^0(D)]$ $- [v(A) \cdot \Delta_f H_m^0(A) + v(B) \cdot \Delta_f H_m^0(B)]$	$v(A), v(B), v(C), v(D)$ $\Delta_f H_m^0$ $\Delta_H H_m$ $\Delta_G H_m$	Stöchiometriezahlen der Stoffe A, B, C, D molare Standardbildungsenthalpie molare Hydratationsenthalpie molare Gitterenthalpie
Molare Lösungsenthalpie $\Delta_L H_m$	$\Delta_L H_m = \Delta_H H_m - \Delta_G H_m$		
Entropie S und molare Standardreaktionsentropie $\Delta_r S_m^0$	$S = k \cdot \ln W; \quad k = \dfrac{R}{N_A}$ $\Delta_r S_m^0 = S_m^0(\text{Rp}) - S_m^0(\text{As})$ $\Delta S_U = -\dfrac{\Delta_r H_m^0}{T}$	k W S_m^0 Rp As ΔS_U	Boltzmann-Konstante thermodyn. Wahrscheinlichkeit molare Standardentropie Reaktionsprodukte Ausgangsstoffe Entropieänderung der Umgebung
Molare freie Reaktionsenthalpie $\Delta_r G_m$	$\Delta_r G_m = \Delta_r H_m - T \cdot \Delta_r S_m$ **(Gibbs-Helmholtz-Gleichung)**	$\Delta_r S_m$ T	molare Reaktionsentropie Temperatur der Reaktion in K

Chemisches Gleichgewicht

Massenwirkungsgesetz (MWG)	Für die Reaktion $v(A)A + v(B)B \rightleftharpoons v(C)C + v(D)D$ gilt: $K_c = \dfrac{c^{v(C)}(C) \cdot c^{v(D)}(D)}{c^{v(A)}(A) \cdot c^{v(B)}(B)}$ $K_p = \dfrac{p^{v(C)}(C) \cdot p^{v(D)}(D)}{p^{v(A)}(A) \cdot p^{v(B)}(B)}$ $K_p = K_c \cdot (R \cdot T)^{\Delta v}$ mit $\Delta v = (v(C) + v(D)) - (v(A) + v(B))$	K_c, K_p c p v Einheit von K_c: Einheit von K_p:	Gleichgewichtskonstanten Stoffmengenkonzentration Partialdruck Stöchiometriezahl $(\text{mol} \cdot \text{l}^{-1})^{\Delta v}$ $\text{kPa}^{\Delta v}$
Gleichgewichtskonstante K	Molare freie Standardreaktionsenthalpie $\Delta_r G_m^0$ und Gleichgewichtskonstante K: $\Delta_r G_m^0 = -R \cdot T \cdot \ln\{K\}$ Berechnung der Gleichgewichtskonstante bei verschiedenen Temperaturen: $\ln\{K_2\} = \ln\{K_1\} + \dfrac{\Delta_r H_m^0}{R} \cdot \dfrac{T_2 - T_1}{T_1 \cdot T_2}$		

Säure-Base-Gleichgewichte

pH-Wert und pOH-Wert	$\text{pH} = -\lg\{c(H_3O^+)\}$ $\quad c(H_3O^+) = 10^{-\text{pH}}\,\text{mol}\cdot l^{-1}$ ($c(H_3O^+)$ ist die Hydronium-Ionenkonzentration und $\{c(H_3O^+)\}$ ihr Zahlenwert.) $\text{pOH} = -\lg\{c(OH^-)\}$ $\quad c(OH^-) = 10^{-\text{pOH}}\,\text{mol}\cdot l^{-1}$ ($c(OH^-)$ ist die Hydroxid-Ionenkonzentration und $\{c(OH^-)\}$ ihr Zahlenwert.)	
Ionenprodukt K_W und Ionenexponent des Wassers pK_W	$K_W = c(H_3O^+) \cdot c(OH^-)$ $pK_W = -\lg\{K_W\}$ $pK_W = \text{pH} + \text{pOH} = 14$	$K_W = 10^{-14}\,\text{mol}^2 \cdot l^{-2}$ (bei 22 °C) $\{K_W\}$ Zahlenwert für das Ionenprodukt des Wassers
Säurekonstante K_S und Säureexponent pK_S	Für die Reaktion $HA + H_2O \rightleftharpoons H_3O^+ + A^-$ gilt: $K_S = \dfrac{c(H_3O^+) \cdot c(A^-)}{c(HA)}$ $\quad pK_S = -\lg\{K_S\}$ $\quad pK_S = 14 - pK_B$	HA Säure A^- korrespondierende Base K_S Säurekonstante pK_S Säureexponent $\{K_S\}$ Zahlenwert von K_S
Basekonstante K_B und Baseexponent pK_B	Für die Reaktion $B + H_2O \rightleftharpoons OH^- + BH^+$ gilt: $K_B = \dfrac{c(OH^-) \cdot c(BH^+)}{c(B)}$ $\quad pK_B = -\lg\{K_B\}$ $\quad pK_B = 14 - pK_S$	B Base BH^+ korrespondierende Säure K_B Basekonstante pK_B Baseexponent $\{K_B\}$ Zahlenwert von K_B
Protolysegrad α_S der Säure HA bzw. α_B der Base B	$\alpha_S = \dfrac{c(H_3O^+)}{c_0(HA)}$ $\quad \alpha_B = \dfrac{c(OH^-)}{c_0(B)}$	c_0 Ausgangskonzentration α_S Protolysegrad der Säure K_S Säurekonstante K_B Basekonstante α_B Protolysegrad der Base
Ostwald'sches Verdünnungsgesetz	$K_S = \dfrac{\alpha_S^2}{1-\alpha_S} \cdot c_0(HA)$ $\quad K_B = \dfrac{\alpha_B^2}{1-\alpha_B} \cdot c_0(B)$	
Berechnung des pH-Wertes wässriger Lösungen	Sehr starke Säuren ($K_S > 10^{1{,}74}\,\text{mol}\cdot l^{-1}$): $\text{pH} = -\lg\{c_0(HA)\}$ Mittelstarke bis sehr schwache Säuren ($K_S < 10^{-4}\,\text{mol}\cdot l^{-1}$): $\text{pH} = \tfrac{1}{2}(pK_S - \lg\{c_0(HA)\})$ Starke Säuren $\left(10^{-2} < \dfrac{K_S}{c_0} < 10^2\right)$: $c(H_3O^+) = -\dfrac{K_S}{2} + \sqrt{\left(\dfrac{K_S}{2}\right)^2 + K_S \cdot c_0(HA)}$ Ampholyte: $\text{pH} = \tfrac{1}{2}(14 + pK_S - pK_B)$	
pH-Wert einer Pufferlösung	$\text{pH} = pK_S + \lg\dfrac{c(A^-)}{c(HA)}$ (**Henderson-Hasselbalch-Gleichung**)	

Berechnungen zur Titration von Lösungen

Berechnung der Stoffmengenkonzentration	$c_1 = \dfrac{c_2 \cdot V_2}{V_1} \cdot \dfrac{z_2}{z_1}$	c_1 Stoffmengenkonzentration der zu bestimmenden Lösung c_2 Stoffmengenkonzentration der Maßlösung V_1 Volumen der zu bestimmenden Lösung V_2 Volumen der verbrauchten Maßlösung z_1 Äquivalenzzahl des Stoffes in der zu bestimmenden Lösung z_2 Äquivalenzzahl des Stoffes in der Maßlösung M_1 molare Masse des zu bestimmenden Stoffes
Berechnung der Stoffmenge n_1 des zu bestimmenden Stoffes	$n_1 = c_2 \cdot V_2 \cdot \dfrac{z_2}{z_1}$	
Berechnung der Masse m_1 des zu bestimmenden Stoffes	$m_1 = M_1 \cdot c_2 \cdot V_2 \cdot \dfrac{z_2}{z_1}$	

Löslichkeitsgleichgewichte

Löslichkeitsprodukt K_L und Löslichkeitsexponent pK_L	Für das Gleichgewicht $M_aL_b \rightleftharpoons aM^{m+} + bL^{n-}$ gilt: $K_L(M_aL_b) = c^a(M^{m+}) \cdot c^b(L^{n-}); \quad pK_L = -\lg\{K_L\}$	Einheit des Löslichkeitsproduktes: $mol^{a+b} \cdot l^{-(a+b)}$
Löslichkeit l	$l(M_aL_b) = \sqrt[a+b]{\dfrac{K_L(M_aL_b)}{a^a \cdot b^b}}$	$\{K_L\}$ Zahlenwert des Löslichkeitsproduktes
Komplexzerfallskonstante K_D und Komplexzerfallsexponent pK_D	Für das Gleichgewicht $ML_n \rightleftharpoons M + nL$ gilt: $K_D = \dfrac{c(M) \cdot c^n(L)}{c(ML_n)} \qquad K_D = \dfrac{1}{K_{St}}$ $pK_D = -\lg\{K_D\} = \lg\{K_{St}\}$	K_{St} Komplexstabilitätskonstante $\{K_{St}\}$ Zahlenwerte von K_{St} $\{K_D\}$ Zahlenwert von K_D

Elektrochemie

Faraday'sche Gesetze	1. Die bei einer Elektrolyse an den Elektroden abgeschiedene Stoffmenge ist proportional zur durch den Elektrolyten geflossenen Ladungsmenge: $n \sim I \cdot t$ 2. Die an den Elektroden abgeschiedenen Stoffmengen sind umgekehrt proportional zur Zahl der pro Formelumsatz ausgetauschten Elektronen: $n_1 : n_2 = z_2 : z_1$	n Stoffmenge einer Stoffportion in mol I Stromstärke t Zeit m Masse in g M molare Masse in $g \cdot mol^{-1}$ z Anzahl der ausgetauschten Elektronen je Formelumsatz F Faraday-Konstante $F = 9,6485 \cdot 10^4 C \cdot mol^{-1}$
Größengleichung der Elektrochemie	$I \cdot t = F \cdot n \cdot z \qquad \dfrac{m}{M} = \dfrac{I \cdot t}{F \cdot z}$	
Berechnung des Redoxpotenzials E (Nernst-Gleichung)	Für die Reaktion $Red \rightleftharpoons Ox + z \cdot e^-$ gilt: $E = E^0 + \dfrac{R \cdot T}{z \cdot F} \cdot \ln\dfrac{c(Ox)}{c(Red)}$ Für 25 °C ergibt sich: $E = E^0 + \dfrac{0,059V}{z} \cdot \lg\dfrac{c(Ox)}{c(Red)}$ $E = E^0 + \dfrac{0,059V}{z} \cdot \lg c(Me^{z+})$	E Redoxpotenzial E^0 Standardelektrodenpotenzial für die Redoxreaktion $c(Ox)$ Stoffmengenkonzentration des Oxidationsmittels $c(Red)$ Stoffmengenkonzentration des Reduktionsmittels $c(Me^{z+})$ Stoffmengenkonzentration der Metall-Ionen R universelle Gaskonstante T Temperatur
Zellspannung U	$U = \Delta E = E(Katode) - E(Anode)$	
Zellspannung U und Gleichgewichtskonstante K	Im elektrochemischen Gleichgewicht bei $U = 0$ gilt: $U^0 = \dfrac{R \cdot T}{z \cdot F} \cdot \ln\{K\}$	U^0 Standardzellspannung R universelle Gaskonstante T Temperatur z Anzahl der ausgetauschten Elektronen je Formelumsatz F Faraday-Konstante $\{K\}$ Zahlenwert der Gleichgewichtskonstante
Molare freie Reaktionsenthalpie $\Delta_r G_m$ und Zellspannung U	$\Delta_r G_m = -z \cdot F \cdot U$	
Zellspannung U und pH-Wert einer Lösung	Aus der Zellspannung U einer Konzentrationszelle, die aus einer Standard-Wasserstoff-Halbzelle und einer Wasserstoff-Halbzelle mit einer Elektrolytlösung besteht, lässt sich der pH-Wert der Lösung berechnen: $pH = \dfrac{U}{0,059V}$	
Elektrischer Leitwert G	$G = \dfrac{1}{R}$	R elektrischer Widerstand

Umgang mit Gefahrstoffen

Einstufung von Gefahrstoffen nach der GHS-Verordnung

Mit dem neuen GHS (*Globally Harmonised System of Classification and Labelling of Chemicals*) werden die Kriterien für die Einstufung der Gefahrstoffe neu festgelegt und mit international einheitlichen Piktogrammen versehen. Neu ist auch die Verwendung der Signalworte **„Gefahr"** und **„Achtung"** für das Ausmaß der Gefahr: „Gefahr" bei hoher Gefährdung oder „Achtung" bei geringerer Gefährdung.

Gefahrenpiktogramme und -Code	Mit dem Gefahrenpiktogramm gekennzeichnete Stoffe und Gemische	Signalwort	Kennzeichnung nach bisheriger Gefahrstoffverordnung	
			Gefahrensymbol	Gefahrenhinweise
GHS01	explosive und sehr gefährliche selbstzersetzliche Stoffe und Gemische sowie sehr gefährliche organische Peroxide	Gefahr oder Achtung		R2, R3
GHS02	entzündbare, selbsterhitzungsfähige und gefährliche selbstzersetzliche Stoffe und Gemische, pyrophore Stoffe sowie Stoffe und Gemische, die bei Berührung mit Wasser entzündbare Gase entwickeln	Gefahr oder Achtung	F+ oder F oder –	R12, R11 oder R10; R17; R15
GHS02	gefährliche organische Peroxide	Gefahr oder Achtung	O	R7
GHS03	Stoffe und Gemische mit oxidierender Wirkung	Gefahr oder Achtung	O	R8, R9
GHS04	Gase unter Druck	Achtung	–	
GHS05	Stoffe und Gemische, die korrosiv auf Metalle wirken	Achtung	–	
GHS05	Stoffe und Gemische, die schwere Verätzungen der Haut und/oder schwere Augenschäden verursachen	Gefahr	C oder Xi	R34, R35, R41
GHS06	lebensgefährliche und giftige Stoffe und Gemische	Gefahr	T+ oder T	R26, R27, R28 oder R23, R24, R25
GHS07	gesundheitsschädliche Stoffe und Gemische	Achtung	Xn	R20, R21, R22
GHS07	Stoffe und Gemische, die Haut- und/oder Augenreizungen verursachen und/oder allergische Hautreaktionen, Reizungen der Atemwege und/oder Schläfrigkeit und Benommenheit verursachen können	Achtung	Xi	R36, R37, R38; R43; R67
GHS08	Stoffe und Gemische, die bei Verschlucken und Eindringen in die Atemwege tödlich sein können und/oder eine Gefahr für die Gesundheit darstellen. Diese Stoffe und Gemische schädigen bestimmte Organe und/oder können Krebs erzeugen, die Fruchtbarkeit beeinträchtigen, das Kind im Mutterleib schädigen und/oder genetische Defekte und/oder beim Einatmen Allergien, asthmaartige Symptome oder Atembeschwerden verursachen.	Gefahr oder Achtung	T+ T oder Xn	R45, R49, R40; R60, R62; R61, R63; R46; R39/…; R68/…; R48/…; R42; R33; R65
GHS09	Stoffe und Gemische, die sehr giftig oder giftig für Wasserorganismen sind	Achtung oder –	N	R50, R50/53 R51/53

Entsorgungsratschläge (E-Sätze)

Nr.	Entsorgungsratschläge (E-Sätze)	Anzuwenden u. a. auf
E 1	verdünnen, in den Ausguss geben (WGK 0 bzw. 1)	kleinste Portionen ungefährlicher, reizender oder gesundheitsschädlicher Stoffe oder Stoffe mit oxidierender Wirkung, soweit wasserlöslich, sowie deren wässrige Lösungen; z. B. Natriumchlorid, Kaliumnitrat, Natronlauge ($w \leq 5\%$)
E 2	neutralisieren, in den Ausguss geben	saure und basische Stoffe und deren wässrige Lösungen; z. B. Calciumoxid, Kaliumhydroxid, Natriumhydroxid, Salzsäure, Salpetersäure, Schwefelsäure
E 3	in den Hausmüll geben, gegebenenfalls in PE-Beutel (Stäube)	Feststoffe, falls keine anderen Ratschläge gegeben; z. B. Eisen (Späne), Aktivkohle
E 4	als Sulfid fällen	Schwermetallsalze
E 5	mit Calcium-Ionen fällen, dann E 1 oder E 3	lösliche Fluoride, Oxalate; z. B. Natriumfluorid, Oxalsäure
E 6	nicht in den Hausmüll geben	Stoffe mit oxidierender Wirkung; explosive und selbstzersetzliche Stoffe; z. B. Kaliumpermanganat, Phosphor
E 7	im Abzug entsorgen	gasförmige Stoffe, diese wenn möglich absorbieren oder verbrennen; z. B. Stickstoffoxide, Kohlenstoffmonooxid, Wasserstoff, Ozon, Ethen, Ethin, Propan
E 8	der Sondermüllbeseitigung zuführen (Adresse zu erfragen bei der Kreis- oder Stadtverwaltung)	Laborabfälle im Sinne der TA Abfall; z. B. Blei und Bleiverbindungen (bei letzteren zuvor E 4)
E 9	unter größter Vorsicht in kleinsten Portionen reagieren lassen (z. B. offen im Freien verbrennen)	explosive selbstzersetzliche und entzündbare Stoffe und Gemische; z. B. Phosphor, Diethylether
E 10	in gekennzeichneten Glasbehältern sammeln: 1. „Organische Abfälle – halogenhaltig" 2. „Organische Abfälle – halogenfrei", dann E 8	organische Stoffe und Lösungen; z. B. Aceton, Methanol, Toluol, Brommethan, Trichlormethan
E 11	als Hydroxid fällen (pH = 8), den Niederschlag zu E 8	gelöste Schwermetallsalze; z. B. Kupfersulfatlösung
E 12	nicht in die Kanalisation gelangen lassen	giftige Stoffe und Gemische sowie Stoffe und Gemische, die sehr giftig für Wasserorganismen sind; z. B. Benzin, Benzol, Kohlenstoffdisulfid, Quecksilber, Phenol, Toluol
E 13	aus der Lösung mit unedlerem Metall (z. B. Eisen) als Metall abscheiden (E 14, E 3)	z. B. Chrom- oder Kupfersalzlösungen
E 14	recycling-geeignet (Redestillation oder einem Recyclingunternehmen zuführen)	z. B. organische Lösemittel wie Aceton, Quecksilber- und Bleiverbindungen
E 15	mit Wasser vorsichtig umsetzen, frei werdende Gase absorbieren oder ins Freie ableiten	Carbide, Phosphide, Hydride
E 16	entsprechend den speziellen Ratschlägen für die Beseitigungsgruppen beseitigen	z. B. Brom, Bromwasser, Natrium, Kalium, Chromsalze und Chromate, Quecksilber

Biologie

Allgemeine Angaben

Ungefähre Artenanzahlen einiger Tier- und Pflanzengruppen (weltweit)

Tiergruppe	Artenanzahl
Einzeller	40 000
Schwämme	5 000
Hohltiere	10 000
Plattwürmer	16 100
Fadenwürmer	23 000
Ringelwürmer	17 000
Spinnentiere	68 000
Krebse	50 000

Tiergruppe	Artenanzahl
Weichtiere	130 000
Insekten	1 000 000
Heuschrecken	20 000
Käfer	350 000
Schmetterlinge	120 000
Wirbeltiere	46 500
Fische	20 600
Lurche	3 300
Kriechtiere	6 300
Vögel	8 600
Säugetiere	3 700

Pflanzengruppe	Artenanzahl
Eukaryotische Algen	33 000
Pilze*	90 000
Moose	26 000
Flechten	20 000
Farnartige	15 000
Samenpflanzen	236 000
Nacktsamer	800
Bedecktsamer	235 000

* Pilze gehören nicht zu den Pflanzen; sie bilden ein eigenes Reich.

Maximales Alter verschiedener Lebewesen

Tiere	Höchstalter*
Rädertierchen	2 bis 3 T.
Stubenfliege	76 T.
Honigbiene	
– Arbeiterin	6 Wo.
– Königin	5 J.
Bettwanze	6 M.
Zauneidechse	5–8 J.
Regenwurm	10 J.
Laubfrosch	22 J.

Tiere	Höchstalter*
Haushuhn	30 J.
Anakonda	31 J.
Braunbär	47 J.
Adler	60–80 J.
Elefant	70 J.
Storch	70–100 J.
Esel	100 J.
Elefantenschildkröte	150 J.

Pflanzen	Höchstalter*
Eichenfarn	7 J.
Heidekraut	42 J.
Eberesche	80 J.
Birke	120 J.
Salweide	150 J.
Apfelbaum	200 J.
Kirschbaum	400 J.
Efeu	440 J.
Kiefer	500 J.

Pflanzen	Höchstalter*
Ölbaum	700 J.
Rotbuche	900 J.
Zeder	1300 J.
Eiche	1300 J.
Eibe	1800 J.
Linde	1900 J.
Feige	2000 J.
Mammutbaum	4000 J.
Borstenkiefer	4600 J.

* Zeitangaben: T. = Tage, Wo. = Wochen, M. = Monate, J. = Jahre

Durchschnittliche Lebensdauer von Zellen in Organen des Menschen

Organe	Lebensdauer in Tagen (ca.)
Leber	10,0–20,0
Magen	1,8–9,1
Dünndarm	1,3–1,6
Dickdarm	10,0
Enddarm	6,2
After	4,3
Luftröhre	47,5

Organe	Lebensdauer in Tagen (ca.)
Lunge (Alveolen)	8,1
Harnblase	64,0
Rote Blutkörperchen	120,0
Weiße Blutkörperchen	1,0–3,0

Organe	Lebensdauer in Tagen (ca.)
Epidermis:	
– Lippen	14,7
– Fußsohlen	19,1
– Bauch	19,4
– Ohr	34,5
Nervensystem	keine oder nur sehr geringe Erneuerung

Größenvergleich von Zellen

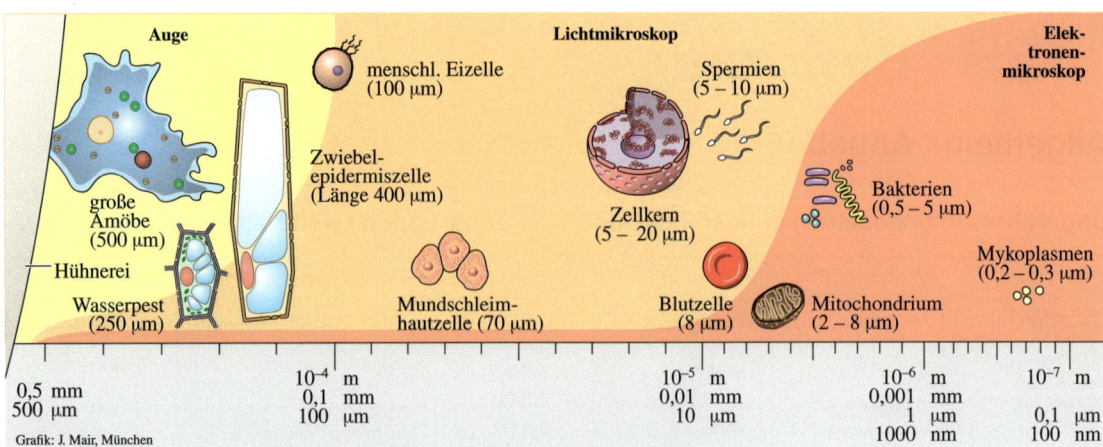

Entwicklung der Lebewesen im Verlauf der Erdgeschichte

Zeit-alter	Epoche (Mio. Jahre)	Haupt-gruppe	Entwicklung der Organismen	Erstmalig treten auf
Erdneuzeit	Quartär (1,6 bis heute)	Säuger und Vögel / Bedecktsamer	Pflanzen und Tiere der Eiszeiten; Einfluss der Menschen auf Biotope der Erde	Australopithecus, Homo habilis, Homo erectus, Homo sapiens
Erdneuzeit	Tertiär[1] (65 bis 2)	Säuger und Vögel / Bedecktsamer	Vorläufer rezenter Formen von Pflanzen und Tieren; Ausbreitung der Säugetiere	rezente Insektengattungen und rezente Säugerordnungen
Erdmittelalter	Kreide (145 bis 65)	Säuger und Vögel / Bedecktsamer	Entfaltung der Knochenfische; Entwicklung der Säugetiere und Blütenpflanzen	erste Laubhölzer, echte Vögel
Erdmittelalter	Jura (200 bis 145)	Saurier / Nacktsamer	Volle Entfaltung der Nadelbäume; Blütezeit der Saurier	Urvogel Archaeopteryx, rezente Gattung von Ginkgo
Erdmittelalter	Trias (251 bis 200)	Saurier / Nacktsamer	fast völliges Aussterben der Ammoniten; Riesenschachtelhalme und Riesenfarne	Saurier und erste kleine Säugetiere, Urschmetterlinge
Erdaltertum	Perm (299 bis 251)	Saurier / Nacktsamer	Weiterentwicklung der Fische, Amphibien und Reptilien	Nadelbäume, Ginkgogewächse, Käfer
Erdaltertum	Karbon (359 bis 299)	erste Lurche / Farne	Blütezeit der Amphibien; Wälder aus Bärlapp, Schuppenbäumen und Farnen	erste Reptilien, geflügelte Insekten, Süßwassermuscheln
Erdaltertum	Devon (416 bis 359)	erste Lurche / Farne	Farne, Moose und Schachtelhalme besiedeln feuchte Lebensräume des Festlandes	Übergangsformen von Fischen zu Lurchen, erste Insekten
Erdaltertum	Silur (444 bis 416)	erste Fische / Farne	Algen, Pilze und Flechten besiedeln das Land; Blütezeit der Wirbellosen	Panzerfische (mit Kiefer), Korallenriffe
Erdaltertum	Ordovicium (488 bis 444)	erste Fische / Algen	Entfaltung der Artenanzahl der Wirbellosen und Meeresalgen	erste Fische (ohne Kiefer), Quallen und Weichtiere
Erdaltertum	Kambrium (542 bis 488)	Wirbellose / Algen	erste vielzellige Tiere im Urozean; Blütezeit der Trilobiten	Algen, Krebse, Schnecken, Steinkorallen, Stachelhäuter
	Praekambrium (4600 bis 542)	Urbakterien	Entstehung des Lebens; Entwicklung der Fotosynthese	organische Moleküle, Urbakterien, algenartige Strukturen

[1] Das Tertiär wird in der neueren Fachliteratur unterteilt in *Paläogen* (65–23) und *Neogen* (23–1,6).

Stoff- und Energiewechsel

Energie-, Nährstoff-, Wasser- und Vitamingehalt ausgewählter Nahrungsmittel

(alle Angaben jeweils berechnet auf 100 g; 4,1868 kJ = 1 kcal; I.E. = Internationale Einheiten)

Nahrungsmittel	Energiegehalt		Nährstoffgehalt in g			Wassergehalt in g	Vitamingehalt			
	in kJ	in kcal	Eiweiß	Fett	Kohlenhydrate		A in I.E.	B in mg	C in mg	E in mg
Roggenbrot	950	227	6,4	1,0	52,7	38,5	o.A.	o.A.	o.A.	o.A.
Brötchen	1126	269	6,8	0,5	58,0	34,0	o.A.	o.A.	o.A.	o.A.
Spaghetti	1544	369	12,5	1,2	75,2	10,4	o.A.	o.A.	o.A.	o.A.
Kartoffeln	318	76	2,1	0,1	17,7	79,8	5	0,11	20	0,06
Walnüsse	2725	651	14,8	64,0	15,8	3,5	30	1,43	2	1,5
Banane	356	85	1,1	0,2	22,2	75,7	190	0,05	10	0,2
Apfel (süß)	243	58	0,3	0,6	15,0	84,0	90	0,04	5	0,3
Jogurt	297	71	4,8	3,8	4,5	86,1	o.A.	o.A.	o.A.	o.A.
Kuhmilch	268	64	3,2	3,7	4,6	88,5	140	0,04	1	0,06
Butter	2996	716	0,6	81,0	0,7	17,4	3300	Spuren	Spuren	2,4
Margarine	3013	720	0,5	80,0	0,4	19,7	3000	–	–	30,0
Hühnerei	678	162	12,8	11,5	0,7	74,0	1100	0,12	–	1,0
Honig	1272	304	0,3	0,0	82,3	17,2	–	Spuren	1	–
Traubenzucker	1611	385	0,0	0,0	99,5	0,0	–	–	–	–
Forelle	423	101	19,2	2,1	0,0	77,6	150	0,09	–	–
Schweinekotelett	1427	341	15,2	30,6	0,0	53,9	–	0,8	–	0,6
Rinderfilet	511	122	19,2	4,4	0,0	75,1	–	0,1	–	0,5

Energiegehalt der Nährstoffe

Nährstoff	Energiegehalt (EG)	Bedarfsfaktor (Bf)	Respiratorischer Quotient (RQ)
Fette	38,9 kJ/g	0,8 g je kg Körpermasse	0,7
Eiweiße (Proteine)	17,2 kJ/g	0,9 g je kg Körpermasse	0,8
Kohlenhydrate	17,2 kJ/g	0,9 g je kg Körpermasse	1,0

Respiratorischer Quotient RQ

Der **respiratorische Quotient** (RQ) ist das Verhältnis der innerhalb einer Zeitspanne ausgeatmeten Stoffmenge an Kohlenstoffdioxid (CO_2) zur verbrauchten Stoffmenge an Sauerstoff (O_2).
Die für den Abbau eines Nährstoffes im Körper nötige Menge O_2 steht zur dabei freigesetzten Menge an CO_2 in einem bestimmten Verhältnis. Der RQ-Wert der Nährstoffe gibt dieses Verhältnis an.

Täglicher Energiebedarf (Gesamtumsatz) bis zum 18. Lebensjahr

Alter (M. = Monate; J. = Jahre) mittlere Körpermasse (gerundet)		1–2 M. 5 kg	3–6 M. 7 kg	6–9 M. 9 kg	9–12 M. 10 kg	3 J. 15 kg	5 J. 18 kg	10 J. 32 kg	15 J. 56 kg	18 J. 65 kg
Energiebedarf je kg Körpermasse je Tag	in kJ	480	460	420	405	395	375	310	222	205
	in kcal	115	110	100	97	95	90	74	53	49

Energiebedarf für verschiedene Tätigkeiten[1] ↻ GTWK4513792-196-1

Tätigkeiten	kcal/h	kJ/h	Tätigkeiten	kcal/h	kJ/h	Tätigkeiten	kcal/h	kJ/h
Fenster putzen	290	1214	Fußballspielen	550	2303	Stehen	100	419
Wäsche bügeln	140	586	Schwimmen (1 m/s)	650	2721	Radfahren	700	2931
Aufräumen	210	879	Joggen (10 km/h)	570	2386	Tanzen	300	1256

[1] Durchschnittswerte bei 70 kg Körpermasse

Körpermassenindex (= Body-Mass-Index, BMI) ↻ GTWK4513792-196-2

$$\text{BMI} = \frac{\text{Körpermasse (in kg)}}{\text{Körpergröße (in m)} \cdot \text{Körpergröße (in m)}}$$

	BMI-Werte bei Normalgewicht		
Alter in J.	19–34	35–54	>55
BMI-Wert	19–25	21–27	23–29

Berechnung von Energieumsatz und Energiebedarf

Grundumsatz GU	bei Erwachsenen: $GU = 4{,}2\,\text{kJ} \cdot t \cdot m_k$ bei Jugendlichen: $GU = 6{,}2\,\text{kJ} \cdot t \cdot m_k$	t	Zeit in Stunden
		m_k	Körpermasse in kg
Leistungsumsatz LU	$LU = (t_1 \cdot EV_1) + (t_2 \cdot EV_2) + \ldots + (t_n \cdot EV_n)$	t	Tätigkeitsdauer in Stunden
Gesamtumsatz $GesU$	$GesU = GU + LU$	EV	Energieumsatz je Stunde der Tätigkeit
Nährstoffbedarf Nb	$Nb = Bf \cdot m_k$	Bf	Bedarfsfaktor des Nährstoffes
Energiebedarf Eb	$Eb = (Nb_{KH} \cdot EG_{KH}) + (Nb_{Fett} \cdot EG_{Fett}) + (Nb_{Eiw} \cdot EG_{Eiw})$	Nb	Nährstoffbedarf
		EG	Energiegehalt

Diffusion und Osmose

1. Fick'sches Diffusionsgesetz	$\dfrac{dn}{dt} = -D \cdot A \cdot \dfrac{dc}{dx}$	n	Stoffmenge	t	Diffusionszeit
		A	Durchtrittsfläche		
		D	Diffusionskonstante		
2. Fick'sches Diffusionsgesetz	$x = \sqrt{D \cdot t}$ max. Diffusionszeit: $t_{max} = \dfrac{x^2}{2 \cdot D}$	c	Stoffmengenkonzentration		
		x	Diffusionsweg		
		c_i, c_a	Stoffmengenkonzentration beiderseits der Membran (innen und außen)		
Diffusion durch eine Membran	$\dfrac{dn}{dt} = -D \cdot A \cdot \dfrac{(c_i - c_a)}{z}$	z	Dicke der Membran		
Osmose	Osmotischer Druck: $O = c \cdot R \cdot T$ Saugkraft der Zelle: $S = O - W$	c	Stoffmengenkonz. der gelösten Stoffe		
		T	Temperatur		
		R	(universelle) Gaskonstante		
		W	Turgor (Wanddruck)		

Enzymreaktionen

| Michaelis-Menten-Konstante K_m einer Enzymreaktion | Die Michaelis-Menten-Konstante K_m gibt diejenige Substratkonzentration an, bei der die Reaktionsgeschwindigkeit der Enzymreaktion halb so groß wie die maximale Reaktionsgeschwindigkeit ist. |
| Reaktionsgeschwindigkeit v_0 einer Enzymreaktion | $v_0 = \dfrac{V_{max} \cdot c(S)}{K_m + c(S)}$

 Lineweaver-Burk-Gleichung:
 $\dfrac{1}{v_0} = \dfrac{K_m}{V_{max}} \cdot \dfrac{1}{c(S)} + \dfrac{1}{V_{max}}$ |

V_{max} maximale Reaktionsgeschwindigkeit
$c(S)$ Substratkonzentration

Genetik und Evolution

„Code-Sonne": Schematische Darstellung des genetischen Codes

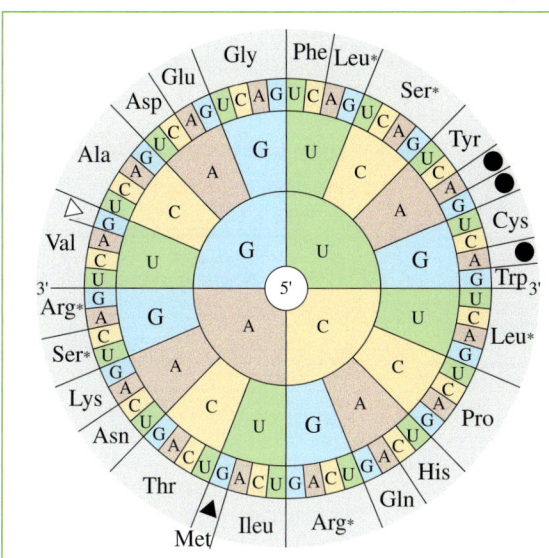

Eine Gruppe aus drei organischen Basen, die eine bestimmte Aminosäure verschlüsseln, wird Triplett oder auch Codon genannt.
Von innen nach außen gelesen erhält man für jedes Triplett die zugehörige Aminosäure, von außen nach innen erhält man für jede Aminosäure die zugehörigen Tripletts.
– Schwarzes bzw. weißes Dreieck: Startcodon für ein Eiweißmolekül
– Schwarzer Punkt: Stoppcodon für ein Eiweißmolekül
– U steht für Uracil

Uracil ist eine organische Base, die in manchen Nucleinsäuren anstelle der Base Thymin vorkommt. Der genetische Code gilt bei Viren und Bakterien ebenso wie bei Pflanzen, Pilzen, Tieren und beim Menschen, er ist universell.

*Redundanz erweitert

Hardy-Weinberg-Gesetz

Ideale Population (Modellannahme)	▶ keine Mutationen ▶ unendlich große Population ▶ keine Selektion ▶ kein Genfluss ▶ beliebige Paarung der Individuen (vollständige Panmixie)
Allelenhäufigkeiten in idealen Populationen (Hardy-Weinberg-Gesetz)	**Ausgangspopulation:** Für die Häufigkeit p bzw. q dominanter bzw. rezessiver Allele gilt: $p + q = 1$ **Folgepopulation:** Für p, q und die Genotyphäufigkeiten d (homozygot dominant), h (heterozygot) und r (homozygot rezessiv) gilt: $p^2 + 2pq + q^2 = 1$ $d + h + r = 1$ $p = d + 0{,}5\,h$ $q = 0{,}5\,h + r$

Chromosomensätze von Lebewesen[1]

Tiere	
Stechmücke	6
Drosophila	8
Stubenfliege	12
Laubfrosch	24
Hausschwein	38
Mensch	46
Schimpanse	48
Schnabeltier	52
Hund	78
Karpfen	104
Neunauge	174

Pflanzen (u. a.)	
Champignon*	8
Gartenerbse	14
Walderdbeere	14
Stieleiche	24
Erdnuss	40
Birke	84
Adlerfarn	104
Euglena**	≈ 200
Schachtelhalm	216
Natternzunge	480

* Pilz ** Einzeller

[1] Angegeben ist jeweils die Chromosomenanzahl eines diploiden Chromosomensatzes.

Mutation und Selektion

Mutationsrate M_r (nach Nachtsheim)	$M_r = \dfrac{N_N}{2\,N_I}$	N_N	Anzahl der Neumutanten
		N_I	Gesamtanzahl der Individuen
Individualfitness W Mittlere Populationsfitness $\overline{W}$	$W = \dfrac{N_I}{N_{max}}, \quad \overline{W} = \dfrac{f_1 \cdot W_1 + \ldots + f_n \cdot W_n}{f_1 + \ldots + f_n}$	N_I	Genotyphäufigkeit des betrachteten Genotyps
		N_{max}	Nachkommenschaft des besten Genotyps
Genetische Last L	$L = \dfrac{W_{max} - \overline{W}}{W_{max}}$	W_n	Individualfitness des Genotyps n
		f_n	Häufigkeit des Genotyps n
Selektionskoeffizient S	$S = 1 - W$	W_{max}	Fitness des besten Genotyps

Ökologie

Wachstumsgesetze

Geburtenrate GR	$GR = \dfrac{\Delta N_G}{\Delta t \cdot N}$
Sterberate SR	$SR = \dfrac{\Delta N_T}{\Delta t \cdot N}$
Zuwachsrate r	$r = GR - SR$
Logistisches Wachstum	$\dfrac{dN}{dt} = r \cdot N \cdot \dfrac{K-N}{K}$
Exponentielles Wachstum	$\dfrac{dN}{dt} = r \cdot N$

N_G Anzahl der Geburten
N Gesamtzahl der betrachteten Individuen
N_T Anzahl der Todesfälle
t Zeit
K max. Populationsgröße (Lebensraumkapazität)

Bestimmen der Wasserqualität

Sauerstoffgehalt $\beta(O_2)$ in mg/l (nach Winkler)	$\beta(O_2) = \dfrac{a \cdot 0{,}08 \cdot 1000}{V - b}$
Sauerstoffsättigung S Sauerstoffdefizit $\beta(O_2)_{Def}$	$S = \dfrac{\beta(O_2) \cdot 100\%}{\beta(O_2)_S}$ $\beta(O_2)_{Def} = \beta(O_2) - \beta(O_2)_S$
Saprobienindex S_x	$S_x = \dfrac{\sum_{i=1}^{n} h_i \cdot s_i \cdot g_i}{\sum_{i=1}^{n} h_i \cdot g_i}$

V Volumen der Wasserprobe in ml
a Verbrauch an Natriumthiosulfatlösung in ml ($c = 0{,}01$ mol/l)
b zugesetzte Reagenzienmenge in ml
$\beta(O_2)$ gemessener Sauerstoffgehalt der Frischprobe bei der gemessenen Temperatur
$\beta(O_2)_S$ theoretischer Sauerstoffsättigungswert bei der gemessenen Temperatur
n Anzahl der untersuchten Organismenarten
h Abundanz (Häufigkeitsklasse, zu ermitteln aus der ausgezählten Häufigkeit der Organismen einer Art)
s Saprobienwert für die einzelne Art
g Indikationsgewicht (Gewichtungsfaktor mit den Werten 1, 2, 4, 8, 16, der die Eignung einer Art als Indikator für bestimmte Güteklassen angibt)

Saprobienwerte s einiger Zeigerarten

Zeigerart	s
Alpenstrudelwurm	1,0
Steinfliegenlarven	1,0
flache Eintagsfliegenlarven	1,5
Bachstrudelwurm	1,5
Köcherfliegenlarven (mit Köcher)	1,5
Köcherfliegenlarven (ohne Köcher)	2,0
Mützenschnecke	2,0
Bachflohkrebs	2,0
weiße Strudelwürmer	2,5
Schneckenegel	2,5
Kriebelmückenlarven, -puppen	2,5
Wasserassel	3,0
rote Zuckmückenlarve	3,6
Schlammröhrenwürmer	3,8

Biomasseproduktion und Wasserbilanz bei Pflanzen

Biomasseproduktion S (langfristiger Stoffgewinn des Organismus)	$S = P_b - (R + m_V)$ $P_n = P_b - R$
Wassergehalt WG	$WG = FM - TM$
Wasserbilanzquotient BQ	$BQ = \dfrac{m(H_2O)_{ab}}{m(H_2O)_{auf}}$
Lichtgenuss LG	$LG = \dfrac{E_{Ort}}{E_{frei}} \cdot 100\%$

P_b Brutto-Primärproduktion
P_n Netto-Primärproduktion
R Stoffverlust durch Atmung
m_V Verlustmasse
FM Frischmasse
TM Trockenmasse
$m(H_2O)_{ab}$; $m(H_2O)_{auf}$ Masse des abgegebenen bzw. aufgenommenen Wassers je Zeiteinheit
E_{Ort} Beleuchtungsstärke am Wuchsort
E_{frei} Beleuchtungsstärke im Freiland

Bestandsaufnahme von Pflanzen

Stufen	Deckungsgrad (bedeckter Anteil der Untersuchungsfläche)	Häufigkeit der Art in der Untersuchungsfläche	Abkürzungen zur Bezeichnung des Entwicklungsstatus
r	< 5 %	ein Individuum	*K* Keimpflanze; *J* Jungpflanze; *st* steril (ausgewachsene Pflanze ohne Blüten und Samen); *ko* knospend (Blüten- oder Blattknospen); *b* blühend; *f* fruchtend; *v* vergilbend; *t* tot (oberirdische Teile abgestorben) *S* nur als Samen zu finden *g* abgemäht
+	< 5 %	2–5 Individuen	
1	< 5 %	mehr als 5 Individuen, evtl. sogar zahlreich bei trotzdem geringem Bedeckungsgrad	
2	5–25 %	beliebige Individuenzahl	
3	26–50 %	beliebige Individuenzahl	
4	51–75 %	beliebige Individuenzahl	
5	> 75 %	beliebige Individuenzahl	

Zeigerwerte von Pflanzen GTWK4513792-199-1

Stufen	Licht *L*	Temperatur *T*	Bodenfeuchtigkeit *F*	Bodenreaktion *R*	Stickstoffversorgung *N*
1	sehr schattig noch bei weniger als 1 %, selten bei mehr als 30 % r. B.* *Waldsauerklee*	sehr kalt in alpinen bzw. nivalen Lagen *Gletscher-Hahnenfuß*	sehr trocken auf trockene Böden beschränkt *Duvals Schaf-Schwingel*	stark sauer nicht auf schwachsauren bis basischen Böden *Ostalpen-Enzian*	sehr stickstoffarm stickstoffärmste Standorte anzeigend *Gemeiner Schwingel*
2	zwischen 1 und 3 *Hain-Gilbweiderich*	zwischen 1 und 3 *Alpen-Edelweiß*	zwischen 1 und 3 *Scharfer Mauerpfeffer*	zwischen 1 und 3 *Berg-Hauswurz*	zwischen 1 und 3 *Heide-Nelke*
3	schattig meist bei weniger als 5 % r. B.* *Vierblättrige Einbeere*	kühl in subalpinen Lagen *Zwerg-Birke*	trocken häufiger auf trockenen als auf frischen Böden *Kahles Bruchkraut*	sauer auf sauren, selten auf neutralen Böden *Roter Fingerhut*	stickstoffarm nur ausnahmsweise auf reicheren Böden *Feld-Mannstreu*
4	zwischen 3 und 5 *Mondviole*	zwischen 3 und 5 *Rosmarinheide*	zwischen 3 und 5 *Kornelkirsche*	zwischen 3 und 5 *Faulbaum*	zwischen 3 und 5 *Hain-Rispengras*
5	halbschattig meist bei mehr als 10 % r. B.*, selten aber im vollen Licht *Gefl. Lungenkraut*	mäßig warm in submontan-temperaten Lagen *Gold-Kälberkropf*	frisch mittelfeuchte Böden; meidet nasse oder öfter austrocknende Böden *Wiesen-Knäuelgras*	mäßig sauer selten auf stark sauren oder neutralen Böden *Saat-Wucherblume*	mäßig stickstoffreich seltener auf armen und reichen Böden *Sand-Mohn*
6	zwischen 5 und 7 selten bei < 20 % r. B.* *Wald-Akelei*	zwischen 5 und 7 *Wilde Möhre*	zwischen 5 und 7 *Kl. Schneeglöckchen*	zwischen 5 und 7 *Knotiger Braunwurz*	zwischen 5 und 7 *Acker-Senf*
7	sonnig und schattig ab 30 % r. B.*, meist im vollen Licht *Wiesenkerbel*	warm in relativ warmen Tieflagen *Sommerflieder*	feucht auf durchfeuchteten, aber nicht nassen Böden *Kuckucks-Lichtnelke*	schwach sauer bis schwach basisch meidet stark saure Böden *Gemeine Kratzdistel*	stickstoffreich seltener auf mittelmäßigen und nur ausnahmsweise auf ärmeren Böden *Rohrglanzgras*
8	sonnig nur selten bei weniger als 40 % r. B.* *Deutsches Weidelgras*	zwischen 7 und 9 oft submediterran *Schopfige Traubenhyazinthe*	zwischen 7 und 9 *Sumpf-Kratzdistel*	zwischen 7 und 9 meist auf Kalk weisend *Purpurknabenkraut*	sehr stickstoffreich *Echter Hopfen*
9	sehr sonnig in voller Sonne, nicht bei < 50 % r. B.* *Platthalm-Rispengras*	sehr warm mediterrane Verbreitung *Milzfarn*	nass auf durchnässten, luftarmen Böden *Wasserschierling*	basisch kalkreiche Böden *Alpen-Vergissmeinnicht*	überm. stickstoffreich extrem nährstoffreiche bzw. verschmutzte Böden *Große Brennnessel*

*r. B.: relative Beleuchtung ist die Beleuchtung, die am Wuchsort zur vollen Belaubung der sommergrünen Pflanzen (Juli bis September) bei diffuser Beleuchtung (Nebel oder gleichmäßig bedeckter Himmel) herrscht

Register

A

Abbildungen (Geometrie) 30, 86f.
–, lineare 86f.
Abbildungsgleichung 87
Abbildungsgleichung (Linsen) 156
Abbildungsmatrix 87
ABC-Analyse 102
a-b-c-Formel (quadrat. Gleichungen) 20
Abgabenquote 130
abgeschlossenes Intervall 5, 7
Abklingkoeffizient 141
Ablehnungsbereich 51
Ableitung 63
– spezieller Funktionen 64
Ableitungsregeln 63
Abrunden 10
Absatzcontrolling 107
Absatzfunktion 106
Absatzprozesse 104ff.
abschnittsweise definierter Verlauf der Kostenfunktion 99
Abschreibungen 110
–, geometrisch-degressive 110
–, lineare 110
–, nach Leistungseinheiten 110
Abschreibungsaufwandsquote 113
Abschreibungsintensität 113
absolute Häufigkeit 39, 41
absolute Vorteilhaftigkeit 118
absoluter Marktanteil 104
Absorptionsgrad 146
Abstand
– Punkt-Ebene 80
– Punkt-Gerade 80
– windschiefer Geraden 80
Abundanz 198
Abweichung, mittlere quadratische 40
Abzahlungsdarlehen 116
Abzinsungsfaktor 119
achsenparallele Lage 82
Achsensymmetrie (von Graphen) 15
Addition 10
– komplexer Zahlen 13
– von Brüchen 11
– von Matrizen 85
– von Vektoren 76
Additionssatz (Stochastik) 41
Additionstheoreme 28
Additionsverfahren 19
Adiabatenexponent 142
Aggregation 95
A-Güter 102
Ähnlichkeit 30
Ähnlichkeitsabbildung 30
Ähnlichkeitsfaktor 30
Ähnlichkeitssätze 30
Aktienkurs nach Kapitalerhöhung 115
Aktivität (radioaktive) 160, 164
Akustik 132f.
Algorithmik 92f.
Algorithmus 91
alkalische Lösungen 179
Alphabet, griechisches 6

Alphastrahlung 160f.
α-Zerfall 161ff., 164
Alter, maximales 193
Alternativtest 51
Amoroso-Robinson, Gleichung von 126
Amortisationsvergleichsrechnung 118
Amortisationszeit 118
Ampere 131, 147
Amplitude 141f., 153
Andler'sche Formel 103
Anfangsbestand 72ff.
Anfangsverteilung 89f.
Angebotsfunktion 124f.
– mit Besteuerung 125
– mit Subvention 125
Angebotsüberschuss 124
Ångström 133
Ankathete 33
Anlagendeckung 111
Anlagenintensität 110
Annahmebereich 51
Annuität 116
Annuitätendarlehen 116
Annuitätentilgung 116
Anordnung von Objekten 44
anorganische Stoffe 169ff.
anorganische Verbindungen 175ff.
antiproportionale Zuordnungen 16
Antiteilchen 160
Anwendungsschicht 96
Äquatorialebene 29
Äquivalenz von Zahlungen 119
Äquivalenzumformungen 14
Arbeit
–, Einheiten 132
–, elektrische 147
–, mechanische 140
Arbeitslosenquote 129
Arbeitsproduktivität 114
archimedisches Prinzip 139
Argument 14
arithmetische Folgen und Reihen 60
arithmetisches Mittel 11, 39
Arkusfunktionen (arccos, arcsin, arctan) 28
Arrhenius-Gleichung 187
Artenanzahlen 193
Assoziation 95
Assoziativgesetz 10
– im Vektorraum 83
astronomische Einheit 133
Asymptote 22f., 62
Atmosphäre (Druckeinheit) 132
Atmung (RQ) 195
atomare Masseneinheit* 133, 160, 164
Atommasse 160, 164
–, relative 160, 164
–, Wertetabelle 165ff.
Atomradien 167
Attribut 94, 98
Auflösungsvermögen 157
Aufruf (Programmierung) 93
Aufrunden 10

Auftrieb 139
Auftriebskraft 138f.
Aufwandsquoten 113
Aufzinsungsfaktor 119
Ausbreitungsgeschwindigkeit 142, 154, 157
Ausdehnungskoeffizient, kubischer und linearer 145
Ausgangskapital 119
Ausgleichsgerade 40
Ausklammern 11
Auslöseenergie 159
Ausmultiplizieren 11
Außenwinkelsatz 32
Austauschteilchen 161
Austrittsarbeit 159
Auswahl (Informatik) 92
Avogadro-Konstante (Avogadrozahl)* 146, 186
Axiomensystem von Kolmogorow 41

B

Balkendiagramm 38
Balmer-Serie 155, 159, 164
Bankregel, goldene 111
Bar 132
Bareinkaufspreis 104, 109
Barliquidität 112
barometrische Höhenformel 139
Barreserve 128
Barverkaufspreis 109
Barwert 119
Barwertfaktor 119
Baseexponent (pK_B) 189
Basekonstante (K_B) 181, 189
Basis 9
– eines Logarithmus 12
– einer Potenz 12
– eines Vektorraumes 83
Basiseinheiten (SI) 131
Basisvektoren 83
Basiswechsel (Log.) 12
Baumdiagramm 42f.
Bayes, Satz von 43
Beanstandungsquote 104
Becquerel 160
Bedarfsfaktor (Ernährung) 195
bedingte Wahrscheinlichkeit 42
Beeindruckungserfolg 107
Bernoulli-Kette 45
Bernoulli-Versuch (Bernoulliexperiment) 45
Berührungserfolg 107
Berührungspunkt 31
Berührungsradius 31
Beschaffungskosten 104
Beschleunigung 132, 136ff.
Beschleunigungsarbeit 140
Beschleunigung-Zeit-Gesetz (für harm. Schwingungen) 141
beschränktes Wachstum 73
Bestandsaufnahme (Botanik) 199
Bestellkosten 103
Bestellmenge, optimale 103
Besteuerung 125
bestimmtes Integral 6, 67

Betastrahlung 160f.
β-Zerfall 161ff., 164
Betrag 5, 13, 76
– einer komplexen Zahl 13
– eines Vektors 76
Betriebsabrechnungsbogen 109
Betriebsminimum 100
Betriebsmittelproduktivität 114
Betriebsoptimum 100
Betriebsrentabilität 112
Bewegungsenergie 139
Bewegungsgesetze 136ff.
– der Rotation 136, 139
Bezugskosten 104, 109
Bezugspreis 104, 109
Bezugsrecht 115
B-Güter 102
Bilanzanalyse 110ff.
Bilanzgerade 123
bilanziertes Eigenkapital 115
Bilanzkurs, korrigierter 115
Bilanzregel, goldene 112
Bildgröße 156
Bildweite 155
Bindungsenergie 164
Binom 44
Binomialkoeffizient 44
Binomialverteilung 45
–, kumuliert 45, 55ff.
–, summiert 45, 55ff.
–, Wertetafel 52f.
binomische Formeln 11
binomischer Satz 44
Biomasseproduktion 198
BIP 127
Bit 91
biquadratische Gleichung 20
Blindleistung 153
Blindwiderstand 154
Blutalkoholgehalt 187
BMI 196
BNE 127
Body-Mass-Index 196
Bogenlänge 29, 71
–, ebene Kurve 71
–, Kreisbogen 29
Bogenmaß 29
Bohr'sche Frequenzbedingung 159, 164
Bohr'scher Radius*
Boltzmannkonstante* 188
Boolean 91
Bosonen 161
Boxplot 38f.
Break-even-Punkt 101
Brechungsgesetz 156
Brechwert 155f.
Brechzahl 155f.
Brennebene 156
Brennpunkt 156
Brennweite 155f.
Brewster'sches Gesetz 157
Browser 96
Bruchgleichung 23
Bruchrechnung 11
Bruchterme 11
Bruchzahlen 7, 11

Bruttoinlandsprodukt 127
Bruttonationaleinkommen 127
Budgetgerade 123
Bürde, genetische (= genetische Last) 197
Byte 91

C

Candela 131, 155
Carnot-Prozess 145
Cash Cows 107
Cashflow 114
Cashflow-Umsatzverdienstrate 114
C-Güter 102
Char 91
charakteristisches Polynom 87
chemische Elemente 165 ff.
chem. Gleichgewicht 188
chem. Thermodynamik 188
Chromosomenanzahl 197
Chromosomensätze 197
Client 96
Client-Server-Prinzip 96
Code, genetischer 197
Code-Sonne 197
Commodity Terms of Trade 130
Compton-Effekt* 159
Compton-Wellenlänge* 159
cos 26, 28, 33
cot 27
Coulomb 147
Coulomb'sches Gesetz 151
Cournot'scher Punkt 101
Cramer'sche Regel 88

D

Datenbank 98
Datentypen 91
De-Broglie-Wellenlänge 159
Deckfläche (Körper) 36
Deckungsbeitrag 121
Deckungsbeitragsvektor 121
Deckungsgrad (Botanik) 199
Deckungsgrad (Wirtschaft) 111
Definitionsbereich 14
Definitionslücke 62
Definitionsmenge 14
Defizitquote 130
degressiver Graphenverlauf 66
degressiver Verlauf der Kostenfunktion 99
dekadischer Logarithmus 12
Delphi 91 ff.
Determinante 86
Dezibel 133
Dezimalsystem 9
Dezimalzahl 9
Diagonale (ebene Figuren) 34
Diagonalmatrix 84
Diagramme 38
Dichte 132
–, ausgewählter Stoffe 134
–, chem. Verbindungen (Wertetabelle) 169 ff.
–, von Lösungen 179
Dichteanomalie 134
Dichtefunktion 46 ff.
Dielektrizitätskonstante (= Permittivität) 147
Dienste 96
Differenz 10
Differenzenquotient 63
Differenzialgleichungen 72 ff.
Differenzialquotient 63
Differenzialrechnung 63 ff.
Differenziationsregeln 63
Differenzierbarkeit 63
Differenzmenge 5

Diffusion 196
Dimension 83
Dioptrie 155
Dipol 154
direkt proportional 16
direkte Preiselastizität der Nachfrage 126
diskrete Zufallsgröße 45
Diskriminante 20
Dissoziationskonstanten 180
Distributivgesetz 10
– im Vektorraum 83
divergente Zahlenfolge 61
Dividend 10
Division 10
– komplexer Zahlen 13
– von Brüchen 11
Divisor 10
DNS (Domain Name System) 96
Dodekaeder 37
Domain 96
Doppelspalt 157
Doppelwinkelformeln 28
Dopplereffekt 142, 157
Double 91
Drachenviereck 34
Drehimpuls 132, 140
Drehimpulserhaltung 140
Drehmoment 138, 140
–, Einheiten 132
Drehung 30, 87
Drehwinkel 136
Drehzahl 132
Dreieck 30, 32 ff.
–, Ähnlichkeitssatz 30
–, Berechnungsformeln 34
–, Kongruenzsätze 30
–, Pascal'sches 44
–, rechtwinkliges 34
–, Schwerpunkt 32, 78
Dreiecksmatrix 84
Dreiecksungleichung 32
Drei-Finger-Regel 152
Dreipunktegleichung 79
Dreisatz 16
Druck 132, 139
–, hydrostatischer 139
–, osmotischer 196
DSL (Digital Subscriber Line) 96
Dualsystem 9
Dualzahl 9
dünne Schichten 157
Durchmesser 31
durchschnittlich eingesetztes Kapital 112
Durchschnittskosten 99
dynamische Verfahren 119

E

e 5
ebene Figuren 32, 34
Ebenengleichungen 79
EBIT 113 f.
EBITDA 113
ebullioskopische Konstante 181, 186
echt gebrochenrationale Funktionen 22
Eckpunktberechnungsmethode 18, 110
Effektivwert 153
Effektivzinsberechnung 116
e-Funktion 24
Eigenfinanzierung 115
Eigenfrequenz 154
Eigenkapital, Umschlagshäufigkeit 113
–, bilanziertes 115

Eigenkapitalquote 111
Eigenkapitalrentabilität 112
Eigenvektor 87
Eigenwert 87
eindeutige Zuordnung (= Funktion) 14
Einfallswinkel 156
Einführungsphase 105
Einheiten 131 ff.
– E-Lehre u. Magnetismus 147
– Kernphysik u. Strahlenschutz 160
– Mechanik und Akustik 131 f.
– Optik 155
– Thermodynamik 143
Einheitskreis 26 f.
Einheitsmatrix 84
Einkommen, verfügbares 127
einseitige Auswahl 92
einseitiger Signifikanztest 51
Einsetzungsverfahren 19
Einstandspreis 102, 104
Einzelspalt 157
Einzelwahrscheinlichkeiten (Binomialverteilung) 52 f.
Eiserner Bestand 103
elastischer Stoß 140
Elastizität 126
– der Nachfrage 126
Elastizitätsfunktion 126
– der Nachfrage 126
Elastizitätsmodul 142
elektrische
– Arbeit 147, 150
– Energie 147, 150, 151
– Feldkonstante* 151
– Feldstärke 147, 151
– Kapazität 147, 151
– Ladung 147, 151
– Leistung 147, 150
– Spannung 147, 150
– Stromstärke 147, 150
elektrischer
– Leitwert 190
– Widerstand 147, 150
elektrisches
– Feld 151
– Potenzial 147, 151
Elektrizitätslehre 147 ff.
Elektrochemie 190
elektrochemische Spannungsreihe 184
– der Redoxreaktionen 185
elektromagnetische
– Induktion 153
– Kraft 161
– Schwingung 154
– Welle 148, 154
elektromagnetischer Schwingkreis 154
elektromagnetisches Spektrum 148
Elektron* 160
Elektronegativität 165 ff.
Elektronenaffinität, molare 188
Elektronenmasse 160
elementare Zeilenumformungen 88
Elementarereignis (= Ergebnis) 41
Elementarladung*
Ellipse 82
Ellipsenansatz 50
Emissionsgrad 146
Empfänger 142
empirische Varianz 40
Endprodukt, Fertigungskosten 121
Endprodukt-Produktionsvektor 121
Endwert 119
Endwertfaktor 119

Energie
–, Einheiten 132
–, elektrische 147
–, innere 143, 146
–, kinetische 139
–, magnetische 153
–, mechanische 139
–, mittlere kinetische 146
–, potenzielle 139
–, relativistische 158
Energiebedarf 195 f.
Energiedosis 160, 164
Energieerhaltung 139
Energiegehalt (Nahrungsmittel) 195
Energieniveau 164
Energiestrom 133, 141
Energieumsatz 196
Energiewechsel 195
Energie-Zeit-Unschärferelation 159
Energiezustände 159
entgegengesetztes Ereignis (= Gegenereignis) 41
Enthalpie 188
Entität 98
Entitätenmenge 98
Entitätstyp 98
Entropie 143, 145, 188
Entropieänderung 145
Entscheidungsregel 51
Entstehungsrechnung 127
Entwicklungsphase 105
Enzymreaktion 196
ε-Umgebung 61
Erdgeschichte 194
Ereignis 41
–, Gegenereignis 41
–, sicheres 41
–, Unabhängigkeit 43
–, unmögliches 41
Erfolgswahrscheinlichkeit 45
Erfüllungserfolg 107
Ergebnis (Zufallsversuch) 41
Ergebnismenge 41
Erhaltungssätze (Energie und Impuls) 139, 140
Erinnerungserfolg 107
Erlös 100 f.
Erlösfunktion 100 f.
ERM (Entity-Relationship-Modell) 98
Ernährung 195
Ersatzproblem 118
Ertragsfunktion 108
ertragsgesetzlicher Verlauf der Kostenfunktion 99
Ertragsstruktur 113
Ertrags- und Aufwandsstruktur 113
Ertragswert 115
Ertragswertkurs 115
Erwartungswert
Erweitern 11
erweiterte Koeffizientenmatrix 88
Erwerbslosenquote 129
Erwerbspersonen 129
Erwerbsquote 129
Erwerbstätigenquote 129
Ethernet 96
Euler'sche Zahl e 5
Evolution 197 ff.
Exponent 10, 12
Exponentialfunktion 24
–, Reihenentwicklung 74
Exponentialgleichung 24
exponentielles Wachstum 72

exponentielles Wachstum (Biologie) 174
Extrempunkt 65
Extremstelle 65
Extremum 65
Extremwert 65
Exzentrizität, lineare und numerische 82

F

Fadenpendel 141
Faktoren 10, 12
Faktorisieren 11
Fakultät 5, 44
Falk-Schema 85
Fallbeschleunigung* 136 ff.
fällige Zinsen 116
Fälligkeitsdarlehen 116
Farad 147
Faraday'sche Gesetze 190
Faraday-Konstante* 190
Federhärte (Federkonstante) 132
Federpendel 141
Federspannarbeit 140
Federspannkraft 138
Fehler (1. und 2. Art) 51
Fehllieferquote 104
Feld, elektrisches 151
Feld, magnetisches 152
Feldkonstante*
Feldstärke, elektr. 147, 151
Fertigungsgemeinkosten 109
Fertigungskosten 121
– der Endprodukte 121
– der Zwischenprodukte 121
Fertigungslöhne 109
Fick'sche Diffusionsgesetze 196
Figurendiagramm (= Piktogramm) 38
Finanzierung 115 ff.
– aus Abschreibungsgegenwerten 117
– aus zurückbehaltenen Gewinnen 117
Finanzierungsregel, goldene 111
Finanzierungsregeln 111
–, horizontale 111
–, vertikale 111
Fisher'sche Verkehrsgleichung 128
fixe Kosten 99
Fixgerade 87
Fixpunkt 87
Fixvektor 89 f.
Flächenbilanz 70
Flächeneinheiten 132
Flächeninhalt (ebener Figuren) 34
Flächeninhaltsberechnung durch Integration 70
Flammenfärbung 185
Flaschenzug 138
Fließkommazahl 91
Fluss, magnetischer 147, 152
Flussdiagramm 92
Flussdichte, magnet. 147, 152
Folge 60 f.
–, arithmetische 60
–, geometrische 60
Forderungsquote 110
Formel, Andler'sche 103
Fotoeffekt 159
Frakturbuchstaben 6
Fremdfinanzierung 116
Fremdkapital 111
–, kurzfristiges 111
–, langfristiges 111
Fremdkapitalquote 111
Frequenz 132, 141 f.

Frequenzbedingung, Bohr'sche 159, 164
FTP (File Transfer Protocol) 96
fundamentale Wechselwirkungen 161
Funktion 14 ff., 19 ff.
–, Darstellung 14
– der (fixen/variablen) Gesamtkosten 99
– der (fixen/variablen) Stückkosten 99
–, Eigenschaften 15
–, ganzrationale 22
–, gebrochenrationale 22 f.
–, inverse (Umkehrfunktion) 25
–, konstante 19
–, lineare 19
–, quadratische 20
–, stetige 61
–, trigonometrische 26 f.
–, Verhalten im Unendlichen 62
–, zyklometrische 62
funktionelle Gruppe 168
Funktionsgleichung 14
Funktionsgraph 14 f.
Funktionsterm 14
Funktionswert 14

G

Galileitransformation 158
Gammastrahlung 148, 160 f.
γ-Zerfall 161 ff., 164
ganze Zahlen 7
ganzrationale Funktionen 22
Gas, ideales 146
Gasgleichung (allg. Zustandsgleichung) 146
Gaskonstante, universelle* 146
Gastheorie, kinetische 146
Gaußfunktion 47
Gauß'sche Glockenkurve 47
Gauß'sche Summenfunktion 47
Gauß'sche Zahlenebene 13
Gauß'sches Eliminationsverfahren 88
gebrochene Zahlen 7
gebrochenrationale Funktionen 22 f.
–, Asymptoten 22 f.
Geburtenrate 198
Gefahrstoffe 191
Gegenereignis 41
Gegenhypothese 51
Gegenkathete 33
Gegenstandsweite 155 f.
Gegenzahl 10
Geheimnisprinzip 94
Geldmengendefinitionen 128
Geldschöpfungsmultiplikator 128
Geldschöpfungspotenzial 128
geneigte Ebene 138
General Packet Radio Service (GPRS) 96
Generalisierung 95
genetische Last 197
geometrisch-degressive Abschreibung 110
geometrische Folge 60
geometrische Reihe 60
geometrisches Mittel 11
Gerade 19
Geradengleichung 19, 78
–, Normalenform 78
–, Punktrichtungsgleichung 78
–, Zwei-Punkte-Form 19
–, Zweipunktegleichung (vektoriell) 78
geradlinige Bewegung 136

Gesamtabsatz 106
gesamtfällige Schuld 116
Gesamtgewinn 106
Gesamtkapital 119
Gesamtkapital, Umschlagshäufigkeit 113
Gesamtkapitalrentabilität 112
Gesamtkosten 99, 121
Gesamtproduktionsmatrix 120
Gesamtrechnung, volkswirtschaftliche 127
Gesamtsteuer 125
Gesamtsubvention 125
Gesamtumsatz (Wirtschaft) 106
Gesamtumsatz (Biologie) 196
gesamtwirtschaftliche Kennzahlen 130
Geschwindigkeit 136 ff.
–, Einheiten 132
Geschwindigkeit-Zeit-Gesetz 136 f., 141
Gesetz
–, Brewster'sches 157
–, Coulomb'sches 151
–, Hooke'sches 138
–, Ohm'sches 150
– von Amontons 146
– von Boyle u. Mariotte 146
– von der Erhaltung der mechanischen Energie 139
– von der Erhaltung des Drehimpulses 140
– von der Erhaltung des Impulses 140
– von Gay-Lussac 146
Gesetze
–, Faraday'sche 190
–, Kirchhoff'sche 150
Gewerbeertragsteuer 117
Gewichtskraft 138
Gewinnfunktion 100 f.
Gewinngrenze 101
gewinnmaximale Menge 101
Gewinnmaximum 101
Gewinnquote 129
Gewinn- und Verlustrechnung 112 ff.
Gewinnschwelle 101
Gewinnvergleichsrechnung 118
Gewinnverteilung
– bei der Kommanditgesellschaft 117
– bei der offenen Handelsgesellschaft 117
Gewinnzuschlag 109
ggT 8
GHS-Verordnung 191
Gibbs-Helmholtz-Gleichung 188
Gitter 157
Gitterenthalpie, molare 180, 188
gleichförmige
– Kreisbewegung 136
– Translation 136
– Rotation 136
Gleichgewicht
–, chemisches 188
–, Säure-Base- 189
Gleichgewichtskonstante 188, 190
Gleichgewichtsmenge 124
Gleichgewichtspreis 124
gleichmäßig beschleunigte
– Translation 136
– Rotation 136
gleichschenkliges Dreieck 34
gleichseitiges Dreieck 34
Gleichsetzungsverfahren 19
Gleichstrom 150

Gleichung von Amoroso-Robinson 126
Gleichungen 14, 19, 20, 23
–, allgemeingültige 14
–, biquadratische 20
–, Definitionsmenge 14
–, lineare 19
–, n-ten Grades 23
–, quadratische 20
–, unerfüllbare 14
Gleichungssysteme, lineare 19, 88
–, grafische Lösung 19
Gleichverteilung 46
Gleitreibungszahl 134
globales Extremum (Maximum, Minimum) 65
Gluon 161
goldene Bankregel 111
goldene Bilanzregel 112
goldene Finanzierungsregel 111
Goldene Regel der Mechanik 138
Goldener Schnitt 31
Gozinto-Graph 120
GPRS (General Packet Radio Service) 96
Grad der Selbstfinanzierung 111
Gradmaß 29
Graph 15 ff.
Gravitation 141
Gravitationsfeld 141
Gravitationsfeldstärke 141
Gravitationsgesetz 141
Gravitationskonstante* 141
Gravitationskraft 141, 161
Graviton 161
Gray 160
Grenzerlösfunktion 100
Grenzgewinnfunktion 100
Grenzkostenfunktion 100
Grenzmatrix (Grenzverteilung) 89
Grenznutzenfunktion 123
Grenzstückkostenfunktion 100
Grenzwert 61
–, Schreibweisen 6
Grenzwertsätze (für Funktionen und Zahlenfolgen) 61
Grenzwinkel der Totalreflexion 156
griechisches Alphabet 6
größter gemeinsamer Teiler 8
Grundflächeninhalt 36
Grundgesamtheit 50
Grundgleichung
– der kinet. Gastheorie 146
– der Mechanik 137
– der Wärmelehre 145
–, kalorimetrische 188
Grundintegrale 68
Grundton 142
Grundumsatz 196
Grundwert 17

H

Haftreibungszahl 134
halboffenes Intervall 5, 7
Halbwertszeit 72, 160, 161, 164
Halbzelle 190
Hall-Konstanten 148
Hall-Spannung 152
Handelsspanne 109
Handlungskosten 109
Hangabtriebskraft 138
Hardy-Weinberg-Gesetz 197
harmonisches Mittel 11
Härtebereiche (Wasser) 185
Häufigkeit, absolute und relative 39, 41
Häufigkeitsverteilung 39

Hauptachse 82
Hauptähnlichkeitssatz 30
Hauptdiagonale 84
Hauptnenner 11
Hauptsatz der Differenzial- und Integralrechnung 67
Hauptsätze der Wärmelehre 145
Haushaltsgleichgewicht 123
Haushaltsoptimum 123
hebbare Lücke 23, 62
Hebel 138
Heisenberg'sche Unbestimmtheitsrelation 159
Heizwert 144
Hektar 132
Henderson-Hasselbalch-Gleichung 189
Henry 147
Herstellkosten 109
Hertz 132
Hertz'sche Wellen 148
Hesse'sche Normalenform 78 f.
Hexadezimalsystem 9
Hexaeder 37
HHO 123
Hintereinanderausführung (von Abb.) 30
Histogramm 38
Hochpunkt 65
Hochstalter (Lebewesen) 193
Höchspreis 124
Höhe 32, 34, 36
–, im Dreieck 32, 34
–, von Körpern 36
Höhenformel, barometrische 139
Höhensatz 33
Höhenschnittpunkt 32
Hohlspiegel 156
Hooke'sches Gesetz 138, 140
horizontale Finanzierungsregeln 111
HTML (Hypertext Markup Language) 96
HTTP (Hypertext Transfer Protocol) 96
Hubarbeit 140
Hydratationsenthalpie, molare 180
hydraulische Anlagen 139
Hydronium-Ionenkonzentration 189
hydrostatischer Druck 139
Hydroxid-Ionenkonzentration 189
Hyperbel 21, 82
hypergeometrische Verteilung 46
Hypotenuse 33
Hypotenusenabschnitt 33
Hypothesen, Testen von 51

I

ICMP (Internet Control Message Protocol) 96
ideales Gas 146
Ikosaeder 37
imaginäre Achse 13
imaginäre Einheit i 13
imaginäre Zahlen 13
Imaginärteil 13
IMAP (Internet Message Access Protocol) 96
Implikation 5
Impuls 140
–, Einheiten 133
–, Lichtquant 159
Impulsänderung 140
Impulserhaltung 140
Indifferenzkurve 123
indirekt proportional 16

indirekte Preiselastizität der Nachfrage 126
Individualfitness 197
Induktion, elektromagnet. 153
Induktionsgesetz 153
Induktionsspannung 153
induktiver Widerstand 154
Induktivität 147, 152
Inertialsystem 158
Inflationsrate 129
Inkreis 32, 35
Innenfinanzierung 117
Innenwinkel 32
Innenwinkelsatz (Innenwinkelsumme) 32, 34
innere Energie 143, 146
Inputmatrix 122
Input-Output-Tabelle 120, 122
Integer 91
Integral 6, 67
–, bestimmtes 67
–, Symbol 6
–, unbestimmtes 67
–, uneigentliches 71
Integralfunktion 67
Integralrechnung 67 ff.
–, Mittelwertsatz 69
Integrand 67
Integration 67 ff.
–, Flächeninhaltsberechnung 70
–, näherungsweise 69
–, partielle 68
–, Volumenberechnung 71
Integrationsformel, allgemeine 67
Integrationsgrenze 67
Integrationskonstante 67
Integrationsregeln 68
Integrierbarkeit 67
Intensität des Umlaufvermögens 110
Intensität (Schallwelle) 142
Interaktionsdiagramm 95
Interferenz 157
– am Doppelspalt 157
– am Einzelspalt 157
– am Gitter 157
– an dünnen Schichten 157
interne Zinsfuß-Methode 119
interner Zinsfuß 119
Internet 96
Internetschicht 96
Interpolation 74
Intervalle 5, 7
Intervallwahrscheinlichkeiten 49
inverse Funktion (= Umkehrfunktion) 25
inverse Matrix 84
inverses Element 83
Investitionsquote 130
Investitionsrechnung 118 f.
–, dynamische Verfahren 119
–, statische Verfahren 118
Ionen 168
Ionendosis 164
Ionenexponent 189
Ionenprodukt 189
Ionenradien 167
Ionensubstanzen 180
IP (Internet Protocol) 96
IP-Adresse 96
irrationale Zahl 7
Irrtumswahrscheinlichkeit 50 f.
ISDN (Integrated Services Digital Network) 96
isobare, isochore und isotherme Zustandsänderungen 146
Isokostenfunktion 108
Isokostengerade 108

Isonutzenfunktion 123
Isonutzenkurve 123
Isoquante 108
Isoquantenfunktion 108
Isotope, radioaktive 161

J

Jahresabschluss 110 ff.
Jahreszinsen 17
Jahreszinssatz 17
jährliche Abschreibung 110
Java 91 ff.
Joule 132, 143, 147 f.

K

Kalkulation 109
– im Handel 109
– in der Industrie 109
Kalkulationsfaktor 109
Kalkulationszinsfaktor 119
Kalkulationszinssatz 119
Kalkulationszuschlagssatz 109
Kalorie 132, 143
kalorimetrische Grundgleichung 188
Kapazität, elektr. 147, 151
Kapazitätserweiterungsfaktor 117
Kapazitätsmultiplikator 117
kapazitiver Widerstand 154
Kapital 127
–, durchschnittlich eingesetztes 112
Kapitalstruktur 111
Kapitalstrukturregeln 111
Kapitalwert 119
Kapitalwertkriterium 119
Kapitalwertmethode 119
Kapitalwiedergewinnungsfaktor 119
Karat 133
Kardinalität 95, 98
kartesisches Koordinatensystem 29
Kastenpotenzial (Potenzialtopf) 164
Kathete 33
Kathetensatz 33
Kaufkraft des Geldes 128
K_B-Wert 189
–, Wertetabelle 181
KEF 117
Kegel 36
Kegelschnitte 82
Kegelstumpf 36
Kehrwert 10 f.
Kelvin 131, 143
Kennzahlen
– der Bilanzanalyse 110 ff.
– der Finanzstruktur 111
– der Kapitalstruktur 111
– der Kostenintensität 113
– der Liquidität 112
– der Vermögensstruktur 110
–, gesamtwirtschaftliche 130
Kepler'sche Fassregel 69
Kernbindungsenergie 164
Kernphysik 160 ff.
Kettenregel 63
kgV 8
KGV 115
Kilogramm 131
kinetische Energie 139
kinetische Gastheorie 146
Kirchhoff'sche Gesetze 150
Kirchhoff'sches Strahlungsgesetz 146
Klammern 11
Klasse (Informatik) 94
Klassenattribute 94

Klassendiagramm 95
Klasseneinteilung 38
Klassenhäufigkeit 38
Klassenmethoden 94
kleinste Periode 26
kleinstes gem. Vielfaches 8
Knotensatz 150
Koeffizientenmatrix 88
Kohlenwasserstoffe 168
Kollinearität 76
Kolmogorow'sches Axiomensystem 41
Kombination 44
Kombinatorik 44
Kommunikation 96
Kommutativgesetz 10
– im Vektorraum 83
Komplanarität 76
Komplementmenge 5
Komplementwinkelbeziehung 28
komplexe Zahlen 7, 13
Komplexzerfallsexponent 190
Komplexzerfallskonstanten 180, 190
Komponentendarstellung 75
Komposition 95
Kompressionsmodul 142
Kondensator 150 f., 154
– auf- und entladen 151
Konfidenzintervalle (Vertrauensintervalle) 50
Kongruenz 30
Kongruenzabbildung 30
Kongruenzsätze 30
konjugiert komplex 13
konkav 66
konstante Funktionen 19
Konsumentenrente 125
Konsumquote 130
Konsumvektor 122
Kontrollstrukturen 92
konvergente Zahlenfolge 61
konvex 66
Konzentration 186 f., 189
Koordinaten 29
– eines Vektors 75
Koordinatensysteme 29
Körper (Geometrie) 36 f.
Körpermassenindex 196
Körpernetze 36
Korrelationskoeffizient 40
korrigierter Bilanzkurs 115
Kosinus 26 f., 33
–, spezielle Werte 27
Kosinusfunktion 26
–, Reihenentwicklung 74
Kosinussatz 33
kosmische Strahlung 148
Kosten 99, 121
–, fixe 99, 121
–, variable 99, 121
Kostenfunktion 99
– der Gesamtkosten 99
– der Stückkosten 99
–, Verlauf 99
Kostenintensität 113
Kostenvektor 121
Kostenvergleichsrechnung 118
Kotangensfunktion 27
Kraft 137 ff.
–, Einheiten 133
–, elektromagnetische 161
–, schwache 161
–, starke 161
Kraftstoß 133, 140
Kraftwandler 138
Kreditsumme 116
Kredittilgung 116

Kreis 31, 35, 81
–, Flächeninhalt 35
–, Umfangslänge 35
Kreisausschnitt 35
Kreisbewegung, gleichförmige 136
Kreisbogen 35
Kreisdiagramm 38
Kreisfrequenz 141
Kreisgleichung 81
Kreiskegel 36
Kreiskegelstumpf 36
Kreissektor (Kreisausschnitt) 35
Kreiszahl π 5
Kreiszylinder 36
Kreuz-Mischungsregel 187
Kreuzpreiselastizität 126
Kreuzprodukt (= Vektorprodukt) 77
kritische Zahl 51
kritischer Bereich 51
Krümmungsverhalten 66
kryoskopische Konstanten 181, 186
K_S-Wert 189
–, Wertetabelle 181
kubischer Ausdehnungskoeffizient 144
Kugel 37, 81
Kugelabschnitt 37
Kugelausschnitt 37
Kugelgleichung 81
Kugelkappe 37
Kugeloberfläche 37
Kugelschicht 37
Kugelsektor 37
Kugelvolumen 37
kumulierte Binomialverteilung 45, 55 ff.
Kundenrabatt 109
Kundenskonto 109
Kurs-Gewinn-Verhältnis 115
Kurve, ebene 71
–, Bogenlänge 71
Kurvendiskussion (Untersuchen von Funktionen) 65 f.
Kürzen 11
kurzfristige Preisuntergrenze 100
kurzfristiges Fremdkapital 111
Kurzwellen 148

L

l'Hospital, Regel von 61
Ladung, elektrische 147, 151
Lagebeziehungen 19, 80
–, Ebene-Ebene 80
–, Gerade-Ebene 80
Lageenergie 139
Lagerbestand, durchschnittlicher 103 f.
Lagercontrolling 104
Lagerdauer, durchschnittliche 104
Lagerhaltungskosten 103
Lagerumschlagshäufigkeit 104
Lagerzinsfuß 104
Lagerzinssatz 104
Länge eines Vektors 76
Längenänderung 145
Längenausdehnungskoeffizient (= linearer A.) 144
Längeneinheiten 133
Längenkontraktion 158
langfristige Preisuntergrenze 100
langfristiges Fremdkapital 111 f.
Langwellen 148
Laplace-Bedingung 49
Laplace-Wahrscheinlichkeit 41
Laspeyres-Index 129

Last, genetische 197
Laufzeit (Kredit) 116
Lautstärkepegel 133, 135, 142
Leistung
–, Einheiten 133
–, elektrische 147, 150
–, mechanische 141
–, thermische 145
Leistungsfaktor 153
Leistungsumsatz 196
Leiterschleife 152 f.
Leitlinie 82
Leitwert, elektrischer 190
Leontief-Inverse 123
Leontief-Modell 122 f.
Lepton 160
LGS 19, 88
Licht (Frequenzen) 148
Lichtgenuss 198
Lichtgeschwindigkeit* 155
Lichtjahr 133
Lichtquant 159
Lichtstärke 155
Lichtwelle 157
Lieferrabatt 104, 109
Liefererskonto 104, 109
Limes, lim 6, 61
lineare
– Abbildung 86 f.
– Abhängigkeit 76
– Abschreibung 110
– Algebra 83 ff.
– Exzentrizität 82
– Funktion 19
– Gleichung 19
– Gleichungssysteme 19, 88
– Optimierung 18
– Regression 40
– Unabhängigkeit 76
– Verflechtung 120
linearer Ausdehnungskoeffizient 144
linearer Verlauf der Kostenfunktion 99
lineares Wachstum 72
Linearfaktordarstellung 22
Linearfaktoren 20
Linearfaktorform 20
Linearkombination 76
Lineweaver-Burk-Gleichung 196
Liniendiagramm 38
Link 96
linksgekrümmt 66
Linse, dünne 156
Linsenebene 156
Liquidität 112
Listeneinkaufspreis 104, 109
Listenverkaufspreis 109
Logarithmengesetze 12
Logarithmus 10, 12
–, dekadischer 12, 24
–, natürlicher 12, 24
Logarithmusfunktionen 24 f.
Logarithmusgleichung 24
logischer Wert 91
logistisches Wachstum (Biologie) 198
logistisches Wachstum (Mathematik) 73
Lohmann-Ruchti-Effekt 117
Lohnquote 129
lokale Änderungsrate (= Differentialquotient) 63
lokales
– Extremum 65
– Maximum 65
– Minimum 65
Lorentzfaktor 158

Lorentzkraft 152
Lorentztransformation 158
Losgröße, optimale 109
Löslichkeit 190
– einiger Gase und Stoffe 183
Löslichkeitsexponent 190
–, Wertetabelle 182
Löslichkeitsgleichgewichte 190
Löslichkeitsprodukt 182, 190
Lösungen, alkalische und saure 179
Lösungsenthalpie, molare 188
Lösungsmenge 5, 14
Lot 156
Lyman-Serie 159, 164

M

magnetische
– Feldkonstante* 152
– Flussdichte 147, 152
magnetischer Fluss 147, 152
magnetisches Feld 152
Magnetismus 147, 152
Mantelfläche 36
Mantelflächeninhalt 36
– von Rotationskörpern 71
Markow-Ketten 89
Marktanteil 104
–, absoluter 104
–, relativer 104
Marktgleichgewicht 124
Marktsättigung 104
Marktungleichgewicht 124
Marktzyklus 105
Maschensatz 150
Masse 133
–, molare 143, 146, 145 ff.
–, relativistische 158
Masse-Energie-Beziehung 158
Massenanteil 179, 186
Massenberechnung bei chem. Reaktionen 187
Massendefekt 164
Masseneinheiten* 133
Massenkonzentration 186
Massenwirkungsgesetz (MWG) 188
Massenzahl 164
Maßstab 30
maßstäbliche Vergrößerung/Verkleinerung 30
Materialaufwandsquote 113
Materialeinzelkosten 109
Materialgemeinkosten 109
Materialkosten 109
Materialkostenintensität 113
Materialproduktivität 114
Materialverflechtung 120
Matrix 84 ff.
–, inverse 84
–, quadratische 84
–, Rechenregeln 85
–, schiefsymmetrische 84
–, stochastische 89
–, symmetrische 84
–, transponierte 84
Matrizen (in den Wirtschaftswissenschaften) 120 ff.
Maximum 65
Mechanik 132 ff.
mechanische
– Arbeit 140
– Energie 139
– Leistung 141
– Schwingungen 141, 142
– Wellen 142
Median 39
mehrstufige Zufallsversuche 42

Mehrwertsteuer 17
Meldebestand 103
Mengenoperationen 5
Mengensteuer 125
Mengenvektor 121
Meter 131
Methode 94
MGG 124
Michaelis-Menten-Konstante 196
Mikrowellen 148
Mindestbestand 103
Mindestpreis 124
Mindestreserve 128
Mindestreservebasis 128
Mindestreservesatz 128
Minimalkostenkombination 108
Minimum 65
Minuend 10
Minute 133
Mischungsgleichung 187
Mischungsregel 187
Mittelpunkt
– einer Strecke 78
– eines Kreises 31 f.
Mittelpunktslage 82
Mittelpunktswinkelsatz 35
Mittelsenkrechte 32
– im Dreieck 32
Mittelwellen 148
Mittelwert
–, arithmetischer 11, 39
– einer Datenreihe 39
– einer Zufallsgröße 45
–, geometrischer 11
–, harmonischer 11
Mittelwertsatz
– der Differenzialrechnung 64
– der Integralrechnung 69
mittlere
– kinetische Energie 146
– Reaktionsgeschwindigkeit 187
mittlere quadratische Abweichung 40
MKK 108
Modalwert 39
Modem 95
Moivre, Satz von 13
Moivre-Laplace'sche Näherungsformeln 49
Mol 131, 143
Molalität 186
molare
– freie Reaktionsenthalpie 188, 190
– Gitterenthalpie 180, 188
– Hydrationsenthalpie 180, 188
– Lösungsenthalpie 188
– Masse 143, 146, 169 ff. (Wertetabelle), 186
– Reaktionsenergie 188
– Standardbindungsenthalpie 188
– Standardgrößen 175 ff.
– Standardisierungsenthalpie 188
– Standardreaktionsentropie 188
molares
– Normvolumen* 146, 186
– Volumen 143, 146, 186
Momentanbeschleunigung 136
momentane Reaktionsgeschwindigkeit 187
Momentangeschwindigkeit 136
Monopol 101
monotone Zahlenfolge 60
Monotonie
– von Funktionen 15, 19, 65
– von Zahlenfolgen 60
Monotoniegesetze 10
Monotoniekriterien 65
Moseley-Gesetz 159, 164

Multiplikation 10
– komplexer Zahlen 13
– von Brüchen 11
– von Matrizen 77
– von Vektoren 85
Multiplikationssatz (Stochastik) 43
Mutation 197
Mutationsrate 197
Myon 160

N

Nachfragefunktion 124
– mit Besteuerung 125
Nachfrageüberschuss 124
nachschüssige Zahlungsweise 119
Näherungsformel
– von Moivre-Laplace 49
– von Poisson 46
Näherungsverfahren
–, Newton'sches 64
–, Regula falsi 64
Nährstoffbedarf 196
Nährstoffe 195
Nährstoffgehalt 195
Nahrungsmittel 195
Nassi-Shneiderman-Diagramm 92
Naturkonstanten*
natürliche Zahlen 7
natürlicher Logarithmus 12, 24
Nebenachse 82
Nebenbedingungen (lin. Optimierung) 18
Nebendiagonale 84
Nebenwinkel 35
n-Eck 34
–, regelmäßiges 35
negativ orientierte Fläche 70
Nenner 11
Nernst'sche Gleichung 190
Nettobetrag der Selbstfinanzierung 117
Nettonationaleinkommen 127
Netze (Körpernetze) 36
Netzwerk 96
Netzzugangsschicht 96
neutrales Element (im Vektorraum) 83
Neutrino 160
Neutron* 160
Neutronenmasse 160
Newton 133
Newton'sche Gesetze 137
Newton'sches Näherungsverfahren 64
NNE 127
Normaleneinheitsvektor 78
Normalenform
– der Ebenengleichung 79
– der Geradengleichung 78
–, Hesse'sche 78 f.
Normalenvektor 78 ff.
Normalform quadrat. Gleichungen 20
Normalkraft 138
Normalparabel 20
normalverteilte Zufallsgröße 47
Normalverteilung 47
Normdruck 146
Normtemperatur 146
Normvolumen
–, molares* 146, 186
Normzustand des idealen Gases 146
Nuklid 161 ff., 164
Nuklidkarte 162 f.
Nullfolgen 61
Nullhypothese 51
Nullstellen 15, 19 ff.

Nullvektor 75
Nullwinkel 30
numerische Exzentrizität 82
Numerus 10, 12
Nutzenfunktion 123

O

oberer Viertelwert 40
Oberflächeninhalt 36 f.
Objekt 94
objektorientiertes Programmieren 94 f.
Objektorientierung 94 f.
Objektweite (= Gegenstandsweite) 155 f.
offene Selbstfinanzierung 117
offenes Intervall 5, 7
Ohm 147
Ohm'sches Gesetz 150
ohmscher Widerstand 154
Oktaeder 37
Operationen 94
Optik 155 ff.
optimale Bestellmenge 103
optimale Losgröße 109
optimales Produktionsprogramm 110
Optimierung, lineare 18
optisches Medium 156
Ordnung der Determinante 86
Ordnungszahlen 165 ff.
organische Stoffe 172 ff.
organische Verbindungen 168, 178 f.
Ortsvektor 75, 78 ff.
Osmose 196
Ostwald'sches Verdünnungsgesetz 189
Oxidationszahlen 165 ff.

P

Paasche-Index 129
Parabel 20 f., 82
Parabelansatz 50
parallel (Geraden) 19
Parallelen, geschnittene 35
Parallelogramm 34
Parallelschaltung 150
–, Kondensatoren 150
–, Spannungsquellen 150
–, Widerstände 150
Parallelverschiebung 30
Parameter (Einfluss auf Funktionsgrahen) 25
Parametergleichung 81
Parameterkurve 71
–, Bogenlänge 71
Parsec 133
Partialsummen 60
Partialsummenfolge 60
partielle Integration 68
Pascal 132
Pascal'sches Dreieck 44
Passante 31
Periode, kleinste 26
Periodendauer 133, 141
periodische Funktion 15
Periodizität 15, 26 f.
Peripheriewinkel 35
Peripheriewinkelsatz (= Umfangswinkelsatz) 35
Permeabilität 147
Permeabilitätszahlen 148
Permittivität 147
Permittivitätszahlen 148
Permutation 44
Personalaufwandsquote 113
Personalkostenintensität 113

Pfadregeln 42
Pfeife 142
Pferdestärke 133
Phase 153 f.
Phasenverschiebung 154
Phon 133
Photoeffekt (Fotoeffekt) 159
Photon 161
pH-Wert 179, 189
Pi (π) 5
Piktogramm 38
Pivotelement 18
pK_B-Wert 181, 189
pK_S-Wert 181, 189
Planck'sches Wirkungsquantum* 159
Planungsvieleck 18
Platonische Körper 37
Plattenkondensator 151
pOH-Wert 189
Poissonverteilung 46
Pol 29
Polarachse 29
Polarkoordinaten 29, 81
Polstelle 62
Polyeder, regelmäßige 37
Polynom 23
Polynomdivision 23
Polynomfunktion 22
Polynominterpolation 74
Polypol 101
Poor Dogs 107
POP (Post Office Protocol) 96
Populationsentwicklung 90
Populationsfitness 197
Populationsgenetik 197
Portfolio-Analyse 107
positiv orientierte Fläche 70
Positron 160
Potenzen 10, 12
Potenzfunktion 21
Potenzgesetze 12
Potenzial, elektr. 147, 151
Potenzialtopf 164
potenzielle Energie 139
Potenzieren 10, 12
Potenzregel 63
Potenzreihenentwicklung (cos, exp, sin) 74
Potenzsummenformeln 60
p-q-Formel 20
Preis-Absatz-Funktion 100 f.
Preiselastizität
–, direkte 126
–, indirekte 126
Preisfunktion 106
Preisnachlassquote 107
Preisnachlassstruktur 107
Preisuntergrenze
–, kurzfristige 100
–, langfristige 100
Price-Earning-Ratio 115
Primäreinkommen 127
Primärspannung 153
Primfaktorzerlegung 8
Primzahlen 8
Prisma 36
Produkt 10
– von Brüchen 11
– von Vektoren 77
Produktgleichheit 16
Produktintegration 68
Produktion 108
Produktionsfaktoren 108
Produktionsfunktion 108
Produktionsmatrix 122
Produktionsprogramm, optimales 110

Produktionsvektor 121 f.
Produktivität 114
Produktlebenszyklus 106 ff.
Produktregel
–, Baumdiagramm 42
–, Differenziation 63
Produzentenrente 125
Programmablaufplan 92
Programmieren 92 ff.
–, objektorientiertes 94 f.
Programmiersprachen 91 ff.
progressiver Graphenverlauf 66
progressiver Verlauf der Kostenfunktion 99
Prohibitivpreis 124
Proportionalität 16
Proportionalitätsfaktor 16
Protolysegrad 189
Proton* 160
Protonenmasse 160
Provider 96
Prozentrechnung 17
Prozentsatz 17
Prozentwert 17
Prozesse, zyklische 90
Pufferlösung 189
Punkte (Darstellung im Raum und in der Ebene) 29, 75
Punktladung 151
Punktrichtungsgleichung 78 f.
Punktsymmetrie (von Graphen) 15, 21 ff.
Pyramide 36
Pyramidenstumpf 36
Pythagoras
–, Satz des 33
–, „trigonometrischer" 28

Q

Quader 36
Quadrantenbeziehungen 26 f.
Quadrat 34
quadratisch gemittelte Geschwindigkeit 146
quadratische
– Abweichung 40
– Funktionen 20
– Gleichungen 20
– Matrizen 84
Quadratwurzel 12
Qualitätsfaktor 160
Quantitätsgleichung des Geldes 128
Quarks 160
Quartil 39
Quartilsabstand 40
Quecksilbersäule 132
Quelltext 97
Quersumme 8
Questionmarks 107
Quotient 10
Quotientengleichheit 16
Quotientenregel 63

R

Rabatt 109
Radialbeschleunigung 136, 138
Radialfeld 151
Radialkraft 138
Radiant 133
Radikand 12
Radioaktivität 161 ff.
–, Zerfallsgesetz 164
Radionuklide 161
Radius 31
Radizieren 10
Rang
– einer lin. Abb. 87

– einer Matrix 84
Ratentilgung 116
rationale Funktion 22 f.
rationale Zahlen 7
räumliche Koordinaten 29
Raute 34
Reaktionsenergie, molare 188
Reaktionsenthalpie, molare 188, 190
Reaktionsentropie 188
Reaktionsgeschwindigkeit 187, 196
Realteil 13
Rechengesetze 10
Rechenoperationen 10
Rechteck 34
rechter Winkel 30
rechtsgekrümmt 66
rechtwinkliges Dreieck 34
Redoxpotenzial 190
Redoxreaktionen 185
reelle Achse 13
reelle Zahlen 7
Reflexionsgesetz 156
Reflexionswinkel 156
Regel
–, Cramer'sche 88
–, Kepler'sche 69
–, Simpson'sche 69
– von l'Hospital 61
– von Sarrus 86
regelmäßige (reguläre)
– n-ecke 35
– Polyeder 37
Regressionsgerade 40
Regula falsi 64
Reibungsarbeit 140
Reibungskraft 138
Reibungszahl 134
Reihe (unendliche) 6, 60
–, arithmetische 60
–, geometrische 60
Reihenschaltung 150
–, Kondensatoren 150
–, Spannungsquellen 150
–, Widerstände 150
Rekursionsformel 72 f.
Relation (Informatik) 98
Relationen 5
relative Atommasse 160
relative Häufigkeit 39, 41, 50
relative Permeabilitäten 148
relative Permittivitäten 148
relativer Marktanteil
Relativgeschwindigkeit 158
relativistische
– kinetische Energie 158
– Masse 158
Relativitätstheorie 158
Rentabilität 112
Rentabilitätsanalyse 112 f.
Rentabilitätsvergleichsrechnung 118
Rentenrechnung 119
respiratorischer Quotient 195
Restriktionen 110
Restwertverteilungsfaktor 119
resultierende Geschwindigkeit 137
Return on Capital Employed 114
Return on Equity 112
Return on Investment 113
Rhombus 34
Richtungsvektor 78 ff.
ROCE 114
ROE 112
Rohstoff-Endprodukt-Matrix 120

Rohstoffkosten 121
Rohstoffkostenvektor 121
Rohstoff-Verbrauchsvektor 121
Rohstoff-Zwischenprodukt-Matrix 120
ROI 113
Rollreibungskraft 138
Rollreibungszahl 134, 138
römische Zahlzeichen
Röntgenstrahlung 148
Rotation 136, 138, 139
Rotationskörper 71
Router 96
Rückzahlungen 116
Ruheenergie 158
Ruhemasse 158
– des α-Teilchens* 160
– des Elektrons* 160
– des Neutrons* 160
– des Protons* 160
Rundungsregeln 10
Rydbergfrequenz* 159
Rydbergkonstante* 164

S

Saldo der Primäreinkommen 127
Sammellinse 156
Saprobienindex 198
Sarrus, Regel von 86
Sättigungsgrenze 73
Sättigungsmanko 73
Sättigungsmenge 124
Sättigungsphase 105
Satz
–, binomischer 44
– des Cavalieri 37
– des Pythagoras 33
– des Thales 33, 35
– von Bayes 43
– von Hess 188
– von de Moivre 13
– von Vieta
Sauerstoffdefizit 198
Sauerstoffgehalt 198
Sauerstoffsättigung 198
Saugkraft 196
Säulendiagramm 38
Säure 181
saure Lösungen 179
Säure-Base-Gleichgewichte 189
Säure-Base-Indikatoren 180
Säureexponent (pK_S) 189
Säurekonstante (K_S) 181, 189
Schalldruck 142
Schalldruckpegel 133, 142
Schallgeschwindigkeit 135, 142
Schallintensität 133, 142
Schaltzeichen 149
Scheinleistung 153
Scheinwiderstand 154
Scheitelgleichung 82
Scheitelpunkt 20, 82
Scheitelpunktform 20
Scheitelpunktslage 82
Scheitelwinkel 35
schiefe Ebene 138
schiefsymmetrische Matrix 84
Schleife, nachprüfende und vorprüfende 93
Schlüssel 98
Schlussrechnen (= Dreisatz) 16
Schmelzpunkt 143 f.
Schmelztemperatur 143 f.
–, Wertetabelle 169 ff.
Schmelzwärme 145
–, spezifische 143
Schnittgerade 80
Schnittmenge 5

Schnittpunkte (Graphen) 15
Schnittwinkel 80
schräger Wurf 137
Schuld, gesamtfällige 116
Schuldenquote 130
Schuldentilgung 116
schwache Kraft 161
Schweben 139
Schweredruck 139
Schwerpunkt (Dreieck) 32, 78
Schwimmen 139
schwingende Saite 142
Schwingkreis 154
Schwingung
–, elektromagnetische 154
–, mechanische 141 f.
Schwingungsdauer 133, 141
Schwingungsgleichung, Thomson'sche 154
SCP (Secure Copy Protocol) 96
Seemeile 133
Sehne 31
Sehnensatz 35
Sehnen-Tangenten-Winkel 35
Sehnenviereck 35
Seitenhalbierende 32
Sekante 31
Sekantensatz 35
Sektor (Kreissektor) 35
Sekundärspannung 153
Sekunde 131, 133
Selbstfinanzierung, offene 117
Selbstfinanzierungsnettobetrag 117
Selbstinduktionsspannung 153
Selbstkosten 109
Selbstkostenpreis 109
Selektion 197
Selektionskoeffizient 197
Sender 142
senkrecht (Geraden) 19
senkrechter Wurf 137
Sequenz 92
SFTP 96
s-förmiger Verlauf der Kostenfunktion 99
sicheres Ereignis 41
Sicherheitswahrscheinlichkeit 50
Sicherungsbestand 103
Sichtbarkeit 94
Siedepunkt 143 f.
Siedetemperatur 143 f.
SI-Einheiten 131
Sievert 160
Sigma-Intervalle 49
Signifikanzniveau 51
Signifikanztests 51
Simplex-Algorithmus 18
Simpson'sche Regel 69
sin 26 ff., 33
Sinken 139
Sinus 26 f., 33
–, spezielle Werte 27
Sinusfunktion 26
–, Reihenentwicklung 74
Sinussatz 33
Skalar 83
Skalarprodukt 77
Skonto 17
SMTP (Simple Mail Transfer Protocol) 96
Solarkonstante*
Sozialleistungsquote 130
Spalt 157
Spaltenrang 84
Spaltenvektor 84
Spannenergie 139

Spannung, elektr. 147, 150
Spannungsreihe 184 f.
Spannungsteilerregel 150
Spannweite 40
Sparquote 130
Spat 77
Spatprodukt 77
Spektrallinien 155, 159
Spektralserien 164
Spektrum elektromagnetischer Wellen 148
Spezialisierung 95
spezielle Relativitätstheorie 158
spezifische
– Ladung des Elektrons*
– Schmelzwärme 143
– Verdampfungswärme 143 f.
– Wärmekapazität 143 f.
spezifischer elektrischer Widerstand 147
Spiegelung 25, 87
spitzwinkliges Dreieck 332
Spline 74
Sprungstelle 62
Spule 153
SQL (Structured Query Language) 98
SSH (Secure Shell) 96
Staatsquote 130
Stammfunktion 67
Standardabweichung 40, 45
–, Binomialverteilung 45
Standardbasis 83
Standardenthalpien, molare 188
Standardgrößen, molare 175 f.
Standardmodell 161
Standardnormalverteilung 48
–, Wertetafel 58
Standardpotenzial 184 f., 190
Standardreaktionsentropie, molare 188
starke Kraft 161
Stars 107
stationäre Strömung 139
stationäre Verteilung 89
statische Verfahren 118
Stauchung 25
Stefan-Boltzmann'sches-Strahlungsgesetz 146
Stefan-Boltzmann-Konstante* 146
Steighöhe 137
Steigung 19
Steigungsdreieck 19
Steigungswinkel 19
Steigzeit 137
Stellentafel 9
Stellenwertsysteme 9
Sterberate 198
stetige Verzinsung 17
stetige Zufallsgröße 46
Stetigkeit (Funktionen) 61
Steuerlastquote 130
Steuerquote 130
Steuerrate 125
Stichprobe 50
Stichprobenumfang 50
stochastisch unabhängig 43
stochastische Matrix 89
Stöchiometriezahlen 187 f.
Stoffmenge 143, 186
Stoffmengenanteil 186
Stoffmengenkonzentration 186
Stoff- und Energiewechsel 195 f.
Stoßgesetze 140
Strahl 6
Strahlenoptik 156
Strahlensätze 31

Strahlenschutz 160
Strahlung, kosmische 148
Strahlungsgesetze 146
Strecke 6
Streckenteilung 31
Streckung (eines Graphen) 25
Streckung, zentrische 31, 87
Streckungsfaktor 87
Streckungszentrum 31
Streifendiagramm 38
Streudiagramm 38
Streuung (Datenreihen) 40
Streuungsintervall 40
Streuungsmaße (für Zufallsgrößen) 40
String 91
Stromkreise 150
Stromstärke, elektr. 147, 150
Stromteilerregel 150
Strömung, stationäre 139
Strömungswiderstand 139
Struktogramm 92
Stufenform 88
Stufenwinkel 35
stumpfwinkliges Dreieck 32
Substitutionsregel 68
Subtrahend 10
Subtraktion 10
– komplexer Zahlen 13
– von Brüchen 11
– von Matrizen 85
– von Vektoren 76
Subvention 125
Summand 10
Summe 10
– der Außenwinkel 32
– der Innenwinkel 32
Summenformeln 60
Summenregel
–, Baumdiagramm 42
–, Differenziation 63
summierte Binomialverteilung 55 ff.
Symmetrie
– ebener Vierecke 34
– von Funktionen 15, 26 f.
symmetrische Matrix 84

T

tan 27 f., 33
Tangens 27, 33
–, spezielle Werte 27
Tangensfunktion 27
Tangente 31, 81
Tangentengleichung 81
Tangentenviereck 35
Tangentialebene 81
Tauon 160
Tausenderkontaktpreis 105
Tax 125
TCP (Transmission Control Protocol) 96
Technologiematrix 122
Teilbarkeitsregeln 8
Teiler 8
–, größter gemeinsamer 8
Telnet Protocol 96
Temperatur 143
Temperaturstrahlung 146
Termumformungen 11
Terms of Trade 130
Terrassenpunkt 66
Tesla 147
Testen von Hypothesen 51
Tetraeder 37
Thales, Satz des 33, 35
Thermodynamik 143 ff.
–, chemische 188

Thomson'sche Schwingungsgleichung 154
Tiefpunkt 65
Tilgungsanteil 116
Tilgungsraten 116
Titrationen 189
Torr 132
totale Wahrscheinlichkeit 43
Totalreflexion 156
Trägheitsmoment 133, 138
Trägheitssatz 137
Transformator 152
Translation 139
transponierte Matrix 84
Transportschicht 96
Trapez 34
Trapezverfahren 69
Trefferwahrscheinlichkeit 45
trigonometrische Funktionen (Winkelfunktionen) 27 f.
trigonometrischer Pythagoras 28
Trockenmasse 198
Tschebyschew'sche Ungleichung 46

U

Übergangsdiagramm 89 f.
Übergangsmatrix 89 f.
Übergangsprozesse 89 f.
Übergangswahrscheinlichkeit 89
Überschussreserve 128
Übertragungsprotokolle 96
Ultrakurzwellen 148
Umfang von Figuren 34 f.
Umfangswinkel (= Peripheriewinkel) 35
Umfangswinkelsatz 35
Umkehrfunktion 25, 28
–, Differenziation 63
Umkehroperation 10
Umkreis 32, 35
Umkreismittelpunkt 32
UML (Unified Modeling Language) 94
Umsatzfunktion 106
Umsatzrentabilität 112 f.
Umsatzsteuer 17
Umschlagsbereiche 180
Umschlagshäufigkeit
– des Eigenkapitals 113
– des Gesamtkapitals 113
UMTS (Universal Mobile Telecommunication System) 96
Unabhängigkeit
– von Ereignissen 43
– von Vektoren 76
unbestimmtes Integral 67
Unbestimmtheitsrelation, Heisenberg'sche 159
unecht gebrochenrationale Funktionen 22
uneigentliches Integral 71
unelastischer Stoß 140
unendliche Reihe 60
ungleichmäßig beschleunigte geradlinige Bewegung 136
universelle Gaskonstante* 146
unmögliches Ereignis 41
unregelmäßiges Dreieck 32
Unschärfe
– der Energie 159
– der Impulskoordinate 159
– der Ortskoordinate 159
– der Zeit 159
Unschärferelation 159
Unterdeterminante 86
unterer Viertelwert 40
unterjährige Verzinsung 17

Unternehmens- und Vermögenseinkommen 127
unverzweigter Stromkreis 150
URL (Uniform Resource Locator) 96

V

Vakuumlichtgeschwindigkeit* 155
Variable 14
variable Kosten 121
Varianz 45
–, empirische 40
Variation 44
Vektor der variablen Kosten 121
Vektoren 75 ff.
Vektorprodukt 77
Vektorraum 83
Vektorraumaxiome 83
Vektorrechnung ff.
Verbindungen
–, anorganische 175 ff.
–, organische 168, 172 ff., 178 f.
Verbraucherpreisindex 129
Verbrennungswärme 145
Verdampfungswärme, spezifische 143 f.
Verdopplungszeit 72
Vereinbarung 93
Vereinigungsmenge 5
Vererbung 95
Verflechtung, lineare 120
Verflechtungsdiagramm 120
Verflechtungsmatrizen 120
verfügbares Einkommen 127
vergiftetes Wachstum 74
Vergrößerung, maßstäbliche 30
Verhältnisgleichung 16
Verkaufserfolg 107
Verkaufspreisvektor 121
Verkleinerung, maßstäbliche 30
Verschiebung (Graphen) 25
Verschiebungsgesetz, Wien'sches 146
Verschiebungskonstante, Wien'sche* 146
Verschuldungsgrad 111
Verteilung 45 ff.
–, Biomial- 45
–, hypergeometr. 46
–, Normal- 47
–, Poisson- 46
–, Standardnormal- 48
–, stationäre 89
Verteilungsfunktion 46 ff.
Verteilungsrechnung 127
vertikale Finanzierungsregeln 111
Vertrauensintervalle 50 f.
Vertrauensniveau 50
Vertriebsgemeinkosten 109
Verwaltungsgemeinkosten 109
Verwendungsrechnung 127
Verzinsung 17
–, stetige 17
–, unterjährige 17
verzweigter Stromkreis 150
Vieleck 34 f.
Vieleck, regelmäßiges 34 f.
Vielfaches 8
–, kleinstes gemeinsames 8
Vierecke 34 f.
Vier-Felder-Matrix 107
Vierfeldertafel 42
Viertelwert 38
Vieta, Satz von 20
Vitamingehalt 195
VPI 129
Volkseinkommen 127

volkswirtschaftliche Gesamtrechnung 127
vollständige Zinsansammlung 116
Vollwinkel 30
Volt 147
Volumen 36 f., 133
–, molares 143, 146, 186
Volumenänderung 145
Volumenanteil 186
Volumenarbeit 145
Volumenausdehnungskoeffizient (= kubischer A.) 144
Volumenberechnung bei chem. Reaktionen 187
Volumenberechnung durch Integration 71
Volumenkonzentration 186
Vorrangregeln 10
Vorratsquote 131
Vorsätze (Einheiten) 131
vorschüssige Zahlungsweise 119
Vorteilhaftigkeit, absolute 118
Vorteilhaftigkeit, relative 118
Vorteilhaftigkeitskriterium 118

W

waagerechter Wurf 137
Wachstum (Biologie) 198
Wachstum
–, beschränktes 73
–, exponentielles (Mathematik) 72
–, exponentielles (Biologie) 198
–, logistisches (Mathematik) 73
–, logistisches (Biologie) 198
–, vergiftetes 74
Wachstumsfaktor 72
Wachstumsfunktionen 72
Wachstumsgeschwindigkeit 72
Wachstumsphase 105
Wachstumsprozesse 72 ff.
Wachstumsrate des Bruttoinlandprodukts 127
Wahrheitswert 91
Wahrscheinlichkeit 41
–, bedingte 42
–, klassische 41
–, Laplace- 41
–, totale 43
Wahrscheinlichkeitsverteilung 45 ff.
Wärme 143, 145
Wärmekapazität 143 f.
Wärmekraftmaschine 145
Wärmelehre (Hauptsätze) 145
Wärmequelle 145
Wärmeübertragung 145
Wasserbilanzquotient 198
Wassergehalt 195, 198
Wasserhärte 185
Wasserqualität 198
Watt 133, 147
Weber 147
Webseite 97
Webseitengestaltung 97
Wechselspannung 153
Wechselstrom 153
Wechselstromkreis 154
Wechselstromstärke 153
Wechselstromwiderstand 154
Wechselwinkel 35
Wechselwirkungen, fundamentale 161
Wechselwirkungsgesetz 137
Weg 133
Weg-Zeit-Gesetz 136 f.
– für Schwingungen 141

Welle
– , elektromagnetische 148
– , Hertz'sche 148
– , mechanische 142
Wellenausbreitungsgeschwindigkeit 142
Wellengleichung 142
Wellenlänge 155
– , De Broglie-Wellenlängenänderung 159
Wellenlängenänderung 159
Wellenoptik 157
Wendepunkt 66
Wendestelle 66
Wendetangente 66
Werbeintensität 105
Werberendite 107
Werbung 105, 107
Wertebereich (Wertemenge) 14
Wertetabelle 14
Wertsteuer 125
Widerstand
– , elektrischer 147, 150
– , induktiver 154
– , kapazitiver 154
– , ohmscher 154
– , spezifischer 147
Widerstandsbeiwert 135
Widerstandsgesetz 150
Wiederholung 93
Wien'sche Verschiebungskonstante* 146
Wien'sches Verschiebungsgesetz 146
windschiefe Geraden 80
Windungszahl 153
Winkel 30
– am Kreis 35
– zwischen Vektoren 77
Winkelarten 30

Winkelbeschleunigung 133, 136, 138, 139
Winkeleinheiten 29, 133
Winkelfunktionen 26 ff.
– spezielle Funktionswerte 27
Winkelgeschwindigkeit 133, 136, 138, 139
Winkelhalbierende (im Dreieck) 32
Winkelmaße 29
Winkelminute 29
Winkelpaare 35
Winkelsekunde 29
Wirkleistung 153
Wirkungsgrad 133, 141
– für Carnot-Prozesse 145
– für Wärmekraftmaschinen 145
Wirkungsquantum, Plank'sches* 159
Wirtschaftlichkeit 114
Wirtschaftskreislauf 127
Wurfbewegungen 137
Würfel 36 f.
Wurfhöhe 137
Wurfparabel 137
Wurfweite 137
Wurzel 10, 12
Wurzelexponent 10, 12
Wurzelfunktionen 21
Wurzelgesetze 12
Wurzelgleichungen 23
WWW (World Wide Web) 96

Y

y-Achsenabschnitt 19

Z

Zahlen, Zahlenbereiche 7
Zahlenfolgen 60 f.
Zahlensysteme 9

Zähler 11
Zählprinzip (Kombinatorik) 44
Zählschleife 93
Zahlwörter, griechische 168
Zehnerlogarithmus 12
Zehnerpotenzen 9
Zehnersystem 9
Zeichenfolge 91
Zeigerarten 198
Zeigerdiagramm 154
Zeigerwerte 199
Zeilenrang 84
Zeilenumformungen 88
Zeilenvektor 84
Zeit 133
Zeitdilatation 158
Zeiteinheiten 133
Zellspannung 190
Zentralwert 39
Zentri-Peripheriewinkelsatz (= Mittelpunktswinkelsatz) 35
Zentripetalbeschleunigung 136, 138
Zentripetalkraft 138
zentrische Streckung 31, 87
Zentriwinkel 35
Zerfall (Wachstum) 72
Zerfallsarten 161
Zerfallsenergie 161
Zerfallsgesetz 164
Zerfallskonstante 164
Zieleinkaufspreis 104, 109
Zielfunktion 18, 110
Zielverkaufspreis 109
Zinsansammlung 116
Zinsanteil 116
Zinsen 17
Zinseszins 17
Zinsfuß-Methode, interne 119

Zinsperiode 17
Zinssatz 17
Zufallsexperiment (Zufallsversuch) 41
Zufallsgröße 45
– , diskrete 45 f.
– , stetige 46 f.
Zufallsversuch 41 f.
Zufallsziffern 59
Zuordnung 14
– , antiproportionale 16
– , proportionale 16
– , Wertebereich (Wertemenge) 14
Zuordnungsvorschrift 14
Zustandsänderungen 146
Zustandsgleichung (ideales Gas) 146
Zuwachsrate 198
Zweierpotenzen 9
Zweiersystem 9
Zwei-Punkte-Form 19
Zweipunktegleichung 78
zweiseitige Auswahl 92
zweiseitiger Signifikanztest
Zwischenprodukt, Fertigungskosten 121
Zwischenprodukt-Endprodukt-Matrix 120
Zwischenprodukt-Fertigungskostenvektor 121
Zwischenprodukt-Produktionsvektor 121
zyklische Prozesse 90
zyklisches Verhalten 90
zyklometrische Funktionen 28
Zylinder 36

* Eine **Übersicht über wichtige Naturkonstanten** mit genauen Zahlenwerten befindet sich auf der vorderen Umschlagklappe.

Astronomische Daten und das **Periodensystem** befinden sich auf der hinteren Umschlagklappe.

Die Neubearbeitung von „*Das große Tafelwerk – Formelsammlung für kaufmännische Schulen*" erfolgte auf Grundlage der Erstausgabe und des Titels „*Das große Tafelwerk interaktiv 2.0*".

Der Wirtschaftsteil stammt von Alois Graelmann und Christian Dirksen unter Beratung von Dr. Volker Dietzsch und Manfred Scharffe. Im Rahmen der Neubearbeitung wurden der Mathematik- und Wirtschaftsteil von Alois Graelmann und Elke Prechel begutachtet und bearbeitet.

Redaktion: Marielle Kaufmann

Umschlaggestaltung: Corinna Babylon, Berlin

Layoutkonzept: Andrea Eckhardt, Göppingen
　　　　　　　CMS – Cross Media Solutions GmbH, Würzburg

Zeichnungen: Peter Hesse
　　　　　　　CMS – Cross Media Solutions GmbH, Würzburg

Layout und technische Umsetzung: CMS – Cross Media Solutions GmbH, Würzburg

↻ Das Pfeilsymbol verweist auf multimediales Zusatzmaterial. Sie erreichen die Materialien, indem Sie auf die Seite www.cornelsen.de/interaktiv gehen und den angegebenen Webcode eingeben, z. B. GTWK4513792-019-1 für Material zu linearen Funktionen (S. 19).

www.cornelsen.de

1. Auflage, 1. Druck 2016

Alle Drucke dieser Auflage sind inhaltlich unverändert
und können im Unterricht nebeneinander verwendet werden.

© 2016 Cornelsen Schulverlage GmbH, Berlin

Das Werk und seine Teile sind urheberrechtlich geschützt.
Jede Nutzung in anderen als den gesetzlich zugelassenen Fällen bedarf
der vorherigen schriftlichen Einwilligung des Verlages.
Hinweis zu den §§ 46, 52a UrhG: Weder das Werk noch seine Teile dürfen ohne eine
solche Einwilligung eingescannt und in ein Netzwerk eingestellt oder sonst öffentlich
zugänglich gemacht werden.
Dies gilt auch für Intranets von Schulen und sonstigen Bildungseinrichtungen.

Druck: Mohn Media Mohndruck, Gütersloh

ISBN 978-3-06-451379-2

Daten der Erde

Radius am Äquator	$r_Ä = 6378$ km
Radius am Pol	$r_p = 6357$ km
Abplattung	$(r_Ä - r_p) : r_Ä = 1 : 298 \approx 1 : 300$
Volumen	$V_E = 1{,}083 \cdot 10^{12}$ km³
Masse	$m_E = 5{,}975 \cdot 10^{24}$ kg
Mittlere Dichte	$\varrho_E = 5{,}524 \text{ g} \cdot \text{cm}^{-3}$
Mittlere Fallbeschleunigung	$g_E \approx 9{,}81 \text{ m} \cdot \text{s}^{-2}$
Luftdruck in Meereshöhe (Normdruck)	$p_N = 101{,}3$ kPa = 1013 hPa
Mittlere Entfernung von der Sonne	$s_S = 149{,}6 \cdot 10^6$ km = 1 AE
Mittlere Bahngeschwindigkeit	$v_E = 29{,}785 \text{ km} \cdot \text{s}^{-1}$
Siderische Umlaufzeit um die Sonne	$T_{sid} = 365{,}26$ d

Daten des Erdmondes

Mittlere Entfernung von der Erde	$s_M = 3{,}844 \cdot 10^5$ km $\approx 60{,}3$ Erdradien
Mittlerer scheinbarer Radius	$R'_M = 15'32{,}6'' = 0{,}259°$
Radius	$R_M = 1{,}738 \cdot 10^3$ km $\approx 0{,}2725$ Erdradien
Volumen	$V_M = 2{,}192 \cdot 10^{10}$ km³ $\approx 0{,}02\ V_E$
Masse	$m_M = 7{,}35 \cdot 10^{22}$ kg $= 0{,}0123\ m_E$
Mittlere Dichte	$\varrho_M = 3{,}34 \text{ g} \cdot \text{cm}^{-3} \approx 0{,}61\ \varrho_E$
Fallbeschleunigung an der Oberfläche	$g_M = 1{,}62 \text{ m} \cdot \text{s}^{-2} = 0{,}165\ g_E$
Bahnneigung gegen die Erdbahn	$5°8'43'' = 5{,}1453°$
Siderische Umlaufzeit um die Erde	$T_{sid} = 27{,}322$ d

Daten der Sonne ↻ GTWK4513792-210-1

Mittlere Entfernung von der Erde	$s_S = 149{,}6 \cdot 10^6$ km = 1 AE
Mittlerer scheinbarer Radius	$R'_S = 16'1{,}2'' = 0{,}267°$
Radius	$R_S = 6{,}962 \cdot 10^5$ km = 109 Erdradien
Volumen	$V_S = 1{,}414 \cdot 10^{18}$ km³ $= 1{,}3 \cdot 10^6\ V_E$
Masse	$m_S = 1{,}989 \cdot 10^{30}$ kg $= 3{,}33 \cdot 10^5\ m_E$
Mittlere Dichte	$\varrho_S = 1{,}41 \text{ g} \cdot \text{cm}^{-3} = 0{,}26\ \varrho_E$
Fallbeschleunigung an der Oberfläche	$g_S = 274 \text{ m} \cdot \text{s}^{-2} = 27{,}5\ g_E$
Oberflächentemperatur	$T \approx 6000$ K
Kerntemperatur	$T_{Kern} \approx 15 \cdot 10^6$ K

Planeten des Sonnensystems (und Bahndaten des Pluto) ↻ GTWK4513792-210-2

Planet	Symbol	Mittlere Bahngeschwindigkeit in $\text{km} \cdot \text{s}^{-1}$	Mittlere Entfernung von der Sonne in 10^6 km	Äquatordurchmesser in km	Masse in Erdmassen	Mittlere Dichte in $\text{g} \cdot \text{cm}^{-3}$
Merkur	☿	47,80	58	4480	0,056	5,4
Venus	♀	35,03	108	12102	0,815	5,2
Erde	♁, ⊕	29,79	149,6	12756	1	5,52
Mars	♂	24,13	228	6788	0,107	3,93
Jupiter	♃	13,06	778	142796	317,82	1,33
Saturn	♄	9,64	1427	120600	95,11	0,69
Uranus	⛢	6,81	2870	51118	14,52	1,27
Neptun	♆	5,43	4497	49562	17,2	1,64
Pluto	♇	4,74	5906	2390	0,0021	≈ 1,75